『河南历史与考古研究』丛书（第二辑）

柏皇氏与中华柏姓

主编　张新斌　张宗杰　张二军

中原出版传媒集团
大地传媒

大象出版社
·郑州·

图书在版编目(CIP)数据

柏皇氏与中华柏姓 / 张新斌, 张宗杰, 张二军主编.— 郑州 : 大象出版社, 2017. 5
(河南历史与考古研究丛书. 第二辑)
ISBN 978-7-5347-9228-1

Ⅰ. ①柏… Ⅱ. ①张… ②张… ③张… Ⅲ. ①姓氏—研究—河南 Ⅳ. ①K810. 2

中国版本图书馆 CIP 数据核字(2017)第 078845 号

"河南历史与考古研究"丛书(第二辑)

柏皇氏与中华柏姓

张新斌 张宗杰 张二军 主编

出 版 人 王刘纯
责任编辑 董曌华
责任校对 裴红燕 牛志远 毛 路
封面设计 王晶晶

出版发行 大象出版社(郑州市开元路 16 号 邮政编码 450044)
发行科 0371-63863551 总编室 0371-65597936
网 址 www.daxiang.cn
印 刷 河南文华印务有限公司
经 销 各地新华书店经销
开 本 787mm×1092mm 1/16
印 张 26.75
字 数 357 千字
版 次 2017 年 5 月第 1 版 2017 年 5 月第 1 次印刷
定 价 65.00 元

印厂地址 新乡市获嘉县亢村镇工业园
邮政编码 453800 电话 0373-5969992 5961789

2014 年 5 月 11 日，河南省社会科学院历史与考古研究所所长张新斌研究员、张佐良副研究员、杨世利副研究员参加“柏国文化座谈会”

2015 年 4 月 25 日，省市县领导、柏氏后裔代表及筹办活动企业领导参加柏皇氏墓园修复工程竣工典礼仪式

2014 年 5 月 10 日，西平县炎黄文化研究会会长吴双全、原会长高沛，河南省社会科学院历史与考古研究所所长张新斌、尚金房地产营销策划有限公司总经理袁贺明等考察柏皇氏遗存老龙湾

2015 年 3 月 7 日，河南省国资委原处长张宗杰，西平县炎黄文化研究会会长吴双全、出山镇原人大副主任张国毛、焦芝岗村委书记闫万宝、尚金房地产营销策划有限公司总经理袁贺明参加柏皇氏墓园修复工程启动仪式

“柏皇氏与中华柏姓文化”研讨会参会人员合影

“柏皇氏与中华柏姓文化研讨会”会场

河南省炎黄文化研究会会长、河南省委宣传部原常务副部长常有功，河南省炎黄文化研究会常务副会长、河南省社会科学院原院长张锐，河南省社会科学院正院级干部、首席研究员赵保佑，东方鹏程房地产开发有限公司董事长张二军等考察柏皇氏遗存老龙湾

中华炎黄文化研究会副会长，中国殷商文化学会会长，中国社科院历史所副所长、研究员、学部委员王震中出席“柏皇氏与中华柏姓文化研讨会”

河南省炎黄文化研究会会长、河南省委宣传部原常务副部长常有功出席“柏皇氏与中华柏姓文化研讨会”

中国科学院遗传与发育研究所研究员、中华伏羲文化研究会副会长袁义达出席“柏皇氏与中华柏姓文化研讨会”

中国社会科学院考古研究所研究员、北京师范大学历史文化学院特聘教授曹定云出席“柏皇氏与中华柏姓文化研讨会”

陕西历史博物馆研究员、中华伏羲文化研究会副会长杨东晨出席“柏皇氏与中华柏姓文化研讨会”

浙江工商大学人文学院教授、中华伏羲文化研究会副会长徐日辉出席“柏皇氏与中华柏姓文化研讨会”

西平县政协主席王梅军出席“柏皇氏与中华柏姓文化研讨会”

中共西平县委常委、统战部部长李彬出席“柏皇氏与中华柏姓文化研讨会”

河南省社会科学院原考古研究所所长马世之研究员出席“柏皇氏与中华柏姓文化研讨会”

河南省社会科学院任崇岳研究员出席“柏皇氏与中华柏姓文化研讨会”

郑州师范学院中原文化研究所所长刘玉娥教授出席“柏皇氏与中华柏姓文化研讨会”

河南省社会科学院文学研究所副所长李立新研究员出席“柏皇氏与中华柏姓文化研讨会”

河南省社会科学院历史与考古研究所所长张新斌给张宗杰颁发“首次发现、发起柏皇故地考察、研讨”特别突出贡献者奖匾

河南省社会科学院历史与考古研究所所长张新斌给驻马店尚金房地产营销策划有限公司颁发“探索发现柏皇故地”突出贡献企业奖匾

目 录

综合研究

柏皇氏与柏国研究

柏皇氏与柏姓研究

柏皇、柏国与西平关系研究

西平柏文化与开发研究

会议资料与文件汇编

综合研究

柏姓历史文化研究

李玲玲

柏姓是当今社会比较常见的一个姓氏，据袁义达先生的统计，柏姓在全国人口姓氏排名为第216位，约占全国人口的0.035%，总人口为46万—48万，大约5%是少数民族。在全国2600多个县(区)中都有柏姓的分布，其中苏、皖、川、黔等地区相对比较集中。柏姓虽然不算我国姓氏中的大姓，但其来源却是非常古老的，在文献记载中早在伏羲时代即人类社会的早期阶段就有“柏”姓族群的存在，并且长期发展，绵延不断，为人类社会的发展做出过重大贡献。除拥有远古来源之外，柏姓同其他姓氏一样，在西周以后姓氏大量产生之际，出现了以国为氏、姓氏合一、他姓融入等发展历程，最终形成了当今遍布各地的柏姓。柏姓的形成和发展不仅对研究源于远古族群的姓氏具有代表意义，而且在长期的历史发展中，柏姓族人还留下了众多彪炳史册的优秀人物和优秀的家族文化，是中华优秀传统文化的重要内容，值得我们永远铭记和传承。

一、柏姓源流考辨

研究柏姓的历史文化,首要的便是搞清楚柏姓的来源及始祖问题。从传世文献和古代关于姓氏的书籍及众多的柏姓宗谱记载来看,柏姓的来源分歧其实并不太大,均认可柏姓为柏皇氏后裔,得氏来源以春秋时期的柏国为主,即古代姓氏书中的“以国为氏”。最主要的分歧在于柏姓的始祖问题上。因为柏姓与其他姓氏一样,不是单一来源的姓氏,虽然是以“以国为氏”的得氏方式为主,但还有其他的姓氏来源,因此在得姓始祖方面,因不同的得姓来源而有不同的看法。

(一)柏姓起源概述

通观古代姓氏书和柏姓宗谱的相关记载,目前流行的关于柏姓来源及始祖的观点主要有如下几种:

一是源于柏皇氏,始祖为柏皇氏。源于柏皇氏又有不同的说法:有以木为姓的图腾说,认为柏皇氏所在的族群,以柏木为图腾,柏皇氏名柏芝,因此柏皇氏后裔以图腾“柏木”为姓;有以先祖名字为姓说,认为柏皇氏族群首领名为柏芝,曾为伏羲助手,勤劳于天下而不居功,造福于民众而无所求,所以深得百姓们的拥戴,被尊为皇柏,其后人以其名字为柏姓;有赐姓说,认为柏皇氏曾任伏羲氏下相,伏羲氏赐姓为柏,因此柏皇氏后裔以柏为姓。在这几种说法中以木为姓的图腾说和以祖先名为姓这两种观点比较常见。

二是以封国为氏,始祖为古柏国开国者。以封国为氏来源于柏皇氏后裔所建立的古柏国。早在黄帝时代柏皇氏后裔就曾建立古柏国,开国君王有黄帝臣柏成子高(《风俗通义》载柏成子高为尧时诸侯)、柏亮父等不同的说法。到西周时期,柏皇氏后裔又被周王分封于古柏国所在地,建立柏子国,为子爵,成为小诸侯国,但春秋末期,柏子国被楚国所灭。国灭后,柏子国王族后代和国民就用原来的国名作为姓氏，称柏氏，世代相传至今。“以国为氏”是几乎所有涉及柏姓起源的古代姓氏书和柏姓宗谱中均认可的一种得氏方式，但是这种得氏方式因为古柏国建立者的差异，而在得氏始祖上有分歧，有人认为柏皇氏后裔所建的古柏国，开国君主为黄帝臣柏成子高或柏亮父，所以得氏始祖为柏高或柏亮父；有人认为西周时期柏子国的开国君主为周太仆柏冏，所以柏冏应为柏氏的得氏始祖。

三是以人名为氏，源于嬴姓的柏氏始祖为柏翳，源于姜姓的柏氏始祖为伯夷。舜帝时有贤人柏翳，就是大费，又称伯益，有人认为其为黄帝后裔，曾担任舜时的司徒，专职负责畜牧之事，因功被舜帝赐姓为嬴，之后柏翳便有了两个姓氏，即嬴姓和柏氏。《史记·秦本纪》记载有：“大费拜受佐舜，调驯鸟兽，鸟兽多驯服，是为柏翳，舜赐姓嬴氏。”文献还记载有伯益（柏翳）帮助大禹治水立功的事，在伯益的后裔子孙中，形成了两支主流姓氏，其中一支称柏氏，世代相传至今，为嬴姓柏氏，尊柏翳为始祖。另一支姜姓柏氏，来源于夏商时期的孤竹国，为炎帝后裔，国君为姜姓墨台氏，有子伯夷、叔齐，周武王灭商后，伯夷、叔齐认为其以臣弑君，以下犯上，故不食周粟，饿死于首阳山中。伯夷也作柏夷，后世为纪念伯夷，形成姜姓柏氏。

四是他姓的改姓。较早的如“伯”改为“柏”，始祖为州黎。周朝时，叔虞封晋，其支子接受封地在伯，以封地“伯”为姓，后世生宗。景公、厉公时，有人和宗结下仇怨，因此三次向景公、厉公进谗言，宗被杀害。宗有个叫毕阳的食客，将宗子州黎救出，并协助州黎逃奔到楚国，为避免晋国的追杀，将原姓氏“伯”改为“柏”。其他还有后世少数民族改姓为柏，但时代都比较晚。在现在的回族、布依族、土家族、羌族等少数民族中，均有柏氏族人分布，其来源大多是在唐、宋、元、明、清时期中央政府推行的羁縻政策及改土归流运动中，改为汉姓柏氏，世代相传至今。

上述这几种比较流行的柏姓来源及始祖观点，笔者认为第一种观点基本没有异议,在传世文献和柏姓宗谱中都是得到普遍认可的,即柏姓为柏皇氏后裔,柏皇氏为柏姓最早的得姓始祖。第二种观点是柏氏的得氏之源,在古代姓氏书的记载中,“以国为氏”是柏氏得氏的主要方式,柏姓宗谱中也是普遍认可的。至于得氏始祖,笔者认为,由于氏的广泛形成和出现主要是在西周分封制以后,因此这种“以国为氏”的得氏方式应该是以西周时期建立的柏子国为主,即应以柏子国的开国之君柏冏为得氏始祖,因为三皇五帝时期古姓作为不同族群的标志已经出现,但氏并未普及,上古古帝的称号“伏羲氏、轩辕氏、神农氏、柏皇氏”中的“氏”,只是当时氏族的称号,而不是后世姓氏意义上的氏。因此当时虽然已可能建立了古柏国,但却不能以其作为后世得氏依据。第三种说法其本质与第四种改姓说一致,其实是古代“柏”“伯”相通,造成的一种以“伯”为“柏”。“伯”在上古时期不仅在人名中会出现,而且还是一种爵位称号,或是伯、仲、季等的排序,因此当时名字中有“伯”或有“伯”爵之人,其后裔都有可能因“伯”“柏”的相通而出现柏姓,这也应该是后世柏姓中不源于柏皇氏后裔的一种重要来源。

为证实笔者上述对柏姓来源的分析,下文从古今姓氏书及文献中有关柏皇氏、柏国、柏姓的相关记载,对柏姓的来源及始祖进行具体考证。

(二)柏姓源流考证

1.柏皇氏为“柏”得姓之源

柏皇氏为柏姓最早的来源及得姓始祖。姓出现的时间很早,应该在人类进入母系社会时期,偶婚制产生之后,为区别不同的婚姻族群而产生的,所以最早最古老的姓氏多从女旁,如姬、姜、姚、妘、娲、嫦等,最早的姓应该是产生于早期族群的图腾信仰或是地理环境等,用以标识自己族群的独特性。据文献记载柏皇氏存在的时代处于伏羲氏时代,即人类社会的早期,该族群首领称柏皇氏,以柏为姓,是最早出现的姓氏之一,可能与该族群的柏木图腾有关联。因此,从姓的产生来说,柏皇氏源于柏木图腾和首领柏皇氏之称号,到黄帝时期创立文字，以文字证百物，出现了正式的文字上的姓，姓也开始随着族群的繁衍壮大而逐渐增多，如黄帝后裔有 12 姓等，而柏姓这一长期流传的古老的姓也正式成为文字意义上的姓，并且出现了众多的柏姓名人。

（1）从古今姓氏书的记载来看，柏姓为柏皇氏后裔这一观点是无异议的。

柏氏为柏皇氏之后的说法，最早出现在汉应劭的《风俗通义·姓氏篇》中，但是因为该书的姓氏篇在宋代已经散佚，后人根据唐宋古籍中对《风俗通义·姓氏篇》的引用，以佚文的篇目对其作了补充记载，因此在目前流传的《风俗通义·佚文篇》中，对柏姓的来源记载为："柏氏，柏皇氏之后，又柏亮父为颛顼师，柏招为帝喾师，柏冏为周太仆。柏国在汝南西平县，为楚所灭，子孙以国为氏。汉有柏始昌、柏英为大鸿胪，秦大将军柏直。"①

唐林宝《元和姓纂》卷十记载："柏，《风俗通》柏皇氏之后，又柏亮父为颛顼师，柏招为帝喾师，柏同为周太仆左丞。"②另外，唐代颜师古在为西汉史游的《急就篇》"柏杜杨"做注时也认同："古帝有柏皇氏，其后为柏氏焉。"③

北宋邓名世的《古今姓氏书辩证》载柏的来源同样引用了《风俗通》中的观点："《风俗通》：柏皇氏之后，柏亮父为颛帝师，柏招为帝喾师，柏景为周太仆正。汉有柏直、柏始昌。"④宋郑樵《通志·氏族略》中也提到了《风俗通》中的说法，但其将柏氏放在"以国为氏·周不得姓之国"之列，曰："柏氏，子爵，《风俗通》：柏皇氏之裔。又柏亮父，颛帝师。柏招，帝喾师。柏景，为周太仆。"⑤宋邵思《姓解》载："柏，古帝柏皇氏之后。"⑥宋罗泌《路史·前纪六》中对柏皇氏及其时代有详细的描述，即"柏皇氏，姓柏，名芝，是为皇柏。出榑日

① 〔汉〕应劭撰，王利器校注：《风俗通义校注》（下册），中华书局，1981 年，第 556 页。
② 〔唐〕林宝撰，岑仲勉校记：《元和姓纂》（附四校记），中华书局，1994 年，第 1580 页。
③ 〔汉〕史游撰，〔唐〕颜师古注，管振邦译注：《颜注急就篇译释》，南京大学出版社，2009 年，第 43 页。
④ 〔宋〕邓名世撰，王力平点校：《古今姓氏书辩证》，江西人民出版社，2006 年，第 608 页。
⑤ 〔宋〕郑樵撰，王树民点校：《通志二十略》，中华书局，1995 年，第 67 页。
⑥ 〔宋〕邵思纂：《姓解》卷二《木部》，中华书局，1985 年，第 49 页。

之阳,驾六龙,以木纪德,为而不有,应而不求,立于正阳之南,是为皇人山。其后为柏,有柏氏"。罗泌之子罗苹注曰:"《风俗通》云,柏皇氏后。"[1]宋章定《名贤氏族言行类稿》中载:"柏,《风俗通》:柏皇氏之胤。"[2]

明清时期的姓氏书亦承袭应劭之说,明陈士元《姓觿》载:"柏氏,《姓考》云:古帝柏皇氏之后。"[3]

明廖用贤的《尚友录》引《风俗通》云:柏氏为"古柏氏之后"[4]。

清史照《资治通鉴释文》"柏耆"注曰:"柏,姓也。柏皇氏,古帝号,后为氏。"[5]

清张澍《姓氏寻源》引《风俗通》云:"古帝有柏皇氏,其后称柏氏。"他又说:"(柏皇氏)为伏羲下相,以博通万物,曲识人材,居皇人山,其后为柏……春秋柏国为楚所灭,子孙当有为氏者。"[6]

从上述古今姓氏书和相关的文献记载来看,柏姓为柏皇氏后裔在传世文献的记载中是有充足证据的。

(2)柏皇氏及其族群是文献记载中时代最早的柏姓人群,因此柏皇氏为柏姓最古老的始祖。

史籍记载中,柏皇氏族群是伏羲时代的著名部落,存在时代最早,其他见于记载的柏姓之人均在柏皇氏之后的五帝时期,因此,柏皇氏是最古老的柏姓之人,也是柏姓最古老的始祖。史籍中记载的柏皇氏时代,是人类社会的早期,当时的社会仍处于相对平等的母系社会或父系社会之初,姓作为同姓不婚的通婚规则可能才刚刚产生,而柏皇氏处于这一时代的早期,所以,柏皇氏族

① 〔宋〕罗泌撰:《路史》卷六《前纪六 · 禅通纪》,文渊阁四库全书本。
② 〔宋〕章定撰:《名贤氏族言行类稿》卷五十二,文渊阁四库全书本。
③ 〔明〕陈士元:《姓觿》卷十,中华书局,1985 年,第 305 页。
④ 〔明〕廖用贤纂:《尚友录》卷二十一,明天启年间刻本。
⑤ 〔清〕史照撰:《资治通鉴释文》,中华书局,1985 年,第 552 页。
⑥ 〔清〕张澍编纂:《姓氏寻源》,岳麓书社,1992 年,第 553 页。

群是最早活动于人类历史舞台的柏姓人群,其后不断出现的柏姓名人应该多是出于柏皇氏族群,所以从时代上看,柏皇氏为柏姓最早的始祖是可以确定的。文献记载,柏皇氏时代处于生产力低下,相对平等的渔猎时代或农耕时代初期,社会还未出现阶层分化,大家共同劳动,共同分配,民众有事,应声而作而无所求,因此被称为"至德之世"。如《庄子·胠箧篇》中记载:"子独不知至德之世乎。昔者容成氏、大庭氏、伯皇氏、中央氏……当是时也,民结绳而用之,甘其食,美其服,乐其俗,安其居,邻国相望,鸡狗之音相闻,民至老死而不相往来。若此之时,则至治已。"[①]梁萧统《文选·史论》引干宝《晋纪·论晋武帝革命》云:"帝王之兴,必俟天命。苟有代谢,非人事也。文质异时,兴建不同,故古之有天下者,柏皇、栗陆以前,为而不有,应而不求,执大象也。鸿荒世及以一民也。"这些对柏皇氏时代社会特征的记载,显示出柏皇氏所处时代的早期性和原始性。

从文献记载的柏皇氏在早期古帝中的排序来看,其所处的时代是在人类社会早期比较靠前的时期,也进一步证明了柏皇氏时代的远古。

目前史籍中对柏皇氏的记载,最早出现于战国晚期,如《庄子·胠箧篇》《六韬》等。《庄子·胠箧篇》中载:"子独不知至德之世乎。昔者容成氏、大庭氏、伯皇氏、中央氏、栗陆氏……若此之时,则至治已。"柏皇氏在古帝排序中,位列第三,时代靠前,当时民众安居乐业,和平相处,是后世向往的至德之世。同样成书于战国时期的《六韬》中,对上古帝王的记载顺序则是:"柏皇氏、栗陆氏、骊连氏、轩辕氏……"[②]二者在古帝名称和排序方面的记载有所不同,但柏皇氏的位置均非常靠前,这说明在当时人的记忆中,柏皇氏时代应该处于传说时代的早期。

到东汉时期,班固《汉书·古今人表》中对黄帝轩辕氏之前上古帝王顺序

---

① 〔清〕王先谦撰:《庄子集解》,中华书局,1987年,第88页。

② 胡星斗注:《姜子牙〈六韬〉译注》,中国旅游出版社,1993年。

的记载为："太昊帝宓羲氏（伏羲氏）、女娲氏、共工氏、容成氏、大廷氏、柏皇氏、中央氏、栗陆氏……黄帝轩辕氏。"[①]伏羲氏成为古帝之首，与炎帝神农氏、黄帝轩辕氏均属于上上圣人，柏皇氏与女娲氏等其他早期古帝均为上中仁人，都是"生而知之者"的圣贤仁人。在班固对上古帝王的评价和排序中，柏皇氏依然位居前列。

到西晋皇甫谧的《帝王世纪》时，所列的上古十五帝均为伏羲氏一脉，承袭庖羲氏之号。

南朝时期梁元帝、文学家萧绎，在《金楼子·兴王篇》中所列的上古帝氏排序与《庄子》记载的前五位是一致的，后面有所不同，柏皇氏依然位居第三。[②]

唐代司马贞《补三皇本纪》中补全了《史记》中未记载的伏羲、女娲、神农等诸位上古时期帝王的历史。其中对古帝顺序的记载为："自人皇已后有五龙氏、燧人氏、大庭氏、栢皇氏、中央氏……斯盖三皇已来有天下者之号。但载籍不纪，莫知姓、王年代，所都之处。"在此记载中，柏皇氏是人皇之后的古代帝王之一，时代依然靠前。

北宋《太平御览》引东汉纬书《遁甲开山图》中的古帝顺序为："女娲氏没，大庭氏王……次有柏皇氏、中央氏……"[③]柏皇氏依旧位居第三。宋罗泌《路史·前纪六》在《禅通纪》所列的古帝顺序为"史皇氏（仓颉）、柏皇氏、中皇氏（中央氏）……"[④]清代学者胡克家补注北宋刘恕《资治通鉴外纪》中，记载十五个上古帝氏皆袭"伏羲"之号，有：有巢氏、遂人氏、大庭氏、柏黄氏、混沌氏等等。

---

① 〔汉〕班固撰，颜师古注：《汉书》卷十二《古今人表第八》，中华书局，1982年。
② 〔南朝梁〕萧绎撰：《金楼子》卷一《兴王篇一》，文渊阁四库全书本。
③ 〔宋〕李昉等撰：《太平御览》卷七十八《皇王部三·女娲氏》，文渊阁四库全书本。
④ 〔宋〕罗泌撰：《路史》卷六《前纪六·禅通纪》，文渊阁四库全书本。

在这些有关上古古帝的记载中,虽然柏皇氏的写法有所不同,但其排序在古帝中均比较靠前,说明柏皇氏所处的时代即便在人类社会早期也是比较早的,在其之前无柏姓之人的相关记载。

(3)柏皇氏之后不断出现的柏姓名人表明柏姓作为柏皇氏族群的标志已经出现,所以柏皇氏为柏姓最早的得姓始祖。

文献中柏皇氏是出现最早的柏姓族群,其后开始不断地出现有关柏姓之人的记载,并且大都身居高位,这应该与早期柏皇氏族群的地位和贡献相关。汉代应劭《风俗通义·佚文篇》中的"姓氏"部分,有一段话集中讲了柏皇氏及其后裔的柏姓之人:"柏氏,柏皇氏之后,又柏亮父为颛顼师,柏招为帝喾师,柏冏为周太仆。柏国在汝南西平县,为楚所灭,子孙以国为氏。汉有柏始昌、柏英为大鸿胪,秦大将军柏直。"在应劭的这段记述中,柏亮父、柏招、柏冏等均为柏皇氏后裔。宋罗泌《路史·前纪六》载:"柏皇氏,姓柏,名芝……有柏氏,柏常为皇帝地官,柏亮又为颛顼师,柏昭为帝喾师。尧治天下,有柏成子皋立为诸侯,尧授舜,舜授禹,柏成子皋辞为诸侯而耕。"在上述文献的记载中,柏皇氏之后的五帝时代,出现了柏常、柏亮父、柏昭、柏成子皋等大量的柏姓名人,他们或为帝王师,或为重臣,身居高位,这也说明柏皇氏之后已经出现了柏姓,即柏皇氏族群应该是以柏为姓,长期延续发展。因柏皇氏曾经的地位和贡献,其后裔一直处于政治权力的中心,作为统治族群的重要同盟者而存在。

由上述分析可知,柏皇氏为柏姓最早的得姓始祖可为定论。

2.柏国为"柏"得氏之源

以国为氏,是"柏"的得氏之源,仍属柏皇氏之后裔。在柏皇氏时代就形成了古老的柏姓,再加上柏皇氏族群的重要地位,所以柏皇氏后裔曾在五帝时期就建立有古柏国,商周时期柏皇氏后裔又被分封至古柏国所在地,建立子爵柏国,到春秋时则被楚国所灭,后人纪念故国,以国为氏,形成柏氏。但从最初的源头来看,其仍是柏皇氏之后裔。可以说柏皇氏是柏姓最早的得姓始祖,商、周柏国的建立者则为柏氏的得氏始祖。

柏国为柏皇氏后裔所建。《史记・周本纪》记载:“穆王即位,春秋已五十矣。王道衰微,穆王闵文武之道缺,乃命伯冏申诫太仆国之政,作《冏命》。复宁。”[①]柏皇氏后裔中的柏冏,辅助周穆王功高位显,官至太仆,被封至古柏国所在地——柏地,建立柏国(柏子国)。

唐林宝《元和姓纂》卷十记载:“柏,《风俗通》柏皇氏之后,又柏亮父为颛顼师,柏招为帝喾师,柏同为周太仆左丞。柏国在汝南西平县,为楚所灭。子孙以国为氏。”《元和姓纂》中认为《风俗通》中记载有柏为柏皇氏之后,柏皇氏之后建有柏国,柏国灭亡后,以国为氏。

宋郑樵《通志・氏族略》中也提到了《风俗通》中的说法,但其将柏氏放在“以国为氏・周不得姓之国”之列,曰:“柏氏,子爵,《风俗通》:柏皇氏之裔。又柏亮父,颛帝师。柏招,帝喾师。柏景,为周太仆。柏国在今蔡州西平县,为楚所灭。子孙以国为氏。”宋罗泌《路史・国名纪六》载:“柏皇后,黄帝臣柏高,春秋之柏子国。楚灭之,今蔡[州]之西平有柏亭。”说春秋时有柏国,子爵,有史可稽。

明陈士元《姓觿》载:“柏氏,《姓考》云:古帝柏皇氏之后。《左传》有柏子国,后以国为氏。”

清张澍《姓氏寻源》引《风俗通》云:“古帝有柏皇氏,其后称柏氏”,“(柏皇氏)为伏羲下相,以博通万物,曲识人材,居皇人山,其后为柏……春秋柏国为楚所灭,子孙当有为氏者。”

《古今图书集成》引《西平县志・氏族》曰:“柏国,子爵,柏皇后……传国至春秋,并于楚。”[②]〔雍正〕《河南通志》“春秋时见经传诸国”载:“柏,子爵,皇

① 〔汉〕司马迁:《史记》卷四《周本纪》,中华书局,1982 年。

② 〔清〕蒋廷锡等辑:《古今图书集成》,《明伦汇编・氏族典・柏姓部》(第 37 册),中华书局影印,1934 年,第 45653 页。

氏裔。亮父为颛帝师,招为帝喾师,景为周太仆,皆柏族也。今汝南西平县即其地。”[①]王树枏在〔民国〕《西平县志·序》中称:“西平为《禹贡》豫州大陆之地,柏皇氏遗封于此,春秋时为柏子国。”[②]〔民国〕《西平县志》载:“西平县为柏皇氏遗族徙居地,在禹贡为豫州大陆之域,春秋时为柏子国。鲁僖公五年,左氏传曰,江黄道柏方睦于齐。杜预注,柏,国名,汝南西平县有柏亭。”同书《建置篇》亦载:“西平为柏皇氏封地,春秋为柏子国。”[③]

上述文献的记载表明,周代建立被楚所灭的柏国为柏皇氏后裔所建,而且还说明了柏国的所在地即位于古代的西平地区。至于柏氏的得“氏”方式,古今姓氏书中多记载为“以国为氏”,由柏国的灭亡而得,即上述文献中大量提到的“子孙以国为氏”。如唐林宝《元和姓纂》载:“(柏氏)柏国在汝南西平县,为楚所灭,子孙以国为氏。”宋郑樵《通志·氏族略》:“柏氏,子爵……柏国在今蔡州西平县,为楚所灭。子孙以国为氏。”明陈士元《姓觿》云:“柏氏,《姓考》云:《左传》有柏子国,后以国为氏。”清张澍《姓氏寻源》:“(柏氏)春秋柏国为楚所灭,子孙当有为氏者。”

虽然柏氏的得氏方式是“以国为氏”,但因柏子国的建立者为柏皇氏后裔,所以柏氏还是柏皇氏之后裔。只是在春秋战国时期,柏氏出现以后,开始与早期形成的柏姓合而为一,并不断发展壮大,成为今天柏姓的主要支系。

3.他姓改“柏”为姓氏支流

他姓改姓在上古时期主要是由于“伯”“柏”相通造成的。上文曾经提到在柏姓来源中有嬴姓柏姓、姜姓柏姓、姬姓柏姓等,这些柏姓并非柏皇氏之后裔,虽然出现的时间也比较早,但与柏皇氏族群形成的柏姓相比,在出现时代的先后及数量的多寡方面,应该处于支流地位。这样说的原因在于,

① 〔雍正〕《河南通志》卷二十《封建·春秋时见经传诸国》,文渊阁四库全书本。
② 李毓藻修,陈铭鉴纂:〔民国〕《西平县志》卷首,北平文华斋刻本,1934年。
③ 李毓藻修,陈铭鉴纂:〔民国〕《西平县志》卷三《舆地志·建置篇(上)》,北平文华斋刻本,1934年。

文献和柏姓宗谱中，对历史上有名的柏姓之人大多明确记载为柏皇氏之后裔，其他姓氏改姓柏的也有，但并不多。如《急就篇》卷一载，"古帝有柏皇氏，其后为柏氏焉。一曰晋伯宗、伯州犁之后，古通用字，柏与伯同，故为柏氏。"文献中较明确提到先秦时期不属于柏皇氏后裔的，有柏、伯相通而形成的柏姓，有炎帝后裔商代的姜姓伯夷后人和春秋战国时晋国州犁后人，其他柏姓名人文献中多明确记载为柏皇氏后裔。因此，柏皇氏后裔形成的柏姓应为当今柏姓之主流。

还有一种他姓改柏姓的情况，则主要是指后世少数民族的改姓，这只是柏姓发展中众多的支流，并非最早的源。

他姓改姓作为柏姓发展过程中的众多支流，壮大了柏姓族群的力量，同样为柏姓族群的发展做出了贡献，是当今柏姓的重要组成部分。

二、柏姓的分布与迁播

当代柏姓的人口有46万—48万，位居全国姓氏的第二百一十六位，大约占全国人口的0.035%。据《江苏柏氏宗谱》中对当今柏姓的分布统计来看，目前居住人口相对集中且超过两万的省份共五个，按居住人口由多至少依次为安徽、四川、山西、湖南、江苏；居住点最多的省份前六名依次是安徽、山西、贵州、山东、四川、江苏。从柏姓族人目前的分布状况来看，北方地区基本以山东、山西为中心，南方地区则以安徽、江苏、四川等省为中心，柏姓族人今天分布状况的形成，与其历史上的分布迁播密切相关，尤其是明清时期的两次大移民，即明朝山西洪洞移民和清朝时期的湖广填四川直接相关，明朝移民形成了北方地区的山东和山西中心；清朝移民则形成了南方地区的安徽和四川中心。

（一）不同时期柏姓族人的迁播及分布

1.先秦时期

柏姓族群作为三皇五帝所在的晋、陕、豫族群联盟的重要组成部分和夏、商、周早期王朝的附属方国，其分布区域必然也位于山西、陕西、河北、山东这一早期文明起源的中心区域及古柏国所在的河南省南部地区。

2.秦汉时期

柏氏族人的发展期。春秋战国时期，柏皇氏后裔所建的柏国被楚所灭，国人“以国为氏”，在古老的柏姓之后，柏氏形成，柏氏族人开始向其他地区分迁，但仍以北方地区为主。到秦汉之时，柏姓族人并未形成有较大影响力的世家大族，尽管有的柏姓宗谱中提到此时有柏姓先祖自中州魏郡南迁，但文献中的相关材料并不多。

3.魏晋南北朝和隋唐时期

柏氏族人开始形成世家大族，出现了济阴郡、魏郡等知名郡望，其分布区域仍以北方中州地区为主，但此时南方的安徽、山东、湖南等省也有柏姓散居。唐末至宋元时期，中原地区饱受战乱之苦，柏姓族人开始大量向南方和其他地区迁徙，形成了北方以山东，南方以安徽、湖南等为中心的分布格局。柏姓宗谱中关于柏姓先祖迁播的记载也大量出现于宋代以后。

4.两宋时期

柏姓族人的迁播主要是中原地区的南迁和南方地区的分迁。根据柏姓宗谱记载，此时柏姓较大支系的迁播主要有河南迁江苏、江西迁湖南、安徽迁湖北。

柏姓族人由河南迁往江苏的记载，见于崇明《柏氏宗谱》（道光癸巳岁孟冬月镌竣、瀛洲东沙永丰古里碧山书屋太史第梓行发阅）。谱中记载，该支柏姓“先世始居北地中州之陈留郡”，宋时，柏万春随高宗南渡，居住于金陵，成为柏姓“河南省始迁江南省之祖”。其后裔又迁居江苏句容、崇明、南京等地，发展形成今天的句容柏氏、崇明柏氏、碧山堂南京江宁分支等支系。

江西迁湖南，最早始于宋朝初年，该支柏氏支系迁居至湖南后，长期延续发展，形成了当今人数最多的一支柏家支系，即湖南宁远柏家坪柏家。宋朝初年，原籍江西吉安府太和县鹅颈塘的衍庆公，徙居湖南衡州铁炉门，生楚望。楚望公又迁至湖南宁远东乡桐木塘，生敦化、敦瑞。楚望公后裔随后分居各地，形成了柏万成户、柏万胜户、柏万发户。万成、万胜、万发三户裔孙后衍散至湖南宁远、祁阳、桂阳及广西阳朔、四川广安岳池、重庆大足、贵州独山等地。繁衍形成众多的柏姓分支，均尊衍庆公、楚望公为始祖。

安徽迁湖北的柏姓支系，有迹可循的为南宋时期的柏景贤支系。柏景贤为唐朝平原郡王柏良器之后，南宋淮南西路安庆府（今安徽省安庆市）人。南宋开禧年间，柏景贤由贡士除授湖北大冶教谕，遂由安徽安庆迁至湖北大冶并建柏家嘴村，形成了湖北大冶（黄石）柏氏，现已繁衍至陕、豫、皖、苏、川等地。其堂弟柏景员，在江南从军至大冶，后定居石灰窑高椅山下，建立柏家营村。柏景贤、柏景员二公的后裔子孙，发展形成柏家老屋、柏家新屋等支系，延续发展至今。

5.元朝时期

柏姓宗谱里记载的支系迁播主要有北方地区的河北迁陕西和南方地区的江西迁安徽。

宋末元初时，原居中州魏郡的一支柏姓支系，为躲避兵祸，由中州魏郡南迁至徽州婺源，柏兼善代从婺源迁江苏省高邮定居。始迁祖为庆三公。后又从徽州婺源迁池州府建德县（今东至县），再迁桐城巢山落户，生三子，正一公居巢山李家坦，裔孙复初公迁庐江县砖桥；正三公居麻埠河东岸宣家坂，其子允青公迁枞阳县连湖、允常公子复先公迁舒城县、复义公后裔散居和州；正二公子年公因仰慕江南景美复迁回建德县，成为建德（东至）柏氏始祖。庆三公之后裔（瑞三公）复迁回建德成为建德柏氏始祖，瑞二公迁青阳县，瑞四公迁贵池萧坑。其后裔还有迁淮安、北京等地者,遍布大江南北,枝繁叶茂,子孙繁昌。

元末明初时,河北蓟北(今北京市及河北北部地区)一带的一支柏姓,迁入陕西省西安市长安区灵沼乡冯村,形成了沛西柏家。清朝以后,灵沼乡冯村柏家先后迁播至陕西户县、周至县、眉县等地,形成了众多的柏姓支系。

6.明朝时期

柏姓族人的大迁播和大发展时期。明朝柏姓族人的迁播不仅限于早期中部地区的迁移,而是向全国各地扩散,尤其是向四川、广西、贵州、甘肃等边远地区迁播,基本奠定了当今柏姓族人的分布局面。其中由北向南、西南、东南方向的迁播主要包括:山西、山东迁安徽,江西、江苏迁贵州,湖南迁广西,安徽迁江苏等;由西向东的迁播,形成了柏姓族人在山东的聚集区,主要包括:山西迁河北、山东,河北迁山东,甘肃迁山西等;此外还有少量的柏姓族人由南方回迁北方,如安徽迁往河南,或由东向西迁播,如由山西迁往陕西、浙江迁往四川等。

由北向南、西南、东南方向的迁播:明朝时,山西、山东的柏姓族人大量南迁入安徽,为安徽成为当今柏姓族人聚集地最多、居住人口最多的省份奠定了重要基础。

明朝洪武年间,山西的柏姓族人开始大量迁入安徽,其中由山西曲沃迁入安徽泗县山头镇大柏村的一支柏姓,发展成为今天的大柏圩柏姓支系,始祖为法宝公。其子孙除大柏圩外,分居于安徽省山头镇小柏庄、双庄和安徽省滁州市、淮南市、淮北市、宿州市、五河县及浙江省杭州市、贵州省、山西省太原市、四川省内江市、甘肃省玉门市、黑龙江省七台河市、北京门头沟区、河南省永城市、台湾台北市等地,总人数超过两万人。此外,还有一部分柏姓族人,从山西省平阳府和泽潞沁等州,迁往东南方的浙江省定居。

明朝从山东迁往安徽的柏姓族人,从宗谱看主要有两支,即由山东寿县柏台子迁入安徽省定远县,始祖为君佐公;明朝中期,还有一支柏姓族人由山东老鸹巷迁入安徽省怀远县。

贵州省的柏姓族人,多是明清时期,由江西、江苏南京等地的柏姓迁入。江西迁贵州的一支柏姓族人,开基祖为保饶公,原居江西吉安府,后迁入贵州省长顺县;其他还有多支柏姓族人由江西各地迁入贵州福泉市、安顺市、独山县等地,发展繁衍,形成贵州的众多柏姓支系,但因年代久远,家谱不存,许多支系的开基祖和迁播演变不明。洪武年间,还有从江苏迁入贵州的柏姓支系,即由江苏南京迁入贵州省普安县,但始祖不明。

明朝嘉靖年间,湖南宁远柏家坪的一支柏姓支系迁入广西省桂林市阳朔县,始祖为维斌公,形成了今天的金宝街柏家和延村柏家等支系。

明朝时期,由安徽迁往江苏的柏姓支系,有谱可查的有两支,一支是由安徽池州迁入江苏省赣榆县柏家村的柏姓支系,形成了今天的赣榆柏家,堂号为海岸堂。根据海岸堂谱序记载,这一支柏姓源于云南,望出魏郡,明洪武初年,从云南迁征州岩石镇大桥头迁往安徽池州蓉城柏家桥,又由安徽池州迁往江苏赣榆。其谱系可以和安徽箭楼柏氏谱系相对接,应该是庆三公后裔,属庆三公支系,一世祖为成公。另一支为安徽魏州迁往江苏的柏姓支系,即今天的清励堂江都分支(京口柏氏),其一世祖为兼善公。该支柏氏为魏州后裔,自汉名臣柏英公以来,子孙繁衍,世居魏州——传十余世有兼善公,由魏州徙高邮,明初任户部主事——至十六世士元公始居京口。兼善公为江都柏氏之始祖,其后长茂公,迁徙永固洲,为开基之祖。兼善公之后裔还有前往高邮、沙洲京口者发展繁衍的。

明朝时广东、广西地区也都有了柏姓族人的迁入。如广西南丹县六寨镇柏氏,即是明洪武年间,从江西流散至广西、贵州一带形成的;广东乐昌柏氏,始祖均生公,字肇基,号原泉,祖居江西泰和县鹅颈丘,迁衡阳铁炉门。应为湖南宁远柏氏的后裔分支。均生公由湖南迁今桂阳敖泉乡乌陇上塘村,为老屋,其孙景富迁出建新屋，明万历年间，第八代才洲公由老屋迁广东乐昌九峰溪下村，子孙分迁各地。

由南向北的回迁：明代时，还有安徽的柏姓族人回迁至河南。明孝宗年间，由安徽阜阳迁入河南省商城县上石桥镇，形成上石桥柏氏家族，始祖为恒秀公。恒秀公原居安徽省阜阳县地理城（今阜南县地理城），因家庭贫穷，携二子从阜阳地理城迁到商城县上石桥定居，在当地繁衍发展壮大。

由西向东的迁播：由山西洪洞县迁入河北，后又迁入山东地区的柏氏支系，始祖多为仁、义、礼、智、信、正、大、光、明兄弟九人。该支柏氏原居于山西洪洞县，在明朝政府的强制下，开始迁往全国各地。其中正、大、光、明四兄弟最初由山西洪洞迁往河北枣强，明永乐二年（1404），又从枣强迁至山东。因此，今山东省的柏姓多是明清时期由河北枣强县迁入。迁入河北省临西县河西镇的支系，始祖为仁公。由河北枣强县迁入山东省济阳县南乡柏家庄的柏姓支系，始祖为光公，形成南乡老柏家；到清朝时期，南乡老柏家又陆续迁播至济南市、泰安市、济阳县、商河县等各地，形成众多的柏姓支系。迁居章邑城东大柏家庄的柏家支系，形成章丘普集柏氏，始祖明公，二世睿公、智公，三世世昌、文用、武用、细用、见用。此外，山东邹平县、章丘市的柏姓族谱也多记载其是由河北枣强县迁入的，但具体的迁入时间、入迁始祖不明。

明末清初，由甘肃陇西的一支柏姓迁入山西省浮山县，形成南西河柏家，始祖为重荣公。

由东向西的迁播：明代柏姓族人由东向西的迁播，主要有山西迁陕西和浙江入四川。陕西地区的柏姓族人并不多，而且迁入时间和始祖多无可考证，有明确迁入时间的有两支，一支是明朝初年由山西大槐树迁入陕西省蒲城县，形成平路庙柏家，另一支是由山西大槐树移民至陕西省吴起县柏石嘴，形成柏姓支系。

明洪武年间，由浙江嘉兴府迁入四川省广元市昭化区香溪乡的柏姓支系，形成了香溪柏家,始祖为秀一公。柏秀一是“浙江省嘉兴府崇德县茂庙村三十五都人氏”,于“洪武年迁昭化县(现在的昭化区)积阳里香溪山入业”。柏秀一来时带着四个儿子,分为四房。大房迁现在的昭化区梅树乡桐子村,二房迁梓潼县柳沟,三房、四房在香溪。

江苏省内的迁播:明朝时期江苏省内柏姓族人的迁播比较多,从柏姓宗谱的记载来看,明朝时期,江苏省内柏姓族人的迁播主要是由明洪武年间的苏州阊门赶散事件引发的。根据南京博物馆中的相关资料记载:明洪武年间,因洪水泛滥,冲到京杭大运河堤高家堰,淹没苏北里下河一带,徐、海、通、泰、扬五州之地均遭洪患。洪武三年(1370),又发洪水,仍是高家堰(现在灌溉渠上游高家梁涧进水闸),苏北里下河变成黄泛区,一望无际,荒无人烟。洪武皇帝与娘娘、刘基先生三人观灯时,看到了苏州巡抚敬供的异灯,因此犯了皇帝忌讳。于是天子震怒,发御林军屠杀,姑苏城内伏尸无计,血流全城,幸刘基先生苦谏,准奏阊门赶散,各姓赴苏北里下河地区落户。此时大量原居于苏州的柏姓族人分迁至苏州其他地区。苏州阊门赶散时,始祖常一公迁至淮河南古盐渎西南大冈;贵七公东迁至伍嵯南,古珠溪镇,为柏家巷,取堂号“忠恕堂”,其后柏姓族人又以柏家巷为源头,向各处迁徙,向南至下仓的井塘,向西北至沙港河两岸发展,向东至伍佑港、枸杞港、便仓港都有柏姓的聚集地;常二公迁至高邮州柏家尖;常三公迁至常州府柏家桥。忠恕堂淮南伍嵯分支、滨海分支、盐城分支等支系始祖均为常一公,皆由苏州阊门分迁形成。

其他江苏省内的迁播还有,明洪武年间由江苏太仓迁入江苏省盐城市而形成的盐城柏家,始祖为仓一公。江苏高邮家乐堂卸甲分支,为明清年间从苏州阊门迁至高邮卸甲而形成的,为庆三公后裔。香山堂菱塘分支,明朝后期从江南迁兴化迁高邮迁菱塘,一世祖为柏如松,等等。

7.清朝时期

柏姓族人迁播最大的特点是,湖广填四川造成大量柏姓族人迁入四川、重庆,形成了今日四川众多的柏姓支系;除大量迁入四川地区之外,清代时期,在柏姓族人传统的聚集地即湖南、湖北、江苏、江西等地区的柏姓族人常有小规模的迁播。

四川和重庆地区的柏姓族人大多是由湖南祁阳柏氏迁入形成的,为楚望公之后。清朝时期,四川地区连年战乱,十地九空,因此清政府号召湖广地区的居民迁往四川发展。柏姓族人大量入川由此开始。重庆地区的柏姓族人,大多是在清朝康熙和雍正时期,由湖南祁阳迁入的。如迁入重庆市梁平县形成了柏家祠堂、花园柏家、大屋基柏家,始祖为分年公;康熙年间,由湖南祁阳迁入重庆市梁平县新盛镇高升村的柏姓支系,形成了柏家河坝柏,始祖为良秀公;迁入梁平县石安镇高升村的,形成双合寨柏家,始祖为朝祚公;迁入梁平县聚奎镇的,始祖为康建公;迁入梁平县回龙镇的,始祖为魁任公。四川地区的柏姓族人,也多是清康熙和雍正年间,由湖南祁阳迁入的,尤其是四川省广安市、达州等地区;此外,还有从湖南宁远迁入四川省达州,共同形成了四川地区的众多柏姓支系。具体的支系有:愈标公为四川达州景市柏家坪始祖柏愈标支系始祖,是康熙初年,从湖南祁阳县入川;达州景市文家场始祖柏成美支系,是康熙末年,从湖南祁阳入川;开江县严家黄龙沟始祖柏逸盛,是康熙年间,从湖南祁阳入川;梁平县石安双合寨始祖柏朝阼,是康熙年间,从湖南祁阳入川;等等。现四川达州市和重庆梁平县由湖南入川 19 个支系。其中达川区 7 支系,开江县 5 支系,渠县 1 支系,万源 1 支系,梁平县 5 支系。

湖北入四川的一支柏姓支系形成了遂宁柏氏,始祖为柏承寿、柏正芸,清康熙年间由湖北麻城县孝感乡迁入四川蓬溪县武丰镇。

清朝中期,湖南宁远的一支柏姓支系,迁入湖北省利川市建南镇箭竹溪村,形成了建南柏家,始祖尊宁远柏家坪始祖楚望公。

清朝由江苏迁往江西的一支柏姓族人,形成了南矶柏家、龙泉柏家等支系。清朝初年,由江苏扬州迁入江西省新建县南矶乡的柏姓族人,发展形成南矾南山柏家,始祖为日藩公;清朝末年,南矾柏家又迁入江西省遂川县泉江镇,形成龙泉柏家,始祖为长寿公。

从上述柏姓宗谱记载的不同历史时期柏姓族人的迁播状况来看,柏姓族群的迁播大多出现于宋代以后,且多以魏郡后裔自居,其宋代以前的活动地应该主要是魏郡所在的中州地区,唐末以后,开始发展迁播至各地。宋元时期,柏姓族人的聚集地以河南、山西、江苏、安徽、湖南、湖北等大范围的中部地区为主;明清时期两次政府强制下的大移民,使集中于中部地区的柏姓族人开始向山东、四川、广西、贵州等偏远地区大量迁播,形成了当今柏姓的分布格局,即北方地区基本以山东、山西为中心,南方地区则以安徽、江苏、四川等为中心。

从柏姓各支系的迁播发展来看,由于迁播的分支和地点较多,相对来说比较杂乱;但如果从支系的发展繁衍角度来看,除了一些小的来源不明的支系,柏姓族人大的支系迁播还是有着比较清晰的脉络可寻。按省份可以分为以下几个重要的支系:

湖南宁远柏家坪柏氏:分支最多,该支柏氏宋朝时由江西吉安迁入湖南而形成,始祖为衍庆公、楚望公,该支柏氏不断发展壮大,分迁至各地。明朝时形成湖南祁阳柏氏、广西金宝街柏家和延村柏家、广东乐昌柏氏等支系。清朝时湖南祁阳柏氏,迁入湖北形成了建南柏氏,还有一些迁入今四川、重庆地区,形成了四川和重庆地区众多的柏姓支系。

安徽箭楼柏氏支系:元朝时,由江西婺源迁入安徽,始祖为庆三公,后发展为建德柏氏、寨里柏氏、箭楼柏氏等支系。明朝时该支系后人又迁入江苏地区,形成了今江苏的赣榆柏家。

山东柏氏支系:明清时期,山西柏氏由洪洞、曲沃等地大量迁入河北,后又再次东迁进入山东,在山东各地繁衍发展,形成了今山东济阳柏氏、山东章丘柏氏等众多山东柏姓支系。

湖北大冶柏氏支系：形成时代比较早，南宋时，柏景贤由贡士除授湖北大冶教谕，由安徽安庆迁湖北大冶建柏家嘴村，形成湖北大冶(黄石)柏氏，其后裔分迁至陕、豫、皖、苏、川等地，形成了众多柏姓支系。

其他还有安徽泗县大柏圩支系、江苏的众多柏姓支系等，都在长期的发展繁衍中迁播至各地，形成分布广泛、数量众多的柏姓支系。下面根据柏姓宗谱的记载，对柏姓几支重要支系的始祖及后裔迁播情况做简单介绍。

(二)柏姓重要支系始祖及迁播概况

河南迁江南之始祖柏万春：柏万春为宋代人，南宋时随宋高宗南渡，从河南开封白马岩迁至金陵(江宁府上元县)，成为"河南省始迁江南省之祖"。柏万春的十四世孙柏洪七，迁居江苏句容柏冈，柏洪七的玄孙柏应科又从"江南之句容迁于崇，遂家海乡，迄(柏)谦凡五世，不绝如缕。族人之居于崇者，不过四五家"(柏谦《柏氏宗谱序》)，五世柏应科、柏士龙等均被尊为"金陵始迁崇明之祖"。柏万春后裔在江南地区繁衍发展形成句容柏氏、崇明柏氏、碧山堂南京江宁分支等多支柏姓支系。

湖北大冶柏姓始祖柏景贤：柏景贤为唐朝平原郡王柏良器之后，南宋淮南西路安庆府(今安徽省安庆市)人。南宋开禧年间，柏景贤由贡士除授湖北大冶教谕，由安徽安庆迁湖北大冶建柏家嘴村，形成湖北大冶(黄石)柏氏。其堂弟柏景员，在江南从军至大冶，后定居石灰窑高椅山下，建立柏家营村，兄弟分居黄荆山南北。景贤、景员二公被尊为始迁大冶的柏氏始祖。元代时，三世祖柏崇风、柏崇贵兄弟由祖庄柏家嘴迁至安田寺南五里梧桐山下建柏家老屋。祖庄柏家嘴其他支系或迁徙他处，或逐渐消亡，今仅存柏家山祖墓、柏家井等故址。清康熙年间，十世祖柏卜圣、柏魁山、柏士备三兄弟由柏家老屋迁至佛兴寺西南建柏家新屋。柏景贤、柏景员的后裔现已繁衍至陕、豫、皖、苏、川等地，形成了众多柏姓支系。

安徽池州、安庆柏氏始祖庆三公：宋末元初时，原居于中州魏郡的庆三公支系,为躲避战火兵扰向南迁徙至徽州婺源,柏兼善一代从婺源迁江苏省高邮定居。后又从徽州婺源迁池州府建德县(今东至县),再迁桐城巢山落户生三子,正一公居巢山李家坦,裔孙复初公迁庐江县砖桥;正三公居麻埠河东岸宣家坂,其子允青公迁枞阳县连湖、允常公子复先公迁舒城县、复义公后裔散居和州;正二公子年公因仰慕江南景美复迁回建德县,成为建德(东至)柏氏始祖。其十五世孙永庆公、永馥公于北京繁衍,永吉公支下淮安繁衍,瑞二公迁青阳县,瑞四公在贵池市肖坑繁衍,瑞三公子全三公后裔有迁浙江省湖州定居。忠公子本二公承袭父职奉旨征战到辽东,诰封世袭提督,发祥三韩。庆三公子孙族旺丁繁,枝繁叶茂。其十七世裔孙经公、纶公、再一公明初徙迁江苏宝应、金湖。其三大支系生聚日众,枝繁叶茂,又发展到高邮市郭集、卸甲、淮安等地。庆三公八世孙成公于明洪武初年迁江苏赣榆县,形成了今江苏赣榆柏家支系。

湖南、四川柏姓始祖柏衍庆、柏楚望:柏衍庆原籍江西吉安府太和县鹅颈塘,因后唐李从珂兵乱,徙居至湖南衡州铁炉门。宋太祖开宝五年(972)生柏楚望,柏楚望稍长,迁宁远东乡桐木塘,生柏敦化、柏敦瑞。柏敦化分居松柏岗,生柏彩、柏隆,卜居东乡龙板及对河虎形,开柏万成户;柏敦瑞初守桐木塘,裔孙移居西乡漯塘下,即今之里塘尾,传至柏允春、柏允福。柏允福生柏应奎,于元泰定年间迁祁阳,生柏仲林、柏仲彬。柏仲彬一支居祁阳干冲坪,柏仲林生柏永安,仍迁故里柏家坪。柏允春下传四代至柏法祯,始卜长竹山立宅,后亦迁居柏家坪,开柏万胜户;柏楚望七世孙柏自程,乳名四郎,原名柏希祯,于元初徙居广济乡禾亭墟里母江,今名里美江,开柏万发户。柏自程生柏文通、柏文达、柏文珠,明洪武初年,柏文通、柏文达编籍广济乡八甲,柏文珠列七甲。柏万成、柏万胜、柏万发三户裔孙后衍散宁远、祁阳、桂阳及广西阳朔、四川广安岳池、重庆大足、贵州独山等地。

湖南祁阳始祖荣福公:湖南祁阳柏氏支系源自湖南宁远,为楚望公后裔。

荣富公即柏允福,生而英伟,识量闳深。元至正四年(1344),偕妻子四人,来到湖南宁远富阳干冲坪,看到当地山清水秀,民风淳厚,便定居于此。此后勤俭起家,耕读为业,举乡饮正宾,更名荣福。生子二,长仲林,次仲彬。仲林于明永乐年间徙居祁阳皇福塘(一称横木塘),生子六,一出继,清康熙丁丑年(1697)柏永秀、柏永茂二房相继迁往蜀地,发展成为今四川达州、重庆等地的多支柏姓支系;柏永昌、柏永安、柏永诚三房云礽承业。柏仲彬仍居干冲坪,其子柏永青徙居泮泥冲,柏永良徙居四方井。五房子孙繁衍,散处祁阳、宁远各处。

江西柏姓始祖颜亨公、日藩公:颜亨公原居江苏扬州北门,清朝初年,在朝为官,清正廉洁,爱民恶贪,后被奸臣陷害。其三个儿子为避株连,逃到江西。老大定居彭泽湖口一带。老二先迁新建县昌邑,后转迁南山,打渔为生。老三定居新建县老观咀。老二(即开基祖日藩公)转迁南山之后,由于辛勤劳作,不久买地建房,发家致富,在南山定居下来,长期繁衍发展。在清朝道光年间,南山柏氏因遭受水灾,许多人外出逃荒。其中长寿公在此时携妻驾船带网溯赣江而上,经吉安、泰和直至龙泉(今江西省遂川县泉江镇)谋生定居,形成龙泉柏氏。另一支迁往高安发展繁衍。

山东柏姓始祖正、大、光、明四公:山东地区的柏姓支系的始祖多为正、大、光、明四公,最初居住于山西,明代时期响应政府号召,先迁入河北,后又迁入山东,形成了山东济阳、章丘等地的柏姓支系。该支柏氏原居于山西洪洞县,在明朝政府的强制下,迁往全国各地,始祖为仁、义、礼、智、信、正、大、光、明兄弟九人。其中正、大、光、明四兄弟开始由山西洪洞迁河北枣强县,明永乐二年(1404),又从枣强迁往山东济阳柏家庄,后伯祖回原籍以奉宗祀,仲祖、季祖在山东章丘市立户。由河北枣强县迁入山东省济阳县南乡柏家庄的柏姓支系,始祖为光公,形成南乡老柏家;到清朝时期,南乡老柏家又陆续迁播至济南市、泰安市、济阳县、商河县等各地,形成众多柏姓支系。迁居章邑城东大柏家庄的柏家支系，形成章丘普集柏氏，始祖为明公，二世祖为睿公、智公，三世为世昌、文用、武用、细用、见用。

安徽泗县柏姓始祖法宝公：洪武四年（1371）十月，法宝公与表兄惠氏、表弟李氏结伴，从山西泽、潞二州的曲沃县，徒步来到直隶临濠府（凤阳）虹乡（泗县），即今天的皖泗县山头镇大柏圩，在距赤山东十里的低洼湖泊荒地，开垦种田，发展成为今天的大柏圩碧山堂柏氏。其子孙除大柏圩外，分居于各地，六世祖柱明公于清顺治辛卯年（1651）中举，任山西省泽州县知县、岢岚州知州等职，其后人在河南省永城市刘厢乡柏家庄定居。目前，法宝公后裔已分布全国各地，如安徽省山头镇小柏庄、双庄，安徽省滁州市、淮南市、淮北市、宿州市、五河县及浙江省杭州市、贵州省、山西省太原市、四川省内江市、甘肃省玉门市、黑龙江省七台河市、北京门头沟区、河南省永城市、台湾台北市等地，总人数近两万人。

（三）当代柏姓的分布特点

柏氏宗谱记载历史较悠久的一支柏氏是湖北省黄石市柏家，为唐朝平原王柏良器之后。始祖柏景贤原为南宋淮南西路安庆府（今安徽省安庆市）人，南宋开禧年间，由贡士除授湖北大冶教谕，由安徽安庆迁湖北大冶建柏家嘴村，形成柏家老屋。清代康熙、乾隆年间，柏家老屋继续分迁至湖北其他地区，形成柏家新屋、柏家细屋等支系。现已繁衍至陕、豫、皖、苏、川等地。

当代柏姓人数最多的一支为湖南宁远县柏家坪柏氏。宋朝初年，由江西泰和迁入湖南省宁远县，形成宁远柏家坪，始祖为楚望公，后繁衍形成湖南宁远县、道县、祁阳县、桂阳县的多支柏姓分支。楚望公父为衍庆公，原居江西吉安府太和县鹅颈塘，宋代时迁居衡州铁炉门，生楚望公。楚望公后迁宁远东乡桐木塘，生二子敦化和敦瑞。敦化分居松柏岗，生彩与隆，卜居东乡龙板及对河虎形，开柏万成户。敦瑞初守桐木塘，裔孙移居西乡漯塘下，即今之里塘尾，传至允春、允福。允福生应奎，于元泰定年间迁祁阳，生仲林、仲彬；仲彬一支居祁阳干冲坪，仲林生永安，仍迁故里柏家坪。允春下传四代至法祯，始卜长竹山立宅，后亦迁居柏家坪，开柏万胜户。楚望公七世孙自程，乳名四郎，原名希祯，于元初徙居广济乡禾亭墟里母江，今名里美江，开柏万发户。万成、万胜、万发三户裔孙扩散至宁远、祁阳、桂阳，以及广西阳朔，四川广安岳池、达州、蓬溪，重庆大足、梁平、铜梁，湖北利川，贵州独山等地。至今发展至一万多户，五万多人。

当今柏姓聚集点和居住人数最多的省份是安徽省。山西迁安徽的柏姓始祖为发宝公，于明朝洪武年间，由山西曲沃迁入安徽泗县山头镇大柏村，其子孙除大柏圩外，分居安徽省山头镇小柏庄、双庄和安徽省滁州市、淮南市、淮北市、宿州市、五河县及浙江省杭州市、贵州省、山西省太原市、四川省内江市、甘肃省玉门市、黑龙江省七台河市、北京门头沟区、河南省永城市、台湾台北市等地，总人数超过两万人。安徽还有寿县寿春镇柏台柏家、柏家寨柏家、柏家竹园柏家，定远县炉桥镇青洛乡柏岗村、七里乡柏圩村、范岗乡小柏村、朱湾镇柏林村，淮南市田家庵区柏园柏家，凤台县李冲回族江柏队，怀远县淝南乡姚圩村柏家，五河县沫河镇大柏村、沫河镇小柏村，明光市招信镇林庄村柏家，广德县邱村镇柏家，南陵县柏家等三十三个聚居点。聚居柏氏多达三万五千多人。

四川是除安徽之外柏姓居住人数最多的省份，四川柏姓最大的特点是大量集中于个别市县，如四川省达州和重庆梁平县。四川省达州柏氏，是湖南楚望公的后裔，谱载："明末清初，四川连年战乱，十室九空，发春子柏氏二十二代世泰、世奎、世纯及堂兄世魁响应康熙的移民之诏，于康熙年间由湖南入川。"定居于达州的柏姓支系多达七支，人数达两万人以上。四川和重庆的柏姓多由湖南祁阳柏氏迁播而来，为湖南宁远宁家坪柏氏楚望公之后人。

三、柏姓的历史名人

柏姓是中华民族最古老的姓氏之一,最早的得姓来自上古时期的柏皇氏族群,因为柏皇氏族群曾是上古时期对文明起源做出过重大贡献的族群,地位非常显赫,所以上古时期的柏姓族人也多为帝师重臣,功绩卓著。春秋时期柏皇氏后裔建立的柏国被楚所灭,后人迁播各地,为纪念故国,以国为氏,形成柏氏,柏氏族群开始发展壮大,先贤辈出。

(一)先秦时期的柏姓名人及其来源

先秦时期的柏姓名人多为帝师重臣,地位举足轻重,应该与柏皇氏族群在上古时期的显赫地位有密切关联。

先秦时期的柏姓人文献中有不少记载,并且多是身份显赫之人。著名的有柏姓得姓始祖柏皇氏,柏皇氏族群曾是伏羲族群的重要盟友。柏皇氏为族群首领,曾担任伏羲氏下相,柏皇氏族群以柏木为图腾,后裔以柏为姓;进入五帝时代,柏皇氏族群后裔依然延续柏皇氏时代的重要地位,如柏常为黄帝地官,柏夷亮父为颛顼师,柏招为帝喾师,尧帝时柏成子高立为诸侯;大费拜受佐舜,调驯鸟兽,鸟兽多驯服,是为柏翳,舜赐嬴姓,还助禹治水立了大功。早期国家建立以后,柏因曾担任夏朝后羿时的重臣;商代伯夷是炎帝后代,曾劝周武王守孝间罢兵伐纣("伯"同"柏");西周时柏冏为太仆正,辅君治世有功,再封国于柏(今河南西平县),为柏子国开国君主;东周有史官柏常骞;等等。

先秦时期的柏姓名人在传世文献中多有记载,如唐林宝《元和姓纂》载:"柏亮父为颛顼师,柏招为帝喾师。"宋郑樵《通志·氏族略》:"柏亮父,颛帝师。柏招,帝喾师。"宋罗泌《路史》记载更为详细:"柏常为皇帝地官,柏亮又为颛顼师,柏昭为帝喾师。尧治天下,有柏成子皋立为诸侯,尧授舜,舜授禹,柏成子皋辞为诸侯而耕……又有柏侯氏、柏常氏、白侯氏。"宋邓名世《古今姓氏书辩证》:"柏亮父为颛帝师,柏招为帝喾师。"明陈士元《姓觿》:"黄帝臣柏常,颛顼师柏亮父,帝喾师柏昭,周穆王臣柏天,或其后也。"

对于文献中记载的先秦时期的柏姓人群,有学者认为应该是柏皇氏之后裔,出自柏皇氏族群,但也有学者认为都为柏皇氏后裔是不可靠的。如清代史学家梁玉绳就说:"《路史·前纪六》以柏夷父、柏招诸人皆柏皇氏后,《通志·氏族略》同,恐难信。"[①]近代历史学家、文字训诂学家石光瑛在给《新序》"颛顼学柏夷父"作注时更肯定地指出:"《路史·前纪六》以柏夷父、柏招诸人皆柏皇氏后,《通志·氏族略》同,皆望文生说,未知所据。宋人疏于小学,罗泌尤妄,不可信。"同书"帝喾学柏招"注曰:"《路史》以(柏招)为柏皇氏之后,不可信。"[②]

通过前文对柏姓来源的考辨可知,春秋战国时期在"以国为氏"的柏氏出现之前,因为上古柏皇氏族群的延续发展,已经出现了不少柏姓之人,这些柏姓之人大部分应该出自柏皇氏族群,为柏皇氏之后裔。但也有一少部分应该来源于"伯""柏"相通,形成的由"伯"变为"柏"的柏姓,如"伯翳"之后有"柏"姓;炎帝后裔"伯夷"之后,因"伯柏相通,有柏姓"。但这种情况应不占先秦柏姓来源的主流,因为文献记载中先秦的大部分柏姓之人多明确记载为柏皇氏之后裔。

(二)秦汉以后的柏姓名人

秦汉以后的柏姓名人文献有记载的仍以文臣武将为主,柏姓郡望的产生也多与这些有着卓越功勋的文臣武将有关。综观柏姓名人群体,在上古时期多为帝王师的显赫之后,柏姓族群在柏国灭亡后处于沉寂阶段,直到隋唐时期才开始再次显赫,这与柏姓族谱的记载也相吻合。在柏姓宗谱中对唐代以前

① 〔清〕梁玉绳撰:《汉书人表考校补》,中华书局,1985 年,第 52 页。
② 〔汉〕刘向编著,石光瑛校释,陈新整理:《新序校释》卷五《杂事·吕子曰章》,中华书局,2009 年,第 651—652 页。

的柏姓先祖发展迁播的具体情况少有涉及,至多追溯支系先祖至唐代,宋元以后开始有支系先祖的详细迁播情况,这说明,唐宋以后,随着世家大族、郡望谱系的形成和普及,柏姓族群及家族的记载开始详细化,开始记录家族谱序。

1.秦汉时期的柏姓名人

从史书的记载来看,两汉时期的柏氏家族和柏姓人物及事迹非常少,造成这种状况的原因主要在于,春秋时期,柏国被楚灭亡,柏国本就是小国,被灭国后其后裔四散迁播,所以秦汉时期,应是柏姓家族休养生息的发展期,其影响力和声望完全无法和先秦以前相提并论。目前文献中所见两汉时期比较有名的柏姓名人并不多,主要有柏鸿、柏英、柏直、柏始昌等,尚未形成知名的世家大族。

柏鸿,汉代魏郡郡守。其记载见于《唐故卫尉卿赠左散骑常侍柏公墓志铭》《全唐书》等文献,但仅记载其官职,并未有具体事迹。

柏英,汉代大鸿胪。《风俗通义·姓氏篇》等文献中都记载有汉代柏姓名人大鸿胪柏英,但难以找到其具体事迹的记载。

柏直,秦汉之际魏国将军。据《汉书》《旧唐书》等史料的记载,柏直为魏国大将,汉军兵败彭城时,魏王豹与齐、赵联合反汉,汉高祖命韩信平叛,魏王命柏直带兵迎敌,结果被韩信打败。

柏始昌,汉代使节。《史记》《汉书》中有关于柏始昌出使西南夷的记载。《汉书·西南夷两粤朝鲜传》中载,元狩元年(前122),博望侯张骞出使大夏时,因匈奴阻挡道路,就打算从西南绕道而行,“于是天子乃令王然于、柏始昌、吕越人等十余辈间出西南夷,指求身毒国”①。另外《史记·大宛列传》对此也有记载:“乃遣使柏始昌、吕越人等岁十余辈,出此初郡抵大夏,皆复闭昆明,为所杀,夺币财,终莫能通至大夏焉。”②柏始昌等作为使者,途中被杀,以

① 〔汉〕班固撰,颜师古注:《汉书》卷九十五《西南夷两粤朝鲜传》,中华书局,1982年。
② 〔汉〕司马迁:《史记》卷一二三《大宛列传》,中华书局,1982年,第3171页。

身殉国。

2.魏晋时期的柏姓名人

到魏晋时期,柏姓家族开始有了一定影响力,晋宣帝(《元和姓纂》载为晋武帝,但与其他史料对应,应为晋宣帝比较合适)有柏夫人,生赵王伦。柏夫人的家族在当时应该是有一定影响力的大族。如《姓氏急就篇》转引自《国语》记载:"晋十一族,有柏。"《通志·以国为氏》转引《风俗通》云:"晋宣帝柏夫人生赵王伦。"说明此时柏夫人所在的柏姓家族应该已经有了一定地位,而柏夫人所在的家族文献记载为济阴柏氏,说明济阴作为柏姓的著名郡望应该在此时开始形成。如《元和姓纂》载"晋武帝柏夫人,生赵王伦。济阴,王僧孺谱云,萧元益娶济阴柏氏,益兄子泉娶济阴柏齐女。贞元左威卫大将军柏良器,济阴人;生耆,谏议大夫。"

3.隋唐时期的柏姓名人

隋唐时期,是柏姓家族的繁盛期,其著名郡望魏郡、蜀郡及堂号平原堂、忠恕堂等皆形成于唐代,与唐代著名的柏姓名人柏良器、柏耆、柏贞节等密切相关。以《隋书》和《唐书》等正史为本,《隋书》中没有柏姓历史人物,两《唐书》中出现有5个柏姓人名,即柏良器、柏耆、柏贞节、柏茂林、柏常心。

柏良器,唐代大将,功封平原郡王。《新唐书》卷一百三十六《李光弼传》中附有柏良器传,大致描述了柏良器的生平事迹。柏良器,字公亮,魏州(今河北大名)人。其父柏造被安禄山所杀,柏良器开始学习击剑,立志报仇,父亲的朋友王奂觉得他文武双全,于是推荐给朔方节度使李光弼。后跟随李光弼,屡立战功,被升任为左武卫中郎将。后又镇压袁晁、方清起义,击败淮宁节度使李希烈。因军功卓越被封为平原郡王,入为左神策军大将军、知军事,食邑三千,画像于凌烟阁。其子为柏耆,柏姓家族的郡望"平原郡"及堂号"平原堂"正是因柏良器而来。

柏耆,唐代著名谋士,擅长纵横术。《旧唐书》卷一百五十四和《新唐书》

卷一百七十五都有柏耆传,记载了柏耆的生平事迹。柏耆为柏良器之子,擅长纵横术。王承宗在常山起兵叛乱,柏耆以大义游说王承宗,使王承宗心甘情愿派遣两个儿子为人质,并向朝廷献二州,由此柏耆名声大震。元和十年(815)的时候,又成功安抚了移镇滑州的王承元将士。太和元年(827),李同捷反叛,柏耆说服兖海节度使李同捷归降。其他将士为争功,设计陷害柏耆,使柏耆被贬为循州司户判官,后又被流放爱州,最终被赐死。此外,《旧唐书》中的穆宗本纪、王武俊传附王承元传、李翱传也有关于柏耆奉旨宣慰王承元的记载,敬宗文宗本纪、李全略传附李同捷传有柏耆说服李同捷的记载。

柏茂林、柏贞节似为一人,为唐代邛州刺史。《旧唐书·代宗本纪》记载有永泰元年(765)"邛州刺史柏茂林充邛南防御使",二年,"邛州刺史柏茂林为邛南节度使",三年"(剑南西川节度使)崔宁为柏茂林、杨子琳所攻"。[①] 关于柏茂林事迹的记载还见于《旧唐书》卷一百十七:"永泰元年五月,严武卒……(崔)旰遂出兵拒敌,英乂与之接战,英乂军大败而还,收余兵才千人,归成都,将卒因多逃散……英乂出兵于城西门,令柏茂琳为前军,郭英干为左军,郭嘉琳为后军,与旰战。茂琳等军累败,军人多投旰。旰令降将统兵与英乂转战,大败之。兵至子城,英乂单骑奔简州,为普州刺史韩澄所杀。时邛、剑所在起兵相攻,剑南大乱。"[②]但在《旧唐书》卷一百八记载,柏茂林则变为柏贞节,但管制、事件却和柏茂林一致,说明应为一人。"永泰元年十月,剑南西川兵马使崔旰杀节度使郭英乂,据成都,自称留后。邛州衙将柏贞节、泸州衙将杨子琳、剑州衙将李昌巙等兴兵讨旰,西蜀大乱……代宗……仍以旰为剑南西川行军司马,柏贞节为邛州刺史,杨子琳为泸州刺史,各罢兵。"[③]因此,从这几处记载的有关事迹来看,柏茂林与柏贞节的事件、官职均一致,应该为同一人,

① 〔后晋〕刘昫等撰:《旧唐书》卷十一,文渊阁四库全书本。
② 〔后晋〕刘昫等撰:《旧唐书》卷一百十七,文渊阁四库全书本。
③ 〔后晋〕刘昫等撰:《旧唐书》卷一百八,文渊阁四库全书本。

为邛州刺史，邛州属巴蜀地区。

柏茂林与柏贞节同为一人，在与诗人杜甫的交往中也可见一斑。柏茂林与诗人杜甫的交往，在杜甫的诗作中多有体现，如：《览柏中丞兼子侄数人除官制词因述父子兄弟四美载歌丝纶》《览镜呈柏中丞》《陪柏中丞观宴二首》《奉送蜀州柏二别驾将中丞命赴江陵起居卫尚书太夫人因示从弟行军司马位》《为夔府柏都督谢上表》等，其中的柏中丞即夔州之首领柏茂林。但在柏姓宗谱常见的则是，任夔州太守的柏贞节与杜甫的交往，并且是柏姓"碧山堂"堂号的来源。杜甫曾作《送柏大世兄》诗赠予柏贞节："碧山学士焚银鱼，白马却走身岩居；古人已用三冬足，年少今开万卷馀；晴云满户团倾盖，秋水浮阶溜决渠；富贵必从勤苦得，男儿须读五车书。"柏贞节、柏茂林为一人，由此可证。

柏常心，唐文宗时少阳院使。关于柏常心的记载，新旧《唐书》中只有一条，《旧唐书·文宗儿子庄恪太子传》载："开成三年，上以皇太子宴游败度，不可教导，将议废黜。特开延英，召宰臣及两省御史台五品已上、南班四品已上官对。宰臣及众官以为储后年小，可俟改过，国本至重，愿宽宥。御史中丞狄兼谟上前雪涕以谏，词理恳切。翌日，翰林学士六人洎神策六军军使十六人又进表陈论，上意稍解。其日一更，太子归少阳院，以中人张克己、柏常心充少阳院使；如京使王少华、判官袁载和及品官、白身、内园小儿、官人等数十人，连坐至死及剥色、流窜。"[①]在这一记载中涉及柏常心的记载很简单，只说明了其所担任的官职为少阳院使。唐中后期，少阳院使的职位与身份，大致与十六王宅使相同。《唐文拾遗》卷二十五《大唐故朝议郎行宫闱令充威远军监军上柱国赐紫金鱼袋西门大夫墓志铭》曾云："顺宗嗣位，爰选耆德，以辅储皇，转为少阳院五品。"可知少阳院使的品阶大致为五品，应当是太子东宫里的高官。

---

① 〔后晋〕刘昫等撰：《旧唐书》卷一百七十五，文渊阁四库全书本。

除隋唐正史中出现的五位柏姓名人外,在其他文献和柏姓宗谱中还有不少隋唐时期的柏姓名人,比较著名的还有魏郡柏良器家族的其他成员。柏季纂,隋朝魏郡人,隋末为山西祁县令。曾跟随李渊一起起兵。唐高祖武德年间,曾先后担任屯田农圃监,汝、遂、宜三州刺史,入为司农卿,后拜虞州刺使。赠工部尚书,封武阳公(一说武陵郡公),官至正三品。柏季纂子柏敬仁,曾担任蕲州长史,从五品上;柏敬仁子柏謇,曾任河南永宁县令,并赠大理寺少卿,正四品;柏謇子柏造,曾任怀州获嘉县令。再加上前面提到的,柏造子柏良器曾授左武卫中郎将,官至左领军卫大将军,为正三品;柏良器子柏耆曾授左拾遗,官至兵部郎中,兵部郎中为从五品上。综观唐代魏郡柏氏家族的任职情况,可以看出,唐代魏郡柏氏家族除柏造以外,有五世官居五品以上,这也是柏良器家族所在的魏郡成为柏姓郡望的原因所在,因此,魏郡柏氏郡望应形成于唐朝。

4.元明清时期的柏姓名人

唐以后,正史有载的柏姓名人虽然还有,但已不如唐代时辉煌。

柏怀任,五代十国时,后汉魏郡太守。

柏子庭,元朝著名画家。嘉定人,善画枯木、怪石、菖蒲,题句甚多。

柏丛桂,明朝时期的水利专家。柏丛桂为明朝宝应人,明洪武年间,他曾上书朝廷,建议修筑淮堤,建槐楼 40 里,以防备水患。后来,明太祖采纳了柏丛桂的建议,在淮扬一带征用民工 56000 人,让柏丛桂率领,修建河堤,槐楼 40 里这个宏伟的工程最终大功告成,乡人称为“柏家堰”,世代造福于民,流芳千古。

柏仲彬,明朝官员。湖南祁阳县人,建文四年(1402)壬午科举人,永乐元年(1403)癸未恩贡生。历任江西南昌府东乡县知县、江苏南京府通判。

柏英,明朝官员。延安卫指挥使,明朝江都人。

柏永馨,明朝官员。宁远卫(今辽宁省兴城县)人,明万历年间宣武将军,四品衔。

柏为臣,明朝官员。曾任广东都指挥同知。

柏凌,明朝官员。曾任广东指挥使。

柏荣,明朝官员。湖广人,曾任广东都指挥同知。

柏相,明朝官员。山东德州府清源县城西北柏家庄人,官至礼部侍郎。

柏永馥,明朝官员。宁远卫人(今辽宁兴城市人),明朝万历年间淮安总兵。宣武将军,四品衔。一说清四川永宁(辖今叙永、筠连、古蔺等地)总兵,等等。

清代时,柏姓族人也是精英辈出。

柏谦,清代著名士人。字蕴皋,号东皋,崇明人。康熙五十四年(1715),十九岁考中秀才。雍正元年(1723),二十七岁补廪、拔贡,雍正八年考中进士,选为翰林院庶吉士,雍正十一年授翰林院编修,雍正十三年任顺天乡试同考官。乾隆元年(1736),为福建正考官,又曾任《一统志》馆、武英殿经史馆、《明史纲目》馆的纂修,乾隆十二年迁居常熟虞山游文书院任主讲,并著诗文集。他的弟子有何忠相、魏兆昌等百余人。传记资料见《四库全书存目丛书》集281、《清代官员履历档案全编》(第二卷)等。

清代时还有大量的柏姓人群,通过科举考试,担任清政府的各级官员,或为文臣或为武将。如:柏锦林,济阳人,光绪六年(1880)进士;柏光斗,临清人,康熙二十年(1681)进士;柏光绪,临清人,康熙二年举人;柏中照,广宁知县;柏中焬,龙洋知县;柏世桢,广宁知县;柏云凌,施南参将;柏壮,浮山人,菏泽知县;柏肯堂,临清人,顺治十五年(1658)进士;柏战胜,光绪二年武举人;柏五岭,光绪八年武举人,临清人;柏玉田,掖县人,光绪十七年武举人;柏森,天津人,清末交通部主事;柏友梅,乾隆举人;柏战克,临清人,咸丰元年(1851)武举人;等等。沅江都司柏正才,清抗日英雄,光绪二十年(1894)日军进犯台湾时,奉刘永福之命,率部驻守白沙墩,后会同徐骧、王德标部与日军血战溪北、溪南,不幸中炮身亡。

清朝时,柏姓族人还出现了不少画家。如:柏雪村,善画兰;柏俞龄,吴江人,善画及制"雷文琵琶",折枝梅花洞箫;柏盟鸥,扬州人,渔猎经史百家,工丝竹绘画,著《柏映潭诗钞》。

5.近现代时期的柏姓名人

到了近现代,在风云变幻的革命浪潮中,柏姓族人涌现出大量有着坚定理想信念,忠心为国的精英人士。

柏惠民,清末革命家。陕西泾阳人。其父名柏森,为陕西省巨富。光绪三十二年(1906),柏惠民加入同盟会,宣统二年(1910)任同盟会渭北会务总负责人,建立革命武装,进行反清斗争。曾多次出资开铁矿、炼钢铁、制造武器,用于反清斗争。1911年2月,柏惠民为躲避清政府迫害,携款到达上海,支持于佑任主持的《民立报》开展业务。他会晤于佑任、宋教仁、谭人凤、陈英士,又拿出万两白银支持革命。孙中山对他竭尽全力办党务十分赞扬,亲书"博爱"二字赠之。他还热心社会公益事业,先后捐助用于革命、社会公益事业的白银不下数十万两。

柏文蔚,近代革命家。安徽寿县柏家寨人,中国国民党元老,跟从孙中山先生,早期同盟会会员,率镇江新军响应辛亥武昌起义,后被推为南京临时政府北伐联军总司令兼第一军军长、安徽都督。民国4年在上海参加护国运动。民国6年在广东参加护法战争。民国13年以后,历任国民党中央执行委员、革命军军长、国民政府委员等职。民国21年日军进攻上海,主张抵抗,为时论所推崇。

柏金吾,革命家,中国共产党党员。江西遂川县泉江镇人,1925年和陈正人一起参加了反帝反封建的学生运动,加入了共青团,不久转为中共党员。1926年陈正人调江西地委秘书处工作,柏金吾调任永丰县委宣传部部长,他在极为困难的白色恐怖情况下,积极组织农会、儿童团等组织,打土豪、分田地、筹粮款,作出显著成绩。1930 年初,由于叛徒告密,在地下党组织转移时,为掩护同志,与敌人展开激烈战斗,后不幸被捕,敌人用尽各种酷刑,他始终坚强不屈,保守党的秘密。1930 年,不幸遇害,时年 28 岁。

柏辉章,国民党著名将领。抗日战争中“淞沪会战”“徐州会战”“武汉会战”“南昌会战”“长沙会战”“浙赣会战”“长衡会战”等重大战役参加者、指挥者,国民党 102 师师长,国防部中将部员,与全师将士用血肉之躯与日寇进行殊死搏斗,重创敌军,为维护中华民族的尊严、领土完整,争取抗日战争的最后胜利做出了重大贡献。1949 年 11 月 24 日起义,1952 年镇反时被处决。此外还有不少为革命和新中国建立做出贡献的柏姓人士,如柏柱臣,国民党 73 军 193 师副师长,陆军少将。柏良,四川岳池人,黄埔军校第五期政治科毕业,第 50 军 144 师师长,陆军少将,1949 年 12 月 15 日在四川渠县起义。柏桓,四川铜梁人,第 72 师新编 31 师少将师长,1949 年 12 月起义。有国民党少将军衔的还有柏挺亚、柏天民、柏桂林等。

其他还有众多共产党将士、革命烈士等,不再一一赘述。

当代,柏姓族人更是在各行各业都有骄人的成就,如柏耀平将军曾受到国家主席、中央军委主席江泽民亲自接见,现任大连舰艇学院副院长以及山东省人大副主任柏继民,江苏省人大副主任柏苏宁,河南著名豫剧表演艺术家柏青,北京武警青年歌唱家柏文等。

纵观历史上的柏姓名人群体,古时限于传统的成功观,一般见诸记载的名人多是仕途为官之人,即文臣武将,而其他行业的优秀人才则鲜少记载。到清代,尤其是近现代以来,才出现了水利专家、画家等科学家、艺术家的记载。所以说历史上的柏姓名人群体只能是某些领域的代表,还有众多在其他行业做出贡献的柏姓人群未能进入历史名人群体,他们虽未被载入史籍,但并不能否定其贡献。

四、柏姓的家族文化及传承

我国古代社会其实一直是以家族和宗族为核心的基层社会组织结构,不同的姓氏在漫长的历史发展长河中均有自己独特的家族文化,这种家族文化的核心多是引人向善,积极奋进,能够增强家族凝聚力的内容,主要体现在各姓氏的郡望堂号、宗祠楹联、字辈排行等内容上,不仅是各姓氏和家族的文化瑰宝,也是我国优秀传统文化的重要内容,值得我们传承和弘扬。

(一)柏姓的郡望

"郡望"一词,是"郡"与"望"的合称。"郡"是行政区划,"望"是名门望族,"郡望"连用,即表示某一地域范围内的名门大族。郡望是以从东汉到魏晋时期开始形成的门阀制度为基础的,到唐朝时郡望开始大量出现。《钦定四库全书·重编琼台藁·卷十》收录的明代大学士丘浚公所作的《贵溪丘氏族谱序》说:"自唐人著郡望,而以河南望,丘良以襄公父子之显融故也。"

柏姓的郡望在魏晋南北朝时期开始逐渐形成,唐朝时正式形成知名郡望。文献中有明确记载的柏姓郡望有魏郡、济阴郡等,如《元和姓纂》引《风俗通》中载,柏姓的郡望有魏郡、济阴郡、蜀郡,"济阴,王僧孺谱云,萧元益娶济阴柏氏,益兄子泉娶济阴柏齐女。贞元左威卫大将军柏良器,济阴人;生耆,谏议大夫;元封进士,婺州刺史。魏郡,柏子之后,柏怀后汉魏郡太守,因居斥邱,十代孙季纂,唐司农卿,汝遂宜虞四州刺史,武阳公。蜀郡,状云柏子之后,大历中同州刺史柏贞节"。《姓氏考略》载有:"春秋柏国,为楚所灭,子孙以为氏,望出魏郡、济阴。"柏姓总谱中还有其他郡望的记载,如天水郡、平原郡、济阳郡等。

中州魏郡:魏郡,秦汉之际,汉刘邦置郡,治所在邺县(今河北省临漳县),其时辖地跨今冀、鲁、豫三省之界。五代十六国时辖地在今河南省内黄县、浚县,河北省临漳县、大名县、魏县、成安县,山东省定陶县、冠县一带地区。北周末年迁治到安阳。隋朝改为相州魏郡。唐朝时改为相州邺郡(今河南安阳),魏郡之名移给魏州。

作为柏姓郡望,从《元和姓纂》的记载来看,应该来源于隋末唐初柏季纂家族,"魏郡,柏子之后,柏怀后汉魏郡太守,因居斥邱,十代孙季纂,唐司农卿,汝遂宜虞四州刺史,武阳公"。柏季纂为汉代魏郡太守柏怀的后人,隋朝魏郡人,隋末为山西祁县令,跟随李渊起兵立下军功。唐高祖武德年间,历任屯田农圃监,汝、遂、宜三州刺史,入为司农卿,后拜虞州刺史。赠工部尚书,封武阳公(一说武陵郡公),官至正三品。除文献中记载的魏郡来自柏季纂家族外,柏姓宗谱中还有记载魏郡得自于唐代平原王柏良器、柏耆父子,并且为柏季纂的后代,所以柏季纂家族在唐朝的崛起,使其家族所在地中州魏郡成为唐代柏姓的著名郡望。

济阴郡:汉朝郡名。景帝中元六年(前144)从梁国分出,始为国,明年为郡,治所在定陶(今山东省定陶县西北),大致在今山东省菏泽市附近,辖区南至定陶、北至濮城。宣帝甘露二年(前52)更名为定陶,哀帝建平二年(前5)又改为济阴郡,属兖州。唐高祖武德四年(621),更名为曹州。唐玄宗天宝元年(742),改曹州为济阴郡。乾元元年(758),复为曹州。

济阴郡作为柏姓的郡望应该始于魏晋时期柏姓家族的崛起,魏晋时期,柏姓开始出现一些有影响力的家族,如晋宣帝的柏夫人家族。《通志·以国为氏》转引《风俗通》云:"晋宣帝柏夫人生赵王伦。"《姓氏急就篇》转引《国语》的记载:"晋十一族,有柏。"说明此时的柏姓家族已开始有了一定地位。而且此时济阴柏氏开始崭露头角,《元和姓纂》中关于柏姓郡望济阴郡的记载为:"济阴,王僧孺谱云:萧元益娶济阴柏氏,益兄子泉娶济阴柏齐女。贞元左威卫大将军柏良器,济阴人;生耆,谏议大夫;元封进士,婺州刺史。"在《元和姓纂》的记载中,济阴柏氏在魏晋时期开始崛起,唐代时又出现了左威卫大将军柏良器，和其子谏议大夫柏耆，由此济阴郡成为柏姓知名郡望。《元和姓纂》中柏良器、柏耆父子为济阴柏氏，也是济阴成为柏姓郡望的重要原因，但在《新唐书》等正史关于柏良器的记载中，其为魏州人，所以在柏姓宗谱的记载中多以柏良器为魏州人，其后人为魏郡后裔之说。

蜀郡：秦国置蜀郡，设郡守，成都为蜀郡治所。汉初承秦制。汉代在巴、蜀之外，又往四川盆地周围扩张，并设立新的郡。治置蜀郡属国都尉，三国蜀改为汉嘉郡，故治在今四川雅安县西，自汉至隋皆因之，唐代升为成都府。

蜀郡成为柏姓的郡望，《元和姓纂》记载来源于同州刺史柏贞节，同州即今渭南地区，古代属于巴蜀故地。在《旧唐书》的记载中柏贞节最初曾跟随剑南节度使郭英乂攻打起兵的崔旰，后兵败，郭英乂被杀，崔旰据成都，自称留后。柏贞节任邛州衙将，与泸州衙将杨子琳、剑州衙将李昌巎等兴兵讨伐剑南西川兵马使崔旰，西蜀大乱。最后唐代宗……仍以旰为剑南西川行军司马，柏贞节为邛州刺史，杨子琳为泸州刺史，各罢兵。柏贞节为邛州刺史，邛州属巴蜀地区，所以蜀郡因柏贞节而成为柏姓郡望。

除文献中有明确记载的柏姓郡望魏郡、济阴郡、蜀郡之外，柏姓宗谱中还有平原郡、天水郡、济阳郡等郡望，平原郡来自唐朝平原郡王柏良器，天水郡来自柏姓始祖柏皇氏，济阳郡则难以考证对应的历史人物及来源。

平原郡：汉代所置，始建于西汉高祖时期，治所在平原（故城在今山东平原县西南），辖境相当于今山东省平原、陵县、禹城、齐河、临邑、商河、惠民、信阳等地。或为国，或为郡。北魏时期被废黜。隋唐时期曾以德州为平原郡。

平原郡的由来应得自于唐朝平原郡王柏良器。柏良器，字公亮，魏州（今河北大名）人。其父柏造被安禄山所杀，柏良器开始学习击剑，立志报仇，父亲的朋友王奂觉得他文武双全，于是推荐给朔方节度使李光弼。因跟随李光弼屡立战功，被升任为左武卫中郎将。后又镇压袁晁、方清起义，击败淮宁节度使李希烈，因军功卓越被封为平原郡王，入为左神策军大将军、知军事，食邑三千,画像于凌烟阁。其子为柏耆,柏姓家族的郡望"平原郡"及堂号"平原堂"正是因柏良器而来。

天水郡:即今甘肃天水,其作为柏姓郡望,应该来自柏姓始祖柏皇氏。柏姓宗谱有关天水郡来源的记载多为:"柏皇氏曾任伏羲臣,生于甘肃成纪(今天水市),后伏羲部族逐渐壮大即沿渭水、黄河东迁,都于陈(现河南淮阳),柏皇氏族群亦随之迁于中原地区,被封于王屋山。所以天水郡的由来得自于始祖柏皇氏最初的居地。"至于天水郡的设置时间和辖地,《元和郡县志》卷三十九记载:"汉武帝元鼎三年(前 114)分陇西置天水郡。"柏姓宗谱中有不少以天水为郡望的记载。如江苏阜宁县《柏氏宗谱》载:我族世系出自柏皇居于天水,祠堂曰"天水堂";安徽寿县柏氏曰天水郡"存诚堂";定远县柏氏曰天水郡"乐善堂";湖南宁远县柏家坪柏氏祠堂匾额"天水一家";四川达州市柏氏祠堂碑额"天水源远";湖北黄石柏氏祠堂额匾"天水雄风";河北临西县柏氏谱载:"柏氏出自柏皇氏而蔓延于天下";江苏阜宁分支宗谱载:"吾族世系出自柏皇居于天水,以宋末兵燹始,由天水姑苏及大明高皇帝开国,又从姑苏迁于淮阴,始祖为蔚起公者良。"家乐堂卸甲分支谱序中有:中华柏氏是最悠久古老的姓氏之一,早在九千多年以前的三皇五帝时期,伏羲手下有一大臣名叫柏芝,生于天水,因辅佐伏羲治理天下有功,被封为下相,封地在王屋山柏乡,住柏皇山(今河南陈留)。以天水为郡望,反映的是柏姓对始祖柏皇氏的认可和纪念。

(二)柏姓的堂号

除郡望能够反映柏姓家族的来源及播迁状况之外,堂号也是家族来源和家族文化的重要体现,与主要反映世家大族地位的郡望相比,堂号所反映的内容更加丰富和具体。堂号是家族门户的代称,也是家族文化重要的组成部分。因古代同姓族人多聚族而居,所以往往数世同堂,或同一姓氏的支派、分房集中居住于某一处或相近的数处庭堂、宅院之中,堂号就成为某一同族人的共同徽号。同姓族人为祭祀供奉共同的祖先,在其宗祠、家庙的匾额上题写堂名,因而堂号也含有祠堂名号的含义,是表明一个家族源流世系,区分族属、支派的标记,是家族文化中用以弘扬祖德、敦宗睦族的符号标志,是寻根意识与祖先崇拜的体现。

堂号,主要用于祠堂匾额、族谱、店铺、书斋及厅堂、礼簿等;也有用在生活器具上的,如在斗、口袋、钱袋、灯笼等上面大书堂号,以标明姓氏及族别。堂号来源主要有:以先祖的祖籍地为堂号(一般表示宗族的发源地);以先祖的名言训词为堂号;以先祖的名著为堂号;以先祖的传说典故为堂号;以先祖封号、名称为堂号;等等。

因为堂号的意义主要在于区别姓氏、宗派,劝善惩恶,教育族人,所以堂号和郡望一样,都是中国姓氏文化中特有的范畴。但郡望是高一级别的宗族寻根标志,堂号是比郡望低一级的宗族标志。郡望往往可以作为堂号,但堂号却大都不能用作郡望。一个姓的堂号要比郡望多得多,一姓的郡望只有数个或数十个,但堂号往往有数百甚至上千个之多。郡望在宋代以后就开始走向统一和固定,但堂号却随着宗族的发展,一直在不断地增加。

柏姓的堂号以先祖祖籍地为名的有天水堂、海岸堂等;以先祖典故传说为源的有忠恕堂、扫雾堂、碧山堂、烟阁堂;以先祖封号为源的有平原堂等;以祖先品行或行为为源的有敦仁堂、亲睦堂、天叙堂等。有些堂号有明确的来源典故,有的则难以追踪其最初的来源。柏姓宗谱中有堂号来源记载的主要有天水堂、烟阁堂、平原堂、碧山堂、忠恕堂等,其他大多来源不明。

天水堂:天水堂的来源属于以郡望为堂号,同样得自于始祖柏皇氏。因柏皇氏曾任伏羲下相,所以在柏姓宗谱中多记载,柏皇氏的起源地与伏羲氏在一起,最初位于甘肃天水。

烟阁堂、**平原堂**:均来自唐朝名将柏良器。《新唐书》卷一百三十六《李光弼传》附柏良器传,大致描述了柏良器的生平事迹。柏良器为唐代大将,李光弼的部下,字公亮,魏州(今河北大名)人。其父柏造为安禄山所杀,良器乃学击剑,立志报仇,父亲的朋友王奂觉得他能立功,于是推荐给朔方节度使李光弼,因功迁左武卫中郎将。后又镇压袁晁、方清起义,击败淮宁节度使李希烈,因功卓越被封为平原王,画像于凌烟阁。官至左领军卫大将军,有子柏耆。柏姓家族的堂号"平原堂""烟阁堂"正是因柏良器而来。

碧山堂:柏姓碧山堂的堂号,来源于晚唐时期的柏贞节的典故。晚唐时期,柏贞节曾出任四川夔州太守(都尉),年轻睿智,聪敏好学,爱好文学,且文武双全,多次立下战功,受到皇帝的嘉奖,奉命守卫夔州要塞。当时柏贞节隐居在碧山,时人称为"碧山学士""柏学士太守""碧山柏都尉"等。大诗人杜甫流落四川夔州时,柏贞节与其结为兄弟,成为诗友,多次赠诗留墨以表寸心。杜甫曾作《送柏大世兄》诗赠予柏贞节:"碧山学士焚银鱼,白马却走身岩居;古人已用三冬足,年少今开万卷馀;晴云满户团倾盖,秋水浮阶溜决渠;富贵必从勤苦得,男儿须读五车书。"后人为纪念柏贞节,即以"碧山堂"为祠堂号,流传至今,通用为柏家。如今安徽、江苏、四川、河南、山西等柏氏族人用此堂号的还很多,红白喜事,或家族有大的活动都会标明"碧山堂"的封贴等。各地建的"碧山堂"也风格不同,派行也有所区分。

忠恕堂、扫雾堂:忠恕堂出自唐代柏耆的传说和典故。柏耆以纵横学之才,说服王承忠、李同捷,柏氏家族为纪念柏耆遂取堂号为"忠恕堂",寓意于柏氏忠勇之名节,以祈后世祭奠列祖列宗,不忘先祖忠君爱国的精神。忠恕堂也为柏氏家族的总堂。柏耆为唐朝将军柏良器之子,素负志略,学纵横家流会。当时,王承宗在常山发起叛乱,朝廷欲以恩泽安抚叛军,柏耆到蔡州视察军队……裴度向朝廷请旨,柏耆奉旨镇州……被授予左拾遗的官职,见了承宗以后,以大义相劝,承宗被感动,不仅让自己的两个孩子作为质子以保证不再叛乱,并且向朝廷献出了两个郡,柏耆因此而名声大震。元和十年,王承宗镇守滑州,朝廷赏赐成德军一百万贯的赏钱,命令谏议大夫郑覃宣前去慰问军队并给赏钱,未至,浩浩然腾口,穆宗让柏耆前往宣旨,柏耆去了。让承宗集结军队,并宣读了圣旨,军队才稳定下来,转兵部郎中。太和初年,柏耆升任谏议大夫。没多久,李同捷又发生了叛乱,两河藩帅在沧州、德州集合军队,在田野里驻扎多年。柏耆被授为德州行营,宣读完圣旨后,与横海节度使李佑一起平叛德州,李同捷请降,派大将万洪代守沧州,李同捷并未出也。柏耆带领三百骑兵驰入沧州。诛杀万洪,与李同捷一起前往朝廷。途中,有间谍称王廷凑准备劫走李同捷,柏耆就将李同捷斩首。其他将领嫉妒柏耆的功劳,就联合起来上奏文宗,贬低柏耆。文宗开始对柏耆不悦。循州司户沈亚之、南康尉宦人马国亮污蔑柏耆接受了李同捷赠送的王稷女及奴婢珍赀。起初,李佑听说柏耆杀了万洪后,受了惊吓,生病并且病情加剧。文宗说,如果佑死了,就是柏耆杀的。此后,文宗和柏耆之间的嫌隙越来越深,最终将柏耆流放至爱州并赐死。因为柏耆忠于朝廷,积极平叛,当时人都赞扬他忠于朝廷,宽恕诬陷他的同僚。而柏氏家人为纪念柏耆,遂将堂号命为"忠恕堂"。

忠恕堂在近代时曾经改名为扫雾堂:吾门十五世祖恒儒公(字沣香)、恒广公(字瀚香)系邑庠生,是盐城东南乡有声望的大族。十六世祖树□公(字少含)系恒儒公次子,攻读于两江政法大学,毕业回来后,他见到政府腐败无能,人民处于水深火热之中,对清政府心怀不满,所以把支族从忠恕堂改为扫雾堂并谱写楹联:"凌烟世泽,扫雾家声"。

通过对柏姓郡望和堂号的梳理可以看出,柏氏家族的郡望主要形成于唐代。除上述文献或柏姓宗谱中有明确记载的郡望、堂号来源外,柏姓宗谱中还有一些郡望如济阳郡以及众多的堂号,很难找到其明确的来源,关于它们形成的时间,与哪一位柏姓家族人物的典故事迹相关联,还有待进一步考证。另外,柏姓郡望、堂号的来源反映的是柏姓族人对先祖忠心报国的爱国精神、刚正不阿的气节风骨以及聪明睿智、文武双全的治世才能等的传承和纪念,这也是传统文化中优秀的文化基因,需要我们共同继承和弘扬。

(三)柏姓的祠堂楹联

柏姓的祠堂楹联中有一些是通用联,大多蕴含着柏姓先祖的卓越功绩,同时也彰显着柏姓家族的政治理想和处事胸怀,还有一些则直接点明了柏姓的源流和郡望。其重要的通用楹联主要有:

源自柏国,望出济阴。全联明确指出了柏姓的源流和郡望。

魏郡世泽,帝师家声。上联指出柏姓郡望,下联则指上古柏亮为颛顼师,柏招为帝喾师。

常山游说,帝师重道。上联指唐代柏耆请往游说常山王承宗归降朝廷事。下联指上古柏亮为颛顼师,柏招为帝喾师。

道重帝师,功平山越。"道重帝师"讲的是柏招,传说中他为古帝高辛氏帝喾之师。《晋书·景帝纪》曰:"颛顼受学于绿图,高辛问道于柏招。""功平山越"讲的是柏良器,当时江淮一带的"山越"叛乱,柏良器曾领兵平叛。

形图烟阁,雾扫夔州。"形图烟阁"讲的也是柏良器,唐德宗(780—805)时,淮宁节度使李希烈叛乱,良器平乱有功,官至左领军卫大将军,封平原郡王,入列图绘功臣之所凌烟阁。"雾扫夔州"讲的是唐朝人柏贞节,曾镇守夔州,为官清廉开明,政绩显著。杜甫有诗曰:"柏公镇夔州,滞雾兹一扫。"

容图麟阁,术擅纵横。"容图麟阁"讲的也是柏良器,麟阁是汉宣帝时所建麒麟阁的简称,与"凌烟阁"一样,也是图绘功臣之所。"术擅纵横"讲的是柏良器之子柏耆,擅长纵横术。曾游说抗命者王承宗,承宗遣二子为人质,并献二州,声震一时。太和初年,说服兖海节度使李同捷归降。

义全使节,道重帝师。"义全使节"讲的是柏耆,曾以使节身份往说反叛者王承宗、李同捷。"道重帝师"讲的是柏招。

文授大学士,功封平原王。上联指清道光进士柏俊,原名松俊,蒙古正黄旗人,咸丰年间累官户部尚书,文渊阁大学士。下联指唐代柏良器,字公亮,魏州人。录功封平原王,画像于凌烟阁,晋升左领军卫大将军。

丛桂领筑柏家堰，亮父尝作颛顼师。上联指明代水利工程名人柏丛桂，江苏宝应人。洪武时建言请筑塘岸，起槐楼40里，以备水患。诏发淮扬民工56000人，使丛桂领导，期月工成。乡人呼为“柏家堰”。下联则指上古柏夷亮父为颛顼师。

雪耘称米家蓝本，盟鸥乱北苑之真。上联指清代书画家柏古，字斯民，号雪耘，嘉善人。侨寓平湖。书跌荡，法南宫；画山水，亦学南宫。与房山尝游西湖，冒雨上北高峰顶，曰：“此真米家蓝本也。”下联指清代女画家柏盟鸥，字映潭，扬州人。渔猎经史百家，于技艺无所不娴，尤工于丝竹及绘事。时人谓其“点染丹碧为山水，以乱董北苑之真”。

两代帝师，金阙望重；千古学士，玉堂名香。上联指古代柏招、柏同（一说为柏夷父和柏亮父），分别为高阳氏颛顼和高辛氏帝喾之师。下联指东汉柏侯子安，午阳人，三国时魏国学者管宁曾从受《春秋》，颇负盛名。

从这些通用祠堂楹联的内容来看，纪念先秦和唐代时期柏姓名人的比较多，与先秦和唐代柏姓名人及柏姓家族的兴盛密切相关，而且大多数内容是对柏姓名人的讴歌和纪念，同时也是对这些柏姓先祖风骨精神的世代传承。

（四）柏姓的字辈排行和家规家训

柏姓宗谱中的字辈排行和家规家训是直接体现柏姓家族文化的重要内容，字辈排行是家族后裔取名的依据，多体现对子孙后辈的美好愿望和希冀，同时也有利于保持家族的延续和完整。但是由于老谱许多都已失传，许多柏氏支系的字辈排序已经湮灭不清或是重新排定，有着明显的时代烙印；家规家训也是在古代流传的基础之上添加了适合当今社会发展的诸多内容，大多体现的是当代柏姓族人的希冀、理想和道德观，是当代柏姓人团结、奋进的体现。

目前许多柏姓支系开始重新确立老谱中的字行排辈，或是根据实际情况制定新的字行排辈，并要求子孙取名要依据字行排辈来取，以保证家族谱序的完整和有序。下面仅选取一些保存较完整的柏姓支系的字辈排行,从中也可以看出柏姓家族的文化传承和家族希冀。

安徽省泗县大柏村碧山堂:法翰文仲,继太思良,世永大有,朝毓秀芳,立基盛久,培业隆昌,安本绍绪,道广宏方,存善贵守,崇福登康,煊炳灼熙,斯庆家邦。

安徽省五河县沫河口镇大柏村:启永凤锦,树书长荣,盛世大同,心怀宏志,光宗耀祖,仁厚克绍,寿如青松,贤敬延续,华富茂同。

安徽省五河县沫河口镇大柏村另一支:启永凤锦,文明家国,礼义之邦,道德从正,忠有继刚,庆祝共和,大平升昌,敬爱宝贵,万古玉香。

安徽省定远县炉桥镇柏岗村:君文士朝,三永林初,志方华家广,维民继世长……君文士朝,三永林初,志正传家广,维民继世长。

安徽省定远县炉桥镇柏圩村:文迩聚淮良恒初,志方华家广,维民继世长……文迩聚舟良恒初,志正传家广,维民继世长。

安徽省寿县柏台子:文心方发耀,祖德世以培,开宗多玉秀,明道正纲维。

安徽省怀远县淝南乡姚圩村柏家:永重凤长广玉,洪惠梁金林建,雪祥银伟霞,家严民昌兴,君同卫保华。

重庆市梁平县虎城镇龙胜乡双凤村分支:爱分维世永,文献代盈庭,仕本同英进,朝原继道登,精忠存殿柱,孝友化江亭,岁久光倍显,一堂聚景星。

重庆市梁平县双合寨朝阼支系:道光年间,梁平县柏氏修谱续议十六字派语——绍先启后,世占长兴,久传光大,望重明廷。

贵州省长顺县鼓杨柏家:开元朝廷凤,文永仕章华,正大光宗继,诚仁荣必达,天恩毓显贵,安邦定国家。

贵州省普安县高棉乡柏家村:始祖发荣公于明洪武七年(1374)由江西吉安府庐陵县迁来,分布于贵州南北盘江流域(今属于安顺、六盘水、黔西南州)——朝正世寅,荣茂天玉树,连芳广福田,家庭光英胜……

贵州省六盘水市柏家村：相传祖先为明洪武年间从江西吉安府杨柳湾村迁黔东南再转迁六盘水——明奉如永寿，清朝孝友先，知书龙家本，严雪灌山川。

河北省临西县河西镇柏庄村：选廷庆继学，天恩锡寿永，祖泽荫嗣恒。

河北省迁安县西塔子沟柏家村：万树长春青山秀，玉林永镇运书香。

河南省商城县上石桥镇柏家村：公卿尚秀，国家治富，曾文之方，有仁则厚，修德立功，延年益寿，联耀蕃英，洪承启佑。

黑龙江省宾县柏家村：始祖国栋公原居贵州府，因入清康熙年间的三藩之乱的军队，兵败后被迁至东北关外，后定居宾县——国禄世学福，永万常盛德，安荣守成宪，明新启廷泽，敬忠茂同居，传家庆子科。

湖北省黄石市黄金山柏家湾（景贤公支）：景瑞映崇元，柏廷大吾春，芳祖成道福，光际遇昌兴；英才隆世运，家声继前径，定许扶邦国，万代建奇勋。

湖北省黄石市石灰窑柏家（景员公支）：景干谅朝选，名逢会占春，克长可世之，期祥文绍兴，英才隆世运，家声继前径，定许扶邦国，万代建奇勋。

湖北省襄阳市仙桃县柏家村：永守道义，万古荣昌，兴仕蒋让，家齐明康。

湖北省襄阳市板桥柏家湾村：印，尚崇君子，文明盛世，仁宜培植，德修万年。

湖北省襄阳市南漳县武安申家嘴柏家河：文法新丁子，英字国太民，安邦定乾坤，思学遵周理，仪守振大常，万利崇尚德，秀时作忠良。

湖北省竹溪县县河镇安家沟柏家老庄：诗万启仕应，忠孝传家国，自元发政强，世书文理义，富贵满朝堂。

湖南省宁远柏家坪、鲤溪镇柏万城（万胜户、万城户）：衍楚敦章坦，滔日希文汝，允应添德法，绍永志维仁，义万世时荣，华富贵泰运，（镃）兴振承先定，贤良征庸廷，上士佑启兆，祯祥蔚萃钟，英秀星云焕，谟猷长济美，源远庆同昌。

湖南省宁远禾亭镇柏家村(万发户):衍楚敦章坦,滔日希文汝,福绍茂有时,世向万永大,朝逢齐学登,隆盛太运誉,兴振承先定,贤良征庸廷,上士佑启兆,祯祥蔚萃钟,英秀星云焕,谟猷长济美,源远庆同昌。

江西省新建县南矶乡柏家村:宸颜日绍愈,万应发之长,朝承宗有光,士维尚立志,人文启大昌,增知道德升,顺理享安宁,和共兴邦国,富贤泽伟民。

江西省遂川县泉江镇柏家村:德厚能长继,家声应永扬,光宗怀远志,毓秀发其祥。

辽宁省辽阳县小屯镇南雪梅村柏家:友国崇曹咏,正庭显世长,荣华洪叶胜,民德万代扬。

山东省济南市济阳县回河镇柏家村:属明朝洪武大槐树移民,始祖于明朝洪武二年由河北枣强县迁至山东济南府济阳县回河镇,是仁、义、礼、智、信、正、大、光、明九兄弟的柏光之后——永光宗,绪方圣慧,燕义长在,红秀乃甲,天元二泰。

山东省临沂市柏家庄(已传 14 世):步程永连广建庆,淑兆东京换立镇。

山东省枣庄柏家村:文士回应永,如运学俊昭,效忠传继广,修敬志成祥。

山东省商河县白桥乡齐官庄村柏家:续方胜会,严义常在,洪秀乃嘉,元田而泰。

四川省达州马家乡沙坝村毛家溪老屋院发春桂春支系:春世大芝庆,宗开明良朝,令在子维强,立安登卫仕,永远桂花香。

四川省达州马家乡沙坝村维实支系:维观,君世大尚高,天元玉正仕,茂顺化生成,绍作思怀,时盛定朝庭。

四川省达州马家乡沙坝村成美支系:成生正应心,开泰顺忠良,朝廷联科上,万代永吉芳。

四川省达州景市镇柏家坪水口山老屋愈标支系:愈盛作,文登金崇,鸣朝令载,子中守良,含新怀久,善继悠长,绍以道德,世乃吉昌,景运大启,家国之光。

四川省达州平滩乡碑垭村茨竹沟文毓支系：崇文世光明，朝仁家国兴，学智德才广，敦继天道成，忠义常远顺，永代善昌荣。

四川省达州大树镇颜家村燕子沟文魁支系：文登金崇，鸣朝令载，子中守良。

四川省蓬溪县黄泥乡民力村柏家：守友承正大，尚方一玉宗，登朝宏再仕，毓秀开文运，长明绍太昌，世德崇祖昭，隆学定邦光。

四川省南充市搽耳镇柏家：万文朝廷，四大永太，谊国兴仁，再正齐心，锦应宏开，长发宗天。

四川遂宁市柏家：生文成升士（音），永秀太元昌，正大全清学，光明家择长。

从上述这些柏姓家族的字行排辈来看，有的还保留着老谱的记载，有的则是在老谱的基础上重新排定，其中忠孝、爱国、忠义、道义、兴国兴邦、光宗耀祖等这些传统的价值观和家国观随处可见，体现着柏姓族人对子孙后裔的殷切希望，也体现着当代柏姓人对家族和子孙的理想信念。

家规家训是中国传统文化的重要组成部分，是家族成员修身齐家治国平天下的重要法则和依据。优良的家风家训是中华民族传统道德文化的组成部分，其内容涵盖励志勉学、修身处世、治家为政等方方面面。有个人精神修养方面的忠孝正直、善良守信、勤俭持家等，有以治世治家规则为内容的清正廉洁、耕读传家、尊宗敬祖等，这些都是我们今天仍需传承和弘扬的优秀文化传统。但家规家训中还有些内容是以不同的时代需求为依据的，有着鲜明的时代特征。目前柏姓宗谱中的家规家训：“尊祖敬宗睦亲邻，忠厚传家诗书吟，遵纪守法爱家国，孝顺父母育儿孙，勤奋节俭拒赌毒，公平善良守诚信，清正廉洁扬祖德，修谱建祠耀柏门。”“敦孝弟以重人伦，笃宗族以昭雍睦，和乡党以息争讼，重农桑以足衣食，尚节俭以惜财用，隆学道以端士习，黜异端以崇正学，讲法律以敬愚顽，明礼让以厚风俗，务本业以定民志，息诬告以全善良，训子弟以禁非为。”这些多是在传统优秀家族文化的基础之上，根据当今社会发展的需求而制定，如团结和睦、友爱互助、尊老爱幼、以孝兴家、戒除恶习、禁止斗殴、遵纪守法等，摒除了古代封建家族中的一些糟粕，体现的是当代柏姓族人对家族发展的规则意识。

五、柏姓的当代寻根

姓氏的当代寻根从20世纪80年代开始，最初的寻根来自柏氏各支系修谱意识的萌发，因为在长期的社会动荡之中，尽管许多家谱被破坏殆尽，但家族意识并未因社会的动荡而湮灭无存，在社会归于正常秩序和迅速发展时期，传统文化和家族意识中的团结和凝聚力量，随着从国外兴起的寻根思潮，开始在不同姓氏的人群之间引发了寻根热，这种寻根思潮率先从续修家谱祖谱开始来显示家族渊源，并且一直持续到当前。柏姓同样如此，从20世纪80年代柏姓个别支系开始续修家谱，一直到本世纪集中全国柏姓力量统修中华柏姓宗谱，从个别人寻根问祖到成立组织集中调研寻访，从各支系始祖及起源地的追寻到中华柏姓得姓始祖及祖根地的追寻，柏姓族人的当代寻根联谊活动可以说是卓有成效。

（一）柏姓寻根联谊活动的特点

1.柏姓的寻根联谊活动组织性强，既有全国性的宗亲组织，又有地方各支系的组织机构，并且相互之间联系密切，秩序井然。

早期的柏姓寻根仅是个别现象，是个别支系对家谱的整理和续修。近十年来，柏姓的寻根联谊活动进入高潮期，有组织，有秩序，取得了显著成果。

2006年11月18日，在湖北黄石大冶市柏家湾举行了中华柏氏家族委员会第一次代表大会。会议选举产生了中华柏姓家族委员会和柏氏家族理事会，安排部署了今后柏姓家族寻根联谊续修家谱的各项工作，并一致通过中华柏氏家族“六统一”：统一敬仰柏氏始祖柏芝遗像；成立中华柏氏家族统一组织中华柏氏委员会和中华柏氏家族理事会；统一柏氏家族委员会章程；统一编修中华柏氏族谱和统一柏氏简史；统一补续柏氏辈分派号；统一中华柏氏家族每年活动纪念日为11月16日。来自湖南、江西、安徽、四川、陕西、河北、广西等地的宗亲代表参加了会议。此次会议，成立了全国性的柏氏宗亲组织，标志着柏姓寻根活动进入一个新的阶段。

中华柏姓家族委员会成立以后，持续组织会议，安排部署相关工作，确保各地的寻根联谊和修谱工作有序开展。

2007年11月27至28日，中华柏氏家族委员会一届二次扩大会议在安徽省淮南市东方罗玛商务会馆举行。参加会议的有湖北、湖南、江西、安徽、江苏、山东、河南、山西、陕西、广西、重庆十一个省市区代表106人。会上作了族委会2007年工作报告，宣读了统修族谱的建议，通过了族委会联络工作有关规定和告全族族民书等议程。

2008年11月16日，中华柏氏家族委员会在河南省商城县召开了一届三次全体会议。会议讨论通过调整相关组织机构和人员事宜，并发布了公告，而且还对修谱委员会提出的总谱三稿进行讨论、修改。

2009年4月30日至5月1日，中华柏氏家族委员会常委会暨江苏柏氏宗亲联谊会在江苏省高邮市郭集镇召开。

2009年11月27日至28日，中华柏氏家族委员会一届四次（扩大）会议在江苏省高邮市郭集镇工业园胜利召开。参加大会的有广西、贵州、湖南、四川、重庆、湖北、山西、河南、河北、山东、浙江、安徽、江西、江苏、北京共十五省市区133名代表。对下一步工作提出了明确的思路。会议期间全体代表还参加了江苏雍书堂成立的理事会和发谱大会。

2010年8月28日，中华柏氏家族委员会一届五次常委会在四川省达州市召开。会议明确了下一步工作重点，如：继续抓紧《中华柏氏族谱》编修工作，争取在2011年10月1日前定稿出版；继续指导各分会开展工作，督促未成立分会地区加快筹建进度；认真做好家族委员会换届准备工作；会议决定，中华柏氏家族委员会认同河南西平县为中华柏姓和柏姓文明的重要发祥地之一。

2011年5月17日，中华柏氏家族委员会在四川省达州市桂园山庄召开了一届六次常委会，会议研究了换届、修谱、今后工作安排等重要议题。

2011年10月26日至27日，中华柏氏家族委员会一届五次会议在河南省驻马店市西平县隆重召开。来自全国二十三个省市区的110名柏氏宗亲代表及企业界柏氏名人参加了会议。大会期间，参会代表参观了柏国文化景点，与会柏氏家族企业届名人还出席了由西平县委、县政府组织的企业家联谊会，为柏氏家族企业人士提供了商机和平台。大会通过民主选举，产生了以柏学海为主任的第二届中华柏氏家族委员会领导集体。

2012年3月31日，中华柏氏家族委员会二届二次常委会在四川省达州市富丽楠山召开。

2013年5月17日，中华柏氏家族委员会二届三次常委会在甘肃省天水市华凌纳菲酒店7楼会议室召开。

2013年11月4日，中华柏氏家族委员会二届四次常委会在甘肃省天水市华凌纳菲酒店7楼会议室召开。会议认为，柏氏有着几千年的历史，天水又是中华柏氏文化的发祥地之一，天水华夏柏氏文化研究会在天水成立有着极其重要的意义；有计划、有步骤地搜集整理、研究开发柏氏文化，对于振兴柏氏家族事业将发挥重要的作用。

2014年10月27日，中华柏氏家族委员会二届五次常委会，在江苏省扬州市邗江区恒春源大酒店3楼会议室举行。会议就中华柏氏家族委员会二届五次常委（扩大）会议暨江苏柏氏宗谱发谱大会的议事日程安排及人事调整建议进行了说明。大会审议并通过了中华柏氏家族委员会二届五次常委扩大会暨江苏柏氏宗谱发谱大会的议事日程。

2014 年 10 月 28 日,中华柏氏家族委员会二届五次常委(扩大)会议暨江苏柏氏宗谱发谱大会在江苏省扬州市恒春源大酒店 5 楼会议厅召开。来自全国各地的近 200 位柏氏宗亲参加了会议。

2015 年 10 月 8 日,中华柏氏家族委员会二届六次常委(扩大)会议在柏古国——河南省西平县召开,会议由中华柏氏家族委员会常委、秘书长柏振云主持。会议就中华柏氏家族委员会二届七次常委的筹备工作、柏氏宗亲积极参与西平打造柏皇故里生态园建设以及柏氏企业家回河南西平投资兴业的相关事宜进行了深入广泛的交流,统一了思想,达成了共识。

2015 年 12 月 25 日,中华柏氏家族委员会二届七次常委会议在河南省信阳市豫港宾馆举行。会议由中华柏氏家族委员会柏学海主任主持。常委、秘书长柏振云代表家族委员会就换届工作提出了具体方案,对换届的筹备工作进行了安排部署和明确分工。与会人员围绕会议议题进行了积极的发言和广泛的交流,进一步统一了思想,对换届的相关事宜达成了共识,为 2016 年 3 月的换届工作奠定了良好的基础。

2016 年 12 月 24 日,中华柏氏家族委员会二届八次常委会议在四川省达州市天圆食品有限公司举行。会议由中华柏氏家族委员会常委、四川分会主任柏令成主持。柏学海主任代表家族委员会对家族事业的发展方向提出了建议方案,对家族委员会换届事宜提出了建设性讨论意见,对以后的家族工作做出了安排和部署。与会人员围绕会议议题进行了积极发言和广泛交流,进一步统一了思想,达成了共识。

除了全国性的宗亲机构持续开展会议对全国柏姓的寻根联谊活动及修谱工作进行指导,各地的柏姓分支也纷纷成立专门机构,一方面加强与全国性的柏姓宗亲寻根联谊工作的联系和对接,另一方面对本地区的柏姓宗亲寻根联谊工作进行具体指导。

2010 年 2 月 19 日，在马平召开了桂西北柏氏家族会议。与会的 40 多名人员来自壮里、马平、道里、播里、由丘、纳王、然戎几个村屯。经与会人员一致同意，宣告成立首届桂西北柏氏家族协会。

2010 年 3 月 5 日，中华柏氏家族委员会重庆分会在铜梁县家和大酒店隆重举行成立大会，同时开展了清明祭祖活动。参加大会的有黔江区、渝中区、沙坪坝区、江北区、南岸区、渝北区、梁平县、潼南县、贵州省等地柏氏家族的代表和铜梁县柏氏宗亲共 400 余人。

2010 年 8 月 25 日，黔桂柏氏家族协会在广西南丹县六寨镇马平宣告成立并举行第一次全体会议，提名选举产生黔桂柏氏家族协会临时机构。

2011 年 12 月 24 日至 25 日，安徽省柏氏家族委员会一届四次会议在合肥市庐江县汤池镇胜利召开。参加会议的有来自全省各市县柏氏宗亲代表 65 人，特邀中华柏氏家族委员会及四川、山东、江苏等分会和河南省西平县政协副主席吴双全等嘉宾 22 人，当地柏氏宗亲 20 人列席了会议。

2012 年 1 月 8 日，山东济阳柏氏家族委员会在回河镇光明大酒店成立。这是柏氏家族的大喜事，从此济阳柏氏宗亲有了自己的组织，能够更好地为济阳柏氏宗亲服务。

2012 年 4 月 1 日，中华柏氏家族委员会四川分会第一次代表大会在四川省达州市真佛山召开。来自四川成都、广安、遂宁、广元、巴中、安岳、达州和重庆梁平的柏氏家族代表共 60 多人参加了大会。这是四川柏氏族人的一件大事和喜事，在四川柏姓历史上具有里程碑式的意义。为凝聚四川宗亲力量做出了重大贡献，为早日编修好四川《柏氏族谱》奠定了坚实的基础。

2012 年 4 月 8 日，安徽省泗县柏氏碧山堂第三届代表大会在大柏圩祠堂大厅召开。此支脉是明初由山西省曲沃县徙迁入籍，经六百多年艰苦奋斗，繁衍发展，现已 23 代、14000 多人。选举产生新一届柏氏碧山堂家族委员会、理事会、顾问委员会，把柏氏家族事业继续向前推进。

2013 年 5 月 11 日，在“羲皇故里”、柏氏始祖诞生地甘肃省天水市，中华柏氏家族委员会甘肃分会宣告成立。来自兰州、天水、陇南等地的 13 名柏氏代表参加了会议。

2013 年 10 月 20 日，中华柏氏家族委员会山东分会、中华柏氏正大光明家族委员会挂牌揭牌仪式及正大光明家族委员会二次会议在章丘市润源宾馆举行。

2014 年 4 月 26 日，中华柏氏家族委员会四川分会一届三次会议在成都召开。来自甘肃、湖北等地的宗亲代表，四川分会主任、副主任以及四川各市州、各行业热心柏氏家族事业的宗亲代表近 100 人参会。

2014 年 11 月 27 日，华夏柏氏碧山堂家族委员会在宝应召开会议。柏氏碧山堂家族委员会会长柏玉山在会议上庄严宣布柏氏碧山堂家族委员会宝应分会正式成立。

2015 年 3 月 29 日，中华柏氏家族委员会四川分会一届四次会议，在达州市开江县任市镇沙家堡宾馆召开。四川分会主任、副主任和来自成都、南充、遂宁、自贡、广安、巴中、达州等市州的柏氏族委会的负责人以及部分特邀宗亲 60 余人参加了会议。

2016 年 10 月 3 日，安徽柏氏家族委员会二届五次会议在东至县刚落成的正青堂宗祠隆重召开。正青堂分迁到江苏宝应、金湖县繁衍发展，嘉宾代表和来自安徽各地 60 多名柏氏宗亲代表参加会议。

2.柏姓寻根针对性强，以各级宗亲机构为主体的集中调研考察极具特色，同时各宗亲机构开展的寻根联谊活动和个人的寻根活动相结合，柏姓的寻根联谊成效显著。

柏姓的寻根联谊活动有一个非常明显的特点，即以宗亲机构为主体，开展大范围的调研和考察，与小范围的个人寻根问祖相比，更有效果。

中华柏氏家族领导们为了掌握更多的第一手资料，多次组织到各省、市走访宗亲，慰问族民活动。2010年清明前夕，中华柏氏家族委员会、“天下柏姓”网、江苏扬州兴龙电器有限公司和四川达州全成房地产开发有限责任公司联合开展了以“走访一个柏氏村落、参拜一座柏氏宗祠、祭奠一处柏氏陵墓、举行一次柏氏宗亲聚会”为主要内容的“四个一”活动。3月，家族委员会常委柏兴尧、柏学海、柏令成等走访了鄂、赣、黔、桂、湘、渝、川等省市区。6月至7月，家族委员会常委柏学海、柏振云、柏基稳和柏养培等对江苏、安徽全境18个市、县、村进行了走访。11月初家族委员会常委柏学海、柏振云、柏令成等领导长途跋涉走访了四川、河南、陕西、山西、山东五省七县，特别到陕北边远的黄土高原窑洞看望慰问了柏氏宗亲。了解各地柏姓繁衍发展的历史，当前生产、生活情况，族民登记进度等。

2011年7月14日，中华柏氏家族委员会山东分会的柏方友、柏光星、柏永会、柏明等一行人走访了位于济南市历城区孙村镇白谷堆村的柏氏宗亲。2011年7月23日，中华柏氏家族委员会山东分会的柏方友、柏光星、柏永会、柏明一行四人走访了历城区仲宫镇朱家庄和柳埠镇大门牙村柏氏宗亲。

2012年5月，中华柏氏家族委员会领导走访了甘肃省天水市柏家沟村；在甘肃省陇南市成县“铅锌之都”黄渚镇的柏湾村，寻访陇南柏氏宗亲；到四川省广元市元坝区香溪乡白鹤村（柏家坪）察看正重修的柏氏宗祠，得知该支柏姓于明洪武年间从浙江省嘉兴府崇德县迁来；还走访了四川省南充市高坪区擦耳镇，得知该支柏姓是从湖南宁远迁到广西全州再迁四川南充。

2013年6月26日，山东分会主任柏方友，副主任柏永会、柏东岭、柏建增等人来到莱芜市雪野镇西下游村，对居住地的柏氏宗亲进行了走访慰问。正大光明家族委员会主任柏东岭向大家介绍了组委会的成立情况且汇报了族委会的工作情况，并向雪野镇附近的柏姓进行了族谱介绍。此支系宗亲原来一直认为是明公之后，经过柏东岭与此支系宗亲的探讨，深入研究论证，参考大公之后家谱记载,大家一致明确论证确信此支系是大公分支。

除了以各级宗亲机构为主体的寻访调研活动,各地柏姓宗亲组织积极开展的各种寻根联谊活动和以个人为主的寻根活动也进一步促进了柏姓宗亲之间的交流和团结。

2009 年 12 月 14 日,江苏柏学海、广西柏振涛、湖南柏海林先生赴四川达州开展宗亲联谊活动。

2011 年 10 月 14 日,重庆市柏氏家族委员会主任柏中孝和夫人,副主任柏毅、柏兴民、柏兴武、柏贤华在大足县检察院副检察长柏成君的陪同下,到荣昌县路孔镇走访了柏氏宗亲。

2011 年 10 月 28 日,在柏氏家族委员会主任柏学海先生的带领下,中华柏氏家族委员会成员一行十一人到达平顶山舞钢市尹集镇谢古洞村"柏国城遗址"文化遗产保护牌处,寻根问祖。

2012 年 8 月 28 日至 29 日,甘肃省江苏商会副会长、天宝实业集团总经理、青年实业家柏传祥先生走访了高邮郭集拥书堂宗亲,受到了柏学海主任和江苏分会负责人的热情接待。

2012 年中秋期间,中华柏氏家族委员会常委、四川分会主任柏令成带领宗亲赴湖南寻根问祖。

2013 年清明期间,中华柏氏家族委员会常委、主任柏学海带领柏振云、柏令成、柏虎任,在河南分会主任柏瑞任的陪同下,远赴古柏国城所在地河南平顶山舞钢市祭祖寻根。

2013 年 6 月 20 日,在中华柏氏家族委员会常委、山东分会主任柏方友陪同下,济南市长清区孝里镇一村柏延银宗亲来到济阳县回河镇柏家村认祖归宗。柏延银宗亲一支,约 300 年前从回河镇柏家村迁去的,祖上一直没有留下相关的记载。山东分会主任柏方友经过多方打听联系于 5 月初带家谱进行了走访核实。最近延银宗亲又到济南进行了回访,促成了宗亲大团结,进行了联络沟通，为家族事业发展奠定了基础。

2014年3月23日，四川省达州市达川区万家片区柏氏家族联谊会在该镇永兴村柏家院子举行，来自愈标公支系达川区南外、景市、福善、麻柳、大树等地的宗亲代表近160人参加了联谊活动。

2014年4月22日，湖南楚望公柏氏宗亲联谊座谈会在宁远县山水时尚大酒店举行。来自四川达州，甘肃天水，湖北宜昌和襄阳，湖南桂阳、常宁、道县、宁远等地宗亲100余人参加了会议。

2015年4月3日，达州市万家片区柏氏家族联谊会在万家镇永兴乡柏家大院举行。来自达州市达川区万家镇、麻柳镇、东兴乡、黄都乡的柏氏宗亲100余人参加了联谊会，达州市柏氏楚望公支系族委会主任柏载祥等宗亲代表应邀参加了联谊活动。

2016年1月10日，中华柏氏山东分会主任柏方友先生和应邀从邹平县赶来的柏建增，在济南迎接从北京远道而来的宗亲柏忠军前来寻根查谱。柏忠军今年32岁，在北京工作，辽宁省凌源市刀尔登镇柏杖子村人。

2016年刚出正月，应齐鲁文化艺术交流中心、柏皇书画院秘书长柏建军之邀，中华柏氏家族委员会山东分会柏方友会长、柏皇书画院柏光岳院长等，驱车来到山东省济阳县回河镇，寻根探祖访宗亲。

2016年5月30日，辽宁省朝阳县的柏玉柱来山东寻找祖根，受到了柏氏山东省分会柏方友主任的热情接待。

2016年6月5日，由安徽柏氏碧山堂十八世孙柏红永及夫人朱文苏筹划组织，在宿城区新区石家酒楼召开了安徽碧山堂宿迁分支柏氏宗亲联谊会。参加联谊会的有来自宿迁市泗洪县归仁镇、泗洪县城、泗阳县裴圩镇、宿城区陈集镇、宿城区埠子镇、宿城区双庄镇、洋河新区洋河镇、洋河新区郑楼镇以及徐州邳州市等地20多位宗亲代表。

2016年6月8日，中华柏氏家族委员会顾问委员会副主任、广州柏天顺贸易公司董事长柏梅女士到江苏扬州拜访柏氏宗亲。

3.以传统节日和祭祖习俗为载体的寻根联谊活动,极大地加强了宗亲之间的凝聚力。

2010年4月4日,二〇一〇年楚望公大祭活动正式在湖南宁远县柏万城村拉开序幕。四川达州、重庆、湖北、广西阳朔、湖南芝山、湖南道县、湖南祁阳、湖南新田、宁远禾亭、宁远中和、宁远马鹿口、宁远梅子槽、宁远上柏万城、宁远下柏万城、宁远龙榜、宁远虎形、宁远柏家、宁远柏家井等代表团共400多名宗亲参加了此次活动。

2010年4月5日,四川省达州市开江县柏氏家族第二届清明会在开江县靖安乡六村柏家老屋院子隆重举行。本次清明会是继去年讲治镇花园村柏氏家族第一届清明会后的又一次成功举办,会议选举产生了第二届开江县柏氏家族理事会成员。

2011年2月8日,应马平柏氏家族协会之邀,桂西北和黔南的柏氏宗亲约1500人聚集马平,共度兔年新春佳节。欢迎仪式结束之后,在举行其他联欢项目的同时,召开了黔桂柏氏家族协会第一次全体会议,会议经过民主推荐,选举产生了第一届黔桂柏氏家族协会会长、副会长(名单见公报)。会议决定,今后族会的工作方向是:团结和带领全体族民,在党的富民政策感召下,携手并肩,互通经济信息,互传致富经验,在遵守国家法律法规的同时,加强族民之间的团结与联谊,为柏氏家族的兴旺发达献力,为社会的文明进步献力。

2011年4月4日,二〇一一年柏姓清明联谊祭祖大会在安徽泗县古虹县刚重修一新的柏家祠堂隆重举行。来自河南省永城市,江苏省宿迁市、邳州市、泗洪县、泗阳县,甘肃省玉门市,广东省深圳市以及泗县各乡镇柏氏宗亲代表80多人云集祠堂大厅,在欢快乐曲和鞭炮声中向柏氏始祖芝公像及历朝历代为创建中华文明、为柏氏家族做出杰出贡献的先祖贤能们鞠躬致敬。

2012年4月1日,中华柏氏家族达州宗亲在景市镇柏氏祠堂隆重举行祭祖大会。来自湖南、重庆、广安、巴中、遂宁、安岳、成都的宗亲代表和达州市的通川区、大竹县、达川地区及福善、赵家、亭子、景市、麻柳等乡镇的宗亲400余人参加了祭祖大会。中华柏氏家族委员会常委、四川分会主任柏令成先生参加了祭祖活动。

2012年4月4日,清明节,重庆铜梁县柏氏宗亲在家和大酒楼举行祭祖仪式,400多名宗亲参加了此次祭祖。

2013年4月4日,清明节,中华柏氏光公后裔家族委员会成员、中华柏氏家族委员会山东分会部分成员及众多柏氏光公后裔宗亲,怀着崇敬的心情来到先祖光公墓前,敬上供品,点燃纸香,向先祖墓、先祖碑祭扫,寄托哀思,全体宗亲三鞠躬。

2013年4月9日,四川省南充市高坪区开展祭祖及宗亲联谊活动,来自高坪区江陵、擦耳镇的200多名宗亲,怀着崇敬的心情来到入川始祖墓前敬献供品,点燃纸蜡,全体宗亲向先祖墓、先祖碑三鞠躬,缅怀祖先,寄托哀思。

2014年4月5日,在清明祭祖的孝善节日里,四川达州近600名柏氏宗亲隆重集会,相聚在达川区景市镇柏家祠堂举行清明祭祖活动,旨在教育启发柏氏后裔追思先祖丰功伟绩,联谊后辈亲情友情,共谋柏氏家族的发展大业,传承中华民族优秀传统文化。

2014年4月6日,400多名金湖碧山堂宗亲隆重集会,相聚在刚刚竣工的金湖碧山堂祠堂大殿旁,举行2014年清明祭祖会,追思凭吊先祖的丰功伟绩,尊宗敬祖,激励后人开拓进取,继往开来。

2014年4月5日,达州柏氏家族应生公支系第三届清明祭祖暨宗亲联谊会在达川区马家乡沙坝村召开,近300名宗亲参加了会议。会议为各位宗亲提供了一个广泛交流、表达爱心、增进友谊、联络情感的平台,大力弘扬了柏氏传统文化。

2015年3月28日,四川省达州市开江县柏氏家族第五届清明会在开江县任市镇沙家煲酒店隆重举行。来自开江县城、讲治镇、甘棠镇、任市镇和靖安乡等地的柏氏宗亲300余人以及来自成都、重庆、南充、遂宁、自贡、巴中、广安和达州的柏氏宗亲代表60余人参加了此次盛会。

2015年4月4日,中华柏氏家族委员会常委、四川分会主任柏令成先生带领四川楚望公后裔代表赴湖南永州祭祖,来自达州、巴中、遂宁、广安、自贡等市的楚望公后裔参加了祭祖活动。

2016年4月3日,柏氏应生公派下达川分会宗亲在马家乡沙坝村举办了第四届清明联谊会。250多位宗亲参加了聚会。清明联谊会由柏朝国主持,分会负责人柏仕瑞回顾总结了近几年宗亲会工作的成绩和不足,明确了后期工作努力方向。

4.民间研究机构和专业学术研究结构的结合,为柏姓宗亲的寻根问祖提供了坚实的学术基础和科学依据。

柏姓宗亲组织不仅集中力量成立民间研究机构,更是与专业的学术机构相结合,进一步深入研究柏姓历史文化,为柏姓宗亲的寻根问祖提供更科学可信的依据。

2010年1月27日,由河南省西平县委、县政府在西平组织召开"柏国·柏氏文化探讨会"及柏氏后裔寻根座谈会。通过座谈,在详细考察柏国历史、深入研究柏氏文化、保护柏国遗址、促进经济发展方面达成了共识:一、柏皇氏是我国远古时代的一个重要部落,以柏为图腾。部族首领名柏芝,相传因辅佐伏羲治理天下功高位显,后成为伏羲之一代,即大庭氏之后的柏皇氏。故而认为柏皇氏应为中华民族人文初祖之一。二、慎终追远为中华民族的优良传统之一,是中华民族一脉相传、生生不息的内在文化基因。三、古柏国地望。古柏国就是今西平县,柏姓子孙的根在柏国。四、从柏皇氏到今天,绵绵数千年,柏氏族群历经沧桑,百折不挠,受尽磨难,但也不断地创造着辉煌。柏氏子孙要花大力气研究、弘扬柏氏精神,为柏氏族群的兴旺发达,为西平县的繁荣昌盛,为民族的振兴贡献力量。五、鉴于柏皇氏时代年代久远,柏姓在形成和播迁发展中历经风雨,可寻找的文献资料和历史记载有限,对柏皇氏的研究目前还处于初始阶段,建议在适当时候举办一次全国乃至全世界专家学者和柏氏后裔参加的柏氏文化研讨会,对柏皇氏的起源、发展、播迁进行深入系统的研究,以期在更大范围内达成共识。六、建议由多方出资,在西平县柏皇故里恢复柏亭,加大柏国遗址的保护,为海内外柏氏子孙及华人寻根拜祖搭建平台,并以此促进旅游等社会事业的发展,带动和振兴西平县经济。此次会议为专业学术机构介入柏姓历史文化研究奠定了重要基础。

2013 年 11 月 5 日,天水华夏柏氏文化研究会成立暨揭牌仪式在甘肃天水市华凌纳菲酒店 6 楼会议室举行。来自江苏、四川、安徽、山东、河南、湖南、湖北、重庆等省市的 60 多位宗亲代表参加了会议。

2015 年 7 月 2 日,"柏皇氏与中华柏姓文化研讨会"在柏国故地——河南西平县豪顿国际大酒店隆重召开。来自北京、陕西、浙江、江苏、河南等全国各地的 30 余位专家、学者聚集一堂,专题研讨中华柏姓文化。河南西平县委、县政府及出山镇党委等领导出席会议并讲话,中华柏氏家族委员会主任、常委、副秘书长,中华柏氏家族委员会顾问委员会主任、副主任以及柏氏后裔代表等应邀参加了研讨会。此次会议是目前研究柏皇氏与柏姓文化的最高端的一次学术研讨会,为柏皇氏和柏姓历史文化的深入研究提供了坚实的学术基础。

5.以修谱和修建祠堂为核心工作,柏姓宗亲的寻根联谊活动切实有效,为柏姓宗亲提供了有形有实的宗亲联系和祭祖之地。

柏姓宗亲机构成立时均是以修谱和兴建祠堂作为工作中心,以具体的项目为依托,加强宗亲之间的联系。因此,近十余年来,各地柏姓宗亲的族谱陆续重新编修推出,各支系的祠堂也陆续重建,为柏姓宗亲的寻根问祖提供了具体的依托。

2010 年 4 月 4 日,江苏省柏氏家族分会主任、扬州"雍书堂"理事会会长柏学海夫妇、主编柏养培先生，专程来到宿迁市与安徽省柏氏家族委员会主任柏振云、名誉主任柏基稳、秘书长柏基好先生以及安徽“碧山堂”迁居苏北的分支，江苏省分会副主任柏立明、柏长宝等先生进行走访座谈，为共商修谱、发展经济、和谐奋进等达成广泛共识。

2010 年 4 月 4 日，江苏、安徽根据在江苏省宿迁市商定的统修《柏氏家谱》意见，开始全面启动统修家谱工作。5 月 13 日，安徽省柏氏家族委员会主任柏振云先生到扬州郭集镇，会同江苏省柏氏家族委员会主任柏学海、修谱委员会主任柏养培先生对苏中、苏北的柏氏聚居地金湖县，淮安市闸南镇，连云港市赣榆县，盐城市滨海县、盐都县大冈镇，兴化市，高邮市卸甲镇，南京市江宁区横溪镇大柏村，南京市六合区雄州镇金柏村、雄州镇李岗村、马集镇柏营村、东沟镇柏圩村等地进行走访慰问和工作督促。

2010 年 11 月 17 日至 18 日，中华柏氏拥书堂第 27 届家谱会暨江苏安徽第二次修谱工作会议在高邮郭集隆重召开，拥书堂和外地宗亲 200 余人，欢聚一堂，共叙亲情，总结修谱工作，找出存在的不足，安排进一步工作。

2012 年 11 月 25 日拥书堂第 29 届家谱盛会在会主柏乃宝家隆重举行。江苏分会及盐城、泗洪、临泽、金湖、淮安、卸甲等地的柏姓宗亲参加了盛会。

2014 年 10 月 28 日，中华柏氏家族委员会二届五次常委扩大会议暨江苏柏氏宗谱发谱大会在江苏扬州恒春源大酒店五楼会议厅隆重召开。来自全国各地近 200 位柏氏宗亲参加了会议。

2015 年 3 月，中华柏氏光公家族续谱研讨会于 3 月 15 日在济南召开，各地宗亲 60 余人参加了会议。中华柏氏家族委员会常委、山东分会主任柏方友向参加会议的宗亲作了续谱工作的报告。报告对柏姓的起源、发展及历史名人和相关的名胜古迹进行了简述，号召所有宗亲都积极行动起来，真抓实干，殷切期望族谱修订工作能够尽快完成，以便柏氏后人能从中汲取精神文化的力量，继承和发扬艰苦奋斗、尊老爱幼、爱国爱家、精忠报国等优良文化传统。

2015年3月29日,山东柏氏明公后裔在章丘市普集镇大柏家村召开了续修族谱第三次工作会议。来自章丘市、邹平县、淄博市淄川区的族人代表50余人参加了会议。中华柏氏家族委员会常委、山东分会主任柏方友先生和山东分会副主任、柏氏正大光明家族委员会主任柏东岭先生应邀出席了会议。

2015年4月5日,湖南宁远禾亭镇老柏家村成功承办中华柏氏最大的一支系始祖楚望公的大祭典暨楚望公后裔续修《柏氏宗谱》第二次研讨会。来自四川、广东、广西的宗亲代表以及湖南省内桂阳、祁阳、常宁、江华、道县、宁远、新田等市县的宗亲代表共600多人参加了清明祭祖和研讨会活动。

2015年11月22日,中华柏氏珠树堂第三届家谱会在江苏扬州方巷镇方巷村隆重举行。珠树堂召集人柏斗云先生主持了会议,分发了自己新修订的家谱,并告诫宗亲要尊宗敬祖,按排序办好今后的家谱会,要求今后出生的小孩要按字辈来取名。

2015年12月13日,达州市愈标公支系第二次续修族谱工作在达川区兰亭叙茶楼举行,来自成都和达州市开江、达川区各乡镇的50多位柏氏宗亲参加了会议。

2016年11月12日,《山东·章东柏氏族谱》颁谱大会,在山东省章丘市普集镇隆重召开。到会的章东柏氏宗亲代表和各地宗亲代表共有120余人。章东柏氏是“正、大、光、明”四个支系中的明公支系一族,主要聚居地在章丘市普集镇大柏家村一带,因位于旧章丘县城(绣惠镇)以东,前辈们在修谱时,为了区别迁居旧县城以西高官寨柏家村大公支系,故名“章东柏氏”。族人主要分布在济南市的章丘市、滨州市的邹平县、淄博市的淄川区、莱芜市的雪野镇、泰安市的山口镇、济宁市的泗水县和兖州区,河北省的黄骅市等乡镇(村)以及东北三省等地,目前族众约有6000余人。

除各地陆续推出新修的族谱之外,各支系的柏氏祠堂或纪念地也相继复建或重修。

2010年8月25日,广西壮族自治区“马平柏氏先祖纪念碑”顺利落成并举行揭碑仪式。

2011年4月3日,四川省达州市隆重举行了清明祭祖暨祠堂修复落成典礼。来自四川省达州市各县区,四川成都、巴中及重庆等外省市柏氏宗亲共1000多人参加了此次活动。

2013年6月,湖北黄石“烟阁堂”柏家老屋新祠堂落成。

2014年4月23日,湖南宁远县禾亭镇老柏家公祠胜利竣工,并召开了盛大的庆典活动。

2015年清明节,湖北枣阳柏氏宗祠“萃柏堂”落成庆典隆重举行。

2015年4月6日,江苏金湖柏氏碧山堂宗祠举行盛大的落成典礼。

2015年4月25日,河南驻马店市西平县在出山镇隆重举行“柏皇墓修复工程竣工典礼”。中华柏氏家族委员会领导柏学海、柏振云、柏虎仁和柏方友等应邀参加。西平县炎黄文化研究会、县电视台、出山镇党委政府、尚金房地产营销策划有限公司和焦芝岗村委等有关部门领导及当地百名群众参加了此次典礼。

2016年10月3日,安徽省东至县泥溪镇柏氏家族欢聚一堂,在当年朱元璋造箭的箭楼原址下,共同参加正青堂宗祠落成庆典大会。

其他修复或重建的柏姓宗祠还有湖南宁远县亭新柏家公厅、四川广元市香溪乡柏氏宗祠、四川遂宁市柏氏宗祠等。

除了上述近些年新修或复修的柏氏祠堂,还有许多老的柏氏祠堂存留,如湖南省道县乐福堂乡龙村柏氏祠堂、宁远县上柏万城村祠堂、宁远县下柏万城村祠堂、湖南省宁远县柏家坪镇柏家坪村柏氏祠堂、四川巴中市花丛镇土寨村柏家湾祠堂(省级文物保护单位)、广东九昌柏氏祠堂等。

祠堂的修复或重建不仅是柏姓宗亲祭祀和缅怀先祖的重要场地,也为族亲们商议族内的重要事务提供了重要场所,是家族凝聚力的重要体现。

（二）柏姓祖根地的确立及意义

从上述近十年来柏姓宗亲的众多寻根联谊活动来看，柏姓宗亲的寻根联谊活动可以说是成效斐然。其中影响最大的成效之一当是对柏姓得姓始祖柏皇氏的认同以及对柏皇故里和柏国故地作为柏姓祖根地的认可。这一观点在传世文献和众多的柏姓宗谱里也都有一定的记载，认为柏姓为柏皇氏后裔，柏皇氏为柏姓的得姓始祖，柏姓因春秋时期的柏国得氏。因此，柏姓的当代寻根除追寻和记忆不同支系柏氏的祖根地之外，最关键的是探寻作为柏姓始祖的柏皇氏的起源地及作为得姓来源的柏国故地所在，这才是柏姓的祖根地所在。柏姓寻根问祖与专业学术研究机构的结合及高端学术研讨会的召开，为柏姓祖根地的确立提供了学术支撑和文献依据。柏姓祖根地是所有柏姓宗亲寻根问祖的根之所在，也是柏姓宗亲最终的心灵归宿和朝拜之所。

目前，学术界关于"柏姓"原始发祥地的争论，主要有河南西平说、河南舞钢说、河南陈留说和河北柏乡说几种观点，其中河南西平说不仅有古代文献材料的支撑，同时也有考古学材料的印证，因此基本是学术界关于柏姓祖根地的主流观点。

河北柏乡说，主要是因为何光岳先生认为河北"柏人、柏乡、柏肆都相邻，附近有尧山、唐山、尧城，系帝尧活动之地，而柏陵近于唐县、望都，也是尧的起源地。这一组以柏为名的地方，当系柏人的始居地"[①]。何先生的说法，仅以河北与柏相关的名称及靠近尧的起源地，就认为是柏人起源地，证据并不充分，因为全国各地与柏相关的地名散布多处，这体现的应该是柏人迁徙的结果，并不能断定为是起源之地。

河南陈留说，主要依据是文献中关于柏皇氏活动区域的记载。关于柏皇氏部落活动的地域，宋代以前的史籍不见记载，宋代罗泌认为柏皇氏居住在皇

① 何光岳：《古代柏国考》，《河北学刊》1987 年第 3 期，第 77 页。

人山,“柏皇氏……立于正阳之南,是为皇人山”。此后皇人山为柏皇氏居地开始出现,如元代金履祥曰:“柏皇氏,其治世也,为而不有,应而不永,居于皇人之山。”①明代陈桱亦谓:“柏皇氏之在世也,为而不有,应而不求,居于皇人之山。”②清代梁玉绳亦曰:“柏皇氏……姓柏,名芝,亦曰柏皇,亦曰皇伯,亦曰上清真人,伏羲下相,居皇人山。”③张澍也说“(柏皇)居皇人山”。那么皇人山的具体地望究竟在何处?文献中因其与伏羲的关系,认为是“伏羲山”,如罗苹注引《方志华夷图》曰:“谓之伏羲山。”又引《舆地广记》曰:“皇柏山在开封陈留县。”宋王存在《元丰九域志》谓陈留“有皇柏山”④。《金史·地理志》载:“陈留有皇柏山。”⑤皇柏山在今河南省开封市祥符区陈留镇一带。皇人山、皇柏山、伏羲山混为一谈,因此,河南陈留说只能说明柏皇氏所在地与伏羲所在地均为中原地带,并不能说明柏皇氏所在地即是皇柏山所在的陈留。

河南舞钢说,主要是考古材料。1987 年在舞钢发掘一古城,有不少冶铁遗址,当地一些学者就认为是“柏国古城”。该遗址考古发掘时,中国科技史协会金属史专业委员会也只是认定该地为古代冶铁遗址之一,并没有说明该遗址就是柏国故城,而该市文化局考古专业工作者张振英坦承:“古柏国都城的准确位置在哪里一直没有定论。”⑥

柏姓原始地望,不论是陈留说还是柏乡说、舞钢说,文献证据均较薄弱,且不具权威性。而河南西平说则有大量的文献证据,证明西平为古柏国所在地。因为柏皇氏其所在根据文献记载,只能证明柏皇氏族群所在地位于中原地区,作为上古族群,难以对其地望进行具体考证,因此,柏姓祖根地确立的重要证

① 〔元〕金履祥撰:《御批资治通鉴纲目前编·卷首》,文渊阁四库全书本。
② 〔元〕陈桱撰:《通鉴续编》卷一,文渊阁四库全书本。
③ 〔清〕梁玉绳撰:《汉书人表考》,中华书局,1985 年,第 39 页。
④ 〔宋〕王存等撰:《元丰九域志》(上册),中华书局,1984 年,第 3 页。
⑤ 〔元〕脱脱等撰:《金史》,中华书局,2000 年,第 388 页。
⑥ 王岗:《冶铁重地柏国故城位置确定》,《平顶山日报》2010 年。

据便是“因国得氏”的古柏国之地望。另外，古柏国是柏皇氏后裔所建之国，与柏皇氏一脉相承，所以古柏国所在地为柏皇氏族群主要活动地，也是后世柏姓的得氏所在地，而古柏国所在地，文献记载正是河南西平县。

最早出现柏国地望位于西平的记载是《风俗通义·姓氏篇》：“柏国在汝南西平县，为楚所灭，子孙以国为氏。”不仅记载了古柏国之地望，而且认为柏姓的来源是“以国为氏”。《后汉书》中有：“西平并汝南郡，西平县，故柏子国也。在今豫州吴房县西北”，“西平有铁。有柏亭，故柏国”。《晋书》卷十四有：“西平，故柏国。有龙泉，水可用淬刀剑。”《水经注》卷三十一有：“又东过西平县北。县故柏国也，《春秋左传》所谓江、黄、道、柏，方睦于齐也。汉曰西平，其西吕墟，即西陵亭也。西陵平夷，故曰西平……县出名金，古有铁官。”《春秋左传正义》卷十二有：“柏，国名，汝南西平县有柏亭。”《元和郡县志》卷十：“西平县……即春秋时柏国也。”《册府元龟》卷二百三十五：“柏国，汝南西平县柏亭。”《资治通鉴》卷第四十六：“西平，故柏子国，在今豫州吴房县西北。胡注：西平，春秋柏国，汉为西平县，属汝南郡，唐属蔡州。”《太平寰宇记》卷十一：“西平……古柏子国之地。”《路史》卷二十九：“今蔡[州]之西平有柏亭。”《元丰九域志》卷一：“西平是古柏国。”《水经注疏》卷三十一：“又东过西平县北。县，故柏国也。郭守敬按：故柏子国，今柏亭是……汉县属汝南郡，后汉、魏、晋、宋、后魏因，在今西平县西四十五里。”《大清一统志》：“柏亭，在西平县西，故柏子国。”《文献通考》卷二百六十三：“柏，国在汝阳西平县柏亭，今蔡州西平县。”《职方典》第467卷：“春秋为柏子国，战国属韩，秦属颍川郡，汉始置西平县。”《重修汝宁府志》：“西平县……黄帝有熊氏之裔柏亮父父子为帝师，肇封于柏，为柏子国地。”

从上述文献的记载可知，古柏国的地望位于古代西平境内，是有着充足的史料依据的。而且，上述文献涉及的学者，有应劭、范晔、郦道元、欧阳修、郭守敬、马端临等，都是古代大学问家，尤其是东汉应劭，本身就是汝南郡人，对汉代柏国地望汝南西平的记载应该最具权威性。所以,柏姓的祖地寻根目前最明确的应该是西平县,因为柏皇氏族群故地和柏皇氏后裔所建柏子国都在今驻马店西平县。

史籍对柏皇氏族群故地所在地的记载不多,但从其和伏羲氏族群、炎黄族群联系密切来看,应该同为中原族群,与伏羲氏故地应该距离不远。古籍中记载柏皇氏后裔建于黄帝时期的柏子国"立于正阳之南",开国君王为黄帝的臣子柏高,而上古时期所说的"地中",一般是指黄帝定都之地新郑,古西平又位于新郑之南,所以很可能就是柏皇氏族群故地所在地。而周代获封的柏皇氏后裔所建的柏国,史籍则明确记载位于今驻马店西平地区,尽管 2006 年 11 月,古柏国都城柏亭遗址在今舞钢市尹集镇谢古洞村一带被发现,但因文献记载中古柏国所在地一直以西平为主,并且在汉、唐、宋时期的蔡州西平,其地囊括今西平县和舞钢市,因此关于柏子国所在地的两种说法,即柏子国在今河南省驻马店市的西平县和柏子国在河南省平顶山市的舞钢市,其在本质上并不冲突,在古代实为一地之称。所以柏国故地以文献记载中的西平为主并不为过,柏姓族人以西平为寻根祖地,以古代文献记载的地名为准,而不是以当今的行政区划为定,也是可行的。

(本文作者为河南省社会科学院历史与考古研究所助理研究员)

柏皇氏与柏国研究

柏皇氏与春秋时的柏国

王震中

柏皇氏属于我国古老的姓氏，但资料并不多。汉代应劭《风俗通义·佚文篇》中的“姓氏”部分，有一段话集中讲了柏皇氏：“柏氏，柏皇氏之后，又柏亮父为颛顼师，柏招为帝喾师，柏冏为周太仆。柏国在汝南西平县，为楚所灭，子孙以国为氏。汉有柏始昌、柏英为大鸿胪，秦大将军柏直。”①在应劭的这段记述中，在柏皇氏的姓族中，柏亮父是颛顼师，柏招是帝喾师，而我们知道，颛顼和帝喾是《史记·五帝本纪》中的二帝，由此可见柏皇氏之显赫。应劭的这个说法与班固《汉书》中的说法完全相同。《汉书·古今人表》说：“柏夷亮父，颛顼师。”又说：“柏招，帝喾师。”撰写《汉书》的班固与撰写《风俗通义》的应劭虽然都是东汉时人，但班固生卒年是32—92年，应劭生卒年为约153—196年，因此《风俗通义》所谓“柏亮父为颛顼师，柏招为帝喾师”的说法，应该本于《汉书》。在《山海经·海内经》有叫“伯夷父”的人物，《海内经》说：“伯夷父

① 〔汉〕应劭撰，王利器校注：《风俗通义校注》（下册），中华书局，1981年，第556页。

生西岳,西岳生先龙,先龙是始生氐羌,氐羌乞姓。郭璞注云:伯夷父颛顼师,今氐羌其苗裔也。”袁珂《山海经校注》指出,郭璞注所依据的,一为《汉书·古今人表》,一为《新序·杂事五》所说的“颛顼学伯夷父”。我们暂且不论伯夷父与氐羌族是否有渊源关系,但《山海经·海内经》已透露出“伯夷父”(即“柏亮父”)是一古老的神话传说人物。

作为柏皇氏后裔的柏亮父和柏招,究竟是如何成为颛顼和帝喾之师的,或者说颛顼究竟是如何学柏亮父的,帝喾究竟是如何学柏招的,已不得而知,无法进行具体的考证,但春秋时期的柏国却是实实在在存在的。应劭在《风俗通义》所说的“柏国在汝南西平县,为楚所灭,子孙以国为氏”,也是有根据的。《左传·僖公五年》记载:“楚斗谷于菟灭弦,弦子奔黄。于是江、黄、道、柏方睦于齐,皆弦姻也。”这是说鲁僖公五年的秋天,楚国的斗谷于菟灭亡弦国,弦国国君弦子逃亡到黄国。这时江、黄、道、柏四国正和齐国友好,这些国家都和弦国有婚姻关系。《左传·僖公五年》所记载的这个柏国,杨伯峻《春秋左传注》推测说:“其故城当在今河南省舞阳县东南。”这也就是应劭《风俗通义》所说的“在汝南西平县,为楚所灭”的柏国,其地在今河南省驻马店市西平县境内。在中国古代各种姓氏中,有的姓氏是“以国为氏”,所以柏氏的大本营应当在春秋时期的柏国。

关于“以国为氏”,《左传·隐公八年》记载:“无骇卒……羽父请谥与族……众仲对曰:‘天子建德,因生以赐姓,胙之土而命之氏。诸侯以字为谥,因以为族。官有世功,则有官族。邑亦如之。’公命以字为展氏。”这段话讲的是:无骇死,羽父为他请求谥号和氏族名号。鲁隐公向众仲询问关于姓族氏族的事。众仲回答说:天子建立有德之人以做诸侯,依照他的生地而赐姓,分封土地而又赐给他氏。诸侯以字作为谥号,他的后人因此而以为氏族名。世代做某种官职而有功,他的后人就以这种官名为氏族名,也有以封邑为氏族名的。隐公听罢就命令以无骇的字作为氏族名,即展氏。可见,在中国上古社会,“因生以赐姓,胙之土而命之氏”是一种文化传统。我们推测柏皇氏在其衍生发展的过程中,其主支定居于今河南西平柏亭一带,这就是周代的柏国。但是在东周人的眼中,无论是自己立国,即自发地建立的邦国而得到周王朝的认同,还是由周天子分封建立的诸侯国,其国族的姓氏一律来自周天子的“因生以赐姓,胙之土而命之氏”。这也说明,上古的姓氏既有血缘关系的一面,又是一种政治实体,是与其土地和人民紧密联系在一起的,只是在春秋时期人们的头脑中,这样的土地是封地,是由周天子赐的,这样的姓氏也是由周天子赐命的。位于西平的柏国,虽然在周景王十四年(前531)被楚国所灭,但其子孙一直以国为姓,应劭说其子孙中,“汉有柏始昌、柏英为大鸿胪,秦大将军柏直”。因此,至少从周代开始,柏皇氏即柏氏的传承和居地沿革是清楚的。

(本文作者为中华炎黄文化研究会副会长,中国殷商文化学会会长,中国社科院历史研究所副所长、研究员)

柏皇氏与柏国

马世之

柏皇氏又作柏黄氏、伯皇氏，是中国古史传说时代氏族部落的首领，系“袭伏羲之号”的一位“帝皇”。其活动地域主要在今河南豫中地区的西平一带。西周初年，柏皇氏后裔在此建立柏国，标志着柏皇氏文化的发展进入了一个新的历史阶段。

一、传说时代的柏皇氏

在中国古史传说时代，华夏大地上列“国”并立，群雄逐鹿，分布着许多氏族部落，其中有个名叫柏芝的人，是一位著名的氏族部落首领，他以柏树为图腾，被视作树中之“柏”和人中之“皇”，史称“柏皇氏”。有关柏皇氏的记载，最早见于《庄子·胠箧篇》：“昔者容成氏、大庭氏、伯皇氏、中央氏、栗陆氏、骊畜氏、轩辕氏、赫胥氏、尊卢氏、祝融氏、伏羲氏、神农氏，当是时也，民结绳而用之。甘其食，美其服，乐其俗，安其居，邻国相望，鸡狗之音相闻，民至老死而不相往来。若此之时,则至治已。”大概成书于战国的《六韬》等轶书遗文,也谈到柏皇氏:“昔柏皇氏、栗陆氏、骊连氏、轩辕氏、赫胥氏、尊卢氏、祝融氏,此古王者也。未使民,民化;未赏民,民劝。此皆古之善为政者也。至于伏羲氏、神农氏,教化而不诛,黄帝尧舜诛而不怒。”秦汉以后,柏皇氏的说法是比较多见的,如《遁甲开山图》云:“女娲氏没,大庭氏王有天下,五气异色。次有柏皇氏、中央氏、栗陆氏、骊连氏、赫胥氏、尊卢氏、祝融氏、混沌氏、昊英氏、有巢氏、葛天氏、阴康氏、朱襄氏、无怀氏,凡十五代,皆袭庖羲之号。自无怀氏已上,经史不载,莫知都之所在。”汉代班固《汉书·古今人表》上中仁人,为“女娲氏、共工氏、容成氏、大廷氏、柏皇氏、中央氏、栗陆氏、骊连氏、赫胥氏、尊卢氏、沌浑氏、昊英氏、有巢氏、朱襄氏、葛天氏、阴康氏、亡怀氏、东扈氏、帝鸿氏”。晋代皇甫谧《帝王世纪》云:“女娲氏没,次有大庭氏、柏黄氏、中央氏、栗陆氏、骊连氏、赫胥氏、尊卢氏、混沌氏、皞英氏、有巢氏、朱襄氏、葛天氏、阴康氏、无怀氏,凡十五世,皆习包牺氏之号也。”托名南朝梁元帝萧绎所撰《金楼子》云:“粤若稽古天皇氏、地皇氏、人皇氏……容成氏、大庭氏、柏皇氏、中央氏、栗陆氏、骊连氏、赫苏氏、宗卢氏、祝和氏、浑沌氏、昊英氏、有巢氏、朱襄氏、葛天氏、阴康氏、无怀氏。”唐代司马贞《补三皇本纪》按时代先后排列了如下顺序:人皇、五龙氏、燧人氏、大庭氏、柏皇氏。并说:“斯盖三皇已来有天下者之号,但载籍不纪,莫知姓、王年代,所都之处。”宋代罗泌《路史》也认为柏皇氏是“古帝皇”,并说:“昔庄周叙古帝皇,惟曰庸成氏、大庭氏、柏皇氏、中央氏、栗陆氏、骊畜氏、轩辕氏、赫胥氏、尊卢氏、祝庸氏、伏羲氏、神农氏,如是而已。”其他唐宋文献,大都沿袭《庄子》的说法。此外,战国中晚期成书的上博简《容成氏》里,也讲到一些上古的氏族。唯是各氏族生活时代的先后,诸书排列不甚统一,说明学者们对于这些氏族生活的时代已没有一致的看法。《庄子·胠箧篇》和《容成氏》等书对上古氏族的记叙,“是有别于炎黄古史传说体系的另一类古史传说,或者可以认为它是在炎黄古史传说体系之前的未经整理加工的原生态古史传说”[①]。当时处于“结绳而治”的“小国寡民”之世,“邻国相望,鸡狗之声相闻,民至老死而不相往来”,正是氏族部落社会的生动写照。“大体言之,他们的时代正是氏族走向部族国家的开始时期,应该是包括‘五帝’之前较长时期的情况。”[②]许多古籍都把柏皇氏列入伏羲文化系统,说他“袭包牺之号”,可知应该早于五帝时代。有学者把它称为“先帝时代”,并说:“如果说炎黄时代已形成部落大联盟和新的部族融合的话,‘先帝时代’似乎仍处于生产力极不发达的原始时代。”[③]这种观点无疑是正确的。

柏皇氏身份高贵,不是普通氏族部落首领可比。《路史·前纪六》称:“柏皇氏,姓柏,名芝,是为皇柏。出榑日之阳,驾六楷,以木纪德。”“六楷”或作“六龙”,《易·乾》云:“乘六龙以御天。”《楚辞·九叹》谓:“驰六龙于三危兮。”《汉书·礼乐志》云:“(柏皇)独乐六龙。”范仲淹《严先生祠堂记》说:“乘六龙,得圣人之时。”以乘六龙为圣人才能得到的待遇。柏皇氏有资格驾驭六龙出巡,可见他在氏族部落之间的地位和声望是相当高的,其身份非部落联盟首领莫属。

柏皇氏所在地域,《路史》说:“立于正阳之南,是为皇人山。”皇人山又作皇柏山,《舆地广记》载皇柏山在开封陈留县,即今河南省开封市祥符区陈留镇一带。柏皇氏的得名,大约与境内盛产柏木有关。《尚书·禹贡》载:“导淮自桐柏。”桐柏即今河南桐柏县的桐柏山,因产桐与柏而得名。大体而言,柏皇氏族群活动在今开封至桐柏一带的豫中地区。根据西平县的民间传说,今出山镇焦子岗、三所楼、三孝庄之间,有一条贯通南北的河流,河东岸有一座古墓,高约4.95米,长约30余米,宽约20余米,由黄土和硬石构成,当地百姓称

① 姜广辉:《上博藏简〈容成氏〉的思想意义》,《中国社会科学院院报》2003年。
② 陈立柱:《有巢氏传说综合研究——兼说中国史学的另一个传统》,《史学月刊》2015年第2期。
③ 张新斌:《炎帝朱襄氏与柘城》,《寻根》2002年第1期。

该墓为“老龙头”，据说这就是柏皇氏——柏芝之陵。[①] 文献记载柏皇氏生前“独乐六龙”，死后其墓称“老龙头”，大概与其氏族部落除以柏为图腾外，还以龙为图腾有关。由此看来，柏皇氏的主要活动地域应在河南豫中地区的西平一带。

二、淮域之邦柏国

柏皇氏之族是一个古老的族群，后代子孙多以柏为氏，且名人辈出。《路史・前纪六》载：“柏皇氏，姓柏，名芝……有柏氏。柏常为皇帝地官，柏亮又为颛顼师，柏昭为帝喾师。尧治天下，有柏成子皋立为诸侯，尧授舜，舜授禹，柏成子皋辞为诸侯而耕。”另据《山海经・海内经》载：“华山青水之东，有山名曰肇山，有人名曰柏高，柏高上下于此，至于天。郭璞注：柏子高，仙者也。”郝懿行云：“然则柏高即伯高矣。伯高者，《管子・地数》有黄帝问于伯高云云，盖黄帝之臣也。帝乘龙鼎湖而伯高从焉，故高亦仙者也。”柏高大约是黄帝时代一个著名巫师。由于伯氏族群中出过名臣、帝师、诸侯和神仙，因而柏氏被称为中华古姓中的贵族。西周初年，武王伐纣灭商之后，柏皇氏的后裔受封于今河南西平，在淮河流域地带建立了柏国。

柏国亦称柏子国，地处河南省中部，居驻马店地区最北端。地势西高东低，海拔最高 550 多米，最低 53 米，平均 59.9 米。伏牛山余脉自县西南绵延入境，形成西部山区向平原过渡的浅山丘陵区。东部则为广袤的平原。境内较大的河流有洪河、柳堰河和游泥河，属淮河流域的洪河系。西平附近地处亚热带向暖温带过渡地带，属东亚大陆性季风型亚湿润气候。其原始景观结构，是由众多的低山、丘陵、平原、湖泊等景观镶嵌和纵横交错的河流、道路、沟谷

① 张宗杰：《古柏子国——柏皇氏的起源与传说》，《黄河文化》2014 年第 2 期。

等景观廊道所构成,具有强烈的空间异质性。加上西平一带又是柏皇氏活动的中心地带,这里保留有许多柏皇氏文化的传说和史迹,从而为柏皇氏后裔在此建邦立国提供了得天独厚的地理优势和丰富多彩的文化资源。

柏国疆域不大,其范围大约包括今西平全境与舞钢部分地区。《左传·僖公五年》杜预注:“柏,国名,汝南西平县有柏亭。”《汉书·地理志》汝南郡西平县,注引应劭曰:“故柏子国也,今柏亭是。”《水经注》云:“又东过西平县北,县,故柏国也……汉曰西平,其西吕墟,即西陵亭也。西陵平夷,故曰西平。”《元和郡县志》云:“西平县,本汉旧县,属汝南郡。后魏置,即春秋时柏国也。”《路史·国名纪六》载:“柏皇后,黄帝臣柏高,春秋之柏子国。楚灭之,今蔡[州]之西平有柏亭。”顾栋高《春秋大事表》谓:“柏国,在西平县,有柏亭。”《清一统志》云:“柏亭,在西平县西故柏子国。”西平于西汉时置县,县治在今县西之师灵镇一带。唐开元四年(716),县治始东移至今县城。1990 年 10 月,河南省行政区域变更,设舞钢市,与西平县接壤。考古发现的柏国故城在与西平交界的舞钢市境内。以柏国故城为中心,附近分布着 10 处冶铁遗址。在西平境内有酒店杨庄遗址、赵庄遗址、冶炉遗址,舞钢市区内有尖山、翟庄、沟头赵、石门郭、圪垱赵、许沟等遗址,柏国故城位居诸遗址中间,从而呈现出众星捧月之势。由此可以想见当年这一带冶铁业的发达情况。

柏国故城位于舞钢市尹集镇谢古洞村南,城址平面略呈长方形,南北长 2000 米,东西宽 1000 米,面积约 200 万平方米。地面上保留有断续的夯土城墙遗迹,残高 1 米左右。遗址中部隐然有高出附近地面的台地,夹杂有石灰层,面积有 1 亩左右,疑为宫殿或官府旧址。城内曾发掘出春秋时代墓葬,出土有铜鼎等遗物。①

20 世纪 80 年代,冶金考古学家李京华先生曾对柏国故城进行实地考察,

① 国家文物局主编:《中国文物地图集·河南分册》,中国地图出版社,1991 年,第 71 页。

并把它称为谢古洞遗址。他说：

> [该遗址]位于舞钢区尹集乡的北端,北距武功2.5公里,西临滚河上游田岗水库的东岸,隔河与西相望便是铁山矿址。南有许沟冶铁遗址,北有沟头赵冶铁遗址。东南距西平酒店遗址11公里,遗址面积2平方公里。
>
> 西北部地势较高,呈东西向长条形,在其西部的断崖上有夯土层。但是不是城墙,有待钻探和试掘来证实。在2平方公里内,散布着春秋、战国、汉代、魏晋南北朝和唐宋的陶片、瓦片及砖块等。其中战国和汉代陶片最多。春秋陶片较少,计有陶豆、陶盆、陶罐、筒瓦片。战国陶片有陶盆、豆、罐、瓮、筒瓦和板瓦等。在遗址内还出土过东周时的铜鼎、铜矛、铜弩机等,铸工较精良。文化层最厚处达1.5米以上。
>
> 谢古洞遗址面积之大,分布遗物之多,显然与战国中等城邑和汉代城邑规模相当。它又居于铁矿遗址群中心位置,它的鼎盛时期是战国和汉代,与铁矿冶铸遗址群时间吻合。由此看来,谢古洞遗址似为东周的柏子国、汉代的西平县城和汉代铁官所在地。①

关于柏国故城的地望,学术界的看法并不一致。除舞钢说外,还有西平说,主要根据是古代文献记载:“西平县有柏亭,故柏国也。”2002年,西平县酒店乡朱苍庄发现一块汉砖墓志铭,上书“柏乡亭”,该砖现藏县文管所。表明柏亭似应在今西平县境。明代西平知县卫善诱诗云:“父子相传作帝师,柏亭封国此遗迹。”清代西平知县汤显相诗曰:“地称柏国犹存柏,我宰棠溪谁咏棠?”清末民初文人陈庭兰有诗:“故国今何在,登临尚有亭,遗封传柏子,春色霭西陵。”由此可知,柏亭即在西平,柏国故城亦应于西平县域求之。2000年后,西平县文物普查队对西平县出山镇北部的浅丘陵地带进行文物普查时,在

① 李京华:《古代西平冶铁遗址再探讨》,《中国冶金史料》1990年第4期。

与舞钢市交界的八张村西发现一座古城。城址处于洪河与青铜河交汇处的台地之上,三面环水,西、北临洪河,东临青铜河,以自然河流作为城壕,城墙依河堤而筑。南城墙外的城壕为人工开凿,将洪河、青铜河东西连接,城壕宽约15米。城址平面略呈梯形,南窄北宽。南城墙高出地表1米左右,长约70米。城墙的东南城角、东北城角及西城墙北段仍高出周围地表3.5米左右。西城墙保存长度186米,东城墙断续长372米,北城墙长147米。故城面积约3.65万平方米。城墙夯土为黄褐土与灰褐土,夯层清晰,厚16~30厘米,夯窝直径3~4厘米。在城内及城墙断崖处采集到大量陶片,其器形为罐、壶、盆等。城墙依河而筑,与蔡国故城、吴房故城、新蔡故城、葛陵故城筑城风格相似,有人疑为柏国故城。

另外,师灵镇村西有一古城址,也有人认为它就是为楚所灭的柏国故城。[①]

西平境内的古城,规模一般较小,且大都没有进行过考古发掘。是否为柏国故城,尚需手铲释天书,有待新的考古资料来下结论。

柏是一个小国,处在晋、宋、郑、楚大国之间,在夹缝中求生存,终日岌岌可危。春秋初期,楚国在江汉地区崛起后,挥师北向,问鼎中原,淮域诸小国先后被其兼并。约于公元前642至公元前626年之际,即鲁僖公十八年至鲁文公元年间,柏国被楚所灭。[②] 柏亡之后,其都城称合赙或合伯,先后属楚、韩所有,继续得到发展,成为中原地区一个著名的冶铁大都会。

综上所述,从柏皇氏的活动地域到柏国的兴亡,可以窥见柏氏族人在中原地区的历史发展轨迹。

(本文作者为河南省社会科学院原考古研究所所长、研究员)

① 谢文华:《柏国故城正本考》,《西平历史文化》2013年12月。
② 何浩:《楚灭国考》,武汉出版社,1989年,第11页。

柏皇氏与柏国略论

任崇岳

一、柏皇氏是古代帝王吗

柏皇氏是上古时期以柏树为图腾的氏族，之所以称为柏皇氏，有学者认为他与柏树有关，何光岳在《中原古国源流史·柏国的来源与迁徙》中说："因柏皇氏居于巨柏之下，这株巨柏被柏人尊为伯中之皇、神树之主故而得名。皇柏乃伯皇之倒装语。"[①]柏皇氏是否与柏树有关，还需其他的史料作为佐证，仅因柏皇氏中有一"柏"字，便断定是因柏树而得名，不能使人信服。《路史》云："柏皇氏，姓柏，名芝，是为皇柏。"[②]这一解释可信。

最早记载柏皇氏的是战国时人庄周。他在《庄子·胠箧篇》中说："昔者容成氏、大庭氏、伯皇氏、中央氏、栗陆氏、骊畜氏、轩辕氏、赫胥氏、尊卢氏、祝融氏、伏羲氏、神农氏，当是时也，民结绳而用之。甘其食，美其服，乐其俗，安

① 何光岳：《中原古国源流史》，广西教育出版社，1995 年。
② 〔宋〕罗泌撰：《路史》卷六《前纪六·祥通纪》，文渊阁四库全书本。

其居,邻国相望,鸡狗之音相闻,民至老死而不相往来。若此之时,则至治已。"①在庄周笔下,柏皇氏是上古时期的一个帝王,他的年代比轩辕(黄帝)、伏羲、神农都早。那时候没有文字,百姓结绳记事,但是衣食无忧,快乐逍遥,鸡犬之声相闻,百姓至死不相往来,庄周给我们描绘了一个令人向往的乌托邦世界。

庄周是记载柏皇氏的始作者,后世学者相沿不替,都提到了柏皇氏。《汉书》卷二十《古今人表》所列上古部落首领的顺序是:女娲氏、共工氏、容成氏、大廷氏、柏皇氏、中央氏、栗陆氏、骊连氏、赫胥氏、尊卢氏、沌浑氏、昊英氏、有巢氏、朱襄氏、葛天氏、阴康氏、亡怀氏、东扈氏、帝鸿氏。庄周生于约公元前369年,班固生于公元32年,两人相距近400年,但所列上古部落首领便已有很大不同,庄周列了十二世,而班固列出了十九世,如果加上伏羲,则为二十世,多了八世。但容成氏、大庭氏、伯皇氏、中央氏的排列顺序不变。

托名南朝梁元帝萧绎撰的《金楼子》一书对庄周的说法作了进一步的阐发,他说:

> 粤若稽古天皇氏、地皇氏、人皇氏。分有十纪:一曰九头,二曰五龙,三曰括提,四曰合雒,五曰连通,六曰序命,七曰修飞,八曰因穆,九曰禅通,十曰疏讫。容成氏、大庭氏、柏皇氏、中央氏、栗陆氏、骊连氏、赫苏氏、宗卢氏、祝和氏、浑沌氏、昊英氏、有巢氏、朱襄氏、葛天氏、阴康氏、无怀氏。②

在萧绎看来,天皇、地皇、人皇是谓三皇。三皇共有10纪,1纪12年,共有120年,九头、五龙、括提、合雒等则是每一纪的名称。三皇之后又有15位帝王,即从容成氏到无怀氏,其中居第三位的是柏皇氏,比有巢氏、葛天氏都早。

---

① 〔清〕王先谦撰:《庄子集解》,中华书局,1987年。
② 〔南朝梁〕萧绎撰:《金楼子》卷一《兴王篇一》,文渊阁四库全书本。

唐朝人徐坚的《初学记》则说：

尚书序曰：伏羲之王天下也，始画八卦……帝女娲氏。帝王世纪曰：女娲氏亦风姓也，承庖牺制度，亦蛇身人首，一号女希，是为女皇……及女娲氏没，次有大庭氏、柏皇氏、中央氏、栗陆氏、骊连氏、赫胥氏、尊卢氏、混沌氏、有巢氏、朱襄氏、葛天氏、阴康氏、无怀氏，凡十五世，皆袭庖牺之号。①

从这段记载可知，伏羲是天子，继承他帝位的女娲也是天子。女娲氏死后，从大庭氏到无怀氏，其中也包括柏皇氏在内，共15世，“皆袭庖牺之号”，也就是说，他们依次都做了天子。

宋朝人郑樵的《通志》说：

有巢氏（谓之始居，教民巢居）、燧人氏（有巢之子，钻木取火，教民熟食）、天皇伏羲氏（少昊，燧人之子，母曰华胥）、女娲氏（伏羲妹，继伏羲氏为天子）、大庭氏、柏皇氏、中央氏、栗陆氏、骊连氏、赫胥氏、尊卢氏、混沌氏（一曰启统）、昊英氏、朱襄氏、葛天氏、阴康氏、无怀氏。臣谨案：大庭氏继女娲为天子，其后皆相继为之，未知族系。自伏羲至无怀，凡十五世，共一千二百六十年。②

郑樵说得很明白，有巢氏、燧人氏、伏羲氏是祖孙三代，均是天子，伏羲之妹女娲继伏羲为天子，之后是大庭氏继女娲为天子，柏皇氏又继大庭氏为天子，自伏羲氏至无怀氏共15世，他们都是天子，但是弄不清族系。

宋人王钦若编纂的《册府元龟》说：

太昊庖牺氏，风姓，母曰华胥，作网罟，以畋渔，取牺牲，故天下号曰庖牺氏。一号皇雄氏，继天而王，故曰帝。太昊庖牺氏没，女娲氏立为女皇，亦风姓，承庖牺制度。女娲氏没，次有大庭氏、柏皇氏、中央氏、栗陆氏、骊

① 〔唐〕徐坚等撰：《初学记》卷九《帝王部》，中华书局，1962年。
② 〔宋〕郑樵撰，王树民点校：《通志二十略》，中华书局，1995年。

连氏、赫胥氏、尊卢氏、浑沌氏、昊英氏、有巢氏、朱襄氏、葛天氏、阴康氏、无怀氏，凡十五代，皆袭庖牺之号。①

这段话明确说伏羲氏继天而王，故称为帝。继庖牺而立的女娲是女皇，自然也是帝王之类的人物。女娲之后，从大庭氏到无怀氏，包括柏皇氏在内，“皆袭庖牺之号”，说明他们承袭的是帝号，当然也都是帝王。

以上援引的史料中都称从伏羲到无怀氏是古代帝王，这个说法并不准确，不过是一种传说而已。清人郑方坤说：

五帝之前有国者不称国，以名为氏，所谓无怀氏、葛天氏、伏羲氏、燧人氏者也。神农、轩辕，虽曰炎帝、黄帝，犹以名为氏。至唐虞夏商周以后以国为氏，诸侯亦然，鲁、卫、齐、宋之类是也。②

所谓有国者不称国，以名为氏，是指有国王之实，但无国王之名，无怀氏、葛天氏、柏皇氏等实际上是国王，不过称呼上称氏而已。什么时候才名副其实，当了帝王就称帝呢？那就是唐尧虞舜、夏、商、周以后的事。也正因为是传说，因而从大庭氏到无怀氏15代帝王中孰先孰后，记载歧异，这是因为获得史料的渠道不同所致。由此可见，从大庭氏到无怀氏的15代帝王是不能当作信史的。

当代学者也不认为大庭氏、柏皇氏是信史。郭沫若的《中国史稿》说：“在我国古代传说中……传说最早的是炎帝，号神农氏。”③传说中的太皞，比炎帝晚一些，“太皞，号伏牺氏”④。范文澜则认为，“太皞则可能实有其人。”⑤尚钺教授认为中国古代传说中最早的是有巢氏、燧人氏、伏牺氏。⑥ 郭沫若认为：

① 〔宋〕王钦若等撰：《册府元龟》卷一《帝王部·总序》，中华书局，1960年。
② 〔清〕郑方坤撰：《经稗》卷八《因生赐姓》，文渊阁四库全书本。
③ 郭沫若：《中国史稿》，人民出版社，1976年，第108页。下引此书只注页码。
④ 《中国史稿》，第111页。
⑤ 范文澜：《中国通史简编》（第一编），人民出版社，1955年，第88页。
⑥ 尚钺：《中国历史纲要》，人民出版社，1954年，第3页。

"在对待古代传说上,有两种倾向,一种是把传说当作真人真事,进行烦琐考证,结果是治丝愈棼;另一种是对传说材料持全盘否定的态度。他们不懂得氏族制度是原始社会发展过程中所共有的制度,因而也不可能正确地对待古代的传说。"[1]今天看来,柏皇氏就是远古时期的一个部落首领,说他是帝王,那是夸大其辞了。

二、柏国史迹钩沉

柏皇氏的后裔在今河南西平县建立了柏国,一向没有异议。《后汉书》卷三十《郡国志第二十》:"西平有铁,有柏亭,故柏国。"《晋书》卷十四《地理志·汝南郡·西平》:"故柏国,有龙泉,水可用淬刀剑。"郦道元《水经注》卷三十一:"又东过西平县北。县,故柏国也。《春秋左传》所谓江、黄、道、柏,方睦于齐也。汉曰西平,其西吕墟,即西陵亭也。西陵平夷,故曰西平……《晋太康地纪》曰:县有龙泉水,可以砥砺刀剑,特坚利,故有坚白之论矣,是以龙泉之剑为楚宝也。县出名金,古有铁官。"[2]当然,说得最详尽的还是宋人罗泌的《路史》。他说,柏皇氏"其后为柏(今蔡州西平,古柏国,春秋时柏子之封),有柏氏(《风俗通》云柏皇氏后)。柏常为皇帝地官,柏亮又为颛顼师,柏昭为帝喾师。尧治天下,有柏成子皋立为诸侯,尧授舜,舜授禹,柏成子皋辞为诸侯而耕。逮周之世有柏冏为太仆正。又有柏侯氏、柏常氏、白侯氏"[3]。说春秋时有柏国,子爵,有史可稽,当属信史。至于伯常当了黄帝地官、柏亮当了颛顼宰相、柏昭当了帝喾老师,尧时期有柏成,柏成的儿子柏皋当了诸侯,周朝又有伯冏,皆不可考,是传说中的人物。清人纪晓岚在《四库全书提要·路史》中说:

---

① 《中国史稿》,第108页。

② 〔北魏〕郦道元著,陈桥驿校证:《水经注校证》,中华书局,2007年。

③ 〔宋〕罗泌撰:《路史》卷六《前纪六·禅通纪》,文渊阁四库全书本。

“皇古之事，本为茫昧，泌多采纬书，颇不足据。”这个批评是对的。

柏国是春秋时的小国，《左传》中只有一处记载，即《僖公五年》：“楚斗谷于菟灭弦，弦子奔黄。于是江、黄、道、柏，方睦于齐，皆弦姻也。弦子恃之而不事楚，又不设备，故亡。”[①]这条记载说的是，楚国大将斗谷于菟灭掉了弦国，弦国国君逃往黄国，其时江、黄、道、柏这几个小国都与齐国交好，受齐国庇护，这几个小国都与弦国是姻亲关系。弦国仗着齐国的势力而不侍奉楚国，又不巩固国防，因此灭亡。弦国在今河南潢川、光山一带，黄国在今河南潢川西北，江国在今河南正阳南，道国在今河南确山北，而柏国在今河南西平的西北部，均不出今河南驻马店、信阳两市。弦国在这几个小国中最靠南面，往北依次是黄国、江国、道国、柏国，所谓唇亡则齿寒，弦国既亡，柏国、江国等也是楚国砧板上的鱼肉，形势岌岌可危了。

柏国历史文献资料甚少，《河南通志》《河南新志》以及1990年版的《西平县志》除了说柏国在今河南西平，其他的便语焉不详了。孔子说：“夏礼，吾能言之，杞不足征也；殷礼，吾能言之，宋不足征也。文献不足故也，足则吾能征之矣。”孔子能说清夏礼、殷礼，却说不清杞国礼、宋国礼，这是因为文献不够的缘故，如今我们研究探讨柏国史，同样也遇到了文献不足的困境。但是仔细梳理史料，我们仍能勾勒出柏国的大致情况。《左传・僖公四年》：“四年春王正月，公会齐侯、宋公、陈侯、卫侯、郑伯、许男、曹伯侵蔡。蔡溃，遂伐楚，次于陉。”这年“夏，楚子使屈完如师，师退，次于召陵”。鲁僖公四年（前656）齐桓公率鲁、宋、陈、卫、郑、许、曹等国进攻蔡国，蔡国兵败，遂进攻楚国，军队驻扎在陉这个地方，楚国大夫屈完面对齐桓公据理力争，以武力为后盾进行了一场外交战，迫使齐国退兵召陵。《史记》卷四十《楚世家》：成王“十六年，齐桓公以兵侵楚，至陉山”[②]。《中国历史地名辞典》“陉山”条：“一作陉。春秋、战国

---

① 杨伯峻编著：《春秋左传注》，中华书局，1981年。

② 〔汉〕司马迁：《史记》卷四十《楚世家》，中华书局，1982年。

楚地,在今河南郾城县东南。”郾城县与西平县毗邻,郾城县东南就是西平,可见陉在西平境内。楚国屈完与齐桓公定盟后,齐师退驻召陵。召陵在今河南郾城县东,当时也是柏国的疆域。民国23年(1934)《西平县志》云:“春秋西平为柏国地,居召陵(今郾城县东南有召陵故城)南。”[①]这场战争是在柏国境内进行的。《左传·成公十七年》还记载:“冬诸侯伐郑,十月庚午,围郑。楚公子申救郑,师于汝上。十一月,诸侯还。”这条记载说的是中原诸国联合进攻郑国,楚国派公子申救郑国,军队驻扎在汝水旁。汝水在西平,《明史》卷四十一《地理志·汝宁府·西平》:“府西北有汝水,源出县西南云庄、诸石二山。”这场战争也是在柏国境内进行的。

柏国一度是韩国的版图。《战国策·韩策一》:“苏秦为楚合从说韩王曰……韩卒之剑戟,皆出于冥山、棠溪、墨阳、合伯膊。”又说:“韩北有巩、洛、成皋之固,西有宜阳、常阪之塞,东有宛、穰、洧水,南有陉山,地方千里,带甲数十万。”[②]苏秦说韩国士兵所用的剑戟皆出自棠溪、冥山、墨阳、合伯膊(即合伯邑)。棠溪、合伯均在西平。古西平冶铁遗址群分布于今西平县酒店乡的杨庄遗址、赵庄遗址、铁炉后村遗址,这三个遗址都“位于棠溪河两岸,应是棠溪剑的制造地”[③]。韩国的疆域南至陉山,也即西平县境内。《战国策·韩策一》又说:“秦攻陉,韩使人驰南阳之地。秦已驰,又攻陉,韩因割南阳之地。秦受地,又攻陉。”秦国攻打陉山,韩国派人放松了对南阳的戒备,秦国见南阳松懈又继续攻打陉,韩只好把南阳割给秦。秦得南阳之后,还是攻打陉地。韩国为了换取陉地的安全,竟把南阳割给了秦国,但秦国仍攻陉不止,这说明陉这个地方是韩国的领土。但是柏国是怎样成为韩国领土的?柏国是韩国的附庸还是韩国辖下的一个行政单位,还未见有确切的记载。

---

① 李毓藻修,陈铭鉴纂:〔民国〕《西平县志》附编卷之六,北平文华斋刻本,1934年。
② 〔汉〕刘向编著:《战国策·韩策一》,文渊阁四库全书本。
③ 河南省文物研究所编:《河南考古四十年》,河南人民出版社,1994年。

柏国最后为楚所灭。《左传·定公五年》:“九月,夫概王归,自立也。以与王战而败,奔楚,为堂谿氏。”《史记》卷三十一《吴太伯世家》:吴王阖庐弟“夫概见秦越交败吴,吴王留楚不去,夫概亡归吴而自立为吴王。阖庐闻之,乃引兵归,攻夫概。夫概败奔楚。楚昭王乃得以九月复入郢,而封夫概于堂溪,为堂溪氏”[①]。夫概趁着哥哥阖庐在楚国与秦、越交战之机,自立为吴王,阖庐回国打败夫概,夫概逃到了楚国,楚昭王把他封在堂溪——即西平,可见这时西平已为楚国领土。清人顾栋高在《春秋大事表》卷四《楚疆域表》中说“楚在春秋吞并诸国凡四十有二”,其中就有柏国。何浩的《楚灭国研究》一书把柏国被楚灭亡的时间定在“约楚成王三十至四十六年(公元前642年至公元前626年),大致是准确的。

(本文作者为河南省社会科学院原历史所研究员)

① 〔汉〕司马迁:《史记》卷三十一,《吴太伯世家》,中华书局,1982年。

柏皇氏与柏子国研究

李玉洁

柏皇氏是与伏羲氏同时期的远古帝王,当是发祥于今开封陈留东50多里的部族。当时这里属于东夷地区。西周后期,柏皇氏被封在今河南省西平县,被称为柏国或者柏子国;属于“汉阳诸姬”的一个小国。春秋时期柏子国为楚国所灭。春秋后期,著名的吴楚“柏举之战”发生在柏国故地(今河南省西平县境)。柏子国被灭后,其后裔有柏氏、伯氏、白氏、杜氏、郄氏等。

一、柏皇氏发祥地研究

三皇时期,有很多古帝王的神话传说。他们当是与伏羲氏同时代的部族首领,历史上把这些古帝王都统一在伏羲氏之号下。唐人徐坚《初学记·帝王部》云:“女娲氏没,次有大庭氏、柏皇氏、中央氏、栗陆氏、骊连氏、赫胥氏、尊卢氏、混沌氏、有巢氏、朱襄氏、葛天氏、阴康氏、无怀氏,凡十五世,皆袭庖牺之号。”这些都是袭伏羲之号的部族首领,他们也有很多感人的传说和神话,是中华民族的人文始祖。

柏皇氏是继大庭氏之后的又一个古帝王。那么柏皇氏发祥于何地呢？柏皇氏当在今河南省开封陈留一带。

宋罗泌《路史》卷六《前纪六 · 禅通纪》云："柏皇氏，姓柏，名芝，是为皇柏。出榑日之阳，驾六龙，以木纪德，为而不有，应而不求，立于正阳之南，是为皇人山。其后为柏，有柏氏。柏常为皇帝地官，柏亮又为颛顼师，柏昭为帝喾师。尧治天下，有柏成子皋立为诸侯，尧授舜，舜授禹，柏成子皋辞为诸侯而耕。"《路史 · 禅通纪》注引《舆地广记》云："皇柏山在开封陈留县。"

也就是说，柏皇氏是远古时期的部族首领，姓柏，名柏芝，被称为皇柏。《说文》云："皇，大也。"吴大澂《古籀补》云："皇，大也。日出土则光大，日为君象，故三皇称皇。"皇柏的意思是，柏芝是一个远古帝王和国君。柏皇氏所居的皇人山，即柏皇山。

宋王存《元丰九域志》卷首《东京开封府》："陈留，京东五十二里，四乡，北南、城西、城南、城东、河口、萧馆七镇，有皇柏山、狼丘、汴河、睢沟。"

《金史》卷二十五《地理志》中："陈留有皇柏山、狼邱、汴河。"

从以上记载来看，《淮南鸿烈解 · 天文训》云："东方，木也。其帝太皞，其佐句芒，执规而治春，其神为岁星，其兽苍龙，其音角，其日甲乙。"高诱注："太皞伏羲氏有天下号也，死托祀于东方之帝。"马骕《绎史 · 太皞纪》引《帝王世纪》云："燧人氏没，庖牺氏代之，继天而王，首德于木，为百王先。帝出于震未有所因，故位在东方，主春，象日之明，是称太昊，都陈。"

而柏皇氏"出榑日之阳，驾六龙，以木纪德"，这与东夷地区的太皞地域相同。皇柏山的地理位置亦在东方，"陈留京东五十二里"。柏皇氏是属于东夷的一支部族。

从这个记载可以看出，柏皇氏在开封陈留东 52 里处当是没有问题的。

《山西通志》卷二百二十八《杂志》记载："柏皇氏二十世。"柏皇氏拥有国大约共20世,后为楚国所灭。

柏皇氏之兴起当在三皇时期。是时,民皆无相害之心。人们生活在一个非常和谐的环境中,大家和平共处;安于自己的生活,也不互相往来,更不相互侵略、掠夺,和平是这个社会的特点。唐欧阳询《艺文类聚》卷十一《帝王部》引《庄子》曰:"昔容成氏、大庭氏、柏皇氏、轩辕氏、尊卢氏、伏羲氏,当是时也,结绳而用之,甘其食,美其服,乐其俗,安其居,邻国相望,鸡狗之音相闻,民至老死而不相往来。若此之时,则至治也。"又曰:"赫胥氏之时,民居不知所为,行不知所之,含哺而熙,鼓腹而游。"

那个时期,气候还比较热,人们已经驯服了大象,手牵大象在各地行走。梁萧统《文选·史论》引干宝《晋纪·论晋武帝革命》云:"帝王之兴,必俟天命。苟有代谢,非人事也。文质异时,兴建不同,故古之有天下者,柏皇、栗陆以前,为而不有,应而不求,执大象也。鸿黄世及,以一民也。"唐李善注引:"《庄子》曰:'独不知至德之时乎。昔者柏皇氏、栗陆氏,若此之时,则至治也。'《淮南子》曰:'天地大矣,成而弗有。'《老子》曰:'执大象,天下往。父子相承,以一民之心也。'"

柏皇氏时代,民心统一;为天下人做事,但不求拥有;民众有事应声而作而无所求。这是我国历史上所赞美的至德之世。

相传柏皇氏为伏羲氏的下相。伏羲氏曾经令柏皇氏造琴以活跃生活。《吕氏春秋·古乐》记载:远古时期,"阴多滞伏,民多壅阏","民多重膇之疾,思所以通利关节",人们由于居住地潮湿,多疾病。

元陶宗仪《说郛·琴曲谱录》云:"伏羲时婴碰贡梓。帝命下相柏皇斫而为琴,一曰丹维,二曰祖床,三曰委文,四曰衡华。"伏羲氏曾让人们砍下梓木,"命下相柏皇斫而为琴",以弹琴唱歌。当时还有一些部族首领编舞蹈,如葛天氏作八阕之歌,阴康氏作宣达之舞,朱襄氏作五弦之琴,以歌舞让人们活动筋骨,以疏阴导滞。中国古代歌舞出现了。柏皇氏所做的琴——丹维、祖床、委文、衡华，当也是这一时期的产物。

柏皇氏时代被认为是至治之世，没有战争，“为而不有，应而不求”，这是一个非常淳厚和谐的社会，曾引起后世人们的向往。宋人陈普《石堂集》有诗云：

东方有乐国，开辟先柏皇。鸾凤为鸡鹜，麒麟为犬羊。

晨霞作朝食，太和为酒浆。土无干戈祸，人各千年长。

下视禹九州，有土皆战场。白日虎狼行，青天蛟龙翔。

我欲为远游，沧瀣淼无梁。何年夸娥氏，移置天中央。[①]

陈普诗的意思是：柏皇时期“土无干戈祸，人各千年长”，而大禹时期却是“下视禹九州，有土皆战场。白日虎狼行，青天蛟龙翔”。可见他是多么向往柏皇时代和平宁静的生活。

二、柏子国研究

古柏国在今河南省西平县。《路史·禅通纪》云：“其后为柏，有柏氏。”注曰：“今蔡州西平，古柏国，春秋时柏子之封。《风俗通》云：柏皇氏后。”很明显，这是西周或者春秋时期，柏皇氏后裔的封国，即柏子国。

按：故柏皇氏部族最早是活动在开封陈留东部的一个部族，西周春秋以后被周王朝封在今河南省西平县为柏子国。这两种说法并不矛盾。

西周末至春秋时期，柏子被封在今河南省西平县境，称为柏子国。柏子国当为西周宣王时期所封的“汉阳诸姬”之一。西周王朝后期为了巩固对南方的统治，打击楚国的气焰，周宣王派大将召伯虎征伐江汉，“江汉之浒，王命召虎，式辟四方，彻我疆土，匪疚匪棘，王国来极，于疆于理，至于南海”，“江汉汤

① 〔宋〕陈普：《石棠集》，〔宋〕陈思编：《两宋名贤小集》卷三百五十五，文渊阁四库全书本。

汤,武夫洸洸,经营四方,告成于王"。宣王征伐南方的战争取得了很大的胜利,"日辟国百里",从而征服了江汉地区。

周宣王征服了汉水流域后,就在西周王朝与楚之间建立一道防线,以藩屏周,当然也是周王室向南方进攻的军事重镇,即所谓"汉阳诸姬"。"汉阳诸姬"是西周王朝封在汉水流域的、以姬姓为主的方国,也包括非姬姓国。清人易本烺的《春秋楚地答问》大致描绘了"汉阳诸姬"的范围:"汉水行至襄阳,其势渐折而南,至天门,又渐折而东。折而南下者,以东西为界;折而东趋者,以南北为界。山南曰阳,水北曰阳。汉阳者,谓汉水之北也。以春秋传考之,西自汉水以东,南自汉水以北,东至于光黄,北至于淮汝,此百千里中小国,皆楚之属也。"如谢、申、吕等。古柏国正在易本烺所说的"汉阳诸姬"的范围之内。

笔者认为,易本烺所说的"汉阳诸姬"的范围是有道理的,柏子国当是"汉阳诸姬"中的一个小国,是捍卫周王朝的南方屏障。

春秋楚成王时期,由于齐桓公率领诸侯国军队南下问楚,阻止了楚国北上中原的进攻,楚国调整路线,转而向江淮流域进攻,楚很快吞并江淮流域的小国。

《左传·僖公五年》记载:"楚斗谷于菟灭弦,弦子奔黄。于是江、黄、道、柏方睦于齐,皆弦姻也。"杜预注:"姻,外亲也;道国在汝南安阳县南。柏,国名,汝南西平县有柏亭。弦子恃之而不事楚,又不设备,故亡。"

江,晋杜预《春秋释例》卷七《土地名》第四十四之三云:"汝南阳安县。"两汉及魏晋时期的汝南阳安县,在今驻马店市境内。

黄,今河南省潢川境内发现有黄国故城,光山境内发现有黄君孟夫妇墓;说明春秋时期的黄国当在今罗山、光山、潢川县一带。顾栋高《春秋大事表》卷六上《列国地形犬牙相错表》记载:"光州,今光州西十二里有黄城。"《光山县志》卷三沿革部分记载:"光,西周时为弦子国,弦与黄邻而南逼于楚,周惠王二十二年丙寅,春秋鲁僖公五年也,楚王使斗谷于菟灭弦,弦子奔黄,地入于楚。”翰林院编修姜宸英《湛园集》卷七《题辞·书春秋列国指掌图》云:“若《史记》所称黄帝末孙陆终之子封于黄,其后为楚灭者。国在今罗山县西十二里。”即此地。《读史方舆纪要》记载,黄城:“州西十二里,春秋时小国也。”(今隆古公社)。《左传·僖公十二年》载:“黄人……不共楚职曰:自郢及我九百里,焉能害我……楚灭黄。”

道,姬姓国。今河南确山县北二十里有道城,即古道国也。

江、黄、道、柏,皆为汉东或者江淮流域的小国。弦国最早灭亡,而以后江国、黄国、道国、柏国相继亡于楚。

自春秋中期之后,柏子国已经纳入楚国的版图。

三、“柏举之战”与柏子后裔研究

《左传》所记载的“柏举之战”当在柏国故地即今河南省西平县发生。《左传·定公四年》记载:“冬,蔡侯、吴子、唐侯伐楚。舍舟于淮汭,自豫章与楚夹汉。左司马戌谓子常曰:‘子溯汉而与之上下,我悉方城外以毁其舟,还塞大隧、直辕、冥阨。子济汉而伐之,我自后击之必大败之。’……(子常)乃济汉而陈自小别至于大别……十一月庚午,二师陈于柏举。”

此处所说的“柏举”,当与柏国有关。关于“柏举”何地,历史上有两种说法:

1.一说“柏举”在今湖北省麻城,即古代的黄州。

宋程公说《春秋分记》引《水经注》:柏举“举水,径齐安郡西又南东历赤亭下,又分为二水南流注于江,谓之举洲。春秋左传吴楚陈于柏举。京相璠曰:‘汉东地也。’夏有洰水,或作举;齐安,今黄州。”[1]

---

① 〔宋〕程公说撰:《春秋分记》卷三十《书十二·疆理书第六》,文渊阁四库全书本。

清高士奇从其说："柏举，定四年战于柏举，楚师败绩。杜注：柏举，楚地。臣谨按《水经注》举水出龟头山，径南梁定州治，合垂山之水。又西南径颜城，又西径齐安郡西，又南历赤亭下，南流注于江。江北岸烽火洲，即举洲也。春秋吴楚陈于柏举，京相璠曰：'汉东地夏有洰水，或作举，疑即此也。今麻城县东六十里有龟峰山，山势嵯峨，上有白黑二龙井，即举水之源也。一名龟头山，又县东三十里有柏子山。柏举之名，盖合柏山举水而得。《元和志》县东南八十里有龟头山，即春秋时之柏举也。岩石洞壑，种种奇胜，唐太宗常驻跸于此。"①

首先郦道元是北魏人，从未去过南方，并不了解南方的地理状况，另外他所说的也不过是"夏有洰水，或作举"，是一种推测。

2."柏举之战"当发生在今河南省西平县。

清人顾炎武的《左传杜解补正》卷下云："四年，蔡侯以吴子及楚人战于柏举。傅氏曰：柏举，楚地，在今河南西平县，本柏子国。"

笔者认为，《左传·定公四年》明明记载左司马戌谓子常曰："子溯汉而与之上下，我悉方城外以毁其舟，还塞大隧、直辕、冥阨。子济汉而伐之，我自后击之必大败之。"这个记载说明此次战役发生在汉水北岸，而麻城在汉水南岸。"柏举之战"发生在今河南省西平县是有道理的。

西周时期，周王室曾封柏皇氏之后在柏国，今河南省西平县，今西平县当有柏子亭。柏子国在春秋时期被楚国所灭。柏皇氏的后裔也是很多的，柏氏、伯氏、白氏，皆其后裔。

汉史游《急就篇》卷一云："古帝有柏皇氏，其后为柏氏焉。一曰晋伯宗、伯州犁之后，古通用字，柏与伯同，故为柏氏。魏有柏直，汉有柏至，杜杨以二木为名也。"晋国的伯宗，以后到楚国的郄宛，又到吴国的伯嚭等。

---

① 〔清〕高士奇撰：《春秋地名考略》卷九，文渊阁四库全书本。

唐林宝《元和姓纂》卷十云:“柏,《风俗通》柏皇氏之后,又柏亮父为颛顼师,柏招为帝喾师,柏同为周太仆左丞。柏国在汝南西平县,为楚所灭。子孙以国为氏。汉有柏英为大鸿胪,秦大将军柏直,晋武帝柏夫人生赵王伦。”

《路史·禅通纪》亦记载:柏皇氏的后裔,“柏常为皇帝地官,柏亮又为颛顼师,柏昭为帝喾师。尧治天下,有柏成子皋立为诸侯,尧授舜,舜授禹,柏成子皋辞为诸侯而耕。逮周之世有柏冏为太仆正。又有柏侯氏、柏常氏、白侯氏”。注:“《姓书》又有白侯氏。按汉尚书郎白侯隽、吴张昭师白侯子,安云柏侯之转。”①

宋章定《名贤氏族言行类稿》卷五十二“柏氏”条下:“唐柏良器,字公亮,魏州人。父友王奂见之曰:‘尔额文似临淮王,面黑似颜平原,殆能立功。及荐之光弼,年二十四,更战阵六十二。李希烈围宁陵,遏水灌之,亲令军中,明日拔城。良器以救兵至,择弩手善游者,沿汴渠夜入,及旦伏弩发,贼乘城者皆死。录功封平原郡王,图形凌烟阁。柏耆有纵横学,志健而望高。王承宗叛,耆谒裴度且言,愿得天子一节驰入镇可掉舌下之,乃以左拾遗往,既至以大谊动承宗,乃请献三川,以二子入质,由是声震一时。太和初,李同捷反,耆斩其首以献。”

柏皇氏之后裔在西周末期之后,分封在今河南省西平县境,是为柏子国或称柏国。春秋中期柏国为楚所灭。春秋后期在这里发生了著名的吴楚“柏举之战”,楚国几乎亡国。但是之后楚国中兴,这里仍属于楚国辖地。柏皇氏的后裔主要有柏氏、伯氏、白氏、杜氏、郙氏等。

(本文作者为河南大学历史文化学院教授、河南大学黄河文明与可持续发展研究中心教授)

① 〔宋〕罗泌撰:《路史》卷六《前纪六·禅通纪》,文渊阁四库全书本。

柏皇氏图腾崇拜与柏国历史变迁

刘玉娥

柏皇氏是中原大地华夏族中一个很古老的氏族部落,以柏树为图腾,有着悠久的历史和丰富的文化传统。周武王灭商后,封柏人之后为柏子国。柏国故城在今河南西平县和舞钢市一带。春秋时期的柏国疆域狭小,势薄力单,至楚成王时为楚所灭。柏国灭亡后,其子孙迁徙流离,无论居于何处,皆以国为姓。柏姓代有名人,文化底蕴丰厚,是华夏民族中强劲的一员。

一、柏皇氏的图腾崇拜

柏皇氏的历史传统非常悠久,《周易·系辞下》疏曰:"女娲氏没,次有大庭氏、柏皇氏、中央氏……"[①]可见,柏皇氏是中原大地华夏族很古老的氏族部落,仅晚于女娲氏时代。《庄子·胠箧篇》亦云:"昔者容成氏、大庭氏、伯皇

① 〔魏〕王弼、〔晋〕韩康伯注,〔唐〕孔颖达等疏:《周易正义》,〔清〕阮元校刻《十三经注疏》,中华书局,1980年。

氏、中央氏……祝融氏、伏羲氏、神农氏，当是时也，民结绳而用之。甘其食，美其服，乐其俗，安其居，邻国相望，鸡狗之音相闻，民至老死而不相往来。”①庄子提到很多上古帝王，其中的伯皇氏即柏皇氏，“柏”与“伯”音义相近，古通用。柏，《说文》：“柏，鞠也。从木白声。”段玉裁注曰：“柏，古多假借为伯仲之伯，促迫之迫。”②《汉书·古今人表》亦提到上古诸多帝王，如女娲氏、共工氏、容成氏、大廷氏、柏皇氏、中央氏等，并把柏皇氏列为“仁人”。《补三皇本纪》《礼记正义》《通鉴外纪》《路史》等古籍，亦列有上古帝王，如人皇氏、五龙氏、燧人氏、有巢氏、包牺氏、柏皇氏等。上述古籍所列众多的原始部落名称，虽被史学界称为传说，但传说并非虚无缥缈的无根蓬蒿，而是有真实历史影子存在的。柏人早在伏羲时代已存在，《管子·地数》记载黄帝向其臣伯高问地数之说，“黄帝问于伯高曰：‘吾欲陶天下而以为一家，为之有道乎？’伯高对曰：‘请刈其莞而树之，吾谨逃其蚤牙，则天下可陶而为一家。’黄帝曰：‘此若言可得闻乎？’伯高对曰：‘上有丹沙者，下有黄金；上有慈石者，下有铜金；上有陵石者，下有铅锡赤铜；上有赭者，下有铁。此山之见荣者也。苟山之见其荣，君谨封而祭之。距封十里而为一坛，是则使乘者下行，行者趋。若犯令者，罪死不赦。然则与折取之远矣。’”③伯高作为黄帝的臣子，常从帝游，帝多问计于伯高，从管子这段话可以看出，伯高是黄帝时期很有智慧的博学之人。伯高作为黄帝时期有智慧的大臣，其文化积聚必与家族传承有关系，以如此丰厚的文化底蕴看，其家族的存在与发展必早于黄帝时期。

柏皇氏以柏树为图腾崇拜，“以木纪德”。何光岳在《古代柏国考》一文中说道：“柏树为温带和亚热带树种，广泛分布于南岭以北和阴山、燕山以南地带，是我国固有的树种。所以被称为柏树，即因其木材质优良，用途很广，为木

① 〔清〕王先谦撰：《庄子集解》，中华书局，1987 年。
② 〔汉〕许慎撰，〔清〕段玉裁注：《说文解字注》，上海古籍出版社，1981 年。
③ 〔唐〕房玄龄注：《管子》卷二十三《地数第七十七》，文渊阁四库全书本。

中之首，犹人中之伯和部落、诸侯之伯主那样，故称为柏。或因柏皇氏居于巨柏之下，这株巨柏被柏人尊为柏中之皇，神树之祖，故而得名。”何先生已看到了柏为“木中之首”，质优用广的特性以及与柏皇氏的关系，但这仅是问题的一个方面，更重要的是在于柏树具有独特的品性：耐寒、常青、挺拔、不朽。柏皇氏很可能正是看中柏树的这一独特品性，将柏作为图腾。在生产力极为低下的原始社会，面对人类自身的生老病死和难以控制的自然界，人们不由自主地会产生一种神秘和敬畏的感情。尤其是中原大地，早在五千年前，到处分布着密林、灌木丛和沼泽地，其中繁衍着各种毒蛇猛兽。从《山海经》中那些能带来灾异甚至能食人的半人半兽或半禽半兽的描述中，我们能看到先民对生存环境的警惕和恐怖之情。生存于此的原始华夏民族，深切地感受到现实生活的艰难。女娲、精卫、共工、后羿、大禹等神话，都以相当重的分量从不同方面描绘了人类面临的恶劣处境。虽然处境艰难，但先民们并没有被困难所吓倒，大都能正视现实的灾难，锲而不舍砥砺德行，不辞劳苦和自然灾难做斗争，以求能够更好地生存和发展。

原始的生活条件、思维特点决定了原始人还不能利用抽象观念进行独立的思考，但随着文化的发展，追溯历史、交换思想、总结经验、表达信仰等，多数时候也会涉及一些较为抽象、复杂的观念。因此，原始先民们往往借用某些具体的物象来暗示某些特征上相似或相联系的观念，如龙、雷公、风神、凤凰、柏树等，有一些意象的寓意还相当复杂、丰厚。这些图腾已经不单单是部落的符号，而是包含着特定的民族精神和深厚的民族感情，成为全民族凝聚力的象征。

柏皇氏推崇柏树，以柏为图腾，就是这样一种现象。柏皇氏时代的歌谣没有流传下来，但我们从《诗经》中能感受到华夏先民对松柏的由衷赞美和崇拜。如《大雅·皇矣》:“帝省其山,柞棫斯拔,松柏斯兑。”[①]“兑”,挺直的样子,诗人赞美周王察看岐山之时,看到松柏高大、挺拔、郁郁青青,心里特别高兴。结合诗歌上下文来看,诗人是借助松柏高大、挺拔、生命力强的特征来赞美人不畏艰难、勤奋努力的品性。《鲁颂·閟宫》:“徂徕之松,新甫之柏。是断是度,是寻是尺。松桷有舄,路寝孔硕,新庙奕奕。”这是写建宗庙的事情。诗人动情地唱着:砍来徂徕山上的长松,又有新甫山上的柏树。砍来松柏作大用,用寻量来用尺丈。松木椽子直又长,建成正殿多宽敞,新修宗庙真漂亮。宗庙社稷是一个家族存在的标志,所以古人很重视宗庙的建筑,由于松柏质地坚硬精良,长久不朽,成为建造宫室、宗庙首选的木材。

《小雅·天保》篇则是以松柏喻人的长寿,“如月之恒,如日之升。如南山之寿,不骞不崩。如松柏之茂,无不尔或承”。《郑笺》:“或之言有也。如松柏之枝叶常茂盛,青青相承,无衰落也。”这是祝寿之辞,诗人祝福主人,希望他长寿,如月亮那样清明常驻,像朝阳东升那样蓬勃永久。更愿寿如南山永不老,如同松柏长茂盛。永不亏损永不崩,福禄代代有继承。这是华夏古人赋予松柏的人生和文化意义。

古人对自然的观察是很细微的,松柏不畏严寒,四季常青,即使风雪压枝覆盖,也能傲然独立,不会弯曲。孔子由衷赞美松柏傲雪独立常青的本性,说:“岁寒,然后知松柏之后凋也。”[②]大雪覆盖,寒风凛冽,所有的草木都凋零了,唯有松柏永远是碧绿常青不为寒风所摧折。《庄子》一书中也曾引孔子的话说:“人莫鉴于流水而鉴于止水,唯止能止众止。受命于地,唯松柏独也,在冬夏青青,受命于天,唯舜独也正。”生命力来自大地的,只有松柏最有正气,所以能冬夏常青。生命力来自上天的,只有尧舜最有正气,所以能处万人之首。有了这种强盛的生命力,就会使人无所畏惧。孔子直接将松柏与帝王之德相

① 〔汉〕毛亨传,〔唐〕孔颖达等疏:《毛诗正义》,〔清〕阮元校刻《十三经注疏》,中华书局,1980年。
② 杨伯峻译注:《论语译注》,中华书局,1980年。

联系,突出其禀天地之正气,自立于天地之间的伟岸精神。松柏具有经冬不凋的品性,早已成为华夏读书人磨砺自己品质的良师益友。中国知识分子最重松、柏、梅、竹精神,赞美正气,讲究做人的气节,不畏严寒、不惧强暴,直立于天地之中而常青。华夏大地历代诗人多有咏松柏之佳作,曹魏时期刘桢曾写有《赠从弟三首》,分别以蘋藻、松树、凤凰称赞其从弟品格高洁。其中第二首《咏松》云:"亭亭山上松,瑟瑟谷中风。风声一何盛,松枝一何劲。冰雪正惨悽,终岁常端正。岂不罹凝寒,松柏有本性。"[①]歌颂了松柏不畏风霜严寒,坚贞不屈的品性。以松柏不畏严寒之品,喻人不惧权贵,保持独立之精神,是华夏民族独特的心理诉求。

二、柏国的始封、疆域与变迁

柏国始封于西周初,为子国。周武王灭商后,封柏高之后为柏子国。《左传·僖公五年》杜预注曰:"柏,国名,汝南西平县有柏亭。"《水经注》云:"又东过西平县北。县,故柏国也。"《路史·国名纪六》:"柏皇后,黄帝臣柏高,春秋之柏子国。楚灭之,今蔡[州]之西平有柏亭。"顾栋高《春秋大事表》亦云:"柏国,在西平县西,有柏亭。"上述诸说一致认为柏国为西周所封之诸侯国,其地望在今河南西平县西的柏亭。对此,以往的史学家均无异议。依据文献记载和当代考古资料,柏国区域应在今河南西平县与舞钢市一带。马世之先生在《中原古国历史与文化》一书中说:"根据考古资料,柏国故城并不在柏亭,即今西平县柏城镇,而是在舞钢市尹集乡北,谢古洞南侧。城址平面略呈长方形,东北长 2000 米,东西宽 1000 米。地面上保留有断续的城垣遗迹,残高 1 米左右。城内发掘出春秋时代墓葬,出有铜鼎等遗物。"[②]马先生所论自

① 〔东汉〕刘桢:《赠从弟三首》,载《汉魏六朝诗鉴赏辞典》,上海辞书出版社,1992 年。
② 马世之:《中原古国历史与文化》,大象出版社,1998 年。

有其道理。1975 年特大洪水,石漫滩水库决口,冲击到田岗水库,农民在田岗水库东岸的谢古洞周围种地,曾发现有春秋时贵族使用的一些器物。这些都说明这里曾经是春秋时期诸侯国的重要区域。

周王所封柏国本是个小国,地域狭小,方圆不足百里,地多山丘,物资贫乏,国势衰弱,且夹在晋、宋、郑、楚诸大国之间,屡遭大国欺凌,国家并不太平。到了春秋初期,楚国势力日益强盛,楚成王雄心勃勃,欲与中原大国争锋,必欲灭掉前进路上的诸多小国,以扫清北上中原的道路,柏国亦在被灭计划之中。《左传 · 僖公五年》记载:“楚斗谷于菟灭弦,弦子奔黄。于是江、黄、道、柏,方睦于齐,皆弦姻也。弦子恃之而不事楚,又不设备,故亡。”柏国与江、黄、道、弦诸邻近小国为防备楚国的侵略,一方面诸国之间相互联婚,以加强联盟,共同对付强敌,同时又和远在东方的大国齐国联盟,以求强援。齐国虽富庶强大,实力雄厚,但毕竟远在山东,鞭长莫及。江淮诸国自恃婚姻联盟,又有齐国强援,以为可保周全,思想上一度放松了对楚国的警惕。楚成王是一个精明的政治家,就在诸国稍微松懈的情况下,乘其不备,一举灭掉位于最前线的弦国。弦国被灭,其他几个小国的联婚和联盟战略遂被瓦解,接着,黄、江、道、柏诸国先后被灭。柏国被灭后,其子孙以国为氏,无论迁居何地,皆以柏姓相称。东汉布衣学者王符在《潜夫论 · 志氏姓》中说:“昔尧赐契姓子,赐弃姓姬;赐禹姓姒,氏曰有夏;伯夷为姜,氏曰有吕。下及三代,官有世功,则有官族,邑亦如之。后世微末,因是以为姓,则不能改也。故或传本姓,或氏号邑谥,或氏于国,或氏于爵,或氏于官,或氏于字,或氏于事,或氏于居,或氏于志。”[①]楚灭柏后,其国人流离迁徙,大部分移民迁于今湖北省麻城县东北 15 公里的柏子山。另有一支经咸宁南迁至湖北、湖南等地。柏国移民中有一小部分就近迁居于今舞钢市西部,屯寨居住,其寨名为柏庄寨。柏庄寨地名沿用至今,为周围方

① 〔后汉〕王符撰,〔清〕汪继培笺:《潜夫论笺》,中华书局,1979 年。

圆几十里最大的村寨。

柏姓历代多有名人。柏高、柏常为黄帝官；柏夷亮父为颛顼师；柏昭为帝喾师；柏成子皋为尧时诸侯；柏益为舜诸侯；伯(柏)冏为周太仆正；战国时秦有大将军柏直；汉有柏英，为大鸿胪；晋武帝柏夫人，生赵王伦；柏怀为后汉魏郡太守；柏季纂为唐司农卿；宋代柏孝隆，官至部员外郎。宋初，柏氏曾为魏郡五大姓之一，族势强大。柏族所创造的文化更是丰富了华夏文化的内涵。今天我们能够集结到柏国故地，研讨柏国历史文化，传承华夏文明，是很有意义的事情。

(本文作者为郑州师范学院中原文化研究所原所长、教授)

柏皇氏、柏子国、柏族姓渊源初探

吴双全

西平在西汉年间置县,距今已有2218年。西平称作“柏城”,更是渊深源长,历史久远,《西平县志序》中讲:“西平为柏皇氏肇封之域,计已四千余载。”春秋之前西平是柏子国的疆域,柏姓族人在此繁衍生息。

下面,我就柏皇氏、柏子国、柏族姓的渊源做些初步探讨。

一、探源柏皇氏

柏皇氏,也称为伯皇、柏皇、柏篁、黄柏等名号。“氏”的含义是指首领,相当于后世的“帝”“王”“大酋长”“皇帝”的称谓。柏皇氏的“氏”就是首领的称号。其后代便以他们首领的名号作为本部族的代称。

1.彪炳史册柏皇氏

《帝王世纪》云:“包牺氏没,女娲氏代立为女皇,亦风姓也。女娲氏没,次有大庭氏、柏黄氏、中央氏、栗陆氏、骊连氏、赫胥氏、尊卢氏、混沌氏、皞英氏、有巢氏、朱襄氏、葛天氏、阴康氏、无怀氏，凡十五世，皆习包牺氏之号也。”《庄子·胠箧篇》记载：“昔者容成氏、大庭氏、伯皇氏、中央氏、栗陆氏、骊畜氏、轩辕氏、赫胥氏、尊卢氏、祝融氏、伏羲氏、神农氏，当是时也，民结绳而用之……”《汉书·古今人表》记有：“女娲氏、共工氏、容成氏、大廷氏、柏皇氏……阴康氏、亡怀氏、东扈氏、帝鸿氏……”《金楼子·兴王篇》记有：“容成氏、大庭氏、柏皇氏、中央氏、栗陆氏、骊连氏、郝苏氏、宗卢氏、祝融氏、浑沌氏、昊英氏、有巢氏、朱襄氏、葛天氏、阴康氏、无怀氏……”《六韬·大明》篇载：“柏皇氏、栗陆氏、骊连氏、轩辕氏、赫胥氏、尊卢氏、祝融氏、庸成氏、混沌氏、昊英氏、有巢氏、朱襄氏、葛天氏、阴康氏、无怀氏……”《遁甲开山图》(《太平御览》卷七十八转引)：“女娲氏没，大庭氏王有天下，五凤异色。次有柏皇氏、中央氏、栗陆氏、骊连氏、赫胥氏、尊卢氏、祝融氏、混沌氏、昊英氏、有巢氏、葛天氏、阴康氏、朱襄氏、无怀氏，凡十五代，皆袭庖羲之号……”

以上引述的典籍中均提到“柏皇氏”，上古十五代帝王排序中柏皇氏仅次于伏羲氏、女娲氏、大庭氏，高于或早于其他十一代帝王。宋罗泌《路史·前纪六》云：“柏皇氏……出榑日之阳，驾六龙，以木纪德。”《命历序》云：“皇柏出榑桑之阳，驾云龙上下”。范仲淹曰：“乘六龙，得圣人之时。”《易乾》云：“时乘六龙以御天”。《楚辞》曰：“独乐六龙”。“龙”即骏马，“六龙”是指天子出巡之车驾，柏皇氏驾六龙，可见规格之高尚、地位之显赫。

2.柏皇先祖名柏芝

宋罗泌《路史·前纪六》云：“柏皇氏，姓柏，名芝，是为皇柏……为而不有，应而不求，立于正阳之南，是为皇人山。”柏皇氏是伏羲氏的一个胞族，在仰韶文化中后期，出现了部落联盟和民族大融合，西方的伏羲部落(以牛为崇拜物)向东方迁徙，《元和郡县志》把伏羲氏部落横跨穿越的八百里山脉称为“伏牛山”。其中伏羲氏的另一支自“房邑”(今河南遂平县城一带)北上，定居“蜀山”(“出山”谐音，即今西平吕店、出山、师灵一带)，拱护伏羲氏联盟大部落。这个部落因和伏羲氏一样“以木纪德”,用四季常青、抗严寒、傲酷暑的“柏”木为图腾,故称“柏氏”。

从有限的资料中,知道柏皇氏第一代先祖为伏羲重臣柏芝。伏羲是中华各民族公认的人文始祖,百王之先。《竹书纪年·前编》曰:伏羲氏“以木德王,为风姓,元年即位,都宛丘。”《资治通鉴》曰:“太昊伏羲氏……在位115年,传15氏(世),凡1260年而神农氏(炎帝)作。”伏羲是燧人氏裔族华胥氏与雷泽氏合婚所生,名风宄庖戏,又名宓戏、伏羲、庖牺、苍精、方牙、苍牙、苍梧。母名华胥,又名九河神女,是母系社会最后一代部落女首领。父名雷公,雷泽氏酋长。华胥氏生伏羲于仇池山百顷梁,伏羲成长于天水秦安大地湾,在天水与女娲氏第四代女娲合婚,他们以娱悦合气,再造人类,优生优育,人种繁衍旺盛,后世因此把伏羲、女娲共同称为“人皇”。伏羲、女娲有四子,名重、该、修、熙,之后又滋蕴十五代,皆伏羲时期所封赐姓氏疆土的各氏支,先后传承一千二百六十年,这十五代为:大庭氏、柏皇氏、中央氏、栗陆氏、骊连氏、赫胥氏、尊卢氏、祝融氏、混沌氏、昊英氏、有巢氏、阴康氏、朱襄氏、葛天氏、无怀氏等。从以上氏支看,柏皇氏为前列,是伏羲早期封赐姓氏疆土的重臣。柏氏始祖柏芝恪尽臣节,辅助中华第一代人王伏羲治理天下,造书契、制嫁娶、结网罟,始创天下第一图——太极八卦图,促进了华夏文明的发展和繁荣。

《姓氏起源·柏氏篇》说,黄河中曾突然出现了一只怪兽,龙首而蛇身,遍身长满鳞甲,高八尺五寸,在波涛中游来游去。伏羲闻讯后,赶到河边。那怪兽看见伏羲后,更是精神抖擞,背上的鳞甲闪闪发起光来,似乎组成一种图案。伏羲很受感动,知是神灵指点,忙命人排香案顶礼膜拜。当时柏芝随伏羲一起,见此情景灵机一动,赶快捡起一块烧过的木炭,迅速把怪兽身上的图案画在一块大石上。祀拜完毕,怪兽沉入水中不见,伏羲这才想起怪兽身上的图案没有记下来,十分遗憾。这时,柏芝把画在大石上的图案指给伏羲看。伏羲大喜,回去后日夜钻研,终于构画成对后世产生极大影响的天下第一图:太极八卦图。显然,太极八卦图中不仅凝聚了柏芝的聪颖与智慧,也显示了柏芝的忠诚和无私。

《通志·三皇纪》载:伏羲氏封"柏皇为下相"。这说明伏羲是很赏识柏芝的。伏羲临终前把联盟部落首领之位禅让给女娲。女娲在"房邑"(今河南遂平县城一带,据《女娲氏的都邑"房国"史考》)立都称皇,《帝王世纪》称"女娲氏,风姓,承庖牺制度……",伏羲氏于公元前7724年(据《三皇五帝时代》)取代燧人氏政权,成为各地氏族联盟集团公认的领袖。女娲氏与伏羲氏同属于伏羲族团,为两个世代联姻的族系。两族相互交替,共同执政,形成了伏羲女娲政权。女娲维护和推行伏羲氏的"皇"位禅让制,培养重用柏芝,让其当上了东方部落的首领,成为中华民族上古时期重要领导人之一。柏芝聪明睿智,勤劳天下而不居功,造福于民而无所求,深得百姓拥戴,被尊为柏皇。继柏芝之后,中华上古历史中出现了很长一段柏皇氏帝的年代。

3.柏皇氏帝之年代

羲皇(伏羲)政权后,接替的是娲皇(女娲)政权,柏皇氏活动的大致年代,《通志·三皇纪》这样讲:"自伏羲至无怀千二百六十年,自女娲至无怀凡十五君袭庖羲之号,千一百五十年。"按谱系,柏皇氏为中国氏族联盟时代伏羲女娲氏族政权系统所历掌政氏族之一;共四任帝,这四帝分别是:

(1)大伏羲氏族柏皇氏执政之首任帝:伏显

伏显在位起于公元前7224年,止于公元前7191年,名号柏皇氏。中国氏族联盟时代伏羲女娲政权的第十五任帝,大伏羲氏族柏皇氏执政之首任帝。

伏显于随象(大庭氏)二十年(庚午,公元前7251年)出生在"柏城"(柏皇氏的活动中心)。随象晚年时,自然灾害频繁,各部落为求生存,被迫向新的地域迁徙,社会动荡,人心恐慌。帝随象不但不组织各部落族众自救,而且继续吃喝玩乐,各部落族众纷纷要求罢免大庭氏的执政权。

公元前7224年,大庭氏执政的三任帝随象在骂声和诅咒中去世。各部落一致拥戴柏皇氏大酋长伏显即帝位。伏显执政期间,关心民众疾苦,得到了各部落的广泛赞扬。伏显在位虚记三十四年(据《三皇五帝时代》),卒于伏显三十三年(庚午,公元前 7191 年),终年六十一岁。

(2)大伏羲氏族柏皇氏执政的二任帝:可塑

可塑在位起于公元前 7191 年,止于公元前 7159 年。可塑名号柏皇氏,是中国氏族联盟时代伏羲女娲政权的十六任帝,是大伏羲氏族柏皇氏的二任帝。

可塑富有爱心,在柏皇氏部落威望极高,被帝伏显看好。二十岁时,便进入都城(今遂平县城一带)辅佐朝政。公元前 7159 年,柏皇氏首任帝伏显去世,可塑正式即帝位。可塑把一生的心血都花在对“国家”的治理上,得到了大伏羲氏族各部落的好评。可塑在位虚记三十三年(据《三皇五帝时代》),终年七十一岁。

(3)大伏羲氏族柏皇氏执政的三任帝:郁荅

郁荅在位起于公元前 7159 年,止于公元前 7143 年。郁荅名号柏皇氏。中国氏族联盟时代伏羲女娲政权十七任帝,大伏羲氏族柏皇氏的三任帝。

郁荅于伏显二十七年(甲子,公元前 7197 年)生在柏城,年轻时便成为族中出类拔萃的人物,逐渐升任到部落酋长的要职,得到了伏羲女娲政权十六任帝可塑的器重。可塑去世后,郁荅即帝位。

郁荅执政期间,因积劳成疾,过早地离开了人世。郁荅在位执政虚记十七年(据《三皇五帝时代》),终年五十五岁。

(4)大伏羲氏族柏皇氏执政的四任帝:佘蓄

佘蓄在位起于公元前 7143 年,止于公元前 7085 年,名号柏皇氏,是中国氏族联盟时代伏羲女娲政权的十八任帝,大伏羲氏族柏皇氏的四任帝。

佘蓄于可塑二十六年(丙申,公元前 7165 年)出生在柏城。佘蓄是一位敢想敢做的少年豪杰,领导族人垦荒种田,抗洪救灾,颇受族人的赞扬。也得到了伏羲女娲政权十七任帝郁荅的重用。帝郁荅因体弱多病,便让他主持朝政。郁荅病逝后,佘蓄即位称帝。佘蓄效法先王之道,几十年天下太平。但在晚期,自然灾害频繁,一些部落受灾后无力自救,被迫离开家园。人们都认为柏皇氏一族气数已尽,上天发怒,降灾人间,要解脱苦难,就必须罢免柏皇氏的执政权。于是,大伏羲氏族各部落纷纷要求柏皇氏交权,改换有德之人为帝。佘蓄年已八旬,无法接受这个残酷现实,急火攻心,气绝身亡。

佘蓄在位虚记五十九年,终年八十一岁(据《三皇五帝时代》)。佘蓄之后,中央氏行使执政权。

柏皇氏前后共历四任帝,执政一百三十九年,即起于公元前7224年,止于公元前7085年。这是柏皇氏在历史发展中的高峰时段,也是柏皇氏发祥地柏城的首次辉煌。

二、探源柏子国

柏芝部落居于"蜀山",拱护"房邑",壮大氏族,筑建"柏城",可以说伏羲、女娲当政期间,柏芝已是一方诸侯,柏皇氏发祥地应为诸侯"国"了。

1.柏子国始末

西平县是汉高帝四年(前203)设置的,柏子国应是2218年前的事情。接下来探讨一下柏子国与西平县之关系及变迁:

(1)有称谓不同的承续关系

《辞海》解释柏子国:"在今河南西平,春秋时为楚所灭。"《辞源》讲:柏为"古国名。故地在今河南西平县"。《古代汉语词典》说:古柏国"在今河南西平县"。上述词典解释了柏是古国名,级别规格县制,故地在西平,春秋为楚所灭。郦道元《水经注》曰:"县,故柏国也……其西吕墟,即西陵亭也。西陵平夷,故曰西平。"《汉书·地理志》载:"周爵五等,而士三等,公侯百里,伯七十里,子男五十里,不满为附庸。""西平,有铁官。莽曰新亭。应劭曰故柏子国也,今柏亭是。”疆域之小(1089.77 平方公里)、级别之低(封建时代的基层单位)可见一斑。这就解释了诸侯国柏子国因何用西平接续其名,明确了柏子国、西平县的先后承继关系。这里提到的“西陵”“新亭”等概念都是西平县之前在不同时段的称谓而已。

(2)有初封或始建的不同说法

柏子国“初封”或“始建”在什么时间?学界一直有“周封柏国”或“开国之君柏子高”的说法。但真正的“初始”恐怕比这些说法都要早。

《史记·周本纪》载:“穆王即位,春秋已五十矣。王道衰微,穆王闵文武之道缺,乃命柏冏申诫太仆国之政,作《冏命》。复宁。”这就是“周封柏国”依据,周穆王闵纲纪失常,命柏冏柏地为君,柏地史称柏子国。

而始称(或始建)柏子国,应在炎黄时代。这比“周封柏国”说法早千年还多。

炎黄时代是个族、国林立的时代,《史记·封禅书》:有“黄帝时万诸侯,而神灵之封居”。“索引”韦昭曰:“黄帝时万国,其以修神灵得封者七千国。”在“族天下”的晚期,柏氏部落所在地的胞族“西陵氏”“蜀山氏”“方雷氏”皆为柏皇氏族系,柏地应早(伏显帝前)有“柏城”,也早(据《考德》“神农氏世衰,诸侯相侵伐”)是“柏子国”(诸侯国)了。若不然,西陵氏嫘祖出嫁时,“柏子国”肯定不会不被黄帝封为“七千国”的一个。由于柏国姑娘嫘祖成了黄帝正妃,柏国公子柏余、柏高也做了黄帝的亲信和重臣。清代《汝宁府志》载:“黄帝有熊氏之裔柏亮父,父子为帝师,肇封于柏,为柏子国。”所以说,西平始称“柏子国”不晚于黄帝时代。

嫘祖冥寿 4732 岁(据《轩辕召唤》),柏子(诸侯)国距今也应有 4700 多年。难怪《西平县志》上这样叙写柏国起止时段:“柏国为柏皇氏肇封之地域,计已四千余载”,“周景王贵十四年(公元前 531 年,距今 2546 年)柏国为楚国所并”。

（3）曾经历重大的历史变迁

《西平县志》讲柏子国："茫茫大地，自开辟以来，其间经历变迁不知凡几……而秦汉以前见于经传者曰柏。"柏子国故地，在柏皇氏发祥后，特别是因柏芝和伏显等四帝而辉煌过。由于历史漫长，其柏地变迁也不少，部落发展起伏也很大。柏皇氏帝佘蓄之后，柏皇族系不因失政而停下发展步伐，不仅维护且更加拥戴大伏羲氏族的统领，建设柏城，开发柏地，广植柏桑，富足族众。尤其是族系部落扩展壮大极快，在居地，柏皇氏名下又有"西陵（师灵）氏""蜀山（出山）氏""方雷氏"等称谓。

就其变迁，《吕氏春秋·恃君览第八·长利》记载伯成子高接见夏禹的故事。禹问：你在尧舜时为诸侯，而我即位为王你却辞职不干，啥原因？伯成子高说："未赏而民劝，未罚而民畏，民不知怨，不知说，愉愉其如赤子。今赏罚甚数，而民争利且不服，德至此衰，利至此作，后世之乱自此始。"伯成子高是尧舜时的诸侯、柏君，禹即位后求见时他已推举柏翳（益、夷）当上了柏君，自己辞了职务在田里耕作，说完话就赶禹走，继续干他的农活。既说变迁，就看故事里透出的这几个信息：伯成子高不惧兴师问罪，批夏禹"乱自此始"，不停耕作干农活；原始公社制开始崩溃，奴隶制度和部落联盟的酋长世袭制度正在形成。此外重要的是伯成子高让贤，对柏子国利好，新君柏翳更有才华；夏禹认为柏国换君是他不愿看到的变故，但对柏翳为君的柏子国却是稳中有进、再度辉煌的大好变化。

《汉书·地理志》曰："伯益（柏翳、伯夷）知禽兽。"《后汉书·蔡邕传》云："伯翳综声于鸟语。"这是说伯益知禽兽、懂鸟语。《吕氏春秋·勿躬》载："后益作占岁。""占岁"就是推算研制历法。又云："伯益作井。"《淮南鸿烈解·本经训》也有"伯益作井而龙登玄云"之说。以上所述，都说明柏子国的君长伯益，是一位有多项发明的科学家。柏子国因伯益的治理而发达、富强，并再次走向辉煌。伯益佐禹功高德重，各部落无不拥戴，夏禹之后，伯益即位，成为天下共主,即联盟部落首领。

《战国策·燕策一》载:"禹授益而以启为吏。及老,而以启为不足任天下,传之益也。启与支党攻益而夺之天下。"郭沫若《屈原赋今译》讲:"夏启代替伯益做了国王,而终于杀死了伯益……"继柏国之君伯成子高的伯益不仅是一位善训禽兽的动物学家、发明凿井技术的水利专家,还和大禹共同治水且功劳卓著,"……益掌火,益烈山泽而焚之,禽兽逃匿。禹疏九河,瀹济、漯而注诸海,决汝、汉,排淮、泗而注之江,然后中国可得而食之"(《孟子·滕文公章句上》),这是伯益佐夏禹治水成功的记载,《史记·秦本纪》也有伯益"与禹平水土"的记述。由于夏禹久有家天下的私欲,名义上把联盟部落首领之位传授给伯益,但军政大权却留给儿子启。禹之后,伯益即位,大批柏国子弟入禹都阳城(今河南登封一带)为伯益保驾扈护。伯益执政不久(公元前2061年),启便发动军事政变,夺权即位。启不仅杀死伯益,伯益子嗣及族民多被赶杀,自阳城往西避难迁徙者改为嬴姓,再后建立秦国,所以《史记》有"秦之先柏翳"说。

伯益的大起大落,代表着柏子国的兴衰变迁。因"变迁不知凡几",只知道伯益之后柏子国辉煌不再。伯益后代在夏朝统治时期,一直隐居民间。始终没有入朝为官。直到商朝时期,伯益的后人才涉足官场,世袭费侯之爵。伯益二十八代孙中衍为车正。

东周纲纪不振,"礼崩乐坏",列国弱肉强食,柏国为楚晋中原大国虎视觊觎。《左传》载:"周惠王二十二年(前655),楚斗谷于菟灭弦,弦子奔黄。于是江、黄、道、柏方睦于齐。"在齐桓公小白霸业鼎盛时期,柏子国和江国(今河南正阳)、黄国(今河南潢川)、道国(今河南确山)一样,结盟于齐国。虽如此,但终不能自保。在周景王(姬贵十四年,公元前531年),因国小力弱、"县出名金(铁矿资源)",为楚所灭。据传,柏子国祥和富裕,民风淳朴,业兴人旺。楚国前夜还在和柏国讲友情、谈生意,柏国诚信厚道,警惕性不高,防御不力。

楚国为夺冶铁资源突然大兵压境全面进攻,柏国全民奋起抵抗,血战到底,终因寡不敌众,大部战死。楚兵攻克柏城极其不易,残酷屠城,柏氏亡命者只有七人。

2.柏子国地望

《三皇五帝时代》讲:公元前7706年伏羲去世后,“女娲被氏族联盟推举为帝”,“封下相柏皇氏于王屋,居柏香”。“柏香”即今河南济源市东南一带。柏芝在“朝”为相,只派部分青壮进住封赏地柏香,自己则常住发祥地,或来往于“蜀山”与“房邑”之间。

(1)柏皇氏的发祥地“蜀山”

宋乐史《太平寰宇记·剑南西道》说:“蜀之先肇于人皇之际,至黄帝子昌意娶蜀山氏。”蜀山氏所居的“蜀山”,即今西平“出山”。“出山”出什么山?出“蜘蛛山”,出“始祖山”,出“皇人山”。伏羲氏部落的一支柏皇氏自“房邑”北上,就定居在伏牛山余脉的东侧。所以,柏皇氏又有“蜀山氏”之称。柏皇氏不仅有蜀山氏之称,还有“西陵氏”的称谓。

(2)柏子国曾被称“西陵国”

《史记·五帝本纪》曰:“西陵,国名也。”《路史·国名纪六》载:“西陵,黄帝元妃,嫘姓国。”这一古国在什么位置?《水经注》曰:“又东过西平县北。县,故柏国也……汉曰西平,其西吕墟,即西陵亭也。西陵平夷,故曰西平。”《汝宁府志·建置篇》载:“西平县在府城西北一百三十里,《豫贡》豫州之域。”以上记载历史渊源与地理位置都十分明确,潕水即现在的洪河,依据《水经注》故柏国在今西平县西,而吕墟又在柏国故城西,又是西汉西陵县的所在地。《魏志·和洽列传》有“明帝即位,进封西陵乡侯,邑二百户”的记载,和洽,字阳士,其故里今在古西陵不远的出山镇和楼村,他在魏明帝时被封为西陵乡侯。

《史记·五帝本纪》曰:“黄帝居轩辕之丘,而娶于西陵之女,是为嫘祖。”

“西陵”“西陵氏”称谓因何而来？《先蚕嫘祖国族源流考》这样解释：“柏氏地处伏牛山的余脉，东方是一望无际的豫南大平原。后来，伏羲氏嫡系太昊向东方拓疆定都陈（今河南淮阳），柏氏部族位于其西，以地脉丘陵，号称‘西陵氏’。”事实上，西陵氏就是柏皇氏，“西陵国”还是“柏子国”。

(3)房国棠溪城的方雷氏

《汉书·地理志》云：汝南郡有吴房县。颜师古注引孟康曰：“本房子国，楚灵王迁房于楚，吴王阖闾弟夫概奔楚，楚封于此，为堂溪氏。以封吴，故曰吴房，今吴房城堂溪亭是。”《水经注》云：“汝南西游吴房，即今河南西平县西谭村附近。”《大清一统志·汝宁府》曰：“棠溪城在西平县西北百里，古房国也。”由此可见，棠溪城与古房国同在一个地方。

《风俗通义》曰：“方氏，方雷氏之后也。”“房”“方”音义相同，古时通用，“方雷氏”还见于西周“师旗鼎”铭文“师旗众仆不从王证（征）于方雷”。此方雷就是黄帝之妻嫘祖母家的后裔。与《穆天子传》所记天子“东至于房”指的是同一族氏，此房族就是指今西平县的古房国。所以，“古房国”即“西陵国”，“方雷氏”也就是“西陵氏”。

(4)柏子国故城在师灵岗

杜预为《左传》作注曰：“柏，国名。汝南西平县有柏亭。”《西平县志》载：“西平故城在今西平县西。”《汝宁府志》云：“故城在县北四十五里师灵镇。”陈铭鉴注：“师灵镇在其西，府志云在县北者误。”柏子国的疆域为西平县全境及舞钢市一小部分。

柏子国故城所在地，史书上记载虽不明确，大概地点应无异议。《水经注》清楚地标明了“吕墟，即西陵亭”的位置，即在今县城西 27.5 公里处的一座大岗（师灵岗）处。《西平县志·缓岗》载：师灵岗，位于师灵乡西北境和吕店乡北部，岗地为西北东南走向，海拔 95 米，岗分三层，从下向上测每层相对的海拔高度为 70—75—85—95 米，岗呈不规则 Z 字形，直线长度为 8 公里，最宽处5公里。《说文》有“陵,大阜”。《释名》有“陵,隆也,体隆高也”,又有“土山曰吕,象形者,象土山高大而上平,可层累而上”的解释。可见,师灵岗这种地貌古人叫“吕”(临近的国家级文物保护单位“董桥遗址”是一处以仰韶文化为主,又有龙山文化、二里头文化、东周文化、汉代文化等多种考古学文化共存的古聚落遗存。“吕墟”应与《后汉书·郡国志》之“故古吕国”有联系)。现在岗下的“吕店村”“吕店乡”也是因岗而名的。“墟”在《辞海》是“土丘”“故城;遗址”,在《现代汉语词典》是“原来有许多人居住而现在已经荒废了的地方”。郦道元注《水经》时北魏史界已认定这是一处古文化遗址,曾为很多先民居住,已经荒废了,故为“吕墟”。这“吕墟”即古之“柏城”。

三、探源柏族姓

“姓”和“氏”不是一个概念。《资治通鉴外纪》曰:“姓者统其祖考之所自出;氏者,别其子孙之所自分。”《通志·氏族略序》讲:“三代之前,姓氏分而为二,男子称氏,妇人称姓……三代之后,姓氏合而为一……”顾炎武在《原姓》中也明确指出:“姓氏之称,自太史公(司马迁)始混而为一。”柏族姓探讨起来,同样是源流非浅。

1.柏皇氏柏芝为柏姓之始祖

“柏皇氏”的“氏”是首领的意思。后来的柏姓族人便以首领的名号为本部族的代称,“氏”便演变成了族团的称号。

(1)柏族姓的始祖是柏芝

《路史·前纪六》载“姓柏,名芝,是为皇柏”,皇柏即柏皇氏,他有名有姓有身份(柏氏部落首领)。不知道和他同时期(9000年前)谁人还姓柏,后来虽有伏显、可塑、郁荅及佘蓄等中国氏族时代伏羲女娲政权的四任帝,也都号称柏皇氏,但这四位女皇都不姓柏,都姓“风”。所以,上古的柏皇氏,虽然都是柏氏族人之先祖,但始祖则是柏皇氏柏芝一人。

(2)柏皇氏之后的柏氏先祖

《中国姓氏寻根》记载:“黄帝时有地官(司徒)柏常、帝颛顼有师傅柏亮父、帝喾有师傅柏昭、帝尧时有柏成子(高)。西周时,柏国君(柏冏)曾任周的太仆,唐代有左拾遗柏耆,明代有延安指挥史柏英,清代有书法家柏谦。”上述人名,都取始祖柏皇氏柏芝的第一个字“柏”作为姓,然后代代相传,一脉相承。他们不仅是柏皇氏后裔的精英,也是后代这支柏姓族人的先祖。

(3)柏姓族人追寻祖地柏城

2010年,西平县委、县政府、县炎黄文化研究会邀请中华柏氏家族常委柏学海、柏振云、柏令成、柏基稳等到西平寻根拜祖,参观“古柏国城遗址”及城区以“柏”命名的机关、学校、道路、商场、剧院等。看了始祖山太乙泉、宝岩寺塔等柏国遗存,召开了“柏氏后裔寻根座谈会”,其气氛非常热烈。2011年中华柏氏家族委员会又在西平县召开了一届五次会议,西平县委、政协、炎黄文化研究会大力支持、全程服务,使会议取得圆满成功,与会代表“追寻祖地柏城,走上柏城大道,入住柏城宾馆,吃在柏城饭店”,深受感动地说:“我们终于回到老家了”。

2.柏族姓源流有多种

(1)以祖为姓

柏皇氏柏芝之后裔杰出者柏高、柏常、柏亮父、柏昭、柏成子高、柏冏等都是柏氏家族得姓之先祖,其子孙不改柏姓。

历史上也有特殊的。《史记·秦本纪》载:“大费拜受佐舜,调驯鸟兽,鸟兽多驯服,是为柏翳,舜赐姓嬴氏。”特别是柏翳(伯益、柏夷)不仅是柏族姓的先祖,又是“秦之先”嬴姓之始祖,还是“吕”姓之始祖,《中华太庙宗谱》曰:“伯夷佐尧掌四岳,佐禹治水,封为吕侯,为吕氏之始也,见《吕氏世系表》。在帝舜时……赐吕氏,为吕侯,又封之于吕,为吕姓的始祖。”

(2)以国为姓

班固在《汉书·魏豹田儋韩王信传》讲:“至春秋末,诸侯耗尽,而炎、黄、唐、虞之苗裔尚犹颇有存者。”这段话的意思是说,到春秋末年,天下的诸侯家族已经消亡殆尽,所剩无几,而炎帝、黄帝、尧、舜的子孙还有不少生存了下来。柏子古国就是这种情况。

柏子国“蜀山氏”“西陵氏”“棠溪氏”人不忘故国、百折不挠、开拓进取,在强楚灭国的亡命生涯中,含愤忍悲、谋求生存、繁衍生息、以国为姓。所以柏姓“代有人才出”,秦有大将军柏直,汉有大鸿胪柏始昌、柏英,唐有工部尚书柏季纂、左拾遗柏耆、左领军卫大将军平原王柏良器等柏姓贤能,之后精英俊杰更多。

(3)改为柏姓

崇拜柏姓,或为避险或汉化改姓等原因,由他姓改为柏姓。北魏孝文帝拓跋宏是较早进行汉化改姓的皇帝,他在公元496年,领头把复姓拓跋改为元,从此他的姓名就成了元宏。当时鲜卑民族改姓达一百多个。元朝、清朝建立后,部分蒙古族、满族姓氏汉化有改随柏姓的等。

3.柏姓族人之流布

柏姓族人源自上古时期的名门贵族,秦汉时柏姓人主要生活在河南洛阳、山西夏县、山东济阴、河北临漳等区域。柏姓宗祠堂号“忠恕堂”,著名郡望有以下几个:

(1)柏姓望出汉置魏郡

魏郡,汉刘邦置郡,治所在邺县(即现在河北省临漳县),其时辖地跨今冀、鲁、豫三省之界。五代十六国时辖地在今河南省内黄县、浚县,河北省临漳县、大名县、魏县、成安县,山东省定陶县、冠县一带地区。北周迁治到安阳。隋朝改为相州魏郡。唐朝时改为邺郡(今河南安阳)。据《姓氏考略》记载:古帝柏皇氏之后,又春秋柏国为楚所灭,子孙或以为氏。望出魏郡、济阴(今山东省定陶县)。

(2)柏姓望出汉置平原郡

平原郡:汉代所置,始建于西汉高祖时期(乙未,公元前206年),治所在平原(故城在今山东平原县西南),辖境相当于今山东省平原、德州市陵城区、禹城、齐河、临邑、商河、惠民等地。或为国,或为郡。北魏时期被废黜。隋、唐两朝时期曾以德州为平原郡,治安德(今山东省德州市陵城区)。

(3)柏姓望出汉置济阳郡

济阳郡:战国时为魏邑,西汉置济阳县,治所在今河南兰考东北部。晋惠帝时将陈留郡的一部分划出来设置济阳郡,治所在济阳,其时辖地在今河南兰考、山东东明以及定陶一带地区。东晋后期晋室南渡后济阳郡被废黜。

下面摘录一段《柏氏宗谱原序》,以证柏族姓人丁兴旺及济阳柏氏郡望,"(先)祖伯仲四人……当明朝永乐二年,由枣强迁于山东。伯祖当即回籍以奉宗祀,仲祖、季祖具在章邑东西各立其户。唯我始祖立户于济阳南乡名为百家庄。嗣后祖宗功德所感召,瓜瓞延庆,螽斯致祥,因而有移居别村者,有移居他邑者,甚而有居京西关外者"。

柏族姓曾是华夏民族在上古时期的"皇"裔"帝"昆、贵胄名门,历代俊杰精英数不胜数。柏姓在《百家姓》中曾排名第37位。最近一次人口普查柏姓排名186位,总人口98万多。柏姓族人现主要分布在安徽、湖南、陕西、江苏、四川、河南等地。但作为柏皇氏、柏族姓发祥地的柏子国西平县早已不是郡望之地,柏姓极少。然西平居民(包括柏族姓后裔)仍有不尽的"柏国情结"。柏皇氏、柏子国作为文化符号、历史资源正在凸显、正在集结,相信柏皇氏、柏子国、柏族姓将会榑日喷薄、再度辉煌。

(本文作者为西平县炎黄文化研究会会长)

柏皇氏史迹勾稽

周书灿

一、柏皇氏传说的发生与衍变

柏皇氏较早见诸《庄子·胠箧篇》:

昔者容成氏、大庭氏、伯皇氏、中央氏、栗陆氏、骊畜氏、轩辕氏、赫胥氏、尊卢氏、祝融氏、伏羲氏、神农氏,当是时也,民结绳而用之。甘其食,美其服,乐其俗,安其居,邻国相望,鸡狗之音相闻,民至老死而不相往来。

以后,班固在《汉书·古今人表》将柏皇氏置于太昊帝宓牺氏与炎帝神农氏之间,其顺序依次为:

太昊帝宓羲氏、女娲氏、共工氏、容成氏、大廷氏、柏皇氏、中央氏、栗陆氏、骊连氏、赫胥氏、尊卢氏、沌浑氏、昊英氏、有巢氏、朱襄氏、葛天氏、阴康氏、亡怀氏、东扈氏、帝鸿氏、炎帝神农氏。

以后,晋代学者皇甫谧较早在《帝王世纪》中略微详细地记载:

太皞帝包牺氏,风姓也,母曰华胥。燧人之世,有大人迹出于雷泽,华胥履之而生包牺，长于成纪，蛇身人首，有圣德，取牺牲以充庖厨，故号曰包牺氏。后世音谬，故或谓之伏羲，或谓之虙牺，一号皇雄氏，在位一百二十年。包牺氏没，女娲氏代立为女皇，亦风姓也。女娲氏没，次有大庭氏、柏黄氏、中央氏、栗陆氏、骊连氏、赫胥氏、尊卢氏、混沌氏、皞英氏、有巢氏、朱襄氏、葛天氏、阴康氏、无怀氏，凡十五世，皆习包牺氏之号也。

再往后，唐代学者司马贞在《补三皇本纪》中继续论及：

一说三皇，谓天皇、地皇、人皇为三皇……自人皇已后有五龙氏、燧人氏、大庭氏、栢皇氏、中央氏、卷须氏、栗陆氏、骊连氏、赫胥氏、尊卢氏、浑沌氏、昊英氏、有巢氏、朱襄氏、葛天氏、阴康氏、无怀氏，斯盖三皇已来有天下者之号。

值得注意的，作为远古时期氏族称号之一的柏皇氏，从战国以迄汉唐，柏皇氏屡见于古代典籍，分别有伯皇氏、柏皇氏、柏黄氏、栢皇氏等不同的名称，当系文字转写错讹所致，不必做过多考究。此外，尽管以上不同时期的文献所记古氏的数量和顺序悬殊，但其介于大庭氏与中央氏之间，则毫无二致。然对照以上不同时期的文献，则不难发现，包括柏皇氏在内的以上古史系统，至少有以下重大分歧：时代最早的《庄子·胠箧篇》所举古氏族将伏羲氏置于轩辕氏、祝融氏之后，神农氏之前，显然与三皇古史系统渐趋稳定后的顺序相去甚远，且《庄子·胠箧篇》所列最靠前的容成氏，并见于战国时期楚竹书。上博简《容成氏》第1简，李零先生疑脱一简，当作“昔者讼成是(容成氏)、□□是、□□是、□□是、□□是、□□是、□□是、□□是、□□是、□□是、□□是、□□是、□□是、尊卢是(氏)、赫胥是(氏)、乔结是(氏)、仓颉是(氏)、轩辕是(氏)、神农是(氏)……之有天下也，皆不授其子而授贤”。然自战国以后，汉唐时期的文献中，居于首位的容成氏却退出了古史系统，《汉书·古今人表》及《帝王世纪》均将太昊帝宓羲氏(庖牺氏)置于诸氏之首位，尤其《帝王世纪》更言自女娲氏至无怀氏，“凡十五世，皆习包牺氏之号”，《三皇本纪》则将自五龙氏至无怀氏“三皇已来有天下者之号”的诸氏归入三皇中的人皇系统。显而易见,包括柏皇氏在内的中国远古时期的古史系统,随着时代的推移,不断发生颇大的衍变。以上古史系统的不断衍变再次印证了顾颉刚先生早年提出的“中国古史层累地造成”说的科学性。在“走出疑古时代”理论的误导下重新回到复古、信古阶段,显然是一股学术逆流,是古史研究的全面倒退。

二、宋代以后文献中的柏皇氏传说辨析

事实上,早在唐代,司马贞在《补三皇本纪》中已经注意到发生于不同时期的中国远古时期古史传说之间的差异。如其虽列举了自五龙氏至无怀氏“三皇已来有天下者之号”的归入人皇系统的数量繁多的诸氏,他却实事求是地讲道:“但载籍不纪,莫知姓、王年代,所都之处。”用我们今天话讲,以上诸氏的传说,并非皆为史迹可考的信史,恰恰相反,诸如诸氏的姓氏、年代、“都城”等,都很难说得清楚。司马贞还曾论及:“然则无怀之前,天皇已后,年纪悠邈,皇王何升而告,但古书亡矣,不可备论,岂得谓无帝王耶?”显然,司马贞认为,天皇以后,还有更多被淹没的历史和传说,由于年代遥远,古代文献中没有留下有价值的记载,因此,三皇的传说,司马贞自己亦认为“不可备论”。

唐代以后文献中有关柏皇氏的记载,显然疑点更多,真实性越差。郑樵在《通志》卷一《三皇纪》中详细论及:“女娲之后有大庭氏,有柏皇氏,有中央氏,有栗陆氏,有骊连氏,有赫胥氏,有尊卢氏,有混沌氏,有昊英氏,有朱襄氏,有葛天氏,有阴康氏,有无怀氏……自大庭之后十三氏皆臣于伏羲。”以后宋代学者罗泌在《路史》一书中有关柏皇氏的传说,不仅更为丰富,而且有了较为“清晰”可见的谱系:

> 柏皇氏,姓柏,名芝,是为皇柏。出樽日之阳,驾六龙,以木纪德,为而不有,应而不求,立于正阳之南,是为皇人山。其后为柏,有柏氏。柏常为

皇帝地官,柏亮又为颛顼师,柏昭为帝喾师。尧治天下,有柏成子皋立为诸侯,尧授舜,舜授禹,柏成子皋辞为诸侯而耕。逮周之世有柏冏为太仆正。又有柏侯氏、柏常氏、白侯氏。

罗泌以上所记,显然是杂糅战国秦汉以来各个不同时期的传说,甚至包括自相矛盾的传说,附会而成。由于其缺乏科学的历史观念,其中带有浓厚神话性质的传说,显然与真实的历史之间有相当遥远的距离,至于其所说的"诸侯",显然亦非事实。罗泌虽然将司马贞所说姓氏、年代、地域都十分模糊的柏皇氏的史迹,作了充分的补充完善,并使柏皇氏的形象逐渐人格化,活动地域固定化,世系谱牒化,社会活动政治化,但此前不同时期文献记载中的矛盾,其还是注意到了。如他在《辨葛天氏》的短论中议论到:

然自女娲、共工、庸成至无怀,一皆叙之包羲之下,在《遁甲开山图》亦然,《世纪》从之,故世遂以为皆包羲之后代,及其制度无闻,则又以为皆袭包羲之制,亦厚诬矣!

应该说,罗泌以上的议论,颇有一些道理,如以后日本学者泷川资言亦有类似的怀疑,如其在《三皇本纪》"自人皇已后有五龙氏、燧人氏、大庭氏、栢皇氏、中央氏、卷须氏、栗陆氏、骊连氏、赫胥氏、尊卢氏、浑沌氏、昊英氏、有巢氏、朱襄氏、葛天氏、阴康氏、无怀氏,斯盖三皇已来有天下者之号"一语下议论说:"皇甫谧以为大庭已下一十五君皆袭庖牺之号,事不经见,难可依从。然按古封太山者,首有无怀氏,乃在太昊之前,岂得如谧所说?"由此可见,罗泌对《帝王世纪》等文献以女娲至无怀十五君皆为庖牺之后代的怀疑,自宋代以后渐成学术界共识,由此可知,不少有关柏皇氏后起的传说,尚需要在马克思主义唯物史观理论的指导下,借鉴多学科的理论方法,重新予以科学的审视。

三、由周代柏国推论柏皇氏的早期地域和族属

先秦文献中记载有周代柏国史事。《左传·僖公五年》记载:“楚斗谷于菟灭弦,弦子奔黄。于是江、黄、道、柏方睦于齐,皆弦姻也。”杜预注曰:“道国在汝南安阳县南。柏,国名,汝南西平县有柏亭。”《汉书·地理志》汝南郡西平县,颜师古注引应劭语:“故柏子国也,今柏亭是。”唐宋明清时期的地理志书,对柏国地望的记载均颇为一致,显然,周代柏国位于今河南西平一带,有诸多文献记载的支持。

应劭《风俗通义·姓氏篇》:“柏氏,柏皇氏之后,又柏亮父为颛顼师,柏招为帝喾师,柏冏为周太仆。柏国在汝南西平县,为楚所灭,子孙以国为氏。”根据以上记载,则不难获悉,西周柏国的历史可以上溯至远古时期的柏皇氏,柏国或即为柏皇氏后裔所建的国家。由于资料的极度贫乏,柏皇氏的族属问题尚难以说得清楚,但根据中国远古时期古史系统的编排及柏皇氏地域的推测,作为传说中的三皇时期的柏皇氏,在漫长的历史发展过程中,应逐渐融入炎黄集团中,随着夏、商、周国家的建立、发展与族群融合的加速,柏皇氏的后裔应当至迟于战国之前融入华夏族。

(本文作者为苏州大学社会学院教授)

柏国史迹稽考

刘海峰

宋代所排《百家姓》,"柏"姓名列第37位,为我国大姓望族之一。宋元之际马端临《文献通考·舆地考·古豫州》认为"春秋时可考者四十国",其中有柏国,又可见柏国之古老。但时至今日,柏姓、柏国史迹扑朔迷离,实有源流考镜之必要。

一、柏姓始祖应追溯到柏皇氏

1.关于柏姓始祖的争论

关于柏姓始祖,自古以来就有争论。综合古今文献,大抵有柏皇氏、柏亮父、伯益、柏高四位:一是柏皇氏,如东汉应劭《风俗通义》认为:"柏氏,柏皇氏之后。"[①]《路史》《中国姓氏寻根》《中华万姓溯源》等大多数文献均持之说。

① 〔汉〕应劭撰,王利器校注:《风俗通义校注》,中华书局,1981年。

二是柏亮父(又称“柏夷亮父”“柏亮”“柏夷亮”),如清嘉庆年间《重修汝宁府志》认为:“黄帝有熊氏之裔柏亮父父子为帝师,肇封于柏,为柏子国地。”[①]《古今姓氏书辩证》《中国姓氏大全》《驻马店通史》等均持之说。三是伯益,如《柏国姓氏寻根》认为:“柏,出自嬴姓,以名为姓。柏翳,又称伯益,是虞舜的大臣,佐禹治水有功而被舜赐‘嬴’姓,任虞官,其后代以其名柏为氏。”[②]四是柏高(又名“柏皋”“柏子高”“柏成子高”“伯高”“柏成子”),如《万姓总谱》认为:“柏,《左传》记载中有柏子国,柏子国的后代因以国名为姓。”[③]《山海经》《通志》《华夏姓氏考》等均持之说。

考察古今文献,以“伯益”为柏姓始祖的证据最为单薄,但是这一结论又不能轻易否定,一则,《史记》所载伯益就是“柏翳”,如《史记·秦本纪》:“大费拜受佐舜,调驯鸟兽,鸟兽多驯服,是为柏翳,舜赐姓嬴氏。”二则,古籍中,“柏”与“伯”相通,如《张家山汉简〈二年律令〉释文》195(C56)片记载:“复兄弟、孝(季)父、柏(伯)父妻、御婢,皆黥为城旦舂。复男弟兄子、孝(季)父、柏(伯)父子之妻、御婢,皆完为城旦。”实际上,《尚书》最先称“伯益”,《世本》最先称“柏翳”,都是同一个人,清代学者赵翼在其《陔余丛考》卷五中“伯益、伯翳一人”已经有详细考证。三则,河南西平县有地名“吕店”,吕店原名“吕墟”,“吕”之本义,按照《说文解字》,“吕者,膂也”,意思就是伯益辅助大禹治水有功,成为舜和禹之“股肱”。而吕店偏偏就在当今的柏国故城附近,说明伯益确实是柏姓先祖之一。

2.柏亮父、伯益、柏高等均无法取代柏皇氏

从上述柏姓四位先祖来看,柏皇氏历史最为久远,属于“三皇”时代,即《三坟》所载氏族部落联盟时期的“人皇”之一;而柏亮父属于黄帝、颛顼时代

① 河南省汝南县志编纂委员会编印:《重修汝宁府志》,内部资料,1983年。
② 河南省西平县地方史志编纂委员会:《柏国姓氏寻根》,内部资料,1998年。
③ 〔明〕陈士元:《万姓总谱》,天津人民出版社,1993年。

的历史人物,伯益属于舜、禹时代的历史人物,柏高则属于柏国国君的泛称。

柏亮父不适宜作为柏姓始祖。柏亮父是颛顼帝师,关键是柏亮父之子柏招(又称“柏昭”)亦为帝喾之师,如果柏亮父作为柏姓始祖,柏招也应该作为柏姓始祖。

伯益不适宜作为柏姓始祖,伯益主要是“伯”姓始祖,与伯益同时代还有一位著名历史人物——伯夷,如果把伯益作为柏姓始祖,伯夷怎么办?

柏高也不适宜作为柏姓始祖,历史文献中,柏高的身份扑朔迷离,《管子·地数》记载伯高为黄帝时代人物,即“黄帝问于伯高”。而《庄子·天地篇》记载柏高为尧时代人物,即“尧治天下,伯成子高立为诸侯……伯成子高辞为诸侯而耕”。《山海经·海内经》记载柏高是西周中期人物,即“华山青水之东,有山名曰肇山,有人名曰柏高”。唯一能解释通的是:柏国是一个古老的氏族部落,从远古的“三皇之际”到西周初年,一直以氏族部落或方国存在,部落联盟的首领最初叫柏皇氏,黄帝以后改称“柏高”。

问题的关键还在于,不论是柏亮父、柏招还是伯益、柏高,其历史年代均晚于柏皇氏,这是不争的事实。柏皇在此,诸神退位。

3.柏姓始祖定位于柏皇氏较为允当

柏姓之所以成为我国古老的一个姓氏,首先是与“神性”柏树有关,在古人看来,柏树通天、通神、通祖先。“柏”字本义,《尔雅·释木》曰:“柏,椈”。《说文解字》曰:“柏,鞠也。从木白声,博陌切。”“椈”即柏树的别称,柏树因性坚致、树高大,有脂而香,故古人视为“神树”,破为畅臼,用以捣和祭祀用酒,在所有树种中,尊位仅次于松树。

祭神、祭天之木器用柏木。《论语·八佾》载:“哀公问社于宰我。宰我对曰:夏后氏以松,殷人以柏,周人以栗,曰使民战栗。”《白虎通义·社稷》载:“太社唯松,东社唯柏,南社唯梓,西社唯栗,北社唯槐。”由此可知,在古人眼里,柏树是仅次于松树的“神树”,柏树不但以其高大威猛作为统治万民(即

小篆柏字

黄帝陵柏树

“使民战栗”)的树种图腾,而且是祭祀天神、祭祀祖先的主要“树神”。

天子或诸侯车、舟用柏木。《周礼·冬官考工记》:“柏车毂长一柯,其围二柯,其辐一柯……柏车二柯凡为辕三,其轮崇。”《诗·邶风·柏舟》曰:“威仪逮逮,不可选也。”按照古礼规定:天子所乘车、舟木质用松木,诸侯用柏木,士人用一般树木。柏木之车、舟是诸侯身份地位的象征。

天子或诸侯之棺椁用柏木。《礼记·檀弓上》载:“天子之棺四重……水兕革棺被之,其厚三寸……柏椁以端,长六尺。”《礼记·丧大记》记载得更清楚:“君松椁,大夫柏椁,士杂木椁。”《白虎通义·崩薨》载:“天子坟高三仞,树以松;诸侯半之,树以柏;大夫八尺,树以栾;士四尺,树以槐;庶人无坟,树以杨柳。”由此可见,柏木之棺椁则是天子或诸侯地位的象征。

古人敬畏天、神,重视天人合一、神人合一,故凡能通天、通神、通祖先者均视为神物。山是天人相通的阶梯,无山之地,高大之柏树就是天人、神人相通的阶梯,一如《山海经·海内经》所言:“有山名曰肇山,有人名曰柏高,柏高上下于此,至于天。”从伏羲氏到黄帝再到尧、舜、禹,原始先民须臾不敢违天命、违神灵,这是柏氏为什么从一开始就是诸侯大姓、名贤辈出的原始起因。

中国历史要籍大都把“柏皇氏”视为柏姓始祖,部分文献见下表:

文献出处	具体内容	排名位次
《世本·皇古》	包牺一世、女娲、神农八世,禅通之余,柏皇、大庭、栗陆、昆连、赫胥、葛天、祝融、昊英、朱襄、阴康、无怀……	第四位
《周易·系辞下》	女娲氏没,次有大庭氏、柏皇氏、中央氏、栗陆氏……	第三位
《庄子·胠箧篇》	昔者容成氏、大庭氏、伯皇氏、中央氏、栗陆氏、骊畜氏、轩辕氏、赫胥氏、尊卢氏、祝融氏、伏羲氏、神农氏。	第三位
《遁甲开山图》	女娲氏没,大庭氏王有天下,五气异色。次有柏皇氏、中央氏……凡十五代,皆袭庖羲之号。	第三位
《汉书》卷二十	上上,圣人:宓羲氏。上中,仁人:柏皇氏、中央氏、栗陆氏、骊连氏、赫胥氏……	第二位
《帝王世纪》	女娲氏没,次有大庭氏、柏黄氏、中央氏……凡十五世,皆习包牺氏之号。	第三位
《梁书》卷四十	裁可得二十余主:伏羲、神农、女娲、大庭、柏皇、中央、栗陆、骊连、赫胥、尊卢、混沌、昊英、有巢、朱襄、葛天、阴康、无怀、黄帝、少昊、颛顼、高辛、尧、舜、禹、汤、文、武。	第五位
《金楼子》卷一	容成氏、大庭氏、柏皇氏、中央氏……	第三位
《初学记》卷九	及女娲氏没,次有大庭氏、柏皇氏……凡十五世,皆袭庖牺之号。	第三位
《册府元龟》卷一	太昊庖牺氏没,女娲氏立……次有大庭氏、柏皇氏、中央氏……	第四位

上表可知,在中国历史要籍中,柏皇氏地位很显赫,基本处在“前五位”,从公府官书到私家杂乘,大都把柏皇氏视作柏姓始祖,今人没有推倒众多古籍所载柏姓始祖柏皇氏的铁证。在结绳记事年代,柏皇氏因“神性柏树”而成为一个显赫的氏族部落,则是基本可以肯定的。姓氏始祖应当追根溯源,柏姓之根源就是柏皇氏。

至于罗泌《路史》卷六所谓“柏皇氏,姓柏,名芝,是为皇柏”之说,则基本可以证伪。在罗泌看来,柏皇氏是一位“姓柏名芝”的具体人物。事实上,柏皇氏与远古女娲氏、伏羲氏、神农氏一样,都是一个氏族部落联盟的名称,而不是具体历史人物。把柏皇氏看作一位具体历史人物的最早典籍是北宋年间张君房编撰的道家类书《云笈七签》,《云笈七签》卷一百一《三天君列纪》载:“上清真人总仙大司马长生法师主三天君,姓柏成,讳欻生,字芝高,乃中皇时人。”南宋罗泌吸收《云笈七签》记载内容并加以改编,就把柏皇氏变成一位“姓柏名芝”的历史人物。

综合历史要籍也可以得出结论:历代柏皇氏地位之所以显赫,主要是担任“神职”(或称之为“国之巫师”“国师”)。柏皇氏为伏羲氏族之一支,属炎帝后裔,以太阳神为崇拜对象,继承的是伏羲氏族的先天八卦,从柏皇氏“乐六龙”“驾六龙”(即乘龙飞天)到“五帝”时代柏亮父、柏招作“帝师”,再到西周时期柏冏作“太仆正”,都是做通天、通神、通祖先的神职官。从小学训诂角度看,铭文及大篆的“柏”字,下边为“木”,即柏树;上边为⊙,即太阳,说明柏树是“通天、通神”之树。见大篆“柏”字图片:

二、柏姓原始地望应定位在河南西平

1.关于柏姓原始发祥地的争论

关于“柏姓”原始发祥地的争论,目前主要有河南西平说、河北柏乡说、河南陈留说和河南舞钢说。持河北柏乡说者,如何光岳先生认为:河北“柏人、柏乡、柏肆都相邻,附近有尧山、唐山、尧城,系帝尧活动之地,而柏陵近于唐县、望都,也是尧的起源地。这一组以柏为名的地方,当系柏人的始居地”[①]。何氏之说,忽略了一个最基本的训诂常识,当今的“柏乡”地名源于战国和汉

① 何光岳:《古代柏国考》,《河北学刊》1987 年第 3 期。

代的“柏人”地名,“柏人”之义即“柏国后人”,正好说明“柏乡不是柏姓的发祥地”,是古柏国后人的一支在春秋末年迁移到河北柏乡的结果。持河南陈留说者,最早见载于北宋欧阳忞《舆地广记》“皇柏山,在开封陈留县”。事实上,开封陈留压根就没有山,再者,《舆地广记》主要是说明伏羲氏居皇柏山,而不是柏皇氏居皇柏山,陈留可以作为伏羲氏始居地而不可作为柏皇氏始居地。持河南舞钢说者,主要是 1987 年在舞钢发掘一古城,有不少冶铁遗址,当地一些学者就认为是“柏国古城”,不足为凭。该遗址考古发掘时,中国科技史协会金属史专业委员会也只是认定该地为古代冶铁遗址之一,并没有说明该遗址就是柏国故城,而该市文化局考古专业工作者张振英坦承:“古柏国都城的准确位置在哪里一直没有定论。”①

2.历史文献有充分记载柏姓原始地望在河南西平县

柏姓原始地望,不论是陈留说还是柏乡说、舞钢说,文献证据均较薄弱,且不具权威性,相反,河南西平说文献证据则比较翔实。从历史文献来考察,绝大多数古代学者均认为河南西平是古柏发祥地,部分文献见下表:

文献出处	具体内容
《风俗通义·姓氏篇》	柏国在汝南西平县,为楚所灭,子孙以国为氏。
《后汉书》卷四	西平并汝南郡,西平县,故柏子国也。在今豫州吴房县西北。
《后汉书》卷三十	西平有铁。有柏亭,故柏国。
《晋书》卷十四	西平,故柏国。有龙泉,水可用淬刀剑。
《水经注》卷三十一	又东过西平县北。县,故柏国也,《春秋左传》所谓江、黄、道、柏,方睦于齐也。汉曰西平,其西吕墟,即西陵亭也。西陵平夷,故曰西平……县出名金,古有铁官。
《春秋左传正义》卷十二	柏,国名,汝南西平县有柏亭。

① 王岗:《冶铁重地柏国故城位置确定》,《平顶山日报》2010 年。

（续表）

文献出处	具体内容
《元和郡县志》卷十	西平县……即春秋时柏国也。
《册府元龟》卷二百三十五	柏国，汝南西平县柏亭。
《资治通鉴》卷第四十六	西平，故柏子国，在今豫州吴房县西北。胡注：西平，春秋柏国，汉为西平县，属汝南郡，唐属蔡州。
《太平寰宇记》	西平……古柏子国之地。
《路史》卷二十九	蔡[州]之西平有柏亭。
《元丰九域志》	西平县……古柏国。
《水经注疏》卷三十一	又东过西平县北。县，故柏国也。郭守敬按：故柏子国，今柏亭是……汉县属汝南郡，后汉、魏、晋、宋、后魏因，在今西平县西四十五里。
《大清一统志》	柏亭，在西平县西。
《文献通考》卷二百六十三	柏国在汝南西平县柏亭，今蔡州西平县。
《职方典》第四百六十七卷	春秋为柏子国，战国属韩，秦属颍川郡，汉始置西平县。
《重修汝宁府志》	西平县……黄帝有熊氏之裔柏亮父父子为帝师，肇封于柏，为柏子国地。

上述文献涉及的学者，有应劭、范晔、郦道元、欧阳修、郭守敬、马端临等，都是古代大学问家，尤其是东汉应劭，本身就是汝南郡人，对汉代柏国地望汝南西平的记载应该最具权威性。

3.考古与文物资料能够证明柏姓原始地望在河南西平县

从考古学来看，自1984年起，考古工作者在河南省西平县吕店乡董桥村陆续发现“董桥遗址”，该遗址南北约600米，东西约800米，面积约48万平方米。涵盖仰韶文化、龙山文化、二里头文化、东周文化、汉文化，所发现的文化层正好涵盖从柏皇氏到柏子国长达数千年的时间段，这是河北柏乡、河南陈留、河南舞钢都不具备的文化遗址，也是古柏国在河南西平的铁证之一。其考古发掘结论则明确该地为柏国故地，并被河南省政府公布为第三批省重点文物保护单位:“董桥新石器遗址是近年在西平县发现的唯一一处以仰韶文化为主,而又有龙山、二里头、东周、汉等多种考古学文化共存的古聚落遗存,面积近50万平方米。该遗址不仅面积较大,而且延续时间较长,因而2006年6月被河南省政府公布为第三批省重点文物保护单位……从采集的近百件仰韶文化遗物看……陶器主要有鼎、瓮、罐、盆、钵、碗、杯等……西平县西周之世为柏皇氏后裔的封地,春秋时期,为柏国,子爵,后为楚兼并。”

从地上文物来看,据高蔚《西平—柏国—柏皇氏略考》所记:“蜘蛛山位于西平县酒店乡南10里,东北距柏国故城25公里左右……古史记载,伏羲的祖先为蜘蛛。《抱朴子》云:太昊师蜘蛛……可见蜘蛛山名字的来源与柏皇氏遗族关系密切。柏人不忘始祖,便把柏国境内之一座山命名为蜘蛛山,亦可称为皇人山、伏羲山……柏人祭拜祖山,当为不争的历史文化现象。直到现在,蜘蛛山上仍供奉着祖师爷……柏人崇尚柏树,高大古柏为皇柏,以柏为图腾。现其遗俗众多,祖冢、祖宇广植柏树为证……蜘蛛山顶有祖师殿旧址,西平县旧志载为祖师庙,庙中供有祖师爷牌位……祖师殿东北侧,有一峰,名始祖峰,据传为柏皇始祖的化身。”①

在河南西平,民间有众多关于柏皇氏、祖师爷、蚕神嫘祖的民间传说,兹不一一赘述。至于说柏国原始发祥地的具体地点,由于远古先民根据自然环境的变迁而经常处于“流动”状态,柏国原始发祥地应定位在以“吕店”为中心方圆50里内。吕店北出山镇焦岗村自古及今流传有“柏皇墓”传说故事,且在本区域之内,因此,基本可以认定:柏姓原始发祥地,应在河南省西平县出山镇焦岗村。

① 高蔚:《西平—柏国—柏皇氏略考》,《西平旅游》,北京华文出版社,2004年。

三、三皇五帝时期柏国史迹钩沉

柏氏,我国河南西平西部一个古老氏族,始祖柏皇氏。母系氏族公社末期,为女娲氏族部落联盟重要一支,因紧临女娲氏族而深受女娲文化影响。父系氏族公社时期,柏皇氏成为中原一个重要氏族部落联盟。伏羲时代,柏皇氏为伏羲氏族(大庭氏)重要之一支。世代相传,首领均称柏皇氏,以柏木为德,掌通天、通神、通祖先之神职。以"驾六龙""乐六龙"(《汉书·礼乐志》)赞襄伏羲氏族确立先天八卦文化、龙文化,以"龟、蓍占卜"推动伏羲氏族确立神文化和巫文化,以"善政""尊礼"奠定中国道文化,使伏羲氏族成为当世最强大之氏族部落联盟,成就伏羲氏"东方人文始祖"。当世之时,先天八卦文化为天下最先进文化。神农时代,柏皇氏又为炎帝(神农氏族首领世代皆称炎帝)部落联盟之重要一支,仍世掌神职。辅助炎帝种植五谷、豢养家畜,使中国逐步进入农业文明时代。自伏羲氏族至神农氏族,柏皇氏世代相传二十世(《世本》载"柏皇二十世"),以神职辅助伏羲、神农治理天下,"当是时也,民结绳而用之。甘其食,美其服,乐其俗,安其居,邻国相望,鸡狗之音相闻,民至老死而不相往来"(《庄子》卷四)。除辅助伏羲、神农外,历代柏皇氏以善政治理柏氏部落,使柏氏民风淳朴(《陈书》卷六载"柏皇、大庭,鼓淳和于曩日"),世称"不令而人自化,不罚而人自齐,不赏而人自劝;不知怒,不知喜,俞然若赤子"(《太白阴经》卷一);"未使民,民化;未赏民,民劝,此皆古之善为政者也"(《太平御览》卷七十六);以"恭而博交"初步建立中国礼文化,世称"伯者辩也,言其能柏,然笱(后)礼也"(《马王堆汉墓帛书·老子甲本卷后古佚书·五行》)。历代柏皇氏以其神职和善政为中国传统文化做出巨大贡献。

神农末年,炎帝榆罔侵凌诸侯,百姓涂炭,天下渐乱,蚩尤部落起兵反抗炎帝。柏皇氏及其周边部落转而支持轩辕有熊氏部落(今河南新郑),柏皇氏东邻西陵氏女嫘祖(后世尊称其为"蚕神")、南邻方氏(今遂平县嵖岈山,古之房国,"方"通"房")女方雷氏相继嫁与有熊氏国君公孙轩辕,成为公孙轩辕之正妃、次妃;柏氏族人柏常则为公孙轩辕之地官(相当于后来的司徒宰相)。因柏皇氏世掌神职,影响巨大,致使众多炎帝所属部落脱离炎帝转归轩辕部落,神农炎帝逐渐衰弱,而普通之轩辕部落则迅速强大。嫘祖、柏常谏诤轩辕内修德、振兵、任贤、播百谷、植农桑、兴嫁娶、尚礼仪、抚恤生死,外联合罴貔貅虎诸部落,吊民伐罪,与炎帝榆罔战于阪泉之野,三战,炎帝臣服。蚩尤作乱,辅弼轩辕联合炎帝及其他部落与蚩尤部落又战于逐鹿之野,擒杀蚩尤,天下复归太平,一统华夏。诸侯咸尊轩辕为天子,代神农氏炎帝而为天下共主,以土德王,土色黄,是为黄帝。

黄帝时代,因柏皇氏族、西陵氏族、方雷氏族与轩辕氏族关系密切,黄帝以柏亮父为颛顼之师(颛顼为嫘祖第二子昌意之子);因柏氏地位尊贵,时称柏氏神职为"伯高"(即柏高、柏皋)。此外,作为世袭神职,柏氏仍充当天子神师,常伴随黄帝、嫘祖巡幸四方,"黄帝问于伯高曰:吾欲陶天下而以为一家,为之有道乎?伯高对曰:请刈其莞而树之,吾谨逃其蚤牙,则天下可陶而为一家。黄帝曰:若此言可得闻乎?伯高对曰:上有丹沙者,下有黄金;上有慈石者,下有铜金;上有陵石者,下有铅锡赤铜;上有赭者,下有铁"(《管子·地数》第七十七)。奉劝黄帝:治国之道,当开荒种地、减除诸侯、开矿冶铁、锻造兵器,以作长治久安之策。柏氏部落冶铁有术(附近发现有大型冶铁遗址),鼓励黄帝冶铁制兵器、制农具,以发展农业生产。黄帝一统天下,敬天畏神,注重天人合一,曾求教柏高"天人合一"之道,《山海经·海内经》载"华山青水之东,有山名曰肇山,有人名曰柏高,柏高上下于此,至于天","有木,青叶紫茎,玄华黄实,名曰建木,百仞无枝,有九欘,下有九枸,其实如麻,其叶如芒,大皞爰过,黄帝所为"。《春秋命历序》载:"皇伯登出搏桑之阳,驾六龙而上下。"柏高告以天人阶梯,一是肇山,二是柏树,登山、登树皆可告天,乘云龙而能飞天,敬天爱民即是大道。

颛项时代,颛项帝又以柏招为帝喾之师(帝喾为嫘祖长子玄嚣之孙高辛)。帝师所教,“颛项受学于录图,高辛问道于柏招”(《晋书》卷二),“颛项师伯夷父一云学乎绿图,帝喾师伯招一云学乎赤松子”(《册府元龟》卷三十八),以此知,柏亮父主要向颛项帝传授《河图》《洛书》,柏招主要向帝喾传授伏羲氏、神农氏之道文化(天道、地道、人道,即治国治民、天人合一之道)。自黄帝、嫘祖始,柏氏与黄帝轩辕氏世代联姻,地位显赫。

唐尧时代,柏高世袭神职,被尧命为秩宗(相当于后来的礼部尚书,掌宗庙祭祀和天下礼仪),故《尚书·虞书》有“帝曰:俞,咨伯,汝作秩宗”。柏高因功被尧正式封为诸侯,“柏成氏,《风俗通》:柏成子高,尧时诸侯也”(《通志·氏族略》)。按照伯、仲、叔、季排列,柏侯属于“伯侯”,地位极高。

虞舜时代,柏高世袭神职,为柏侯。柏氏族人柏夷(即伯夷)被舜命为秩宗,掌天下礼仪和宗庙祭祀,故《尚书·虞书》有“帝曰:俞,咨伯,汝作秩宗”,“有能典朕三礼,佥曰伯夷”。舜还认命柏氏另一族人柏翳(即伯益,又名“大费”,因善于畜牧、狩猎、凿井而受舜重用)与伯夷一起辅助大禹治水。当世之时,黄河无河道(春秋以后黄河才有河道),每逢夏季,河水漫灌,中原大地一片水乡泽国,十分不利农业发展。大禹主要负责治理黄河,而伯夷、伯益主要辅助大禹治理汝河(即女河,女祖之河,因女娲、嫘祖女祖而得名,临近柏国,古汝河发源于今河南嵩县,在今正阳县南部注入淮河,是连接黄河与长江两大流域的最重要河流)和汉水,故孟子曰:大禹“决汝、汉,排淮泗,而注之江,然后中国可得而食也”[①]。即大禹与伯益、伯夷治理汝河、汉水,使汝河之水顺利流入淮河,汉江之水顺利流入长江。汝水、汉水之治理,不但使广大豫东、豫南、鄂北成为沃野良田,而且通过汝河、淮河、汉水把黄河与长江两大水系贯通起来,便

① 杨伯峻译注:《孟子译注》,中华书局,2010年。

利南北交通和民族融合。古之“中国”，淮河为界，汝水、汉水治理后，江南各夷自此成为华夏族一部分。伯益因辅助大禹治水有功，舜赐之皂游(黑色旌旗)、姚姓玉女，并赐“嬴”姓，故《史记·秦本纪》记载其事云：“与禹平水土。已成，帝锡玄圭。禹受曰：非予能成，亦大费为辅。帝舜曰：咨尔费，赞禹功，其赐尔皂游，尔后嗣将大出。乃妻之姚姓之玉女。大费拜受佐舜，调驯鸟兽，鸟兽多驯服，是为柏翳。舜赐姓嬴氏。”伯益也成为后来“嬴”姓秦人始祖。

夏禹时代，柏高仍世袭神职，为柏侯。后因不满夏禹武力夺取天子位、大行赏罚、与民争利，决定辞诸侯与神职而归隐耕田，《吕氏春秋·恃君览第八·长利》详载其事：“舜授禹，伯成子高辞诸侯而耕。禹往见之，则耕在野。禹趋就下风而问曰：尧理天下，吾子立为诸侯，今至于我而辞之，故何也？伯成子高曰：当尧之时，未赏而民劝，未罚而民畏，民不知怨，不知说，愉愉其如赤子。今赏罚甚数，而民争利且不服，德自此衰，利自此作，后世之乱自此始。夫子盍行乎，无虑吾农事。协而耰，遂不顾。”柏高辞诸侯而归隐，体现其高士亮节，故《淮南鸿烈解》赞其：“伯成子高辞为诸侯而耕，天下高之。”柏高辞诸侯之后，伯益继续辅弼大禹治水，功高，当继天子位，而大禹属意其子启，伯益为避祸，遂隐居箕山之阳(今河南登封南)。夏启继位后，伯益终被害(《古本竹书纪年》)。

柏高归隐、伯益被杀，柏国自此日渐式微。

武王伐纣建周后，封姬度(文王第四子)于蔡(今上蔡)，并重新启用柏国后人，恢复柏国诸侯位，但改为子爵，即子爵诸侯国(周代封国分公、侯、伯、子、男五等级)，是为柏子国。国君柏冏曾担任周室太仆正(《中国姓氏大全·柏》)，实际上还是掌神职兼礼仪官。

四、春秋时期柏国史迹钩沉

公元前771年,犬戎攻破镐京。周幽王被杀于骊山,西周灭亡,周平王继位,次年迁都洛邑(今洛阳),是为东周。

春秋初年,楚国势力伸向淮北之地,柏国与蔡国(今上蔡)、道国(今确山)、房国(今遂平)等在楚师不断侵袭下陆续依附于楚,但由于自身为中原诸侯,柏、蔡等国不时与齐、宋、晋、秦联盟对抗楚国。周惠王二十一年(前656),齐桓公联合鲁国、宋国、陈国、郑国等诸侯之师进驻柏国,并在柏人帮助下,击溃蔡国,迫使楚、蔡与齐国订立了历史上著名的"召陵之盟"。

周惠王二十三年(前654),"楚斗谷于菟灭弦,弦子奔黄。于是江、黄、道、柏,方睦于齐,皆弦姻也。弦子恃之而不事楚,又不设备,故亡"(《春秋左氏传·僖公五年》)。弦、黄均在今河南省潢川县境内,江、黄、道、柏、弦皆为"嬴"姓诸侯,内则互相联姻结成联盟、外则联合齐国,共同对抗楚国北侵。弦国灭亡,对柏子国是重大打击。周襄王四年(前648),"黄人不归楚贡,冬,楚人伐黄"(《春秋左氏传·僖公十一年》)。自此,淮河以南"嬴"姓诸侯被楚国蚕食殆尽。齐桓公死后,晋文公继为霸主,在此情况下,柏、房、道、蔡等小国为求生存,只好南北逢源,即每年不但北贡晋、宋、秦,而且南贡强楚。

周景王十四年(前531),楚王在申(今信阳)诱杀蔡灵侯。楚公子弃疾率军攻下蔡都,蔡国并入楚国版图。作为蔡国之附庸国,柏国、道国、房国同时被灭。柏国亡后,楚人将大部分柏人强行迁入柏子山(今湖北麻城县东北15公里处)。柏国另一部分遗民则在北方"嬴"姓诸侯帮助下北迁柏地(今河北柏乡县),柏地遗民为不忘故土,称"柏人"(即"柏国后人")。

二十余年后,南迁之柏人帮助吴师击败楚师,一度攻进楚都郢(今湖北江陵)。周敬王十四年(前506),吴国君阖闾在伍子胥、伯嚭(即柏嚭,原柏国贵族，先入楚，后入吴）、夫概（阖闾之弟）支持下，应蔡国（复国后之蔡国，今新蔡县）、唐国（今河南唐河）之请，出兵伐楚。是年十一月，吴、楚两军在柏举（柏子山与山下举水合称“柏举”）对峙，吴、蔡联军五战五捷，乘胜攻入楚都。柏举一战，楚国几乎灭亡。吴、蔡联军正是在柏人帮助下才获全胜，故《淮南鸿烈解·诠言训》曰：“楚胜乎诸夏，而败乎柏莒。”

楚国在秦国帮助下很快复国，柏举等柏人逃入大别山，后定居山中，今湖北麻城东北 30 里大别山中仍有柏子塔存世。

北迁之柏人国，继续在河北繁衍生息，为晋之附庸国，实为柏人邑，40 年后，周敬王二十九年（前 491），齐国进攻晋国，攻破晋都城邯郸，并占领邢地等地，但并未侵占柏人地，齐国反而把晋国内奸荀寅送到柏人国（《春秋左氏传·哀公四年》）。次年春，晋国围攻柏人，索要荀寅、士吉射等齐国内奸，荀寅、士吉射奔齐，晋国攻破柏人邑，废除柏人国，设置柏人县，委派地方长官治理，古柏国自此消亡。此时已进入春秋末期，距《春秋》绝笔仅仅 10 年。

（本文作者为黄淮学院天中历史文化研究所副教授）

上古帝王柏皇氏考

李玲玲

柏皇氏是古史传说时代即三皇五帝时期一个著名的上古族群,该族群与伏羲氏同时代或稍晚,属于伏羲氏族群的重要同盟者或承续者,为中华文明的形成与发展做出过重要的贡献。其首领称号为柏皇氏,与伏羲氏、女娲氏等上古族群首领,均为中华民族早期的人文始祖。后世把这些古帝王时期称为"至德之世",倍加推崇。今就远古帝王柏皇氏的有关史实进行探讨,以求教于学术界同人。

一、史籍中的柏皇氏

史籍中对柏皇氏的记载多出现于上古帝王的排序中,对其具体事迹的记载远不如伏羲氏、女娲氏、神农氏、轩辕氏等其他上古帝王详细,但从有限的记载中依然能对柏皇氏的时代窥知一二:柏皇氏在三皇五帝的传说时代中年代靠前,是人类早期社会发展中一个重要的族群。

从目前史籍中对柏皇氏的记载来看，最早出现有关柏皇氏记载的是战国晚期的史籍，如《庄子·胠箧篇》《六韬》等。《庄子·胠箧篇》中记载："子独不知至德之世乎。昔者容成氏、大庭氏、伯皇氏、中央氏、栗陆氏、骊畜氏、轩辕氏、赫胥氏、尊卢氏、祝融氏、伏羲氏、神农氏，当是时也，民结绳而用之，甘其食，美其服，乐其俗，安其居，邻国相望，鸡狗之音相闻，民至老死而不相往来。若此之时，则至治已。"[①]其中的"伯皇氏"即"柏皇氏"，古代伯、柏音通。这篇记载显示，柏皇氏在古帝排序中，位列第三，时代靠前，当时民众安居乐业，和平相处，是后世向往的至德之世。同样成于战国时期的《六韬·大明》篇中，对上古帝王的记载顺序则是："柏皇氏、栗陆氏、黎连氏、轩辕氏、共工氏、宗卢氏、祝融氏、庸成氏、混沌氏、昊英氏、有巢氏、朱襄氏、葛天氏、阴康氏、无怀氏。"[②]二者的记载在古帝名称和排序方面有所不同，但柏皇氏在古帝序列中的位置均非常靠前，这说明在当时人的记忆中，柏皇氏时代应该处于传说时代的早期，而且有当时流传的许多古帝名号直接能反映出其所在族群对早期人类所做出的贡献，如尊卢氏可能在制造陶器方面做出过贡献，有巢氏在建造房屋方面有所贡献，神农氏在农业方面贡献卓著等，这是后世对早期人类在不同的社会阶段所做出贡献的记忆流传，虽然会有所偏差，但真实性却是不容抹杀的。

到东汉时期，班固《汉书·古今人表》中对黄帝轩辕氏之前上古帝王顺序的记载为："太昊帝宓羲氏（伏羲氏）、女娲氏、共工氏、容成氏、大廷氏、柏皇氏、中央氏、栗陆氏、骊连氏、赫胥氏、尊卢氏、沌浑氏、昊英氏、有巢氏、朱襄氏、葛天氏、阴康氏、亡怀氏……炎帝神农氏、黄帝轩辕氏"。[③] 伏羲氏成为古帝之首，与炎帝神农氏、黄帝轩辕氏均属于上上圣人，柏皇氏与女娲氏等其他早期

① 〔清〕王先谦撰：《庄子集解》，中华书局，1987 年。
② 胡星斗注：《姜子牙〈六韬〉译注》，中国旅游出版社，1993 年。
③ 〔汉〕班固撰，颜师古注：《汉书》卷二十《古今人表第八》，中华书局，1982 年。

古帝均为上中仁人，都是“生而知之”的圣贤仁人。在《汉书》的记载中班固对上古帝王均给予了极高的评价，而且柏皇氏在其古帝排序中依然位居前列。班固的记载为后世记载中上古古帝均承袭伏羲氏一脉，奠定了基础。

到西晋皇甫谧著《帝王世纪》时，所列的上古十五帝均为伏羲氏一脉，承袭庖牺氏之号。

南朝时期梁元帝、文学家萧绎，在《金楼子·兴王篇》中所列上古帝氏与《庄子》记载顺序前五位是一致的，后面有所不同，柏皇氏依然位居第三："容成氏、大庭氏、柏黄氏、中央氏、栗陆氏、骊连氏、郝苏氏、宗卢氏、祝和氏……"[①]

唐司马贞《补三皇本纪》中补全了《史记》中未记载的伏羲、女娲、神农等诸位上古时期帝王的历史。其中对古帝的记载为："自人皇已后有五龙氏、燧人氏、大庭氏、栢皇氏、中央氏、卷须氏、栗陆氏、骊连氏、赫胥氏、尊卢氏、浑沌氏、昊英氏、有巢氏、朱襄氏、葛天氏、阴康氏、无怀氏，斯盖三皇已来有天下者之号，但载籍不纪，莫知姓、王年代，所都之处。"在此记载中，柏皇氏是人皇之后的古代帝王之一，而且时代依然靠前，但由于史籍记载有限，仅知其为三皇以来有天下者的帝王称号，对其姓名、时代、都城所在地等具体事迹难以考证。

宋罗泌《路史·前纪六》在《禅通纪》所列的古帝顺序为"史皇氏（仓颉）、柏皇氏、中皇氏（中央氏）、大庭氏、栗陆氏……"并对柏皇氏的事迹进行了阐述。[②]

北宋《太平御览》引东汉纬书《遁甲开山图》中古帝顺序的记载为："女娲氏没，大庭氏王……次有柏皇氏、中央氏、栗陆氏、骊连氏、赫胥氏、尊卢氏、祝融氏、混沌氏、昊英氏、有巢氏、葛天氏、阴康氏、朱襄氏、无怀氏，凡十五代，袭庖羲之号。"[③]柏皇氏依旧位居第三。

---

① 〔南朝梁〕萧绎撰：《金楼子》卷一，《兴王篇一》，文渊阁四库全书本。
② 〔宋〕罗泌撰：《路史》卷六，《前纪六·禅通纪》，文渊阁四库全书本。
③ 〔宋〕李昉等撰：《太平御览》卷七十八，《皇王部三·女娲氏》，文渊阁四库全书本。

清代学者胡克家补注北宋刘恕《资治通鉴外纪》中，记载十五个上古帝氏皆袭“伏羲”之号，有：有巢氏、遂人氏、大庭氏、柏黄氏、混沌氏、昊英氏、朱襄氏、葛天氏、阴康氏、无怀氏……认为上古十五帝都是承袭伏羲的称号，属于伏羲的同族或后裔。

从上述史籍中有关柏皇氏的记载可以看出，文献中涉及柏皇氏的记载多出现于古帝王排序中，最早出现于战国时期的著作之中，后世不断有所改变，但柏皇氏的时代均比较靠前。对柏皇氏具体事迹的记载，出现得更晚，记载也远不如伏羲氏、女娲氏、神农氏、轩辕氏等详细，肯定不会完全符合事实，但并不能否认其中所包含的历史真实痕迹。

《古微书·春秋命历序》中记载：“柏皇氏，是为皇伯，登出搏桑日之阳，驾六龙而上下，以木纪德。”六龙，就是六匹骏马，指天子出巡时的车驾规格，柏皇氏乘坐六龙之车，可见其地位在当时非常显赫。

宋罗泌综合了《庄子》《六韬》《人物表》《上清三天列纪》《三坟书》《春秋命历序》《晋武革命论》等诸古籍，对柏皇氏的记载如下：“柏皇氏，姓柏，名芝，是为皇柏。出榑日之阳，驾六龙，以木纪德，为而不有，应而不求，立于正阳之南，是为皇人山。其后有柏，有柏氏。柏常为皇帝地官，柏亮又为颛顼师，柏昭为帝喾师。尧治天下，有柏成子皋立为诸侯，尧授舜，舜授禹，柏成子皋辞为诸侯而耕。逮周之世有柏冏为太仆正。又有柏侯氏、柏常氏、白侯氏。”[①]这是目前所见对柏皇氏事迹记载最具体的史籍。

除最早的柏皇氏首领柏芝的记载外，在早期文献中也有其他柏姓名人的记载，应该都是早期柏皇氏族群的后裔。如《山海经·海内经》有关于柏高的记载：“青水之东，有山名曰肇山，有人名曰柏高，柏高上下于此，至于天。”罗泌《路史》中有更多柏皇氏后裔柏氏圣贤的记载：“柏常为皇帝地官，柏亮又为

① 李玉洁：《中国古史传说的英雄时代》，科学出版社，2010年。

颛顼师，柏昭为帝喾师。尧治天下，有柏成子皋立为诸侯，尧授舜，舜授禹，柏成子皋辞为诸侯而耕。逮周之世有柏冏为太仆正。又有柏侯氏、柏常氏、白侯氏。”在西周大面积出现姓氏之前，柏氏族人作为上古柏皇氏族群之人，以柏为氏，应该是可能存在的。

从史籍中记载的上古帝王顺序、柏皇氏具体事迹记载出现的时间等内容，可以推断，有关柏皇氏的记载虽然时间较晚，事迹有限，但并不能否认其在历史上存在的真实性。三皇五帝时代的历史总是模糊不清，歧论繁多，且多是汉以后才开始逐渐详细，丰满完善，笔者认为原因可以归结如下：因甲骨文内容记载的局限性，对于三皇五帝的记载，目前在商代以前未能发现，但并不表示不存在。周代以后随着文字系统的完善，知识的普及化，相关的记载开始逐渐增多，此时应该还能看到商代的相关记载，应该更接近历史的真相，所以西周时期相关史籍对传说时代记载的真实性应该更强，但目前来看，并不多。到春秋战国时期，诸子百家的兴起，对古史的认识在事实的基础上，添加了一些主观的意识，如对早期的国家制度、社会习俗、人际关系，根据自己的理论观点，赋予了一定的主观因素，已与最早的真实有所偏差，但对于当时社会进展的阶段和文明因素，如驯养牲畜、建筑房屋、发展农耕、制造工具、发明医药等，却仍能保持真实的记录。秦统一以后，焚书坑儒使得大量的先秦古籍消失，导致时间久远、本就模糊的上古时期的真实史迹更加虚幻和迷失，所以汉代以后对古史的记忆开始重新恢复、记录，但与历史的真实自然有所偏颇。所以对古史的考证不能一概疑问否定，也不能不加辨析，全盘接受。对于柏皇氏的记载同样必须如此辨析，即在三皇五帝时期中所处时代较早是确切的；作为早期一个重要族群曾做出过重大贡献是确切的，否则难以永世流传；该族群及其首领称号为柏皇氏，并且其首领在当时地位高也是可以确认的；但对于其他的具体事迹有后世附会也是难免的，可以辨别对待。

二、柏皇氏记载所反映的历史真相

柏皇氏的事迹虽然后起，但并非毫无史影，而是人类社会早期发展阶段的实际反映。从上述不同古籍中所列的包括柏皇氏在内的古帝系统，可以推测，上古十五帝均处于人类社会从渔猎、农牧社会向农耕定居阶段过渡或初入农耕定居阶段，处于早期的相对平等的社会阶段或农耕聚落阶段，他们均为早期人类社会的发展做出了重要贡献。发展到尧、舜、禹时期，社会发展开始进入不平等的中心聚落时期，公共权力有了一定发展，社会进入父权制和家族制时代。在所有古帝序列的记载中，均记载有柏皇氏，而且柏皇氏都处于这一时期的早期阶段，柏皇氏族群在长期发展中，在驯服牲畜、参与社会管理、制造乐器、传播知识等方面，均做出了重要贡献。

1.柏皇氏与伏羲氏等早期族群并行发展且联系密切

在上述所有有关柏皇氏的记载中可以看出，柏皇氏族群应该是与其他上古族群并行发展、相互联系的族群，并且长期延续发展，直到西周时期形成柏子国。因为所有有关上古古帝排序的记载中均有柏皇氏，并且时代都靠前。

相传柏皇氏为伏羲氏的下相。伏羲氏曾令柏皇氏造琴以活跃生活。元陶宗仪《说郛·琴曲谱录》云："伏羲氏婴砮贡梓。帝命下相柏皇斫而为琴，一曰丹维，二曰祖床，三曰委文，四曰衡华。"柏皇氏应该在音乐、乐器方面有所贡献。

其后裔在炎黄时期及以后的尧、舜、禹族群联盟时期，一直辅佐族群首领，参与社会管理。如《史记·秦本纪》中记载："大费拜受佐舜，调驯鸟兽，鸟兽多驯服，是为柏翳。舜赐姓嬴。"《史记·秦始皇本纪》"太史公曰：秦之先伯翳，尝有勋于唐虞之际，受土赐姓"。《路史》有：柏皇氏"其后有柏，有柏氏。柏常为皇帝地官，柏亮又为颛顼师，柏昭为帝喾师。尧治天下，有柏成子皋立为诸侯,尧授舜,舜授禹,柏成子皋辞为诸侯而耕。逮周之世有柏冏为太仆正。又有柏侯氏、柏常氏、白侯氏。”

这些记载虽然时间较晚,但也可以说明柏皇氏族群在不同时期长期延续发展,并与其他族群联系密切。

2.柏皇氏所处的社会阶段应该是人类早期相对平等的向农耕时代的过渡期或初入农耕时代

柏皇氏在古帝排序中一直都是靠前的,因此其所处的时代应该是比较原始的由渔猎、游牧向农耕时代的过渡期或刚刚进入农耕时代。当时社会生产力低下,仍处于共同生产、共同分配的早期人类社会发展阶段,人与人之间相对平等、和谐。因此成为后世人向往的时代。

《庄子》称上古古帝时代是“至德之世”。梁萧统编《文选·史论》引干宝《晋纪·论晋武帝革命》云:“帝王之兴,必俟天命。苟有代谢,非人事也。文质异时,兴建不同,故古之有天下者,柏皇、栗陆以前,为而不有,应而不求,执大象也。鸿黄世及以一民也。”唐李善注引《庄子》曰:“独不知至德之世乎。昔者柏皇氏、栗陆氏,若此之时,则至治也。”[①]这些记载说明,后世一直向往柏皇氏时代的民心统一、和谐安宁,认为当时是至治之世、至德之世,但他们却忽略了当时的社会生产力的低下和生存的艰辛。

后世记载的上古帝王的次序有所不同,但这些古帝应该都在炎黄之前,因为尧、舜、禹时期已经进入不平等的中心聚落时期,农耕时代已经发展很长一段时期,权力有了相当大程度的集中,社会已经有了不平等,战争频发,所以后世缅怀的柏皇氏时代确定当在此之前的三皇时代。三皇时代是一个漫长的时期,有众多的族群,正处于一种社会相对平等,生产力低下的向农耕时代过渡期或农耕时代早期。

---

① 李玉洁:《中国古史传说的英雄时代》,科学出版社,2010年。

关于三皇的次序和说法，史籍上有多种记载，吕思勉先生认为《尚书大传》的记载应是符合社会发展的：三皇的次序，《尚书大传》，燧人氏在前，伏羲氏次之，神农氏最后。燧人氏的时候还在"渔猎时代"，所以要教民熟食。渔猎时代，还没有"夫妇之伦"，所以"但知其母，不知其父"。渔猎时代，还没有"所有权"，所以"饥即求食，饱即弃余"。到伏羲时，便进入"游牧社会"。游牧社会，人民便从山谷之中，分散到各处平地；"家族制度"就此发生，所以有"夫妇之伦"。从游牧时代，变到耕稼社会，总是因为人民众多，地力不给，所以神农才要"教民农作"。[①] 而柏皇氏存在的时代正包含于三皇时代之间，处于农耕时代过渡期或早期农耕时代应该是可以确定的。

3.柏皇氏族群在驯化牲畜、治理洪水、传播知识等方面做出了重要贡献

关于柏皇氏事迹的确切记载并不多，只能从有限的史料中管中窥豹，略作说明。

首先，柏皇氏应该在动物驯养方面做出过一定贡献。早在伏羲时期，"柏皇氏"就有圈养大型动物的记载。清代黄奭《黄氏逸书考》记载：柏皇氏，是为黄伯，登出搏桑日之阳，驾云龙而上下，以木纪德。[②] 在《周易》中记载："时乘六龙以御天。"其中"六龙"，指古代天子的车驾为六匹马，六龙为天子车驾的代称。柏皇氏当时应该已经驯化野马做车驾。[③] 柏皇氏的族人也在驯服鸟兽方面做出了较大贡献。《史记・秦本纪》中记载："大费拜受佐舜，调驯鸟兽，鸟兽多驯服，是为柏翳。舜赐姓嬴。"柏翳，就是大费，又称伯益，为舜帝执政时期的司徒，专职负责畜牧之事，因功被舜帝赐姓嬴，此后柏翳便有了两个姓氏，即嬴姓和柏氏。柏翳帮助舜帝驯养鸟兽，教人们将牛、羊、猪、狗、鸡、鹅驯

① 吕思勉：《中华史记》，当代世界出版社，2014 年。
② 〔清〕黄奭：《黄氏逸书考》，上海古籍出版社，2003 年。
③ 〔魏〕王弼、〔晋〕韩康伯注，〔唐〕孔颖达等疏：《周易正义》，〔清〕阮元校刻《十三经注疏》，中华书局，1980 年。

养后，使得人们物质生活的来源就更有保障，为早期人类的农耕定居生活做出了重大贡献。

其次，柏皇氏族人还帮助大禹治水，平息水患。最突出的是柏翳，又称大费，曾协助大禹治水，立了大功。《史记·秦本纪》："女华生大费，与禹平水土。已成，帝赐玄圭。禹受曰：非予能成，亦大费为辅。"

最后，柏皇氏族群应该掌握着当时知识的传播，因为其族人在后世有很多都担任帝师。如《路史》中记载：柏皇氏"其后有柏，有柏氏。柏常为皇帝地官，柏亮又为颛顼师，柏昭为帝喾师。尧治天下，有柏成子皋立为诸侯，尧授舜，舜授禹，柏成子皋辞为诸侯而耕。逮周之世有柏冏为太仆正"。

三、柏皇氏与柏姓的关系

从柏姓目前公认的几大早期来源分析，柏皇氏应该是当今柏姓最早的来源，柏姓的寻根地则在今驻马店西平县。柏姓目前公认的早期来源主要有如下几个：

一源于柏皇氏，即风姓柏氏，为伏羲氏后裔。分两种情况：一是以先祖名字为氏，伏羲有臣名柏芝，为柏皇氏首领，据说，柏芝曾担任伏羲氏的助手，勤劳于天下而不居功，造福于民众而无所求，所以深得百姓们的拥戴，被尊为皇柏，称柏皇氏。其后有柏姓。二是以国名为氏。柏皇氏后裔一直延续发展，曾建立柏国，开国君王就是黄帝的臣子柏高。西周时柏皇氏后裔被正式封为柏国，亦称柏子国，是一个子爵小诸侯国，春秋末期，柏子国为楚国所灭。国灭后，柏子国王族后代和国民就用原来的国名作为姓氏，称柏氏，世代相传至今。

二源于嬴姓，黄帝之后，出自远古舜帝时候的贤人柏翳（伯益），属于以先祖名字为氏。柏翳，就是大费，又称伯益，为舜帝执政时期的司徒，专职负责畜牧之事，因功被舜帝赐姓嬴，此后柏翳便有了两个姓氏，即嬴姓和柏氏。柏翳就是柏氏的始祖,距今已有四千多年了。伯益还曾积极帮助大禹治水,也立了大功。在伯益的后裔子孙中,形成了两支主流姓氏,其中一支称柏氏,世代相传至今。

三源于姬姓,黄帝后裔,出自远古帝喾时候的贤人栢昭,属于以先祖名字为氏。栢昭,为帝喾之师,史称栢公。传说他曾力促帝喾"扫夔门之陋,惟嘉植之足珍,故美名之可究"。栢,就是古代的俗"柏"字,与柏字同义通用,因此栢昭亦称柏昭。在栢昭的后裔子孙中,有以先祖名字为姓氏者,称栢氏或柏氏,世代相传至今,是非常古早的姓氏之一。

四源于姜姓,炎帝之后,属于以祖先名为氏。夏商时期的孤竹国,国君为姜姓墨台氏,有子伯夷、叔齐,周武王灭商后,伯夷、叔齐认为其以臣弑君,以下犯上,故不食周粟,饿死于首阳山中。伯夷也作柏夷,后世为纪念伯夷,形成姜姓柏氏。

其他还有后世少数民族改姓柏,为后起之源,不做最初源流考虑。

从以上柏姓的四个早期来源看,柏姓最早的来源应该是柏皇氏。汉史游《急就篇》卷一云:"古帝有柏皇氏,其后为柏氏焉。一曰晋伯宗、伯州犁之后,古通用字,柏与伯同,故为柏氏。"首先柏皇氏时代最早,柏皇氏的族群延续发展,圣贤辈出,在后世多为帝师。其次,所谓嬴姓柏氏始祖柏翳、姬姓柏氏始祖柏昭,史籍记载都是三皇五帝时期柏皇氏族群的后裔,而姜姓柏氏则时间更晚,形成于西周以后。所以,柏姓最早的来源应该是柏皇氏。

柏姓的祖地寻根目前最明确的应该是西平县。因为柏皇氏族群故地和柏皇氏后裔所建柏子国都在今驻马店西平县附近。史籍对柏皇氏族群故地所在地的记载不多,但从其和伏羲氏族群、炎黄族群联系密切来看,应该同为中原族群,与伏羲氏故地应该距离不远。而且古籍中记载柏皇氏后裔建于黄帝时期的柏子国"立于正阳之南",开国君王为黄帝的臣子柏高。上古时期所说的"地中",一般是指黄帝定都之地新郑,古西平位于新郑之南,可能就是柏皇氏族群故地所在地。

而周代获封的柏皇氏后裔所建的柏国，史籍则明确记载位于今驻马店西平。如唐林宝《元和姓纂》卷十云："柏，《风俗通》柏皇氏之后，又柏亮父为颛顼师，柏招为帝喾师，柏冏为周太仆左丞。柏国在汝南西平县，为楚所灭。子孙以国为氏。汉有柏英为大鸿胪，秦大将军柏直，晋武帝柏夫人生赵王伦。"宋郑樵《通志·氏族略》载："柏氏，子爵，《风俗通》：柏皇氏之裔。又柏亮父，颛帝师。柏招，帝喾师。柏景，为周太仆。柏国在今蔡州西平县，为楚所灭。子孙以国为氏。"[①]顾炎武的《左传杜解补正》卷下云："四年，蔡侯以吴子及楚人战于柏举。傅氏曰：柏举，楚地，在今河南西平县，本柏子国。"[②]尽管，2006年11月，古柏国都城柏亭遗址在今舞钢市尹集镇谢古洞村一带被发现，但因文献记载一直以西平为主，而且在汉、唐、宋时期的蔡州西平，其地囊括今西平县和舞钢市。实际上关于柏子国所在地的两种说法，即柏子国当在河南省驻马店市的西平县，柏子国在河南省平顶山市的舞钢市，在本质上并未有冲突，古代实为一地之称。所以柏国故地以文献记载中的西平为主并不为过。而柏姓族人以西平为寻根祖地，是以古代文献记载的地名为准，而不是以当今的行政区划为定，也是可行的。

（本文作者为河南省社会科学院历史与考古研究所助理研究员）

① 〔宋〕郑樵撰，王树民点校：《通志二十略》，中华书局，1995年。
② 李玉洁：《中国古史传说的英雄时代》，科学出版社，2010年。

伴随中华远古文明走来的柏皇家族

柏振云

中华民族历史悠久,是世界四大文明古国之一,柏皇家族就是中华文明古国的一员。400 万年以来形成的中华人种及其各支系,在中华大地上创造了连绵不断的文明,是世界文明古国的唯一存在者,没有历史断裂和缺环。中华文明历史始于三皇五帝时代,《帝王世纪》《补三皇本纪》称"燧人氏没,庖牺氏代之继天而王"。《周易·系辞下》载:"庖牺氏没,神农氏作。"《史记·五帝本纪》言:"轩辕为天子,代神农氏,是为黄帝。"这阐明"三皇五帝"应为燧人氏、伏羲氏、神农氏及黄帝、颛顼、帝喾、尧、舜。

在考古上所显示的龙山、良渚、仰韶、大汶口、红山、大地湾、磁山、裴李岗文化等阶段性,均与古代同期的洪水天灾相终始,因此可以肯定不同文化类型的更替,是由于上古洪水和海洋进退引起,并同时引发三皇五帝时代的更替,也就是天灾导致了王族的更迭和居民迁出迁入的变换。这使我们理解为什么上古民族迁徙,时东时西、时南时北地往复进行,文化遗址俱在丘、墟、堆、墩、坝阶地上,找到了一个合于生存环境、生存时空的合理的解释。那么,三皇五帝的诞生,就是面对天灾人祸挺身而出的驭世英雄。三皇五帝时代也就是战胜自然灾害后又创造了更辉煌的人类文化与文明智慧的延续。

燧人氏看到鸮鸟(啄木鸟)啄树生火花启发而发明钻木取火,“火文化”是中华文化的源头,它从远古流淌至今,从不中断,不曾逝去。小孤山洞穴遗址发现骨针、细石器,解决了远古族民缝衣御寒的问题,使远古人能够离开洞穴,走向平原,走向寒冷地方,走向世界各地,也使人类走进了“火文化”的初期渔猎时代,中期舍饲农耕、烧陶制器时代,告别蒙昧,走进文明。燧人氏是古羌戎一支,祖居昆仑山,大约距今3万—1.2万年间地球最后一次冰期结束,全球变暖进入大洪水时期,先民死亡惨重,燧人氏逐渐东移、化育、发展,在实践中长期观察天象,发明了“河图”“洛书”和大山纪历,确定了天干纪历系统。在第四冰期后,大约距今5万—1万年间,燧人古羌戎氏族群团从康藏高原分南、北两路向东发展,南路发展为古苗蛮集团称黑虎支,北路发展为燧人伏羲羌人集团称白虎支和牛羊支,其中由青海、甘肃东下的羌支中一个氏族集团首先发明舍饲牲畜和栽培牧草、培植莱(野生麦),这就是伏羲氏,所以伏羲氏的典乐为《扶莱》。伏羲氏把羌族牧业发展到陇西黄土高原来,把舍饲牲畜、栽培莱麦的方法传到中原的一个氏族代表群体。

伏羲时代是指伏羲、女娲作为氏族首领与群体所创造的半牧半农的大山扶木圭表八卦纪历的上古文化时代,这个时代成员既包括伏羲、女娲氏的父母双亲直系氏族群体,又包括伏羲、女娲氏族大联盟中大庭氏、柏皇氏、共工氏、中央氏、栗陆氏、骊连氏等十五个氏族联盟群体。黄河流域的伏羲太昊族团和长江流域的燧人允兹豨防风族团是开辟中国黄河文化和长江文化最有影响的两大族团群体,《庄子·大宗师》以其洞察千古的历史眼光,独步史林,说:“豨韦氏得之以挈天地;伏戏得之以袭气母。”这是他们最伟大的贡献。“挈天地”即提挈天地,是指掌握天地日月运行的规律创制历法;“袭气母”即承袭宇宙造化的玄牝之门——天齐命门生发的道气,掌握天阳行气到地,地气生发润泽万物的规律,契合天地造化之妙,法天象地,类万物之情,指导民生。伏羲氏是上古中华民族的自然人文科学集大成者,又是再创造者,因此受到上古诸氏族的拥戴,为百王之首,是中华各民族的人文初祖。

综上所述,柏皇氏是原居住在康藏高原的古燧人羌戎氏族群团,随着第四冰期后分南北两路向东发展的北路燧人伏羲羌戎集团中的一个氏族群体,可以说柏皇氏是古燧人羌戎集团的后裔,也是伏羲、女娲政权十五个氏族大联盟中的靠前的氏族群体,并被伏羲氏封为下相,伏羲氏逝世后女娲代行天下,调整核心人事班子时,撤换共工氏上相,仍封柏皇氏为下相,封地在王屋山柏香。说明柏皇氏是伏羲、女娲政权长期核心领导层主要成员之一,是伏羲、女娲长期治世方略的执行者,更是制定治世方略的主要参与者,柏皇氏终生辅助伏羲、女娲政权治理国家,勤劳天下而不居功,造福于民而无所求,深得伏羲、女娲信任,在伏羲、女娲创造中华远古文明、一画开天,肇始了东方文明的灿烂曙光,在为中华、为世界做出伟大贡献的业绩中,也包含了柏皇氏及柏皇家族奉献的聪颖与智慧。柏皇氏后当上了东方部落首领,成为中华民族远古时期的人文先祖之一。公元前7200多年—前7000年前后,大伏羲氏族联盟柏皇氏裔孙伏显、可塑、郁荅、佘蓄四任帝继大庭氏随象帝后执掌行政权130多年,承袭先祖功德,继续为中华文明历史的发展做出贡献(四任帝都生于西平县南,都于遂城,葬遂城北)。在以后中华民族发展史中,柏皇家族先祖代有传人,从未间断,延续至今。如柏常为黄帝地官司徒,柏夷亮父为颛顼师,柏招为帝喾师,尧帝时柏成子高立为诸侯;大费拜受佐舜,调驯鸟兽,鸟兽多驯服,是为柏翳,舜赐嬴姓。柏翳还助禹治水立了大功。五帝时《姓源》《姓纂》记载:帝喾师柏招肇封于柏,称柏国(亦有称黄帝臣柏高封于柏);西周时柏冏为太仆正,辅君治世有功再封国于柏(今河南西平县),为柏子国开国君;伯夷是炎帝后代劝周武王守孝间罢兵伐纣(伯同柏),姜子牙赞曰:此义人也;东周有史官柏常骞;秦有大将军柏直;汉有大鸿胪柏始昌、柏英;唐有工部尚书柏季纂、左拾遗柏耆、左领军卫大将军平原郡王柏良器、翰林大学士柏良；元代有画家柏子庭；明代有延安卫指挥史柏英；清代有著名文人学士柏谦，著名画家诗人柏古、柏立本；民国时期有资产阶级民主革命家柏文蔚，国民党102师师长、国防部中将部员柏辉章将军，与全师将士用血肉之躯与日寇进行殊死搏斗，重创敌军，为维护中华民族的尊严、领土完整，争取抗日战争的最后胜利做出了重大贡献；当代有全国十大杰出青年、现任大连舰艇学院副院长柏耀平将军，国民党原高级将领柏再文，山东省人大常委会副主任柏继民，江苏省人大常委会副主任柏苏宁，上海市《金牌调解》节目主持人柏青，河南著名豫剧表演艺术家柏青，北京武警青年歌唱家柏文等。可以说，柏皇家族是从中华远古文明的源头走来的一支名门望族，柏皇氏崇尚柏木不怕严寒酷暑，不惧雨露风霜，战胜千难万险，历千年而不衰的品格，铭柏木为图腾，整个部落以图腾为氏称柏姓，故柏皇氏为柏氏家族得姓始祖。

柏姓源流还有多说：一是以国为氏。五帝时期帝喾师柏招（亦曰黄帝臣柏高）肇封柏国，西周时太仆正柏冏亦封国于柏，为柏子国开国君，国灭后子民以国为氏称柏姓。二是以人命氏。大费拜受佐舜，调驯鸟兽，鸟兽多驯服，舜赐嬴姓，柏翳（费）后裔有柏、嬴二姓。三是崇拜柏氏先祖品格或避险由他姓改为柏姓。四是清朝入关，满蒙汉化有改为柏姓的等。柏招、柏高、柏翳、柏冏等都是柏氏家族先祖，但都晚于柏皇氏千年以上。明弘治十八年（1505）安徽枞阳《柏氏宗谱》序言载："柏皇氏居于皇人之山，太昊伏羲氏以共工为上相，以柏皇为下相，朱襄昊英常居左右，栗陆居北，赫胥居南，昆吾居西，葛天居东，阴康居下分理宇内而政化大治，乃封柏皇于柏地，属魏郡天水，故称天水郡子孙，因以为氏，其苗裔蔓延于天下，后世凡厥同姓咸肇于此。"这就雄辩证明柏皇氏是天下柏姓共同始祖。柏皇氏生于甘肃成纪（今天水市），伏羲下相，后随着部族壮大就沿着渭水、黄河东迁，都于陈。柏皇氏封地王屋山柏香（今河南济源市），住陈留郡柏皇山。大约在公元前7710年，孟津河中突然出现了一只怪兽,龙首蛇身,遍体长满龙鳞,高八尺五寸,形状像龙又像蛇,前后各生一个肉翅,在波涛中游来游去。伏羲闻讯后赶到河边观看,那怪兽见伏羲后更加精神抖擞,背上的鳞闪闪发光,好似组成一个图案,伏羲非常激动,知道是神灵指点,赶忙命人摆上香案,顶礼膜拜。当时柏皇氏随同伏羲前往,见此情景,灵机一动,捡起一块木炭,速把兽身图案画在大石上。伏羲膜拜完毕,那怪兽渐渐沉入水中不见了,伏羲这才想起怪兽身上的图案记不清楚了,非常遗憾。这时柏皇氏已把图案画在木板上献给伏羲,伏羲大喜,回去后,日夜钻研,终于画成了对后世产生极大影响的天下第一图——太极八卦图(《姓氏起源》“柏氏篇”)。

柏姓主要生活区域:秦汉时期主要生活在河南洛阳、山西夏县、山东济阴、河北临漳等区域。郡望有平原郡、魏郡、济阳郡。魏晋南北朝和隋唐时柏氏族民仍以北方中州为主要生活区域,安徽、山东、湖南等省份亦有柏姓散居,由于连年战火,夷族入侵,柏姓繁衍发展受到制约,尤其是魏郡的治所邺县(今河北临漳)地处要冲,乃兵家必争之地,几度焚于战火。经过安史之乱和黄巢起义以及宋元时期金和蒙古军队多年的征战,动乱不止,田园荒芜,饿殍遍野,民不聊生,柏姓南迁已是大势所趋,他们拖儿带女,怀抱祖宗牌位,远走他乡寻求生路,寻找发展,并形成了北方以山东,南方以安徽、湖南等省为繁衍中心的格局。柏氏家族在长期发展过程中,经历了无数磨难,如自然灾害、瘟疫疾病、战火匪患、朝代更迭等。“柏子国”当年政治经济环境比较好,是全国冶铁铸剑基地,邻国都从柏国买铸铁打造兵器,国家虽小但很祥和富裕。就在楚国进攻柏国前夜还在和柏国讲友情、谈生意,柏国诚信厚道,防御警惕不够,强大楚国为冶铁资源突然大兵压境全面进攻,柏国全民奋起抵抗,血战到底,终因寡不敌众,大部战死,少数存活下来的人为躲避追杀就隐姓埋名或远走他乡。安徽东至县“庆三公”裔孙很多在清朝为官,被朝廷封为武略将军、大将军,世袭提督等,太平天国洪秀全反清军队到池州东至县时大肆掳杀清朝将领家属——柏氏家族七房600多人被杀得只有二房37人了。陕西省吴旗县在崇祯元年至三年连年大旱中，柏氏120多人外逃，十年后只回归夫妻二人。清同治元年(1862)爆发30多万人的回民起义，清军入陕镇压，柏氏宗亲躲战火又出逃到陕西省榆林等地，长达15年战乱结束时，140多人出逃只回来柏万林老太爷一人。甘肃兰州明清两代岸门柏氏族旺丁繁，清同治年间的战乱，岸门柏氏遭到灭门之灾，族众大部被杀，很少存活下来……在九千多年的历史沧桑巨变中，遭遇无数艰难困苦、曲折磨难，然而柏氏先祖以"柏木为图腾"，不怕任何艰难险阻、勇往直前的精神，在磨难中立志，在挫折中奋起，在痛苦中前行，把压力当动力，把曲折当机遇，把迁徙当新生，顽强拼搏，创造未来，因而柏氏家族历数千年而不衰，依然兴旺发达，繁荣昌盛，以至于今天以百万之众遍布中华大地。现在柏氏家族有识之士联络发起成立了"中华柏氏家族委员会"，经过数年艰苦努力已联系了近二十个省市柏氏宗亲，十多个省市成立了柏氏家族分会，制定了一系列爱国爱家、自我管理的规章制度，申报注册了华夏柏氏文化研究会，柏氏家族发展形势越来越好，族内有重大事务，宗亲们欢聚一堂，共商发展大计，和谐绘蓝图，携手创未来，我们相信柏氏家族明天一定会更加美好。

燧人伏羲羌戎族团是中华民族人文初祖，也是中华文明历史的源头。他们经历无数冰川、洪水、兽袭等难以想象的灭顶之灾，带领远古族民躲避灾害、寻觅生机、适应自然、繁衍生灵、创造家园。并在长期的艰难的反复的社会实践中，观星象，律历法；法河洛，创八卦；燧生火，熟食华；创图腾，铭华夏；制嫁娶，优育发；舍饲畜，培莱麦；结网罟，盈渔猎；封相责，官民谐等等。所有这些适应天然大道的不经意举措良方，都构成了中华远古文明史的灿烂乐章。一画开天，肇启万方，苍冥蕴涵，泽被万邦。这就是燧、羲初祖对中华民族、对人类做出的最伟大的贡献。这些中华远古文明直到今天仍在指导人们去演释法，探求奥秘，创造未来。今天婚姻法、优生优育法本源自"制嫁娶，优育发"；现代养殖业源自"舍饲畜，培莱麦"，"杂交水稻之父"袁隆平不正是"培莱麦"

的当代骄子吗？刘洋不就是“观星象，律历法”探索宇宙奥秘，实现中国人百年航天梦的“梦想成真”的使者吗？我们现在深化改革，反腐倡廉，发展经济，改善民生不也是“封相责，官民谐”的现代版吗？

柏皇家族是燧人古羌戎氏族东迁白虎支的后裔，是伏羲、女娲政权（直系族裔、联盟氏族）核心领导层的主要成员，在燧人伏羲人文初祖创造的中华远古文明的灿烂史册中，都包含柏皇先祖及柏皇家族先人所奉献的聪颖与智慧，在以后历朝历代所创造的中华文明的史册中都有柏皇家族历代先贤所做出的杰出贡献。因此柏皇家族是伴随中华远古文明走来的一支名门望族，柏皇氏及柏皇文化博大精深，源远流长。我们现在深入研讨柏皇文化对柏皇、柏姓、柏国宗亲民众尊祖敬宗、爱国爱家、厘清世系、和族睦亲、发展经济、造福百姓、弘扬祖德、创造未来，为把我们伟大的祖国建成中国特色社会主义强国有着深远的现实意义。西平县是古柏国故地，是柏氏家族重要的发祥地之一，有着丰富的古柏国文化遗存，加之由河南省炎黄文化研究会、黄河文化研究会、西平县政协联合主办，河南省社科院历史与考古研究所、西平县炎黄文化研究会、尚金房地产营销策划有限公司承办的“柏皇氏与中华柏姓文化研讨会”在柏国故地——河南省西平县隆重召开，来自河南和全国各地专家、学者及柏皇氏后裔宗亲代表济济一堂，对博大精深的柏皇氏柏姓文化作了多方位专题论证、精辟论述、深入探讨，我们相信在不远的将来柏皇文化研究一定会结出累累硕果。

我们是柏皇家族的后裔，通过柏皇氏与中华柏姓文化研讨会，了解了柏皇先祖的悠久历史、千秋功德，我们为有柏皇先祖而感到光荣与自豪，但我们更应注重当前，要在党中央富民政策指导下，尊祖敬宗，和亲睦族，创建两个文明，构建和谐社会，弘扬先祖功德，建设美好家园，为把我们国家建成中国特色社会主义现代化强国而努力奋斗。

（本文作者为中华柏氏家族委员会常委、秘书长）

古柏子国

——柏皇氏的起源与传说

姬从周　张宗杰

西平称柏城,来历已久,春秋时期是柏子国的疆域之地,柏氏族人在此繁衍生息。在出山的焦芝岗、三所楼、王三孝村之间,有一条贯通南北的河流,在河流东岸的河滩上有一座古墓,该陵墓长约 30 米,宽约 20 米,高约 4.95 米,由黄土和鸡屎状硬石构成。鸡屎状硬石有异味,用舌去舔,粘舌。当地人称该陵为"老龙头",称有异味的硬石为"龙骨",据说该陵是柏子国柏皇氏——柏芝之陵墓。

沿河流南行约 400 米有一条西去的岔河,在岔河与主河道的交汇处有一个约半亩地大小的深水潭,名曰"黑龙潭"。

这两处遗址则构成了柏皇氏起源的传说。

关于老龙头与黑龙潭的传闻颇多,但每到干旱季节到这两处焚香求雨,却年久成俗,有时还真灵验。

相传在距今六七千年之前,这一带并没有河流,而是在许多不规则的沼泽之中有一个大水潭,它像一个大菱角似的如明珠般镶嵌在贯通南北的小溪之上,有如一个大储水库,滋润一方。

靠近水潭和小溪一带,芒草丛生,灌木茂盛。其中还生长着一种稀奇古怪的柏树,一到秋末,柏叶便收敛起来,聚集为柏叶团,被称为异柏,俗称合掌柏。在合掌柏的衬托之下,形成了一派美景。在这美丽如画的环境中,居住着一个人数很少的氏族。他们以异柏为图腾,以柏为氏。他们以渔猎为生,夏天用树叶缝衣,冬天用兽皮御寒,用圆形茅庵栖身。

据《太平广记》称,在这个小氏族之中,有一位勤劳而勇敢的美丽姑娘,名叫妃姒,又称柏姒。她发现小溪两岸有一些沼泽隐藏在水草之下,而且有许多暗水潭分布于泥塘之中,给人们的过往和到溪边汲水带来许多不便。为了消除草下沼泽和暗潭给人们生活带来的隐患,她反复观察,冥思苦想,彻夜难眠,终于下定决心,自己动手,凿石挖壕,清淤开路,费尽千辛万苦,排除各种困难。最终,她用石块在溪边修成一个小坞,从而使人们走上放心路,在汲水时有了安全的踏脚石。众人拍手叫好,把柏姒尊为英雄。后来,居住在这一带的柏氏族人尊柏姒为柏氏祖。

又经历了千百年的变迁,柏氏的后代们推选待人忠厚、勤劳勇敢、富有智谋、处事求实、解民所需、深得众望的黑龙为氏族首领。当时各种自然灾害频繁发生,时而干旱、地皮龟裂、溪水断流,时而蝗虫肆虐、绿叶被啃、野果受损、人们的生活来源枯竭,时而暴雨如注、洪水泛滥、林木冲毁、沃土流失、渔猎难狩、瘟病流行。诸般灾难给人们的生存带来严重威胁。黑龙为了氏族生存与发展,率领族人奋力与自然灾害拼搏。尤其在与洪水的斗争中更是惊心动魄、出生入死、可歌可泣。

洪水频频泛滥,潭水漫溢,乱流翻滚,水土流失。小溪逐渐变成了河流,而潭水却因泥沙所淤而渐渐缩小。人们上山避水,反被山洪袭击;上树逃生,树却被洪水冲倒,漂流而去。在洪水面前真是上天无路,入地无门。黑龙心里明白要想生存,靠老天爷不行,只能靠自己的智慧和双手去拼搏,才能有一线生机。于是,他和族人同甘共苦,堵洪水、疏河道,狩渔猎、采野果,相依相助,终于使族人生存下来。

常年累月的劳累和无规律的艰苦的生活,使黑龙过早地衰老而一病不起。在病榻之上,他心事潮涌,最让他揪心的是让谁来代替自己,确保族人的生存与发展。经过反复对比,精心筛选,终于看准了后生可畏的柏芝。他请来氏族老祖母和族内长辈们商量,决定推荐柏芝为柏氏首领。

柏芝(柏皇)身材俊秀、黑发披肩、处事机灵、聪慧过人、言语温和而得体、办事果断而务实。闻知黑龙召唤,他立即来到黑龙身边。

黑龙居住在水潭附近的一个圆形茅庵内,与一些族人为邻。黑龙的茅庵内面积很小,除有一堆干草作为黑龙的卧榻之外,仅有一组篝火供黑龙熟食取暖之用。

柏芝走进茅庵,见黑龙头戴荷叶帽,身着用树皮缝制的围裙,身上披一张兽皮,斜靠在草榻之上,正在和几位年长的族人交谈。

黑龙见到柏芝,多皱而消瘦的脸上立刻绽出笑容,让其坐在自己的身边。黑龙用慈祥的目光对柏芝注视良久,坦然而缓慢地言道:"我年事已高,力不从心且疾病缠身,自知力衰。我与族内几位长辈商量多次,也反复听取了其他人的意见,一致希望你来主持氏族内的事务,领着大伙生存下去。"

黑龙在病重之际,委族事于柏芝。柏芝不敢有违老首领与族老们的殷切期望,即日起便承担起了柏氏族内事务的管理工作。

不久,黑龙去世。族人遵照黑龙的遗嘱,将他的遗体水葬于菱形水潭之中。为表达对黑龙的敬仰,族人一致同意将菱形水潭命名为"黑龙潭"。从此,人们对黑龙的崇敬延续了数千年之久。

黑龙去世之后,柏芝带领柏氏族人励精图治、战天斗地,族人和睦相处,团结一心,不仅创造了生存条件,而且人口也有所增加,其活动范围不断向四周延伸,由一个小氏族扩展为部族。当时的部族联盟首领伏羲(太昊),见柏芝精明能干,德高望重,便请柏芝担任下相之职,成为伏羲的得力助手。

然而,天有不测风云。一天,柏芝正在黑龙潭岸边与族人们一起捕鱼,突然地面上出现了刺眼的闪光,接着听到刺耳的怪叫声,随即便觉得地动山摇。剧烈的地震把崴嵬的高山震得四处崩塌,广袤的大地被震得地裂水涌;同时狂风大作,飞沙走石,古树被连根拔起,茅庵被风刮得无踪无影;在狂风和地震的助恶之下,云雾密布,暴雨如注,经久不息。整个世界变得天昏地暗,日月无光,灰蒙蒙的一片。暴雨之下,洪涛滚滚,白浪卷着泥石凶猛而下,平地积水数十丈深。据说,当时鸡山被淹去三分之一,鸡山上面挂杂藻。

严重自然灾害的降临给人们带来了灭顶之祸,许多人死于一瞬间。大瘟疫也随之而来,夺去了许多人的生命。加上各种恶禽猛兽的袭击,人们的生存陷入绝境。

幸存下来的柏芝,面对绝境,不停地号叫着奔波于地震强烈地区和暴雨之中,营救和聚集仅有的族人,进行抗灾自救。他们从乱石急流之中和崩塌的山壑之下挽救出遭难族人,在洪峰对人造成的特大险区堵洪、排水、疏通水道。

为了有效地治服洪水,他们在黑龙潭和多条沟河的积水地带,堆集大量芦草,将其烧成灰,与泥土搅拌在一起,砸实,以控制洪水的漫流。同时组织一部分人高举火把焚烧腐草,驱赶瘟疫和恶禽猛兽。经过连续多年日日夜夜的顽强拼搏,终于重新开辟出族人生存的环境。然而,强烈的地震和特大洪水却使地貌改变了模样。平地塌陷出裂缝,变得沟壑纵横,黑龙潭的面积缩小;灌木林被毁,作为柏氏图腾的合掌柏绝迹;小溪与沼泽消失,出现了深壑大河和大片肥沃的土地。

过度的操劳,使柏芝过早地衰老了,昔日的神采消失了,但他仍然拼命地为众人谋生存。一天,柏芝正在与众人一起用石斧、木棒、木橇、石铲等工具疏通河道,因疲劳而突然晕倒,众人急呼不应。当众人将他抬到茅庵时,他已经奄奄一息,不久便停止了呼吸。

柏芝的突然逝世如晴天霹雳,众人悲痛万分。此时部族老祖母挺身而出,吩咐众人将柏芝遗体安放在花草丛中,给他穿上新制的皮裙,安葬在黑龙潭北侧的河湾之中。据说在柏芝入葬之时,白雾四塞,群鸟击石封葬起陵;玄鹊四只,翔绕陵上,徘徊悲鸣,葬毕而去。

柏芝的一生是勤劳于天下而不居功,造福于民而无所欲求的一生。因此,他深受众人的爱戴和怀念,被后人尊称为柏皇。人们把柏皇的墓陵尊称为"老龙头"。

相传在柏皇的子孙中,黄帝时有地官柏常;帝颛顼时有师傅柏亮父;帝喾时有师傅柏昭;帝尧时封柏皋于柏地(今西平县西部一带的吕店、卢庙、出山、师灵及舞钢市的武功等地),号柏成子。西周有柏国(今西平县境内);春秋时有柏子国,大约在北魏时期,曾在焦芝岗西北约三百米处建庙,祭祀黑龙与柏皇芝;后来庙宇被毁,当地群众又在黑龙潭的北侧修一小庙进行祭祀。北洋军阀混战时小庙被毁,后来当地人们自觉捐款,在此处建起一座简易小庙进行祭祀。

以上所述柏国的起源,只是一个索引,虽然像是一个故事,但什么事都是事出有因的。我们把这些传说加以简单整理,主要是证明古时的柏子国就在今日西平一带,柏皇氏柏芝墓就在出山焦芝岗三所楼境内,告诉柏氏后裔,这里埋葬着柏氏的先祖,是柏氏的祖根地。虽然史料掌握得不够全面,但这些史料对柏氏宗亲是重要的,可以告诉柏氏后人,让他们知道祖根地在何处。树大根为本,饮水溯源头,今天的柏氏后人,无论你走到哪里,住在何处何方,成就多大的事业,柏氏的祖根在西平,你的先祖陵墓在出山的老龙湾。

（注：此文主要是根据传说整理，这些断断续续的传说主要来自已故的姬士举、姬景羲、姬王氏、于自选、张秉成等人的口述和古书中的片段记载）

（本文作者张宗杰为河南国资委原处长）

柏皇氏与柏姓研究

柏皇氏与中华柏姓考论

张新斌

柏皇氏是上古时期重要的部族,在文献中虽有记载,但并不详尽,所反映的信息不多,但却对我们认识上古文化具有一定的参考价值。柏皇氏与柏姓联系密切,认真研究两者的关系,确定柏皇氏的早期活动地,对于中华柏姓寻根,具有重要的意义。

一、柏皇氏是上古时期伏羲族系的重要部族与领袖

上古时期虽然十分遥远,但文献却保留了一定的早期信息,也让我们窥探到上古部族的影子。《庄子·胠箧篇》提到上古有"容成氏、大庭氏、伯皇氏、中央氏、栗陆氏、骊畜氏、轩辕氏、赫胥氏、尊卢氏、祝融氏、伏羲氏、神农氏",共12氏,又称十二古帝。《庄子》所记,为后世文献所传承,而且还有不断的更新。从目前所见,柏皇氏的材料有些方面值得关注。

1.柏皇氏是上古若干氏族中不可或缺的氏族，而且也是最早的氏族之一

史料中对上古“古帝”谱系多有所载。除《庄子》所列为12氏外，《汉书·古今人表》所列为“上中仁人”者，有女娲氏、共工氏、容成氏、大廷氏、柏皇氏、中央氏、栗陆氏、骊连氏、赫胥氏、尊卢氏、沌浑氏、昊英氏、有巢氏、朱襄氏、葛天氏、阴康氏、亡怀氏、东扈氏、帝鸿氏，如果加上伏羲氏，共20氏，所记“古帝”谱系，最为完整。《史记索隐》卷三十，也记载有五龙氏、燧人氏、大庭氏、柏皇氏等17氏，柏皇氏排第四。《补三皇本纪》所记与之相同。《通志》卷一，则在女娲之后，又列出大庭氏、柏皇氏等13氏。《金楼子》卷一，则列容成氏、大庭氏、柏皇氏等共16氏。《皇王大纪》卷一，则收录有上古世系骊连氏、栗陆氏、中央氏、柏皇氏等共13氏。《初学记》卷九，在女娲氏之后，有大庭氏、柏皇氏等13氏，连同共工氏、女娲氏，共15氏。《册府元龟》卷一，也采15氏之说，女娲氏、大庭氏、柏皇氏，位列前茅。《艺文类聚》卷十一，仅提到容成氏、大庭氏、柏皇氏、轩辕氏、尊卢氏、伏羲氏。《太平御览》卷七十八，在女娲氏之下，共有大庭氏、柏皇氏、中央氏等15氏。《古微书》卷十三，柏皇氏为第一氏，其后有中央氏、大庭氏、栗陆氏、昆连氏等共15氏。《御批历代通鉴辑览》卷一，从柏皇氏开始，历中央氏、大庭氏、栗陆氏等共14氏，反映了二者间还是有不同记载的。

以上史料，虽然多系晚出，但从史料传承看有两点值得关注：一是在若干“古帝”中，相关谱系，有的多达20氏，少则为13氏，再加上伏羲、女娲也达到15氏，其排序多有不同，不过从伏羲开始，到无怀氏结束，则是没有疑义的。二是柏皇氏一般排列比较靠前。如从伏羲、女娲，到大庭、柏皇，也就是说，柏皇氏多排列在第四位，甚至有的文献在伏羲、女娲之后，将柏皇氏排列为第一。

2.柏皇氏是上古时著名的氏族部落和氏族首领，其存续时间较长，也是伏羲族系中的重要组成部分

柏皇氏与伏羲氏是有关系的。《初学记》卷九，“柏皇氏……无怀氏，凡十

五世,皆袭庖牺之号”。《册府元龟》卷一,有相同的记载。《绎史》卷三,也讲到这些上古氏族,“皆袭庖牺之号”。《通志》卷一,则讲到“凡十五君,袭庖羲之号”。这里的差别“十五世”和“十五君”,我理解,这里的十五个氏族中的某一代或若干代氏族首领,在某一个特定时期,异常凸显,为后人所记,“世”讲的应该同“氏”。《皇王大纪》卷一,“凡十三氏,皆祖包牺氏”。《弇州四部稿》卷一百六十四,柏皇氏等,“凡十五氏,皆世袭庖牺号”。这里的“庖牺(羲)”,应该是太昊,其余的十五个氏族首领,也在一定时期袭用庖牺的名号。《太平御览》卷七十八,柏皇氏等,“凡十五代,皆袭庖牺之号”。《稗编》卷二十二,柏皇氏等,“凡十五代,皆袭伏羲之号”。《读礼志疑》卷四,柏皇氏等,“凡十五代皆袭伏羲之号”。这里的“伏羲”,又可称为“伏牺”“庖羲”“庖牺”“包牺”。

无论是“代”“世”“氏”“君”,讲的都是这15个氏族的某代首领,袭用“伏羲”的名号,并以伏羲的名义行使原始公权力。《史记索隐》《读礼志疑》《补三皇本纪》均有袭“伏羲(庖牺)之号”,而这种说法来自《帝王世纪》,反映了这种看法已得到正规文献的传承。

柏皇氏,作为上古氏族或氏族首领,虽然在他们最有影响时期,承袭伏羲之号,在文献中,也有专门的叫法。《通志》卷二十一,“大庭氏继女娲为天子,其后皆相继为之”。《太平御览》卷七十六,柏皇氏“此古之王者也”。《历代建元考》卷二,也讲到柏皇“凡十有五氏,相继为天子”。但,《通志》卷一,“女娲氏,天子也。自大庭之后十三氏皆臣于伏羲,诸家以为天子臣”。这里的认识,与前述文献中柏皇为“天子”“王”者,显然是不一样的。《小学绀珠》卷五,则直接将柏皇氏称为“古帝王”。反映了历代学人,以后世的“天子”“帝王”来看待上古的氏族首领,从袭“伏羲之号”的角度看,这些氏族首领,在特定时期有一定的“天下共主”的地位,但以“天子臣”来表述他们的地位,显然是不太准确的,或另有情况。

关于柏皇氏所处的时代,《山西通志》卷二百二十八,“禅通十八姓,仓颉氏一世、柏皇氏二十世、中央氏四世、大庭氏五世、栗陆氏五世、昆连氏十一世、轩辕氏三世、赫胥氏一世、葛天氏四世、尊卢氏五世、祝融氏三世、昊英氏九世、有巢氏七世、朱襄氏三世、阴康氏二世、无怀氏六世、伏羲氏二世、神农氏三世，总八十八世"。这里所讲的"世"可以理解为在上古时期这些氏族承袭"伏羲之号"的时间，所有十五个氏族，在上古的伏羲时代是并行存在的，只是在特定的时期成为"天下共主"，柏皇氏达到20世，反映柏皇氏承袭"伏羲之号"，而为"天下共主"的时间最长，也可能因为如此，在15世中，能与羲皇一样称为皇者，也就柏皇氏了。

至于伏羲时代的时间，《佛祖历代通载》卷二，以为这"一十五代"的古天子，"通一万七千七百八十七年，经史不载"。《通志》卷一，"或言自伏羲至无怀千二百六十年；自女娲至无怀，凡十五君袭庖羲之号千一百五十年"。在其文中又有小字："或云，自伏羲至无怀，五万七千七百八十二年；自女娲至无怀，一万七千七百八十七年。"但是，《通志》卷二十一又讲："自伏羲至无怀，凡十五世，共一千二百六十年。"《御批历代通鉴辑览》卷一，也采纳了1260年的说法。以上这些说法相差极大，看似矛盾，实际上也有一定的合理性。在整个伏羲时代，真正能承袭伏羲名号者，如果是88世的话，1260年也绝对不算多，但是伏羲时代是一个较长的历史阶段，我以为17787年的说法，似乎更接近实际。57782年的说法，较之实际长了点，伏羲时代在二万年左右，更有可能性。

3.柏皇氏处于原始时代，以柏树作为氏族的图腾，以"驾六龙"而著称

柏皇氏与上古氏族所处的时代，有共同的特征。《庄子·胠箧篇》所云："当是时也，民结绳而用之。甘其食，美其服，乐其俗，安其居，邻国相望，鸡狗之音相闻，民至老死而不相往来。"《太平御览》卷七十六也有相同的一段文字："当是时也，结绳而用之，甘其食、美其服、乐其俗、安其居，邻国相望，鸡狗之音相闻，民至老死，不相往来，若此者，则至治也。"《艺文类聚》《御定渊鉴类函》等文献，也都记有同类文字。反映了在伏羲时代，所具有的淳朴、安宁、祥

和、快乐，是一幅原始初创的美丽画卷，也是人类在进入第一个文化高峰时的优美画卷，亦成为后世士人向往的幸福境界。

柏皇氏正是生活在这样一个世界里。《名疑》卷一，“柏皇氏，姓柏名芝，即皇柏也，柏一作伯”。文献中最早留在人们记忆中的柏皇氏首领叫柏芝，柏作伯，除同音字互换外，还有可能说明是部族首领，而以“伯”名之。柏皇氏“乃以柏树为图腾崇拜，亦即神社。如三苗族崇拜枫木，傜人崇拜柚木那样，故称柏皇氏‘以木纪德’。柏树为温带和亚热带树种，广泛分布于南岭以北和阴山、燕山以南地带，是我国固有的树种，所以被称为柏树，因其材质优良，用途很广，为木中之首，犹人中之伯和部落、诸侯之伯主那样，故称为柏。或因柏皇氏居于巨柏之下，这株巨柏被柏人尊为柏中之皇，神树之祖故而得名”。[①] 关于柏皇氏的事迹，早期文献中仅留其名，而绝少提及。《古微书》卷十三，“柏皇氏，是为皇伯，登出搏桑日之阳，驾六龙而上下，以木纪德”。前述文献中，有“天子臣”的说法，我以为在伏羲氏当政时，柏皇氏首领是以伏羲助手的身份出现的。《全史日至源流》卷首下，“太昊以龙纪官，朱襄为飞龙氏、昊英为潜龙氏、大庭为居龙氏、浑敦为降龙氏、阴康为土龙氏、栗陆为水龙氏。又称，共工为上相、柏皇为下相。朱襄、昊英常居左右，栗陆居北，赫胥居南，昆连居西，葛天居东，阴康居下，分理宇内。是十五氏中，自中央、尊卢、有巢、无怀四氏外，余皆太昊之臣，内外分职，共理天下者也”。以上这段文字，虽然析出晚近文献，但也形象地提供了古人对伏羲时代治理格局的认识，柏皇氏为“下相”，而且还“驾六龙”，结合其伏羲之号“二十世”等文字分析，柏皇氏在伏羲时代地位之重要有别于其他氏，而与以“皇”称之的地位是相符的。《御批资治通鉴纲目前编》卷首，柏皇氏“其治世也，为而不有，应而不永，居于皇人之山”，反映了柏皇氏较高的治世理念与作为。“为而不有”“应而不永”，这样的

---

① 何光岳：《中原古国源流史》，广西教育出版社，1995 年，第 250 页。

治世作风,只讲奉献不讲收获、不讲索取,具有很高的道德品质,所以才成为十五氏中专门称“皇”的氏族,而这种以德作为做人的评判标准的思想,最早的范例应该就是柏皇氏了。

二、柏姓的始祖是柏皇氏,其最早有名者为柏芝,柏姓的祖地在河南西平

1.柏皇的起源可能有多支,但柏皇氏为柏姓起源的主支,柏芝为其祖先,上古时柏皇氏的首领延续为官,留存下姓名,为其他姓氏所少见

关于柏姓的起源。《风俗通义·姓氏篇》有,柏氏“柏皇氏之后,又柏亮父为颛顼师,柏招为帝喾师,柏冏为周太仆。柏国在汝南西平县,为楚所灭,子孙以国为氏。汉有柏始昌、柏英为大鸿胪”。《元和姓纂》卷十,“《风俗通》柏皇氏之后,又柏亮父为颛顼师,柏招为帝喾师,柏同为周太仆左丞。柏国在汝南西平县,为楚所灭。子孙以国为氏。汉有柏英为大鸿胪,秦大将军柏直,晋武帝柏夫人生赵王伦”。这里还收录有柏堂的郡望,为济阴、魏郡、蜀郡。《通志》卷二十六,柏氏“子爵。《风俗通》:柏皇氏之裔。又柏亮父,颛顼师。柏招,帝喾师。柏景,为周太仆。柏国在今蔡州西平县,为楚所灭。子孙以国为氏。汉有柏英为大鸿胪,魏大将军柏直,晋宣帝柏夫人生赵王伦”。《路史》卷六,也有类似记载,“有柏氏《风俗通》云:柏皇氏后。柏常为皇(黄)帝地官,柏亮又为颛顼师,柏昭为帝喾师。尧治天下,有柏成子皋立为诸侯,尧授舜,舜授禹,柏成子皋辞为诸侯而耕。逮周之世有柏冏为太仆正”。

从以上文献分析,柏姓的主要来源:一为“柏皇氏”,其说法依据《风俗通义》,时间较早,而且得到后世多数文献的认可。柏皇氏,不但为古老的氏族,而且在其后多有以柏为姓的名人,除柏芝为最早的柏姓名人,亦可称之为柏姓始祖外,黄帝时的柏常,颛顼时的柏亮父,帝喾时的柏招(昭),尧时的柏成、柏

皋,周时的柏同,可以说在上古时代有名人,而且名人体系如此完整者,在其他姓氏中所不见。二是柏国,即以国为氏。《风俗通义》《元和姓纂》《通志》《路史》,均持这种观点,而且将柏皇氏之后与以国为氏并列。《世本》则将柏国列为"嬴姓国",嬴姓为黄帝族裔,与为风姓的伏羲族裔,并不属于一个文化系统。不过,柏皇氏与黄帝及其族裔的关系极为密切,所谓嬴姓,应是柏皇氏与黄帝族裔长期交流的结果,从本质上讲柏国宗室,即柏子,还是柏皇氏族裔。《左传・僖公五年》:"楚斗谷于菟灭弦,弦子奔黄。于是江、黄、道、柏方睦于齐,皆弦姻也。弦子恃之而不事楚,又不设备,故亡。"柏国所处,于楚、齐争霸中原的夹缝中,因此生存不易。据研究,柏国有可能约在公元前642—前626年之际,即鲁僖公十八年至鲁文公元年间,被楚成王所灭。[①] 三是晋伯宗伯州犁之后。《急就篇》卷一,"古帝有柏皇氏,其后为柏焉。一曰晋伯宗、伯州犁之后,古通用字,柏与伯同,故为柏氏"。《山西通志》卷六十四,"柏氏,李翱《柏良器神道碑》:柏氏系自有周叔虞封晋,其支子有受邑于伯为采地者,因以为姓。后世生宗,宗以直显景公、厉公之时,三郤恶宗,共谮杀之,其客毕阳以其子州黎奔楚,于是改伯为柏,及汉有鸿者,由议郎为魏郡守,子孙家焉"。这里所讲春秋时晋国的宗伯,以伯为氏,柏、伯通为柏氏,也可以作为柏姓的一支来源,但从谱系上,相关的线索较少。但在《李文公集》卷十三中,也收录有唐代李翱所撰写的《唐故特进左领军卫上将军兼御史大夫平原郡王赠司空柏公神道碑》,其墓主为晋叔虞的支系,以伯为采地,而以邑为时。汉时魏郡开始成为柏姓郡望,墓主为柏良器,为魏郡柏氏的代表,反映了姬姓柏氏直到唐代还有明显的族系,但总的来说,柏姓在以上三支交融后,成为中华姓氏中历史极为悠久的姓氏。

关于柏姓的起源,袁义达先生认为,有风姓的柏皇氏,已姓的柏国为氏和

---

① 何浩:《楚灭国考》,武汉出版社,1989年,第11页。

姬姓晋国旧贵族之后以地为氏三说[①]。他的另一成果中,也提到柏子国,系自己姓,一说出自嬴姓[②]。但是,在《风俗通义》《元和姓纂》《通志》《路史》以及《名贤氏族言行类稿》等中,均在提到柏氏为柏皇氏之后,直接连到“柏国在西平”,而后者以国为氏的说法。也就是说柏氏为柏皇氏之后,其后裔受封在柏子国,后为楚所灭,子孙以国为氏。《急就篇》卷一,“古帝有柏皇氏,其后为柏氏焉。一曰晋伯宗、伯州犁之后,古通用字,柏与伯同,故为柏氏”。《路史》卷六,直接讲“柏皇氏,姓柏,名芝……其后有柏,为柏氏”。在注字中强调,这个柏“今蔡州西平,古柏国,春秋时柏子之封”。我以为,柏氏的主支源头为柏皇氏,柏国亦为柏皇氏后裔所封,因其族众在黄帝族裔的政权中长期任职,而讹传为黄帝嬴姓之国,至于晋国伯州犁,属于黄帝姬姓之后,在柏氏的来源中仅为支族,所以柏姓的主要源头是柏皇氏,始祖为柏芝,这是没有疑义的。

2.柏姓的祖根地在河南西平,柏皇氏的陵寝在西平出山镇“老龙湾”,也是有一定依据的

柏姓为柏皇氏之后,柏国又是柏皇氏后裔受封之处,文献中谈到柏国地点,都以为在西平。《风俗通义》《元和姓纂》《姓氏急就篇》讲在“汝南西平县”;《通志》讲在“蔡州西平县”。实际上所指西平在历史上曾隶属汝南郡和蔡州,但万变不离其宗,西平是关键。《汉书·地理志》在汝南郡西平县,有应邵注云:“故柏子国也,今柏亭是。”《左传》杜预注:“柏,国名,汝南西平县有柏亭。”《后汉书·郡国志》在“汝南郡”条下有“西平有铁。有柏亭,故柏国”。又,《水经注》:“又东过西平县北。县,故柏国也。《春秋左传》所谓江、黄、道、柏,方睦于齐也。汉曰西平。”《元和郡县志》卷十,西平县“春秋时柏国也”。《文献通考》卷二百六十三,“柏国,在汝南西平县柏亭,今蔡州西平县”。《册

① 袁义达主编:《中国姓氏·三百大姓》,华东师范大学出版社,2007年,第85页。
② 袁义达、邱家儒:《中国姓氏大辞典》,江西人民出版社,2010年,第717页。

府元龟》卷二百三十五,“柏国,汝南西平县柏亭”。清人顾栋高在《春秋大事表》中,也讲到“柏国,在西平县西,有柏亭”。《明一统志》卷三十一,还记有“柏亭桥,在西平县治西”。《大清一统志》卷一百六十八,柏亭“在西平县西,故柏子国”。《河南通志》卷八、卷五十二,均有柏亭桥、柏亭的相同文字记载。陈槃依据《一统志》也认为,“柏亭在汝宁府西平县西”。[①] 所以,西平有柏亭和柏亭桥,柏亭也成为柏皇氏、柏国的象征。民国23年(1934)《西平县志》在卷一“舆地志”中,开篇第一句话为:“西平县为柏皇氏遗族徙居地。”又讲,“春秋时,为柏子国……杜预注:柏,国名。汝南西平县有柏亭”。卷六,“古迹篇”专记有“柏亭,在县西南”。按今县西门外里许,玄武庙为其旧址。卷十三,“封建篇”,首列柏皇氏和柏国,反映了柏皇氏、柏国在西平地方得到认同。

因此,柏皇氏与柏国与西平的关系极为密切,换句话说,西平为中华柏姓的祖根地,虽然目前柏亭已损毁无存,张宗杰等人在出山镇“老龙头”的调查,尤其是当地老人回忆在河湾附近所形成的土冢,为柏皇氏的陵寝所在,并有相关的传说广泛流传[②],加之文献中柏皇氏“驾六龙”与当地所称的“老龙头”不谋而合,因此在当地建设柏皇氏的纪念设施,是有一定道理的。

(本文作者为河南省社会科学院历史与考古研究所所长、首席研究员)

① 陈槃:《春秋大事表列国爵姓及存灭表撰异》(中),上海古籍出版社,2009年,第547页。
② 张宗杰:《古柏子国——柏皇氏的起源与传说》,《黄河文化》2014年第2期。

柏姓溯源

——兼论“柏姓”乃“名门望族”

曹定云

一、关于“柏姓”来源的几种说法

关于“柏姓”的来源,目前有三种说法:

1.柏皇氏图腾说。相传远古时代有柏皇氏,是东方部落的首领,名叫“芝”,因为以柏木为图腾,所以又称“柏芝”。据说,柏芝曾经担任伏羲的助手,勤劳于天下而不居功,造福于民众而无所求,深得百姓拥护,被尊为皇柏。他居住在柏皇山上(今河南开封陈留镇),其后人便以“柏”为姓。

2.柏翳始祖说。据说舜帝时有位贤人叫“柏翳”,也称“伯翳”“伯益”,是帝舜时“司徒”。柏翳即大费。《史记·秦本纪》载:“大费拜受佐舜,调驯鸟兽,鸟兽多驯服,是为柏翳。舜赐姓嬴氏。”自此以后,“伯翳”的后人就有了两个属姓,即“嬴”姓与“柏”姓。

3.柏子封国说。西周时就有“柏国”,相传开国国君叫柏高。春秋时,古帝柏皇氏后裔封“柏子国”,故址在今河南西平县柏亭及舞钢市部分地区。《左传·僖公五年》:“于是江、黄、道、柏方睦于齐。”此乃“柏国”存在之证也。《姓氏考略》记载:“春秋柏国,为楚所灭,子孙以为氏,望出魏郡。”春秋时代柏国,在河南省西平县的西方,至今还有一个“柏亭”,据说,柏姓的发源地就在这里。《通志·氏族略》载:“柏国在今蔡州西平县,为楚所灭。子孙以国为氏。”据考,楚灭柏子国是在周景王十四年,即公元前531年。西平,战国时属韩国,秦属颍川郡。西汉高祖四年(前203)置西平县,属汝南郡。

二、柏姓源于伏羲时期的“柏皇氏”

上举柏姓来源的三种说法,其实有着内在的联系:舜赐“柏翳”嬴姓,柏翳原来之姓就应该是柏姓,说明“柏翳”是柏皇氏后人。春秋时的“柏子国”,被楚灭亡后,其人以国为姓。而实际上,“柏子国”原本就是柏皇氏后人之国,由于在祖籍居住地就封,称为“柏子国”。所以,此三种说法,实际上都根源于“柏皇氏”。“柏皇氏”是此三说的总根源。

柏皇氏始于伏羲时代。伏羲乃远古部落之名,凡该部落首领都可以称“伏羲”。在一个相当长的时期内,伏羲部落曾在华夏各部落中处于领先地位,因而成为部落联盟首领,故亦称“伏羲时代”。“伏羲”是“三皇”之一。自古以来,对“三皇”的说法不尽相同:《尚书大传》以燧人、伏羲、神农为“三皇”,《白虎通义》《风俗通义》《古史考》等古籍都持此说;孔安国等以伏羲、神农、黄帝为“三皇”,《帝王世纪》亦持此说,传统《三字经》“自羲农,至黄帝。号三皇,居上世”就是这种说法的反映。《通鉴外纪》则以伏羲、神农、共工为“三皇”。此外,还有其他的一些说法,也有把“女娲”当为“三皇”的。不管哪一种说法,“伏羲”总是少不了的。因此,“伏羲”是“三皇”之一,可成定论。至于“黄帝”,传统的看法是“五帝”之首,当可从“三皇”中退出。故“三皇”较通常的说法应是燧人、伏羲、神农。从这些名字就可以看出,这是华夏民族远古时代的代表人物,其实质不是一个人,而是一个历史时代。

伏羲时代存在的历史时间有多长?难以详考。初步估计,恐怕得1500余年(距今7000—5500年)。在伏羲时代,部落联盟首领也在不断更替。《庄子·胠箧篇》中记载的古帝君顺序是:容成氏、大庭氏、伯皇氏、中央氏、栗陆氏、骊畜氏、轩辕氏、赫胥氏、尊卢氏、祝融氏、伏羲氏、神农氏。《资治通鉴外纪》中,胡克家补注其顺序为:有巢氏、遂人氏、大庭氏、柏皇氏、混沌氏、昊英氏、朱襄氏、葛天氏、无怀氏。而皇甫谧《帝王世纪》所排的帝王顺序是:太皞帝包牺氏,亦称伏羲氏、黄熊氏。女娲氏、大庭氏、柏黄氏、中央氏、栗陆氏、骊连氏、赫胥氏、尊卢氏、混沌氏、皞英氏、有巢氏、朱襄氏、葛天氏、阴康氏、无怀氏,凡十五世,皆袭庖牺制度,故虽为皇而不自为一代。从上述记载看,皇甫谧《帝王世纪》所排次序比较合理。本文讨论,以《帝王世纪》为准。从这些记载的名称看,所有这些“氏”都应当是母系社会的部落之名。所以,伏羲时代实际上就是母系社会的后期到进入父系社会的前夜的那个历史阶段。

柏皇氏是伏羲时代最重要的部落之一,其早期的重要首领叫柏芝。《路史·前纪六》记载:“柏皇氏,姓柏,名芝,是为皇柏。出榑之日之阳,驾六龙,以木纪德,为而不有,应而不求,立于正阳之南,是为皇人山。”在《命历序》中记载:“柏皇出搏桑之阳,驾云龙上下。”《汉书·礼乐志》中记载:“(柏皇)独乐六龙。”“六龙”,就是六匹骏马,这是“天子”出巡时的车驾规格,可见柏皇氏地位显赫。当然,这些“记载”也都是“传说”,但它反映了柏皇氏是古代最重要的部落之一,曾经有过它的辉煌。

根据《帝王世纪》所载,柏皇氏在伏羲时代,曾担任过部落联盟首领,其时间是在大庭氏之后,中央氏之前。柏皇氏在伏羲部落联盟内担任首领者前后四人,即伏显、可塑、郁荅、佘蓄。此四人都是柏皇氏部落首领,也是整个伏羲部落联盟首领。柏皇氏在部落联盟内前后执政的时间大约130余年。当然,这些是传说,无法详考。

柏皇氏居住在"柏皇山"上。柏皇山在今河南省开封陈留镇,而柏子国在今河南省西平县,西平县至今还有"柏亭"。西平再往南,在河南、湖北交界处,有一座山叫"桐柏山",有一个县城叫"桐柏"。我一直在想,这个地名可能与柏皇氏有关。原始社会早、中期,人们多依山而居:燕人(玄鸟氏)居住之地叫"燕山"[①];华胥氏居住之地叫"华山"[②]。那么,"桐柏山"很有可能是柏皇氏曾经居住过的地方。古代的部落、氏族是流动的,不会长久待在一个地方。河南的中、南部应当是柏皇氏早期的活动范围。柏皇氏的子孙后来又迁徙到魏郡(今河北临漳县)、济阳(今山东定陶)。这都有一个漫长的历史发展过程。

柏皇氏能在伏羲部落联盟内担任部落联盟首领(四位,130余年),说明柏皇氏在部落联盟内文化发展水平较高,有一定的影响力。柏皇氏的始祖柏芝,就聪慧过人,他是伏羲的助手,深得伏羲信任,后来当上东方部落的首领。传说:有一次,孟津河中突然出现了一只怪兽,龙首而蛇身,遍身长满龙鳞,形状像鱼又像蛇,左右各生一个肉翅,在波涛中游来游去。伏羲闻讯后,赶到孟津河边,那怪兽看到伏羲后,更是精神抖擞,背上的龙鳞闪闪发起光来,似乎组成一种图案。伏羲似有所动,知是神灵指点,忙命人排香案顶礼膜拜。当时柏皇随伏羲一起,见此灵机一动,赶快捡起一块烧过的木炭,迅速地把怪兽身上的图案画在一块石头上。等伏羲祀拜完毕,那怪兽即沉入水中不见了。伏羲这才想起怪兽身上的图案没有记下来,十分遗憾。这时,

① 曹定云:《北京乃商族发祥之地》,《北京社会科学》1998年第1期,第112页。
② 曹定云:《华胥氏的历史传说与考古文化史实》,《宝鸡文理学院学报》2009年第1期,第57页。

柏皇已把图案抄在木板上献给伏羲。伏羲大喜,回去后日夜钻研,终于绘成了对后世产生极大影响的天下第一图——太极八卦图。民间都传说“伏羲创八卦”,殊不知此中竟包含着柏皇氏的功劳。当然,这些也都是传说,无从考究。但传说是历史的影子,它反映出柏皇氏在中华远古灿烂文化中,有自己的一份光辉。

三、柏姓中的历代名人

柏皇氏在古代是一支文化素质较高的氏族,历代名人辈出。《中国姓氏寻根》记载:“黄帝时有地官(司徒)柏常,帝颛顼有师傅柏亮父,帝喾有师傅柏昭。帝尧时有柏皋封在柏(在河南舞阳县东南),号柏成子。”这些人都是“五帝”时期的重要谋士。至于帝舜时的柏翳,由于助大禹治水有功,被舜赐予黑色的旗旒,并赐为嬴姓。由于柏翳德高望重,禹欲将帝位禅让给柏翳,柏翳推辞。禹死后,柏翳避让禹的儿子启,遂使启继承帝位。从此,中国的历史由“公天下”变成“家天下”。夏启即位后,开始削弱柏翳的实力,并在夏启六年杀害了柏翳(伯益)。对此,东夷族奋起反抗,故发生了“有扈之乱”。因此,柏翳是柏姓中最具影响的重要人物之一。

柏翳(伯益)受封后,其后人分为两支:一支仍是柏姓,另一支为新赐的嬴姓。这新赐的“嬴姓”一支逐渐发展壮大,在中国历史舞台上驰骋风云,导演了一幕又一幕威武雄壮的历史剧。商朝末年的武将飞廉,是柏翳之后,为商王朝镇守边疆。周武王伐纣后,他回京救驾,被周成王所杀。这在清华简《系年》中有明确记载:

> 飞(廉)东逃于商盍(蓋)氏。成王伐商盍(蓋),杀飞(廉),西迁商盍

(荅)之民于邾虐,以御奴之戎,是秦先人。[①]

上引文中,"飞"就是"飞廉",亦作"蜚廉"。"商盍氏"即"商奄",商王朝东方的重要與国。飞廉东逃商奄,是因为他为纣在北方戍边,周武王伐纣,他赶回来救驾,跑到了商奄。飞廉后来被周成王所杀,传葬于山西霍太山。周公东征后,将"商奄之民"(嬴秦)迁往"邾虐",以御奴之戎。他们是"戴罪"来的,但带有"戍边"的性质。简文非常明确:这就是秦之先人。

飞廉有两个儿子:一个是恶来,一个是季胜。恶来在武王伐纣之战中被杀;季胜则投靠了武王。飞廉被杀后,恶来子女房出于自保,就投奔到叔叔季胜那里。季胜这一支,经孟增、衡父至造父,造父由于对周有功,被周穆王封于"赵成",这便是赵姓之源。造父就是赵氏始祖,赵姓族人就是后来战国七雄中赵国的创立者。女房这一支寄居在季胜这里,经五世到非子,感到"寄人篱下"终非长久之计,于是非子之父大骆,带领他们这一支族人,继续向西迁徙,并进入早期秦人所居之地——犬丘。非子带来的这一批"嬴秦",虽然人数不是很多,但素质很高。后来非子受封,这一批"嬴秦"便成为秦国历史的开创者,在中国历史舞台上,拉开了威武雄壮的序幕。以后,秦始皇统一中国,秦王嬴政更是嬴姓中的佼佼者,自然也是柏姓中的佼佼者。但人们只知道秦始皇姓"嬴",早已把秦始皇本姓"柏"抛到九霄云外去了。

秦始皇统一中国,把他的同胞之国——赵国也给"统一"了。但赵姓族人仍继续繁衍生息,并不断地在中国历史舞台上扮演着重要角色,至后周赵匡胤,"陈桥兵变,黄袍加身",结束了五代十国的混乱局面,建立了大宋王朝,开启了中国历史上又一个新时代。赵匡胤无疑是造父之后,季胜之后,飞廉之后,柏翳(伯益)之后,自然也是柏皇氏之后。

当年柏翳避让禹之子启而未当上国君,但他的后人却在中国历史舞台上

① 转引李学勤:《清华简关于秦人始源的重要发现》,《嬴秦学刊》2012 年第 1 期,第 14 页。

建立了两个大的王朝：秦王朝和宋王朝（含北宋、南宋）。柏姓后人在中国历史中所做出的重大贡献，由秦、宋两朝可见一斑。只不过由于柏姓后人多转化为其他的姓氏，对柏姓反而淡忘了，想不起来了。今天我们溯本求源，将嬴秦和赵氏都归结为柏翳之后，柏姓乃中华姓氏中的名门望族就当之无愧了。

（本文作者为北京师范大学历史文化学院特聘教授、中国社会科学院考古研究所研究员）

柏姓的历史与文化

袁义达

柏姓在中国是比较常见的姓氏之一,全国排名第216位,约占全国人口的0.035%,总人口在46万—48万,大约5%是少数民族姓。在全国2600多个县(区)中都有柏姓的分布,柏姓人群主要集中在苏皖、川黔地区。

一、柏的名义和图腾

柏,一种树名。因为柏树的树皮和柏子的颜色均为亚白色,所以,柏字是一会意字,由木和白组成。在古代,先民已经认识到松柏树富含油脂,砍倒就能燃烧,不用等树枝晒干,是一种十分可亲近的树类。另外,先民还发现松柏的枝叶能够入药,能治疗多种病症,使人摆脱痛苦而快乐,又发现松柏在燃烧时发出的噼啪之声如音乐。因此,古文字中的乐字和药字中,均含有松柏之元素。柏人自然是十分崇拜松柏的神奇功能的,也十分依赖松柏而使生活美好快乐,所以,松柏也代表常青和长寿之意。柏人以柏树为氏族的原始图腾和氏族名称,柏人所居之地成为柏地和城堡,最后发展为柏国,出现柏姓。

甲骨文“柏”字

二、柏姓的起源与演变

汉族柏姓主要有三个来源:风姓、嬴(一说已)姓和姬姓。

第一支出自传说。据东汉应劭《风俗通义·姓氏篇》,古帝柏皇氏之后有柏氏。据《帝王世纪》记载,传说中的伏羲氏时代已经有柏皇氏了,包括女娲氏时代共有十五世,其一为柏皇氏时代,而且均为风姓。

第二支系自嬴姓,一说出自己姓。相传黄帝之子得姓者有十四人,而青阳、夷鼓同为已姓。青阳即少昊(少皞)氏也,亦称金天氏。金天氏之后有嬴姓。其后裔为春秋时的柏子国,地域在今河南西平、舞钢一带,都城在今舞钢尹集乡,春秋时为楚成王所灭,子孙以国为氏。嬴姓(一说已姓)柏氏的历史大约有 2600 年。春秋时期的柏国在史书上确有记载,《左传·僖公五年》:“江、黄、道、柏,方睦于齐,皆弦姻也。”有关柏国的确凿证据仅此一例,十分珍贵。

第三支出自姬姓。柏氏,春秋时晋国十一个旧姓贵族之一。封地在今河北隆尧西,春秋时属于晋国,战国时归赵国,以地为氏,出自《中国上古史新探》一书。

三、外族基因的融入

外族基因融入柏姓的事件在历史上非常之少。清朝初期,清满洲八旗纷纷改汉姓时,满族姓乌苏氏,集体改汉姓为柏氏。随后在其他民族如蒙古族、朝鲜族、藏族、回族、苗族、哈尼族、布依族等十几个民族中开始出现柏姓。这些事件主要是汉族柏姓融入到其他民族之中。

四、历史上柏姓的分布和迁移

明朝时期,柏姓大约有 21000 人,在全国的分布主要集中于江苏、山西、安徽,这三省柏姓大约占柏姓总人口的 81%,其次分布于浙江、河南、湖南、湖北、河北等地。江苏为柏姓的第一大省,约占全国柏姓总人口的 49%。

五、当代柏姓的分布

当代柏姓人口有 46 万—48 万,为全国第 216 位姓氏,大约占全国人口的 0.035%。目前群体主要集中于江苏、四川、安徽、贵州四省,大约集中了柏姓总人口的 43.8%,其次分布于湖南、山东、云南,这三省又集中了柏姓人口的 19.5%。江苏为当代柏姓第一大省,居住了大约 15.2%的柏姓人口。

按人口数排列顺序	柏姓族群在全国(包括港澳台地区)2606个县区中的分布	柏姓有效总人数 475587
1	湖南省祁阳县	12219
2	四川省达县	10444
3	湖南省宁远县	10125
4	江苏省盐城市亭湖区	9602
5	贵州省独山县	6884
6	江苏省金湖县	6009
7	云南省峨山彝族自治县	5719
8	安徽省泗县	5601
9	江苏省赣榆县	5587
10	河南省新蔡县	5146
11	重庆市铜梁县	5131
12	江苏省大丰市	5030
13	四川省广安市广安区	4929
14	四川省蓬溪县	4757
15	江苏省高邮市	4121

六、柏姓的传统文化

郡望和堂号:柏姓的郡望有平原、济阴、魏郡。柏姓的重要堂号有无求、平原。“平原”堂号出自唐朝柏良器。柏良器的父亲被安禄山叛唐时所杀,柏良器誓雪国耻和报家仇。他跟李光弼为左武卫中郎将,年24已打了62次仗,因此立有大功，被封为平原王，图形凌烟阁，终官左领军卫大将军。

柏姓的重要楹联有四副：

义全使节；道重帝师。

形图烟阁；雾扫夔州。

道重帝师；功平山越。

容图麟阁；术擅纵横。

目前国内外的图书馆和其他单位正式公布收藏了柏姓族谱10部。

七、柏姓的名人频率和宗族先贤

《中国人名大辞典》收入了柏姓历代名人17名，占总名人数的0.037%，排在名人姓氏的并列第285位；柏姓的著名医学家占中国历代医学家总数的0.02%，排在第325位；柏姓的著名美术家占中国历代美术家总数的0.033%，排在并列第240位。

柏矩画像

最负盛名的柏姓历史人物有：帝喾之师柏招；夏朝后羿之贤臣柏因；春秋时周史官柏常骞，老子弟子柏矩；唐朝平原王、左领军卫大将军柏良器，左拾遗柏耆；元朝画家柏子庭；明朝延安卫指挥使柏英；清雍正进士、编修柏谦，画家、诗人柏古，柏立本。

八、柏姓血型

柏姓人群的血型分布总的是：O 型占 32.6%，A 型占 28.8%，B 型占 29.4%，AB 型占 9.2%。

（本文作者为中华伏羲文化研究会副会长，华夏姓氏源流研究中心主任、研究员）

柏氏起源考辨

李　乔

柏氏历史悠久，关于其起源，有多种说法，有说柏皇氏之后以帝号为氏者，有说柏翳之后以名为氏者，有说帝喾师柏招之后以名为氏者，有说柏国之后以国为氏者，还有伯州犁之后避祸改姓为柏氏者，凡此种种，给民众造成了一定混乱。因此，很有必要对柏氏起源问题加以考证、辨析，以清源正本。柏翳、柏招之后的说法于史无据，不在本文讨论之列。下面仅就柏皇氏的传说，柏皇氏与柏国关系、柏国地望，以及伯州犁之后避祸改姓等问题加以考辨，不当之处，尚祈方家指正。

一、柏氏为柏皇氏之后，但不直接得姓于柏皇氏

柏氏为柏皇氏之后的说法，最早出现在汉应劭的《风俗通义·姓氏篇》中，惜该书宋代便已散佚，不过其观点多被唐宋时期的史籍所称引。唐代颜师

古在为《急就篇》“柏杜杨”作注时就说：“古帝有柏皇氏，其后为柏氏焉。”[①]林宝的《元和姓纂》“柏氏”引《风俗通》曰：“柏皇氏之后。”[②]宋代邵思《姓解》载：“柏，古帝柏皇氏之后。”[③]郑樵《通志·氏族略》云：“柏氏，子爵，《风俗通》：柏皇氏之裔。”[④]罗泌《路史·前纪六》曰：“柏皇氏，姓柏，名芝，是为皇柏。出榑日之阳，驾六龙，以木纪德，为而不有，应而不求，立于正阳之南，是为皇人山。其后为柏，有柏氏。”泌子罗苹注曰：“《风俗通》云，柏皇氏后。”[⑤]邓名世《古今姓氏书辩证》载：“柏氏，《风俗通》：柏皇氏之后。”[⑥]章定《名贤氏族言行类稿》曰：“柏，《风俗通》：柏皇氏之胤。”[⑦]

明清时期的姓氏书亦承袭应劭之说，明代陈士元《姓觿》载：“柏氏，《姓考》云：古帝柏皇氏之后。”[⑧]廖用贤《尚友录》引《风俗通》云：柏氏为“古柏皇氏之后”[⑨]。清代史炤《资治通鉴释文》“柏耆”注曰：“柏，姓也。柏皇氏，古帝号，后为氏。”[⑩]张澍《姓氏寻源》引《风俗通》云：“古帝有柏皇氏，其后称柏氏。”他又说：“（柏皇氏）为伏羲下相，以博通万物，曲识人材，居皇人山，其后为柏。”[⑪]

由此可见，柏氏为柏皇氏之后得到了广泛的认可。相传，柏皇氏为上古帝王之一，《太平御览》引《遁甲开山图》曰：“女娲氏没，大庭氏王有天下，五气异色。次有柏皇氏、中央氏、栗陆氏、骊连氏、赫胥氏、尊卢氏、祝融氏、混沌氏、昊

① 〔汉〕史游撰，〔唐〕颜师古注，管振邦译注：《颜注急就篇译释》，南京大学出版社，2009 年，第 43 页。
② 〔唐〕林宝撰，岑仲勉校记：《元和姓纂》（附四校记），中华书局，1994 年，第 1580 页。
③ 〔宋〕邵思纂：《姓解》卷二《木部》，中华书局，1985 年，第 49 页。
④ 〔宋〕郑樵撰，王树民点校：《通志二十略》，中华书局，1995 年，第 67 页。
⑤ 〔宋〕罗泌撰：《路史》卷六《前纪六·禅通纪》，文渊阁四库全书本。
⑥ 〔宋〕邓名世撰，王力平点校：《古今姓氏书辩证》，江西人民出版社，2006 年，第 608 页。
⑦ 〔宋〕章定撰：《名贤氏族言行类稿》卷五十二，文渊阁四库全书本。
⑧ 〔明〕陈士元：《姓觿》卷十，中华书局，1985 年，第 305 页。
⑨ 〔明〕廖用贤纂：《尚友录》卷二十一，明天启年间刻本。
⑩ 〔清〕史炤撰：《资治通鉴释文》，中华书局，1985 年，第 552 页。
⑪ 〔清〕张澍编纂：《姓氏寻源》，岳麓书社，1992 年，第 553 页。

英氏、有巢氏、葛天氏、阴康氏、朱襄氏、无怀氏,凡十五代,皆袭庖羲之号。"[①]柏皇氏主张顺应自然,推行无为而治,他所处的时代民风淳厚,社会和谐,被认为是至治之世。《庄子·胠箧篇》曰:"昔者容成氏、大庭氏、伯皇氏、中央氏、栗陆氏、骊畜氏、轩辕氏、赫胥氏、尊卢氏、祝融氏、伏羲氏、神农氏,当是时也,民结绳而用之,甘其食,美其服,乐其俗,安其居,邻国相望,鸡狗之音相闻,民至老死而不相往来。若此之时,则至治已。"西晋司马彪注曰:"此十二氏,皆古帝王。"[②]

关于柏皇氏部落活动地域,宋代以前史籍不见记载,《遁甲开山图》称:"自无怀氏已上,经史不载,莫知都之所在。"[③]宋代罗泌认为柏皇氏居住在皇人山,"柏皇氏……立于正阳之南,是为皇人山。"[④]元代金履祥曰:"柏皇氏,其治世也,为而不有,应而不永,居于皇人之山。"[⑤]元代陈桱亦谓:"柏皇氏之在世也,为而不有,应而不求,居于皇人之山。"[⑥]清代梁玉绳亦曰:"柏皇氏……姓柏,名芝,亦曰柏皇,亦曰皇伯,亦曰上清真人,伏羲下相,居皇人山。"[⑦]张澍也说"(柏皇)居皇人山"[⑧]。

柏皇氏所居的皇人山,罗苹注引《方志华夷图》曰:"谓之伏羲山。"又引《舆地广记》曰:"皇柏山在开封陈留县。"[⑨]宋王存《元丰九域志》谓陈留"有皇柏山"[⑩]。《金史·地理志》载:"陈留有皇柏山。"[⑪]皇柏山在今河南省开封市

---

① 〔宋〕李昉等撰:《太平御览》卷七十八《皇王部三·女娲氏》,文渊阁四库全书本。
② 〔清〕王先谦撰:《庄子集解》,中华书局,1987 年,第 88 页。
③ 〔宋〕李昉等撰:《太平御览》卷七十八《皇王部三·女娲氏》,文渊阁四库全书本。
④ 〔宋〕罗泌撰:《路史》卷六《前纪六·禅通纪》,文渊阁四库全书本。
⑤ 〔元〕金履祥撰:《御批资治通鉴纲目前编》卷首,文渊阁四库全书本。
⑥ 〔元〕陈桱撰:《通鉴续编》卷一,文渊阁四库全书本。
⑦ 〔清〕梁玉绳撰:《汉书人表考》,中华书局,1985 年,第 39 页。
⑧ 〔清〕张澍编纂:《姓氏寻源》,岳麓书社,1992 年,第 553 页。
⑨ 〔宋〕罗泌撰:《路史》卷六《前纪六·禅通纪》,文渊阁四库全书本。
⑩ 〔宋〕王存撰:《元丰九域志》(上册),中华书局,1984 年,第 3 页。
⑪ 〔元〕脱脱等撰:《金史》(简体字本),中华书局,2000 年,第 388 页。

祥符区陈留镇一带，柏皇氏建都处应该在陈留附近，柏皇氏部落生活在中原地区当无异议。

史籍记载，春秋之前柏皇氏后裔名人辈出，比较著名的人物有颛顼师柏亮父，帝喾师柏招等。唐林宝《元和姓纂》载："柏亮父为颛项师，柏招为帝喾师。"[①]宋郑樵《通志·氏族略》："柏亮父，颛帝师。柏招，帝喾师。"[②]罗泌《路史》记载更为详细："柏常为皇帝地官，柏亮又为颛顼师，柏昭为帝喾师。尧治天下，有柏成子皋立为诸侯，尧授舜，舜授禹，柏成子皋辞为诸侯而耕……又有柏侯氏、柏常氏、白侯氏。"[③]邓名世《古今姓氏书辩证》："柏亮父为颛帝师，柏招为帝喾师。"[④]明陈士元《姓觿》："黄帝臣柏常，颛顼师柏亮父，帝喾师柏昭，周穆王臣柏天，或其后也。"[⑤]然而，有学者认为柏亮父、柏招等人为柏皇氏后裔的说法不可信。清代史学家梁玉绳就说："《路史·前纪六》以柏夷父、柏招诸人皆柏皇氏后，《通志·氏族略》同，恐难信。"[⑥]近代历史学家、文字训诂学家石光瑛在给《新序》"颛顼学柏夷父"作注时更肯定指出："《路史·前纪六》以柏夷父、柏招诸人皆柏皇氏后，《通志·氏族略》同，皆望文生说，未知所据。宋人疏于小学，罗泌尤妄，不可信。"同书"帝喾学伯招"注曰："《路史》以（伯招）为柏皇氏之后，不可信。"[⑦]

梁玉绳、石光瑛等史学家的质疑不无道理，郑樵曰："五帝之前无帝号，有国者不称国，惟以名为氏，所谓无怀氏、葛天氏、伏羲氏、燧人氏者也。至神农氏、轩辕氏，虽曰炎帝、黄帝，而犹以名为氏，然不称国。至二帝而后，国号唐、

① 〔唐〕林宝撰：《元和姓纂》（附四校记），中华书局，1994年。
② 〔宋〕郑樵撰，王树民点校：《通志二十略》，中华书局，1995年，第67页。
③ 〔宋〕罗泌撰：《路史》卷六《前纪六·禅通纪》，文渊阁四库全书本。
④ 〔宋〕邓名世撰，王力平点校：《古今姓氏书辩证》，江西人民出版社，2006年，第608页。
⑤ 〔明〕陈士元：《姓觿》卷十，中华书局，1985年，第305页。
⑥ 〔清〕梁玉绳撰：《汉书人表考校补》，中华书局，1985年，第52页。
⑦ 〔汉〕刘向编著，石光瑛校释，陈新整理：《新序校释》卷五《杂事·吕子曰章》，中华书局，2009年，第651—652页。

虞也。夏、商因之,虽有国号,而天子世世称名。至周而后,讳名用谥,由是氏族之道生焉。"[①]可见,周代以前,并没有以柏皇氏帝号为氏者,柏氏也没有诞生。

二、柏氏得姓于柏国,系以国为氏,得姓地在今河南西平县西南

柏氏得姓在春秋时期。唐林宝《元和姓纂》载:"(柏氏)柏国在汝南西平县,为楚所灭,子孙以国为氏。"[②]宋郑樵《通志·氏族略》将柏氏放在《以国为氏·周不得姓之国》之列,曰:"柏氏,子爵……柏国在今蔡州西平县,为楚所灭。子孙以国为氏。"[③]明陈士元《姓觿》云:"柏氏,《姓考》云:《左传》有柏子国,后以国为氏。"[④]清张澍《姓氏寻源》谓:"(柏氏)春秋柏国为楚所灭,子孙当有为氏者。"[⑤]

西周初期,周武王实行分封,柏皇氏后裔也得到分封。《古今图书集成》引《西平县志·氏族》曰:"柏国,子爵,柏皇后……传国至春秋,并于楚。"[⑥]〔雍正〕《河南通志》"春秋时见经传诸国"载:"柏,子爵,皇氏裔。亮父为颛帝师,招为帝喾师,景为周太仆,皆柏族也。今汝南西平县即其地。"[⑦]王树枬在〔民国〕《西平县志序》中称:"西平为《禹贡》!豫州大陆之地,柏皇氏遗封于此,春秋时为柏子国。"[⑧]〔民国〕《西平县志》载:"西平县为柏皇氏遗族徙居

① 〔宋〕郑樵撰,王树民点校:《通志二十略》,中华书局,1995年,第9页。
② 〔唐〕林宝撰,岑仲勉校记:《元和姓纂》(附四校记),中华书局,1994年,第1580页。
③ 〔宋〕郑樵撰,王树民点校:《通志二十略》,中华书局,1995年,第67页。
④ 〔明〕陈士元:《姓觿》卷十,中华书局,1985年,第305页。
⑤ 〔清〕张澍编纂:《姓氏寻源》,岳麓书社,1992年,第553页。
⑥ 〔清〕蒋廷锡等辑:《古今图书集成》,《明伦汇编·氏族典·柏姓部》(第37册),中华书局影印,1934年,第45653页。
⑦ 〔雍正〕《河南通志》卷二十《封建·春秋时见经传诸国》,文渊阁四库全书本。
⑧ 李毓藻修,陈铭鉴纂:〔民国〕《西平县志》卷首,北平文华斋刻本,1934年。

地,在《禹贡》为豫州大陆之域,春秋时为柏子国。鲁僖公五年,左氏传曰,江黄道柏方睦于齐。杜预注,柏,国名,汝南西平县有柏亭。"[①]同书《建置志》亦载:"西平为柏皇氏封地,春秋为柏子国。"[②]上述文献表明,柏子国为柏皇氏后裔封国,二者之间存在承续关系。

柏国为子爵国,其事迹仅见于《左传》:"楚斗谷于菟灭弦,弦子奔黄。于是江、黄、道、柏方睦于齐,皆弦姻也。弦子恃之而不事楚,又不设备,故亡。"[③]春秋初期,楚国北向淮汉,并吞诸小国,柏子国遂与江、黄、道、弦诸邻近小国联婚,又和齐国联盟,以抵抗楚国的侵略。出国乘淮汝诸国放松警惕之机,出其不意,各个击破,先灭了位于最前线的弦国,接着,黄、江亦被灭亡。柏国约于公元前642—前626年之际,即鲁僖公十八年至鲁文公元年间,被楚成王所灭。[④] 亡国之后的柏国子孙,遂以国名为氏,是为柏氏。

柏国的地望,汉代以来的文献典籍多有记载。《汉书·地理志》汝南郡西平县,颜师古注引应劭曰:"故柏子国也,今柏亭是。"[⑤]《后汉书·郡国志》载:"西平有铁。有柏亭,故柏国。"北魏郦道元《水经注》:"又东过西平县北。县,故柏国也。《左传》所谓江、黄、道、柏,方睦于齐也。"[⑥]《后汉书》"西平并汝南郡"唐章怀太子李贤注曰:"西平县,故柏子国也。在今豫州吴房县西北。"[⑦]李吉甫《元和郡县志》载:"西平县,本汉旧县,属汝南郡,后魏置。即春秋时柏国也。"[⑧]宋马端临《文献通考》:"柏国,在汝南西平县柏亭,今蔡州西平县。"[⑨]乐

① 李毓藻修,陈铭鉴纂:〔民国〕《西平县志》卷一《舆地志·疆域篇上》,北平文华斋刻本,1934年。
② 李毓藻修,陈铭鉴纂:〔民国〕《西平县志》卷三《舆地志·建置篇上》,北平文华斋刻本,1934年。
③ 杨伯峻编著:《春秋左传注》,中华书局,1981年,第307页。
④ 何浩:《楚灭国研究》,武汉出版社,1989年,第11页。
⑤ 〔汉〕班固撰,颜师古注:《汉书》,中华书局,1982年,第1563页。
⑥ 〔北魏〕郦道元著,陈桥驿校证:《水经注校证》,中华书局,2007年,第734页。
⑦ 〔南朝宋〕范晔撰,〔唐〕李贤注:《后汉书》卷四《和殇帝纪第四》,中华书局,1965年,第165页。
⑧ 〔唐〕李吉甫撰,贺次君点校:《元和郡县志》卷十《河南道五》,中华书局,1985年,第239页。
⑨ 〔宋〕马端临:《文献通考》卷二百六十三《封建考四·春秋列国传授本末事迹》,文渊阁四库全书本。

史《太平寰宇记》:"(西平县)本汉旧县,春秋时古柏子国之地。"[1]欧阳忞《舆地广记》:"西平县,故柏子国。"[2]明李贤《明一统志》:"西平县,在(汝宁)府城西北一百三十里,古柏子国。"[3]〔雍正〕《河南通志》:"西平县,周,春秋为柏子国。"[4]可见,各家都一致认为柏国在今河南西平县境内。但由于历史上西平县治的变化,明清以来对于柏国故城的位置却产生了一些争议,清人所修的《汝宁府志》对柏国故城就有两种不同的说法:"柏亭,(西平县)城西即柏子国故址"[5],"西平县城即古柏子国城"[6]。那么,柏国故城位置实际应该在哪里呢?

清高士奇《春秋地名考略》:"杜注:柏国,在汝南西平县。臣谨按,西平,汉县,属汝南郡。应劭曰,有柏亭,故柏国也。隋属蔡州,今属汝宁府,柏亭在县西。"[7]顾祖禹《读史方舆纪要》卷五十"河南五"载:"柏亭在县西南。应劭曰:西平县有柏亭,故柏国也。杜预曰:春秋时柏国,县之柏亭是。"[8]顾栋高《春秋大事表》:"柏国,在西平县西,有柏亭。"[9]〔雍正〕《河南通志》载:"柏亭,在西平县城西,即柏子国地。"[10]《大清一统志》:"柏亭,在西平县西,故柏子国。"[11]新编《西平县志》云:"西平,春秋时期为柏国……柏国故治在今县城西35公里小洪河(也叫洪溪河)南岸。"[12]从上述文献来看,柏国故城和柏亭在明清时期的西平县城西南,也即今西平县西南。《左传·僖公五年》"江、黄、道、

---

① 〔宋〕乐史撰:《太平寰宇记》卷十一《河南道十一·蔡州》,文渊阁四库全书本。
② 〔宋〕欧阳忞撰:《舆地广记》卷九,四川大学出版社,2003年,第213页。
③ 〔明〕李贤等撰:《明一统志》卷三十一《汝宁府》,文渊阁四库全书本。
④ 〔雍正〕《河南通志》卷三《沿革上》,文渊阁四库全书本。
⑤ 〔清〕金镇修,〔清〕孔暹纂:〔康熙〕《汝宁府志》卷二《舆地·古迹》,清康熙元年刻本。
⑥ 〔清〕金镇修,〔清〕孔暹纂:〔康熙〕《汝宁府志》卷二《建置·城池》,清康熙元年刻本。
⑦ 〔清〕高士奇撰,《春秋地名考略》卷十三《诸小国》,文渊阁四库全书本。
⑧ 〔清〕顾祖禹撰:《读史方舆纪要》,中华书局,2005年,第2369页。
⑨ 〔清〕顾栋高撰:《春秋大事表》卷六上《列国地形犬牙相错表》,文渊阁四库全书本。
⑩ 〔雍正〕《河南通志》卷五十二《古迹下》,文渊阁四库全书本。
⑪ 《大清一统志》卷一百六十八《汝宁府·古迹》,文渊阁四库全书本。
⑫ 西平县史志编委会编:《西平县志》,中国财政经济出版社,1990年,第1页。

柏方睦于齐”杨伯峻注曰：“柏，国名，其故城当在今河南省舞阳县东南。”[①]杨伯峻的观点与前述说法并无二致，仅是采用的参照物不同而已，柏国故城的位置就在今河南省西平县、舞钢市、舞阳市一带。

三、伯州犁之后改伯为柏的说法不可信

关于柏氏的起源，还有一种说法是伯州犁之后改伯为柏。《急就篇》“柏杜杨”唐颜师古注曰：“（柏氏），一曰晋伯宗、伯州犁之后，古通用字，柏与伯同，故为柏氏。”[②]对于晋国旧姓之一的柏氏，全祖望认为：“‘柏’与‘伯’通，盖伯宗之先也。”[③]对因伯与柏通，伯宗、伯州犁之后改柏为伯的说法，清代姓氏学家张澍给予了驳斥，他说：“或以柏为伯州犁之后，非也。伯虽与柏通，不容州犁独有子孙。”[④]其实，先秦史籍中，伯与柏通用的例子有很多，石光瑛《新序校释》就列举了不少：“古柏、伯字通，《舜典》伯舆，《左传·庄十九年》边伯，《文十八年》伯奋伯虎，《襄四年》伯因，《二十年》逢伯陵，《二十八年》伯封，《列子》伯益，《尸子》伯阳，诸伯字《表》[⑤]皆作柏……《左氏成十五年传》‘伯州犁’，《吕览·重言》作‘柏’。《襄四年》‘伯明’，《潜夫论》作‘柏’……《论语》伯达、伯适，《汉表》亦作‘柏’。此类不可胜举。”[⑥]所以，张澍的质疑是有道理的。为了增加伯氏改柏氏的说服力，又有了伯氏避祸改姓之说。唐李翱《唐故特进左领军卫上将军兼御史大夫平原郡王赠司空柏（良器）公神道碑》载：

---

① 杨伯峻编著：《春秋左传注》，中华书局，1981年，第307页。
② 〔汉〕史游撰，〔唐〕颜师古注，管振邦译注：《颜注急就篇译释》，南京大学出版社，2009年，第43页。
③ 〔清〕全祖望撰：《全祖望集汇校集注》（下册），《经史问答卷四》，上海古籍出版社，2000年，第1922页。
④ 〔清〕张澍编纂：《姓氏寻源》，岳麓书社，1992年，第553页。
⑤ 《表》即《汉书·古今人表》。
⑥ 〔汉〕刘向编著，石光瑛校释，陈新整理：《新序校释》卷五《杂事·吕子曰章》，中华书局，2009年，第651—652页。

"柏氏系自有周叔虞封晋,其支子有受邑于伯为采地者,因以为姓。后世生宗,宗以直显景公、厉公之时,三郤恶宗,共谮杀之,其客毕阳以其子州黎奔楚,于是改伯为柏。"[1]郭捐之《唐故中散大夫守卫尉卿上柱国赐紫金鱼袋赠左散骑常侍魏郡柏(元封)公墓志铭》亦载:"公讳元封,字子上,其先晋伯宗之后。始伯宗祖父食采于伯,因伯为氏。及三郤害伯宗,伯宗死,其子周黎窜于楚,易人从木。"[2]上述两篇墓志铭都说伯氏因伯宗祖父食采于伯,因以为氏,后伯州犁避祸入楚改伯为柏。此说不见史籍记载,且《史记》等史籍记载伯州犁的孙子仍以伯为氏,称为伯嚭。《史记·吴太伯世家》载:"楚诛伯州犁,其孙伯嚭亡奔吴。"[3]同书《伍子胥列传》亦载:"楚诛其大臣郤宛、伯州犁,伯州犁之孙伯嚭亡奔吴。"[4]可见,伯州犁之后改伯为柏的说法是不可信的。

综上所述,柏氏为柏皇氏之后,得姓于柏国,系以国为氏,得姓地在今河南西平县、舞钢市一带。

(本文作者为河南省河洛文化研究中心副主任、河南省社会科学院历史与考古研究所研究员)

① 〔清〕董诰等辑:《全唐文》,中华书局,1983年,第6446页。
② 陈尚君辑校:《全唐文补编》(中册),中华书局,2005年,第833页。
③ 〔汉〕司马迁撰:《史记》卷三十一《吴太伯世家》,中华书局,1982年,第1465页。
④ 〔汉〕司马迁撰:《史记》卷六十六《伍子胥列传》,中华书局,1982年,第2174页。

柏皇氏与柏姓

陈建魁

柏皇氏是伏羲时代的十多位帝王之一,与共工氏、朱襄氏、葛天氏、尊卢氏等齐名。据历史资料来看,七八千年前的柏皇氏一族,其活动地域与西平有比较紧密的联系。柏皇氏是柏姓源头中最早的一支。春秋时期见诸史籍的柏子国就是柏皇氏之裔。柏子国在公元前 7 世纪后期灭于楚,国人以柏为姓,这是当今柏姓人的主源。柏姓在三皇五帝时期颇为辉煌,延至秦汉,柏姓也是一个重要的族姓。

一

柏皇氏的记载最早见于战国庄周《庄子 · 胠箧篇》:“昔者容成氏、大庭氏、伯皇氏、中央氏、栗陆氏、骊畜氏、轩辕氏、赫胥氏、尊卢氏、祝融氏、伏羲氏、神农氏,当是时也,民结绳而用之。甘其食,美其服,乐其俗,安其居,邻国相望,鸡狗之音相闻,民至老死而不相往来。若此之时,则至治已。”西晋司马彪注曰:“此十二氏,皆古帝王。”[1]里面提到了十几位中国上古帝王。

之后,历代典籍对此的记载大体相类,只是排列顺序有所不同:

汉班固《汉书·古今人表》所记顺序为:伏羲氏、女娲氏、共工氏、容成氏、大廷氏、柏皇氏、中央氏、栗陆氏、骊连氏、赫胥氏、尊卢氏、沌浑氏、昊英氏、有巢氏、朱襄氏、葛天氏、阴康氏、亡怀氏、东扈氏、帝鸿氏。

晋皇甫谧《帝王世纪》记载:“太皞帝包牺氏,风姓也,母曰华胥。燧人之世,有大人迹出于雷泽,华胥履之而生包牺,长于成纪,蛇身人首,有圣德,取牺牲以充庖厨,故号曰包牺氏。后世音谬,故或谓之伏牺,或谓之虙牺,一号皇雄氏,在位一百二十年。包牺氏没,女娲氏代立为女皇,亦风姓也。女娲氏没,次有大庭氏、柏黄氏、中央氏、栗陆氏、骊连氏、赫胥氏、尊卢氏、混沌氏、皞英氏、有巢氏、朱襄氏、葛天氏、阴康氏、无怀氏,凡十五世,皆习包牺氏之号也。”

唐徐坚《初学记》记载:“及女娲氏没,次有大庭氏、柏皇氏、中央氏、栗陆氏、骊连氏、赫胥氏、尊卢氏、混沌氏、有巢氏、朱襄氏、葛天氏、阴康氏、无怀氏,凡十五世,皆袭庖牺之号。”[2]

唐司马贞《补三皇本纪》记载伏羲氏之后的顺序为:五龙氏、燧人氏、大庭氏、柏皇氏、中央氏、卷须氏、栗陆氏、骊连氏、赫胥氏、尊卢氏、浑沌氏、昊英氏、有巢氏、朱襄氏、葛天氏、阴康氏、无怀氏,并说此 17 氏,“斯盖三皇已来有天下者之号”。

宋李昉《太平御览》引《遁甲开山图》:“女娲氏没,大庭氏王有天下,五气异色。次有柏皇氏、中央氏、栗陆氏、骊连氏、赫胥氏、尊卢氏、祝融氏、混沌氏、昊英氏、有巢氏、葛天氏、阴康氏、朱襄氏、无怀氏,凡十五代,皆袭庖羲之号。”[3]

---

① 〔清〕王先谦撰:《庄子集解》,中华书局,1987 年。

② 〔唐〕徐坚等撰:《初学记》卷九《帝王部》,中华书局,1962 年。

③ 〔宋〕李昉等撰:《太平御览》卷七十八《皇王部三·女娲氏》,文渊阁四库全书本。

宋郑樵《通志·三皇纪》记载："女娲之后有大庭氏，有柏皇氏，有中央氏，有栗陆氏，有骊连氏，有赫胥氏，有尊卢氏，有混沌氏，有昊英氏，有朱襄氏，有葛天氏，有阴康氏，有无怀氏，据女娲氏，天子也，自大庭之后十三氏皆臣于伏羲。"[①]

明清间孙瑴《古微书》的排列顺序为：骊连氏、栗陆氏、中央氏、栢皇氏、大庭氏、赫胥氏、尊卢氏、启统氏（一作混沌氏）、昊英氏、朱襄氏、葛天氏。[②]

而记载古帝王最多的为清初学者钟渊映的《历代建元考》，此书把浑沌氏、东户氏、皇覃氏、启统氏、吉夷氏、几蘧氏、豨韦氏、有巢氏、燧人氏、庸成氏置于伏羲氏之前，而在伏羲氏之后，尚有史皇氏、柏皇氏、中央氏、大庭氏、栗陆氏、昆连氏、炎×氏、泰×氏、成鸠氏、素皇氏、内耑氏、轩辕氏、赫胥氏、葛天氏、尊卢氏、祝融氏、昊英氏、有巢氏、朱襄氏、阴康氏、无怀氏、女皇氏。之后是炎帝神农氏。[③] 女皇氏即是女娲氏，这样，从混沌氏到女皇氏共32位帝王。考虑到此书晚出，书中关于古氏帝王的世系是古代典籍中最为完备的集大成之说法，当然，这也从另一方面说明了顾颉刚"层累地造成中国古史"的观点有一定的合理性。

著名历史学家吕振羽先生认为，作为上古氏族和部落首领的伏羲，他的名号既是个体，也代表着氏族群体，同时还代表着被其文化泽及的其他氏族群体。所以说，伏羲是中华先民的代表性人物，是那个历史时代的形象。因此，伏羲、伏羲氏、伏羲氏族并不是一回事。伏羲就是第一次叫伏羲的这个人，即做了"三皇"的第一皇的这个人叫伏羲。然后以他命名的这个氏族的繁衍，形成一个新的氏族叫伏羲氏。伏羲氏又继续分支和繁衍，形成一个庞大的伏羲氏族的后裔，叫伏羲氏族。结合上述诸种三等的记述，柏皇氏、中央氏、栗陆

① 〔宋〕郑樵撰，王树民点校：《通志二十略》，中华书局，1995年。
② 〔明〕孙瑴编：《古微书》卷十三《春秋命历序》，文渊阁四库全书本。
③ 〔清〕钟渊映撰：《历代建元考》卷二，文渊阁四库全书本。

氏、骊连氏、赫胥氏、尊卢氏、祝融氏、混沌氏、昊英氏、有巢氏、葛天氏、阴康氏、朱襄氏、无怀氏等均应是伏羲。

二

“氏族是一种流动性很大的个人集合体,或多或少是散居的,因而造成了不可能永久定居于一个地域范围的情况。”①随着社会生产的发展和人口的繁衍,再加之氏族活动地域的不断扩展,氏族成员职业身份的不断变化,原先的氏族也就不断分化成若干新的氏族。继而,原先由母系计算的血缘关系,也就逐步地发展到由父系来计算了。这样,一个姓也就分成了若干分支,这便是氏。因此,氏最初出现的时候,不过是表示氏族和部落支系的居住地罢了。伏羲、女娲为风姓,而伏羲序列其他帝亦应是风姓,但他们以氏称,应是父系氏族社会的部落或部族首领。这十几个部族各自有其活动区域,在伏羲时代相继而起,成为整个伏羲部落的首领。从伏羲氏十几个部族的活动范围,如葛天氏活动于河南长葛,朱襄氏活动于河南柘城,共工氏活动于河南辉县等,可以看出,伏羲部落或部落联盟主要在中原一带活动。

柏皇氏是伏羲序列十多位古代帝王之一,而且所处年代较早。关于柏皇氏的存续时间,主要有两种说法。整个伏羲时代的时长,主要有三种说法:一是17000多年。《太平御览》卷七十八称“自女娲至无怀十五代,合一万七千七百八十七岁”。明代凌迪知所编《万姓统谱》亦说,从女娲氏到无怀氏十五氏,共“合万七千七百八十七年,时未有书契,史籍不载,莫知其详”。二是50000多年。《通志》中有“或云自伏羲至无怀,五万七千七百八十二年”的说法。三是1200年左右。《通志》卷一有“或言自伏羲至无怀千二百六十年;自

① [美]摩尔根:《古代社会》,商务印书馆,1997年。

女娲至无怀，凡十五君袭庖羲之号，千一百五十年”的记载。《通志》卷二十一则记载：“自伏羲至无怀凡十五世，共一千二百六十年。”《御批历代通鉴辑览》卷一也说伏羲十五氏“凡一千二百六十年，而神农氏作”。

由于当时没有确切的纪年，古籍所载伏羲时代的跨度相差极大。结合伏羲氏“定姓氏，制嫁娶之礼”等情况，我们认为伏羲时代的时间跨度大约为3000年，即公元前9000年到公元前6000年。

至于柏皇氏在伏羲任上的时间，有两种说法：一种是四世，一种是二十世。兹不赘述。

要弄清柏皇氏的具体所在时代与社会生产水平，必须与姓氏的产生以及地下发掘资料结合起来一同考察。

姓的产生时间，在考古学上大约相当于旧石器时代晚期。当时，随着生产和生活的发展和演变，人们的认识水平也逐步有所提高，对直系亲属的无限制的乱交产生了厌恶，并逐渐地感受到了“同姓不婚，恶不殖也”的生物学道理。这些都是积累了母系时代长期经验的结果。大概是发现了同一血统交合不利于后代，于是，首先要求对不同血统的各个氏族要加以区分。同时，由于种族的不断繁衍，居住地域也开始分散。根据繁衍的亲疏，居住地域的远近，一族之内，自然也就有了若干个分支。这使各个氏族加以区分，也就有了可能。对各个氏族若干分支加以区分的特殊标志，就是姓。从婚姻角度看，是从氏族的内婚制发展到氏族的外婚制的一个重要标志。“姓”就是用来“明世系”“别婚姻”的。古史记载中，伏羲有姓，为风姓，其称伏羲氏，应该是后人所称。伏羲是这个部落首领的称谓，与伏羲通婚的女娲也是风姓，说明他们可能最初是一个部族。有些古籍中，在谈及十五氏，在无怀氏之后，才列女娲氏，说明女娲或是与伏羲通婚的氏族的代称。

结合史载伏羲事迹及考古发掘成果，伏羲时代已开始由母系氏族社会向父系氏族社会转化，而裴李岗文化时期，中原已进入定居农业时代，当时的氏族组织也正在由母系氏族社会向父系氏族社会转化。伏羲的各种贡献中,并没有伏羲时代已进入定居农业社会的信息。摩尔根《古代社会》一书中指出:"氏族改为以人命名之后的长时期内,其命名的祖先也会改换他人,前一位祖先的事迹模糊了,消失在迷茫的历史印象中,于是在氏族历史上某位后出的名人便取而代之。"由于神农炎帝是代伏羲而王的中国古代部族首领,因此把伏羲的部分功绩归于神农的情况存在也是可能的。在中国古代典籍中,伏羲、神农、黄帝三个伟大时代的贡献就有许多记载是基本重合的。当然,也不能排除古代典籍把神农乃至黄帝的功绩安在伏羲头上的可能。中国开始进入定居农业时代的文化范围很广,包括河南的裴李岗文化、河北的磁山文化、甘肃和陕西的大地湾文化等,这些文化大体与伏羲所留遗迹的范围相当,因此这些文化(有学者称之为前仰韶文化)应属伏羲文化的范畴。据以前仰韶文化遗址出土的文物来对照,当时的氏族生活仍以渔猎为主,但有了原始的农牧业,有的已开始定居农业。从发展水平看,裴李岗文化年代略早,发展水平也稍高于磁山文化,尤其是大地湾文化。

裴李岗文化的时间大约延续了1000多年。从裴李岗文化诸多遗址来看,当时人们对于居址的最佳选择是在河曲的台地上,这是古人从山洞出来以后,经过长期的生产生活实践总结出来的,主要是为了方便生产和生活。而半穴居建筑技术的发明是他们得以来到河曲台地生活的条件之一。遗址中出土的生产工具主要有石斧、石铲、石镰和粮食加工工具石磨盘、石磨棒等。当时的生活用具主要有三足钵、三足壶、小口双耳壶等各种陶器。房址均为半地穴式建筑,有圆形和方形两种。已有公共墓地。从随葬品看,男性墓多随葬石斧、石铲,女性墓多随葬石磨盘、石磨棒,反映当时男女已有分工。可见,裴李岗文化的居民已过着以农业为基础的定居生活。

在新郑沙窝李遗址中发现了粟的炭化颗粒,说明裴李岗文化的农业是以粟为主要作物的。长葛石固裴李岗文化遗址出土了各种形式的骨器,其中有两件管形骨器,有人认为是古代的乐器。舞阳贾湖裴李岗文化遗址的年代,经碳14测定(树轮校正),在距今8500年至7500年之间。贾湖遗址在随葬的龟甲、兽骨和石器上,发现了契刻符号,不少学者认为是原始文字,还发现了16支七孔骨笛,经鉴定测试,知其已具备音阶结构。需要说明的是,贾湖之所在与柏皇氏活动的中心地带——河南西平,距离很近。裴李岗文化发现了狗、猪、鸡、牛的骨骼,说明当时已饲养家畜、家禽。发现鱼镖、骨镞,说明居民还从事渔猎活动。贾湖遗址有的墓葬随葬龟甲,墓主人生前可能是当时的巫师。巫师往往是居民的管理者。从磁山文化出土的纺轮、骨针、骨梭来看,当时居民已知道纺织和缝制衣服。这些发现都可与古籍中所载伏羲事迹与发明相比照。

贾湖遗址的墓葬中,第344号墓很特殊,墓上为壮年男性,仰身直肢,随葬石器、骨器、牙器及龟甲等30多件。骨器包括骨笛2件,应是巫师举行祭祀活动的乐器,龟甲是巫师手中占筮的灵物。这是当时进入父系氏族社会的有力证据。

《论衡·齐世篇》载:"宓牺之前,人民至质朴,卧者居居,坐者于于,群居聚处,知其母不识其父。至宓牺时,人民颇文,知欲诈愚,勇欲恐怯,强欲凌弱,众欲暴寡,故宓牺作八卦以治之。"因此伏羲时代应已开始进入野蛮社会的中级乃至高级阶段。

贾湖遗址面积约55000平方米,"只发掘了2300多平方米,就发现各类灰坑300余座,发现了30余座房址,清理300多座墓葬。"推算这里应是一处部落甚至部落联盟的遗址。

鉴于柏皇氏是伏羲时代较为靠前的氏族首领,我们推测柏皇氏袭伏羲之号的时间在公元前8000—前7000年之间,而柏皇氏的存续时间大约为300年。摩尔根《古代社会》一书中说:"在氏族组织的要素中存在着一种不断分化的倾向,这种倾向显然有碍于蒙昧人和野蛮人部落的进步……人们在地域上相互分离之后,到了相当时间就会引起语言的变化;而语言的变化又会引起利害关系的不一致,终至于各自独立。这不是一个短时期的事情,这是几百年,最后累至数千年的事情。”伏羲氏之裔的十五世,虽在地域上可能互不通属,但“各领风骚数百年”,共同创造了伏羲时代三千年的辉煌史。

三

柏皇氏是柏姓最早的源头,春秋时期见诸史册的柏国就是柏皇氏族裔的封国。柏子国的地望,《汉书·地理志》《后汉书·郡国志》《水经注》《元和郡县志》《文献通考》《太平寰宇记》《舆地广记》《明一统志》《春秋地名考略》《读史方舆纪要》《春秋大事表》等历史地理名著,皆言柏国在蔡州或汝南之西平县,即今之河南省西平县。

班固《汉书·地理志》:汝南郡西平县,颜师古注引应劭曰:“故柏子国也,今柏亭是。”①

范晔《后汉书·郡国志》载:“西平有铁。有柏亭,故柏国。”②

郦道元《水经注》:“又东过西平县北。县,故柏国也。《春秋左传》所谓江、黄、道、柏,方睦于齐也。”③

李吉甫《元和郡县志》载:“西平县,本汉旧县,属汝南郡,后魏置。即春秋时柏国也。”④

马端临《文献通考》:“柏国,在汝南西平县柏亭,今蔡州西平县。”⑤

---

① 〔汉〕班固撰,颜师古注:《汉书》,中华书局,1982 年。
② 〔南朝宋〕范晔撰,〔唐〕李贤注:《后汉书》,中华书局,1965 年。
③ 〔北魏〕郦道元著,陈桥驿校证:《水经注校证》,中华书局,2007 年。
④ 〔唐〕李吉甫撰,贺次君点校:《元和郡县志》卷九,中华书局,1985 年。
⑤ 〔宋〕马端临:《文献通考》卷二百六十三,文渊阁四库全书本。

乐史《太平寰宇记》:“(西平县)本汉旧县,春秋时古柏子国之地。”①

欧阳忞《舆地广记》:“西平县,故柏子国。汉旧县,属汝南郡。”②

李贤《明一统志》:“西平县,在(汝宁)府城西北一百三十里,古柏子国。”③

高士奇《春秋地名考略》:“杜注:柏国,在汝南西平县。臣谨按,西平,汉县,属汝南郡。应劭曰,有柏亭,故柏国也。隋属蔡州,今属汝宁府,柏亭在县西。”④

顾祖禹《读史方舆纪要》卷五十“河南五”载:“柏亭在县西南。应劭曰:西平县有柏亭,故柏国也。杜预曰:春秋时柏国,县之柏亭是。”⑤

顾栋高《春秋大事表》:“柏国,在西平县西,有柏亭。”⑥

而汉应劭的《风俗通义·姓氏篇》、唐林宝的《元和姓纂》、宋邵思的《姓解》、郑樵的《通志·氏族略》、罗泌的《路史》、邓名世的《古今姓氏书辩证》、明陈士元的《姓觿》、清人廖用贤的《尚支录》等姓氏古籍均载,柏姓为柏皇氏之裔。

《风俗通义·姓氏篇》:“柏氏,柏皇氏之后。”⑦

《元和姓纂》:柏氏,“柏皇氏之后。”⑧

《姓解》:“柏,古帝柏皇氏之后。”⑨

《通志·氏族略》:“柏氏,子爵,《风俗通》:柏皇氏之裔。”⑩

---

① 〔宋〕乐史撰:《太平寰宇记》卷十一,文渊阁四库全书本。
② 〔宋〕欧阳忞撰:《舆地广记》卷九,四川大学出版社,2003年。
③ 〔明〕李贤等撰:《明一统志》卷三十一,文渊阁四库全书本。
④ 〔清〕高士奇撰:《春秋地名考略》卷十三,文渊阁四库全书本。
⑤ 〔清〕顾祖禹撰:《读史方舆纪要》,中华书局,2005年。
⑥ 〔清〕顾栋高撰:《春秋大事表》卷六上,文渊阁四库全书本。
⑦ 〔汉〕史游撰,〔唐〕颜师古注,管振邦译注:《颜注急就篇译释》,南京大学出版社,2009年。
⑧ 〔唐〕林宝撰,岑仲勉校记:《元和姓纂》(附四校记),中华书局,1994年。
⑨ 〔宋〕邵思纂:《姓解》卷二,中华书局,1985年。
⑩ 〔宋〕郑樵撰,王树民点校:《通志二十略》,中华书局,1995年。

《路史·前纪六》:“柏皇氏,姓柏,名芝,是为皇柏。出榑日之阳,驾六龙,以木纪德,为而不有,应而不求,立于正阳之南,是为皇人山。其后为柏,有柏氏。”泌子罗苹注曰:“《风俗通》云,柏皇氏后。”①

《古今姓氏书辩证》:“柏氏,《风俗通》:柏皇氏之后。”

《姓觿》:“柏氏,《姓考》云:古帝柏皇氏之后。”②

《尚友录》引《风俗通》云,柏氏为“古柏皇氏之后”③。

五帝时期见诸史册的黄帝时地官柏常、颛顼师柏亮父、帝喾师柏招、尧舜时诸侯柏成子皋等柏姓先祖或皆为柏皇氏族裔。柏皇氏后裔所封柏国在春秋时为小国,为周边大国争夺之地,其后为楚附庸,并在公元前7世纪后期为楚所灭,国人多南迁今湖北省境内。柏姓为西汉人史游《急就篇》中所列当时132个姓氏之一,在居延汉简、肩水金关汉简等汉代竹简里面也发现一些柏姓人的名字,说明在先秦至秦汉时期,柏姓是一个地位十分重要的族姓。秦汉以后,柏姓也出现了柏良器、柏耆、柏贞节、柏英、柏立本、柏谦等著名历史人物。柏姓历史上曾在魏郡、平原郡等地形成望族,并以天水、碧山等为堂号。

(本文作者为河南省社会科学院历史与考古研究所副所长、副研究员)

① 〔宋〕罗泌撰:《路史》卷六,文渊阁四库全书本。
② 〔明〕陈士元:《姓觿》卷十,中华书局,1985年。
③ 〔明〕廖用贤纂:《尚友录》卷二十一,明天启年间刻本。

柏氏源流简述

高　沛

有人作过统计,华夏56个民族,使用过的单姓和复姓加起来不下两万个,柏姓是这个大家庭中的一员,总人口百万上下。在现代中华姓氏中,按人口多少,柏姓排列为第186位,在传统的《百家姓》中居第37位,是一个源远流长的古老姓氏。

一

我们说柏姓源远流长,是因为柏姓的远祖是柏皇氏,依据典籍记述,上可追溯到三皇五帝时代,后世绵延不衰,精英辈出。

柏皇氏,传为上古帝名,亦作伯皇、柏篁、黄柏等。《周易·系辞下》记载:"庖(伏)牺氏没,神农氏作。"《帝王世纪》云:"包牺氏没,女娲氏代立为女皇。女娲氏没,次有大庭氏、柏黄氏、中央氏、栗陆氏、骊连氏、赫胥氏、尊卢氏、混沌氏、皞英氏、有巢氏、朱襄氏、葛天氏、阴康氏、无怀氏,凡十五代,皆习包牺氏之号也。”《庄子·胠箧篇》记载:“昔者容成氏、大庭氏、伯皇氏、中央氏、栗陆氏、骊畜氏、轩辕氏、赫胥氏、尊卢氏、祝融氏、伏羲氏、神农氏,当是时也,民结绳而用之。”《六韬·大明》记载:“柏皇氏、栗陆氏、骊连氏、轩辕氏、共工氏、宗卢氏、祝融氏、庸成氏、混沌氏、昊英氏、有巢氏、朱襄氏、葛天氏、阴康氏、无怀氏。”《金楼子·兴王篇》记载:“容成氏、大庭氏、柏皇氏、中央氏、栗陆氏、骊连氏、郝苏氏、宗卢氏、祝和氏、浑沌氏、昊英氏、有巢氏、朱襄氏、葛天氏、阴康氏、无怀氏。”《资治通鉴外纪》胡克家补注记载:“有巢氏、遂人氏、大庭氏、柏皇氏、混沌氏、昊英氏、朱襄氏、葛天氏、阴康氏、无怀氏……十五氏,皆袭伏羲之号。”

上述几部典籍记载中,诸氏的排列顺序有所不同,氏名亦有区别,但每一篇记载中均有柏皇氏,而且位置都比较靠前。这些远古信息虽见于典籍,但多取自神话、传说,可信度究竟有多大?对于这个问题,著名史学家李学勤在《黄帝传说是历史的一部分》文中作出了很好的回答:“传说是历史的一个组成部分,而且是历史不可或缺的部分。”[①]把远古神话、传说视作历史的一个组成部分,两河文明、埃及文明如此,印度文明等亦如此,世界各国概莫能外。据此,我们可以认定柏皇氏为古帝之一,或者是说柏皇氏为远古伏羲时代的传说是有据的、可靠的。

据传,柏皇氏名芝,是东方部落的首领,因以柏树为图腾,故称柏芝。他曾协助伏羲治理天下,勤劳于天下而不居功自傲,造福于民众而无所欲求,深得伏羲的信任和百姓拥戴,被尊为柏皇。宋罗泌《路史·前纪六》记载:“柏皇氏,姓柏,名芝,是为皇柏。出榑日之阳,驾六龙,以木纪德,为而不有,应而不求,立于正阳之南,是为皇人山。”《命历序》记载“柏皇出榑桑之阳,驾六龙上下。”《汉书·礼乐志》记载:“(柏皇)独乐六龙。”“六楷”“六龙”均指骏马,

① 张杰:《黄帝故里故都在新郑》,中州古籍出版社,2005年。

“驾六龙”是天子出驾的规格，此处亦可见柏皇氏地位之显赫，从而也足以证实其为伏羲时代的真实性。关于柏皇故地，河南博物院研究员张维华认为：“‘立于正阳之门’，当为‘地中’，‘地中’一般指黄帝定都之地新郑。后来的柏子国，其封地应距祖居之地不远。西平位于新郑之南，应视为柏皇氏之祖地。当然，柏人亦将先祖时的一些地名带到封国来了，如‘皇人山’，即现在的‘蜘蛛山（又名始祖山）’，罗泌《路史·前纪六》云‘《方志华夷图》谓之伏羲山’。那么蜘蛛山亦称伏羲山了。”

柏皇氏族是一个古老的族群，后代子孙多以柏为氏。“以祖为氏”应为柏姓的一个主要渊源。五帝时代，柏氏名人辈出。柏高：传说为黄帝臣。《管子·地数》卷二十三载：“黄帝问于伯高曰：‘吾欲陶天下而以为一家，为之有道乎？’伯高对曰：‘请刈其莞而树之，吾谨逃其蚤牙，则天下可陶而为一家。’”《风俗通》载：“柏常为皇帝地官，柏亮（父）又为颛顼师，柏昭为帝喾师，尧治天下有柏成子高（皋）立为诸侯。”舜帝时有伯益，《史记·秦本纪》记载：“大费拜受佐舜，调驯鸟兽，鸟兽多驯服，是为柏翳。舜赐姓嬴氏。”故柏益之后代分属柏、嬴两个姓支。伯同柏，柏翳同伯益。“大费”，指柏益。《竹书纪年》上卷记载：“二年，费侯伯益出就国。王帅师伐有扈大战于甘。六年，伯益薨，祠之。”上述柏高、柏常、柏亮父、柏昭、柏成子高、柏益，皆取祖先柏皇氏第一个字“柏”为姓。柏姓代代相传，一脉相承，更证实古帝柏皇氏为柏姓族群的远祖。而柏高、柏常、柏亮父、柏昭、柏成子高、柏益等皆为得姓之祖，年复年，代复代，其后代子孙又形成了多个柏姓支族。

二

柏姓的第二个渊源：以国为姓。要弄清这个问题，首先要明白柏国的地望、历史变迁，柏人、柏姓与柏国的关系。

河南省西平县古称柏国。郦道元《水经注》载："又东过西平县北。县，故柏国也。《春秋左传》所谓江、黄、道、柏，方睦于齐也。汉曰西平。其西吕墟，即西陵亭也。西陵平夷，故曰西平……县出名金，古有铁官。"这段话告诉人们三层意思：一是柏国的地理位置。春秋时代，位处汝南郡潕水之南的柏国（今河南西平）与江国（今河南正阳）、黄国（今河南潢川）、道国（今河南确山）为邻，因势力弱小，同霸业强盛的齐国结为姻亲友好。故称：古西陵、古柏国、西平实指一地。《汉书·地理志》："西平，有铁官。莽曰新亭。"应劭曰："故柏子国也，今柏亭是。"2002年，在西平县酒店乡朱苍庄发现一块汉砖墓志铭，上书有"柏亭乡"，该砖现藏县文管所。所有这些，进一步坐实古柏国就是今西平。

二是柏国的历史变迁及柏氏与西平的关系。西平，古称柏国（柏子国），秦属颍川郡，汉高帝四年（前203）置县，属汝南郡，新莽改西平为新亭，建初二年（77）析汝南郡八县置西平国，县境在其内，永初二年（108）析上蔡西部、西平东部置定颍县，北魏置襄城郡，治所在今西平师灵镇，北齐改称文城郡，贞观元年（627）县境划归郾城县，唐天授二年（691）复置西平县，宋、元、明、清相沿至今。古柏国的疆域主要在今西平，这在众多的典籍记载中是无异议的。但始建或初封柏国的时间却有不同说法。《史记·周本纪》记载："穆王即位，春秋已五十矣。王道衰微，穆王闵文武之道缺，乃命伯冏申诫太仆国之政，作《冏命》。复宁。"柏皇氏后裔中的杰出者柏冏，辅助周穆王功高位显，官至太仆正，封柏地为国君，史称柏国（柏子国）。此为一说，也是最普遍的一种说法。《汝宁府志·建置篇》记载："西平县在府城西北一百三十里。《禹贡》豫州之域。黄帝有熊氏之裔柏亮父、父子为帝师，肇封于柏，为柏子国。"陈铭鉴在其所修的民国《西平县志》序中云：茫茫大地，自开辟以来，其间经历变迁不知凡几。西平为柏皇氏肇封之域，计已四千余载。而秦汉以前见于经传者曰柏，曰棠溪。据此说可知，西平初封柏子国时，当在五帝时代。"肇封于柏，为柏子国。”“肇”者，始也，与四千余载的说法基本相符。就是说，柏子国是柏皇氏后裔的初封、首封。细想此说，与世人常说的周封（柏冏）柏国并不矛盾，周封是五帝时代初封千年之后的事情。若清《汝宁府志》《西平县志》考据无误的话，那么，柏氏子孙异代封国同在柏地也就不足为怪了。另，《风俗通》载“尧治天下有柏成子高（皋）立为诸侯”，一般来说，既立为诸侯，就应有封国。《竹书纪年》上卷也记载：“二年，费侯伯益出就国……六年，伯益薨，祠之。”既称费侯，又把其死说薨，柏益亦应是王侯圈内的人。而柏成子高、柏益都是五帝时代的人，这也能说明“西平为柏皇氏肇封之域，计已四千余载”并非完全虚说。前边已经说过，柏皇氏为柏姓始祖，而柏皇氏遗族柏高、柏常、柏亮父、柏招、柏成子高、柏益、柏冏皆为得姓之祖。史籍对此早有论述。《路史》：“柏常，柏皇之后，有柏常氏。”汉应劭《风俗通义·姓氏篇》：“柏氏，柏皇氏之后，又柏亮父为颛顼师，柏昭为帝喾师，柏冏为周太仆。”学界还有持“柏国开国君王是黄帝臣伯高”观点的，此说是耶非耶？笔者尚未查到出处，不敢妄加评论，暂存疑待考。

虽然朝代更替，世事变迁，西平人内心深处永远盛着“柏国”情结，也为柏国、柏氏曾有过的辉煌感到自豪。西平旧有八景，其一为“柏亭春霭”。直到明清时，儒官、文人墨客，常临柏亭，触景生情，吟诗怀古。明代西平知县卫善诱诗曰：“父子相传作帝师，柏亭封国此遗迹。”明西平知县汤显相有“地称柏国犹存柏，我宰棠溪谁咏棠”；明监察御史王诰有“帝子封疆古柏桥，可怜春色兴偏饶”；清西平知县沈棻有“封国贻来久，乡亭望去新”；清邑学训导闫克恭有“当年父子帝朝臣，人往风微几度春”；清末民初曾任袁世凯家庭教师的陈庭兰有“故国今何在，登临尚有亭。遗封传柏子，春色霭西陵”；民国初年国大代表陈铭鉴有“流波如带绕文城，故国犹留柏子名”“共酌流觞情话久，柏亭长愿驻吟鞭”“亭上春来袅碧烟，过桥戎马忆当年”。直到当代，柏国以及带“柏”子的街道名、行政区划名、校名、商号名在西平比比皆是。如柏城办事处、柏亭办事处、柏城派出所、柏城中学、柏国书店、柏城剧院、柏城大道、柏亭(民国)、柏城高中(民国)、柏亭桥(民国)等等。

三是楚并柏国在何时？说法不尽相同。有说公元前613年的,有说公元前490—前480年间的,有说公元前529年的。尽管说法不一,但并非毫无根据。春秋末期,群雄割据,战火不断,国力弱小的柏国,朝属韩暮归楚,历经了数次灭亡—复国的动荡年月,最后,为强楚吞并。这样说来出现多说也就不足为怪了。1990年中国财经出版社出版的《西平县志》记载"周景王贵十四年(前531),柏国为楚国所并",此为一说,也是最普遍的又比较可靠的说法。由于柏国不甘灭亡,举全国之力反抗,楚军对柏人大加杀戮,幸存者无论贵族或庶民,要么背井离乡,要么隐姓埋名。逃离故国的柏国王族后代和平民百姓,散居各地,不忘故国,就用原来的国名"柏"为姓,世代相沿至今。正如《通志·氏族略》所载:"柏国在今蔡州西平县,为楚所灭。子孙以国为氏。"柏国,作为一个符号,早已走进历史的深处,但它所承载的沧海桑田、悲欢离合影响深远,和它的名字一样深深地镌刻在包括柏姓后裔在内的人们心中。

三

作为柏姓两个主要渊源之一的柏国,按一般常理,本应该是柏姓郡望之地,可到后来为什么却说望出魏郡(今河北省临漳县)、济阴(今山东省菏泽市定陶区)呢？宗祠堂号多为"忠恕堂",之前有"遂取堂",之后有"拥书堂"等。这是因为楚灭柏时,在柏国故地,甚至很难找到一个敢于说是柏姓后代的人。直到现在,作为柏国故地的西平,柏姓人依然极少。柏姓人哪里去了？2010年1月28日,相约回柏国故地寻根问祖的中华柏氏家族委员会负责人柏振云(安徽蒙城)、柏基稳(安徽淮南)、柏学海(江苏扬州)、柏令成(四川达州)等人,在故柏国大地上捏土为香,洒泪跪祭先祖柏皇氏。赤子之心,情深意切,天人可鉴。时值红日西坠,月华东升,天现日月同辉奇景,众皆欢呼。柏氏后人说,当年,强楚灭柏,柏国难民含愤忍悲,背起祖宗牌位,携儿带女逃离故国,远走他乡,去了河北、山东、安徽、湖北、陕西、湖南、江苏、江西、浙江等地谋生。颠沛流离、饥寒交迫的逃难生涯,造就了柏姓人坚韧不拔、百折不挠,团结奋斗、开拓进取的性格。也许正是因为具备了这种精神,柏姓后人才能够在危难中谋求生存、繁衍生息、发展壮大。所以,历史上柏姓"代有人才出"。除前边提到的五帝时代柏皇氏后裔柏高、柏常、柏亮父、柏招、柏成子高、柏益、柏冏等柏姓贤能外,在之后的中国历史长河中,柏姓俊杰依然不乏后来者,有司马迁盛赞的周初贤人柏(伯)夷,东周有史官柏常骞,秦有大将军柏直,汉有大鸿胪柏始昌和柏英,唐有工部尚书柏季纂和左拾遗柏耆及左领军卫大将军平原王柏良器,元代有画家柏子庭,明代有延安卫指挥史柏英,清代有著名画家诗人柏立本、书法家柏谦、画家兼书法家诗人柏古,民国有资产阶级革命家安徽都督柏文蔚等,他们都是对中国历史做过重大贡献的重量级人物。至于当代,柏姓人物在党政部门,士农工商各界做出突出贡献的人物更是不胜枚举。

作为普通人的柏姓族人也和柏姓精英一样,继承了先祖精神,不畏险阻,艰苦创业,甚至在极端艰难的生存条件下,还不忘延续柏氏根脉。安徽蒙城柏氏后代柏振云老先生讲述了一个动人的故事。南北朝时代,民族大迁移,河北大名府有三位拜把兄弟,老大姓柏,老二姓戴,老三姓陈。三人靠卖艺为生,走到安徽巢湖已穷困到不名分文,只好在湖边村落住下。此时,柏、戴二人已年过半百,陈正当壮年。为传宗接代,情同一母的三兄弟拼命劳作,攒钱为老三陈氏娶妻,并约定生第一个男孩,过继给老大柏氏,第二个男孩过继给老二戴氏,以后所生,无论男女,皆由老三陈氏养育。后来子孙繁衍,家族兴旺,三姓共建、共祭一个祠堂。从血缘关系看,三姓子孙都是陈姓之后,三姓商议把陈姓放在前头,祠堂取名陈柏戴祠堂,一直延续至今。其柏氏嫡孙柏龙驹(故事最先提供者),现为安徽省文学艺术界联合会副主席。这个故事,令人感慨不已。一个家族、一个氏族，乃至一个民族，同根共祖，血浓于水。其亲和力、凝聚力、向心力在社会实践中所产生的作用是不可估量的。

除上述两个主要渊源外，少数民族汉化改姓也是柏族姓源之一。汉代以下，统治阶级为了巩固中央集权，对边疆少数民族推行羁縻政策，到了明清时期，在实行羁縻政策的同时，加强改土归流，内地和边疆在政治、经济、文化上都得到了不同程度的交流，也带来了少数民族姓氏改为包括柏姓在内的汉姓而世代流传下来。蒙古族、满族，早在明清时期就有这种先例。如在清朝中叶萨尔图氏多以先祖名字首音为姓氏，汉化为柏姓。这种情况还有，不再一一列举。另外，回族、壮族、布依族、土家族、羌族等少数民族姓氏中，亦有柏姓分布，产生的原因比较复杂。

纵观历史，追溯姓源，不可否认以祖为姓是姓氏主流，但由于战争、饥荒、移民，族群之间通婚，帝王赐姓、个人改姓等原因，单从血缘关系上去认定姓属已经不够了，这里边也有一个文化认同的问题。柏氏文化中亦存在这种现象，对此，本文不再详述。

（本文作者为西平县炎黄文化研究会原会长）

柏姓的分布与播迁述略

陈习刚

柏姓是一个多民族、多源流姓氏,历史悠久。在当今姓氏排行榜上,柏姓名列第186位,人口约50万,占全国人口总数的0.0031%左右。如今,柏姓人在全国分布较广,如河南、安徽、湖南、陕西、江苏、北京、上海、台湾等地都有柏姓人分布,尤以湖南、山东、安徽等省为多。

一、三皇五帝时代柏姓的多源迸发

三皇时期,柏皇氏部族居地(今河南开封)一带已有柏姓分布。柏皇氏是华夏古老的一个族群,还是较古老的一代伏羲氏帝王。柏皇氏住在皇柏山(皇伯山,今河南开封陈留)上,其后裔以先祖居地名称“柏山”为姓氏,称柏氏。柏姓族人在此一带繁衍生息,并向周围发展迁徙。

到五帝时代,五帝都城一带都有柏姓人分布。黄帝都城(今河南新郑、新密一带)有黄帝地官(司徒)柏常。颛顼、帝喾都城(今河南濮阳)有颛顼之师柏亮文,帝喾之师柏招。柏招曾力促帝喾“扫夔门之陋,惟嘉植之足珍,故美名之可究”。柏招本嬴姓人,柏招的子孙后代中有以其名字为姓氏,并发展为柏姓重要的一个分支。尧帝都陶寺(今山西襄汾),尧帝治理天下时,有柏成子。虞舜都蒲坂(今山西永济县东南),舜帝时,有地官(司徒)柏翳(伯益)。《史记·秦本纪》载:“大费拜受佐舜,调驯鸟兽,鸟兽多驯服,是为柏翳。舜赐姓嬴。”柏翳,就是大费,又称伯益,为舜帝执政时期的司徒,专职负责畜牧之事,并佐大禹治水,因功被舜帝赐姓为嬴。伯益子孙后代中又有以其名字为姓氏的,也发展为柏姓重要的一个分支。

二、夏商周三代时期柏姓播迁的扩大

夏、商、周三代,柏姓人进一步向周围播迁。夏禹在确立王权后,就在有崇部落所在地——嵩山之阳建立了阳城(今河南登封市告成镇)作为都城,后又迁往阳翟(今河南禹州)等地。随着夏都的迁移,柏姓人也随之播迁到新的地区。

西周时商都故地也有柏姓人。源于姜姓,出自远古炎帝的后代伯夷,属于以先祖名字为氏。柏氏始祖中另有一位著名人物,就是伯夷。伯夷是炎帝的后代。伯夷,为殷商末齐孤竹君之长子,姓墨胎氏。起初,孤竹君欲以次子叔齐为继承人,及至孤竹君逝世,叔齐却让位于伯夷。伯夷以为这样忤逆了父命,遂逃跑了,而叔齐亦不肯即位,也逃之夭夭。后来,二人听说西伯侯姬昌赡养老人,遂一起往归周地。当二人抵达周原时,正值西伯侯逝世,而周武王姬发正准备兴兵伐纣,二人当即阻拦在周武王的马前叩谏,说:“父死不葬,爰及干戈,可谓孝乎?以臣弑君,可谓仁乎?”当时周武王的手下认为这二人无理阻拦,欲动武驱之,被姜太公制止了。姜太公说:“此义人也!”遂扶而去之。后来周武王灭商纣之后,天下宗周,而伯夷、叔齐二人耻食周粟,逃隐于首阳山,采集野菜而食之,及饿将死,二人作歌曰:“登彼西山兮,采其薇矣。以暴易暴兮,不知其非矣。神农、虞、夏忽焉没兮,我安适归矣? 于嗟徂兮,命之衰矣!”最后这二人皆饿死于首阳山(今河南偃师市雷首山)。

古书记载伯夷,也有记作柏夷。上古时期“伯”“柏”二字通假,因此其后裔子孙中亦有称柏氏者,世代相传至今。

西周都城镐京也有柏姓人。西周初期,王朝内就有柏姓人为太仆正。

三、春秋战国时期柏国的灭亡与柏姓的壮大

柏子国建于西周初期,是周公旦赐封柏皇氏后裔的一个子爵小诸侯国,依附于强大的齐国,为齐国的盟国之一,《左传·僖公五年》载:“江、黄、道、柏方睦于齐。”柏国辖境约包括今河南驻马店市西平县及平顶山市舞钢市一带。《通志·氏族略》载:“柏国在今蔡州西平县,为楚所灭。子孙以国为氏。”汉、唐、宋时期的蔡州西平,其地囊括今西平县和舞钢市。古柏国都城柏亭遗址在今舞钢市尹集镇谢古洞村一带被发现,都城南门就在肖湾村东,而田岗水库东岸一条两千多米长的古柏国城郭遗址,就是古柏国西门所在。柏国不仅传承了柏姓先祖文化,而且也扩大了柏姓的影响。柏国人将先祖时期的一些地名带到了封国,如“皇人山”,罗泌《路史·前纪六》说:“皇人山,谓之伏羲山。”柏皇氏为伏羲氏之一,因此称“伏羲山”有证可循。柏国人崇尚柏树,这也是继承先祖柏皇氏文化。柏皇氏称顽强、高大而长寿的古柏为柏皇,并以柏为氏族图腾。柏国为楚所灭后,国人以国为氏,形成一支新的柏姓分支。

春秋末期,柏子国为楚国所灭。国灭后,柏子国王族后代和国民就用原来的国名作为姓氏,称柏氏,世代相传至今。

四、唐宋时期的柏族

源于其他少数民族,属于汉化改姓为氏。在今回族、布依族、土家族、羌族等少数民族中,均有柏氏族人分布,其来源大多是在唐、宋、元、明、清时期中央政府推行的羁縻政策及改土归流运动中,改为汉姓柏氏,世代相传至今。

碧山堂:出自唐朝柏贞节(或柏茂琳)的典故。唐朝晚期时,四川夔州太守(都尉)柏贞节,年轻睿智,聪敏好学,多次立下战功,受到皇帝的嘉奖,守卫夔州要塞。他体贴民众,爱好文学,出书、奏章,流传深广。其隐居碧山,人们称谓"碧山学士,柏学士太守,碧山柏都尉"等。大诗人杜甫流落四川夔州,太守热情款待,结为义兄,成为诗友,情谊深远,同卧席榻,多次赠诗留墨以表寸心。如"碧山学士""柏学士茅屋"等。有唐朝大诗人杜甫《送柏大世兄》诗:"碧山学士焚银鱼,白马却走身岩居;古人已用三冬足,年少今开万卷余;晴云满户团倾盖,秋水浮阶溜决渠;富贵必从勤苦得,男儿须读五车书。"后人为纪念,即以"碧山堂"为祠堂号,传至今日,通用为柏家。如今安徽、江苏、四川、河南、山西等柏氏族人用此堂号还很多,红白喜事,或有家族大的活动都会标明"碧山堂"的封帖等。各地建的"碧山堂"也风格不同,派行也有所区分不等。安徽泗县"碧山堂",由柏法宝于明朝洪武间自山西临汾府曲沃县迁至安徽宿州泗县赤山里建村,即今泗县山头镇大柏街。后在清朝建宗祠,创柏氏学堂,民国期间重修,在"文革"时期"破四旧"时被拆除。后人在1990年又集资重建"碧山堂"复古虹乡八景之一"柏浦荷风园",重新修订《柏氏家谱》。

图开烟阁;雾扫夔州。——佚名撰柏姓宗祠通用联

上联典指唐代魏州人柏良器,字公亮,父亲柏造死于安史之乱中,于是学剑术要杀贼报仇,后跟从朔方节度使李光弼,官械武卫中郎将,因平定淮宁节

度使李希烈叛乱有功，封平原王，图形绘于凌烟阁，官至械领军卫大将军。下联典指唐代人柏贞节，镇守夔州，为官清良，政绩显著。杜甫曾有诗句："柏公镇夔州，滞雾兹一扫。"

容图麟阁；术擅纵横。——佚名撰柏姓宗祠通用联

上联典指唐柏良器。下联典指唐柏耆。

常山游说；帝师重道。——佚名撰柏姓宗祠通用联

上联典指唐柏耆请往游说常山王承宗归降朝廷事。下联典指上古柏亮为颛顼师，柏招为帝喾师。

功平山越；道重帝师。——佚名撰柏姓宗祠通用联

上联典指唐柏良器。下联典指上古柏招。

五、元代的柏族

源于蒙古族，出自元朝时期撒勒只兀惕部，属于以先祖名字汉化为氏。据史籍《清朝通志·氏族略·蒙古八旗姓》记载，蒙古族萨尔图氏，源出元朝时期蒙古撒勒只兀惕（山只昆部）部后裔，先世居敖汉（今内蒙古赤峰敖汉旗）、扎鲁特（今内蒙古扎鲁特旗），后始祖萨尔图·柏德携族迁居叶赫（今吉林四平市）。后有满族引为姓氏者，满语为 Sartu Hala。蒙古族、满族萨尔图氏，在清朝中叶以后多以先祖名字首音为姓氏，汉化称柏氏。

源于其他少数民族，属于汉化改姓为氏。在今回族、布依族、土家族、羌族等少数民族中，均有柏氏族人分布，其来源大多是在唐、宋、元、明、清时期中央政府推行的羁縻政策及改土归流运动中，改为汉姓柏氏，世代相传至今。

柏衍庆：原籍江西吉安府太和县鹅颈塘，因李从珂兵乱，避难来楚，徙居衡州铁炉门，宋太祖开宝五年（972）生柏楚望，柏楚望稍长，迁宁远东乡桐木塘，生柏敦化、柏敦瑞。柏敦化分居松柏岗，生柏彩、柏隆，卜居东乡龙板

及对河虎形,开柏万成户;柏敦瑞初守桐木塘,裔孙移居西乡漯塘下,即今之里塘尾,传至柏允春、柏允福。柏允福生柏应奎,于元泰定年间迁祁阳,生柏仲林、柏仲彬;柏仲彬一支居祁阳乾冲坪,柏仲林生柏永安,仍迁故里柏家坪。柏允春下传四代至柏法祯,始卜长竹山立宅,后亦迁居柏家坪,开柏万胜户;柏楚望七世孙柏自程,乳名四郎,原名柏希祯,于元初徙居广济乡禾亭墟里母江,今名里美江,开柏万发户。柏自程生柏文通、柏文达、柏文珠,明洪武初,柏文通、柏文达编籍广济乡八甲,珠列七甲。柏万成、柏万胜、柏万发三户裔孙后衍散宁远、祁阳、桂阳及广西阳朔、四川广安、岳池、重庆大足、贵州独山等地。

柏楚望:北宋明道元年(1032)自湖南衡州府铁炉门迁永州府延塘。第十二代荣福,元至正四年(1344)自延塘转迁永州府祁阳县富阳。康熙年间,第二十一代又新(号君臣)自祁阳县文明铺迁来岳池县双碑桥,恒新(号君瑞)也自文明铺迁来岳池县西门外科甲桥,即今遇仙桥,基林自祁阳县普乐乡上椿塘迁来岳池县西门外科甲沟。第二十三代维扬(号旭元)自湖北麻城县孝感乡迁来岳池县北门外奶山坡。是为四川岳池柏氏始祖。

六、明清时期少数民族的改姓与柏姓的广泛迁徙

明末清初四川连年战争,十室九空,天府之壤,田地荒芜,发春之子柏氏二十二代世泰、世奎、世纯及堂兄世魁积极响应康熙帝鼓励移民之诏,于康熙年间一同入川。

入川后,世泰、世奎、世纯定居于达县(绥定)赵家乡(清风乡)沙坝村毛家溪老屋院。入川三年,世泰、世奎、世纯兄弟三人及堂兄世魁思念远在湖南之父母,回祖籍各接来重病父母发春及朱氏、桂春及胡氏,次年发春、朱氏先后病故。发春葬于沙坝庙湾,朱氏葬于高石坎。世泰、世奎、世纯后人在此繁衍生

息已历十三世,人口达二千余之众。桂春之子世魁定居肖家坡。而后明金迁于马家斜石盘干拱桥,元清、元道迁达县映山乡柏家坝,将其祖先桂春坟迁入映山,胡氏坟留肖家坡。

世泰、世奎、世纯本居一处,后因人口众多,世泰定居关家沟,世奎定居沙坝朝门院,三子世纯好唱戏,不愿留川,回湖南老家,后因户籍原因被迫再度入川,并带回家族狮子及乐器,定居肖家浜(熊家湾)。世泰、世奎、世纯合议率柏氏子孙集资修建家庙于踏水桥南头小屋坝上供奉祖先,后迁至庙坡上,名曰南溪庙,现仍供有家族狮子。世纯第六代子孙开达于柏家山建柏家祠堂,永祭祖先,功载千秋。

源于满族,出自明清时期女真诸部,属于汉化改姓为氏。史籍《清朝通志·氏族略·满洲八旗姓》记载:满族乌苏氏,亦称吴苏哈里氏,源出金国时期女真温古孙部,以部为氏,满语为 Usun Hala,汉意为“水”,世居乌苏(今吉林伊通)、瓦尔喀(今南自长白山、图们江以北,北至黑龙江下游乌扎拉地方以南,东海岸包括俄罗斯滨海地区南赫席赫、鄂漠和苏鲁、佛讷赫托克索等地)、讷殷(今吉林抚松松花江上游流域)、长白山等地,是满族最古老的姓氏之一,后多冠汉姓为乌氏、吴氏、苏氏、关氏、穆氏、戴氏、柏氏、武氏、常氏等。

满族赛密呼氏,源出金国时期女真白号姓氏之塞蒲里氏,以姓为氏,满语为 Saimire Hala,世居萨哈尔察(今黑龙江北岸俄罗斯境布列亚河流域)、齐齐哈尔(今黑龙江齐齐哈尔)、长白山、黑龙江沿岸等地,是满洲巨族,后多冠汉姓为柴氏、赛氏、柏氏等。

满族伊拉哩氏,亦称伊里氏、伊拉礼氏、伊喇立氏,满语为 Ilari Hala,汉意为“开”,世居乌喇(今吉林永吉乌拉街至辉发河口、拉发河流域、双阳一带)、叶赫(今吉林梨树)、蜚优城(今吉林珲春)、伊罕阿林城(今吉林市东北 15 公里处)、松花江流域等地。后有锡伯族引为姓氏者。清朝中叶以后多冠汉姓为伊氏、何氏、赵氏、尼氏、潘氏、苏氏、许氏、岳氏、禹氏、仉氏、柏氏、樊氏、郝氏、靳氏、李氏等。

源于其他少数民族,属于汉化改姓为氏。在今回族、布依族、土家族、羌族等少数民族中,均有柏氏族人分布,其来源大多是在唐、宋、元、明、清时期中央政府推行的羁縻政策及改土归流运动中,改为汉姓柏氏,世代相传至今。

得姓始祖:柏芝(柏皇氏)、柏常、柏招、柏夷亮父、柏翳(大费、伯益)、柏有。

各支始祖:

柏荣福:居宁远富阳乾冲坪,生仲林、仲彬,仲林于明永乐年间徙居祁阳皇福塘(一称横木塘),生子六,一出继,清康熙丁丑年柏永秀、柏永茂二房相继迁蜀,柏永昌、柏永安、柏永诚三房云礽承业。柏仲彬仍居乾冲坪,其子柏永青徙居泮泥冲,柏永良徙居四方井。五房子孙繁衍,散处祁阳、宁远各处。是为宁远柏氏始祖。

今宁远柏家坪柏家村整个村子皆为柏姓,合有4000之众,族谱记载始祖为柏楚望,远迁于江西,确实可考。

陕西长安"柏氏家谱"一卷,著者待考,清光绪十八年(1892)咸阳堂木刻活字印本一册。现被收藏在上海市图书馆、陕西省延安市图书馆。

陕西长安"柏氏族谱"一卷,著者待考,清光绪二十一年(1895)咸阳堂木刻活字印本一册。现被收藏在上海市图书馆、陕西省延安市图书馆。

陕西长安"柏氏家谱"一卷,著者待考,清光绪二十二年(1896)木刻活字印本。现被收藏在上海市图书馆。

"柏氏族谱",柏氏合族编修,1994年碧山堂计算机排印本。公开发行。

四川岳池"柏氏族谱"四卷,首一卷,双碑桥支、遇仙桥支、科甲桥支、奶山坡支世系表各一卷,柏用硕等修,1996年油印本。注:先祖为北宋柏楚望,元柏荣福,清柏又新、柏恒新、柏基林、柏维扬等。

四川岳池“柏氏续谱纪念册”一卷,柏斌武编,1999年铅印本一册。注:该谱是1996年油印本《柏氏族谱》之附册,记载有各支字辈。

湖南祁阳“柏氏三修族谱”,清宣统三年(1911)木刻活字印本。现被收藏在中国家谱网站档案馆。

湖南永州宁远“柏氏续修宗谱”,民国柏万成、柏万胜、柏万发三户合修,民国30年(1941)手写本。现被收藏在中国家谱网站档案馆。

桂郡上塘“柏氏重修宗谱”七卷,首一卷,民国柏选等重修,民国14年(1925)玉树堂木刻活字印本。

维扬江都“柏氏重修族谱”四卷,民国柏正贵重修,民国4年(1915)木刻活字印本。

文授大学士;功封平原王。——佚名撰柏姓宗祠通用联

上联典指清道光进士柏俊,原名松俊,蒙古正黄旗人,咸丰间累官户部尚书,文渊阁大学士。下联典指唐柏良器,字公亮,魏州人。录功封平原王,画像于凌烟阁,晋升左领军卫大将军。

丛桂领筑柏家堰;亮父尝作颛顼师。——佚名撰柏姓宗祠通用联

上联典指明代水利工程名人柏丛桂,江苏宝应人。洪武时建言请筑塘岸,起槐楼40里,以备水患。诏发淮扬民工56000人,使丛桂领导,期月工成。乡人呼为“柏家堰”。下联典出《汉书·古今人表》载,上古柏夷亮父,为颛顼师。

雪耘称米家蓝本;盟鸥乱北苑之真。——佚名撰柏姓宗祠通用联

上联典指清代书画家柏古,字斯民,号雪耘,嘉善人。侨寓平湖。书跌宕,法南宫;画山水,亦学南宫。与房山尝游西湖,冒雨上北高峰顶,曰:“此真米家蓝本也。”下联典指清代女画家柏盟鸥,字映潭,扬州人。涉猎经史百家,于技艺无所不娴。尤工于丝竹及绘事。时人谓其“点染丹碧为山水,以乱董北苑之真”云。

两代帝师,金阙望重;千古学士,玉堂名香。——佚名撰柏姓宗祠通用联

上联典出古时代柏招、柏同(一说为柏夷父和柏亮父),分别为高阳氏颛顼和高辛氏帝喾之师。下联典指东汉柏侯子安,午阳人。三国时魏国学者管宁曾从受《春秋》,颇负盛名。

(本文作者为河南省社会科学院历史与考古研究所副研究员)

柏姓源流、迁徙、分布、发展概论

柏振云

中华柏姓是中华民族最悠久古老的姓氏之一。《尚友录》记载:“相传在上古时期有一个人叫柏皇氏,曾经伏羲臣,生于甘肃成纪(今天水市),他以柏木为图腾,所以叫柏芝,他的子孙后代即以柏为氏。”后伏羲部族逐渐壮大即沿渭水、黄河东迁,都于陈(现河南淮阳)。《帝王世纪》《史记·汉兴以来将相年表》记载:汉武帝元鼎三年(前114)析陇西郡新置天水郡。天水郡辖16县,成纪县位列其中。联想当今众多柏氏宗祠、谱牒都与天水、柏皇有关,说明中华柏氏始祖就是出生在天水的柏皇氏。如江苏阜宁县《柏氏宗谱》载:我族世系出自柏皇居于天水,祠堂曰“天水堂”;安徽寿县柏氏曰天水郡“存诚堂”,定远县柏氏曰天水郡“乐善堂”;湖南宁远县柏家坪柏氏祠堂匾额“天水一家”;四川达州市柏氏祠堂碑额“天水源远”;湖北黄石柏氏祠堂额匾“天水雄风”;河北临西县柏氏谱载:“柏氏出自柏皇氏而蔓延于天下”;等等。柏皇氏,名芝,伏羲臣,因他辅助伏羲治理天下有功,深得伏羲信任,被封为下相,封地在王屋山柏香,住柏皇山(今河南陈留)。柏皇氏后当上了东方部落首领,成为中华民族远古时期重要先祖之一,他聪明睿智,“勤劳天下而不居功,造福于民而无所求”,深得族民拥护,被尊为柏皇,整个部落崇尚柏木的坚韧挺拔,枝繁叶茂,不畏艰难困苦,不惧寒暑冰霜,历千年而不衰的高贵品格,以柏木为图腾,其子孙以图腾为氏称柏姓,故柏皇氏为柏氏家族得姓始祖。柏皇氏出身名门贵族,终身辅助伏羲治理天下,后当上了东方部落首领,成为中华民族远古时期先祖之一,被尊为柏皇。《路史·前纪六》记载:“柏皇氏,姓柏,名芝,是为皇柏。出榑日之阳,驾六龙,以木纪德,为而不有,应而不求,立于正阳之南,是为皇人山。”《命历序》记载:“柏皇出榑桑之阳,驾六龙上下。”《汉书·礼乐志》载:“(柏皇)独乐六龙。”“六楷”“六龙”均指骏马,“驾六龙”是天子出驾的规格,可见柏皇氏地位之显赫,这也足以证实其为继承延续伏羲女娲时代的伏羲联盟之皇。

一

至于柏姓源流还有多说:(1)以封国为氏。《通志·氏族略》载:柏国在今蔡州西平县,西周柏冏为太仆正,是柏子国开国君(亦说黄帝臣柏高为开国君),柏国为楚所灭,子孙以国为氏。(2)以人命氏。《史记·秦本纪》载:大费拜受佐舜,调驯鸟兽,鸟兽多驯服,是为柏翳。舜赐姓嬴。其子孙有柏、嬴二姓。(3)崇拜柏姓品格、避险等因由他姓改柏姓,清王朝建立后,部分满族、蒙古族姓氏汉化有改随柏姓的等。柏冏、柏高、柏翳等都是柏氏家族先祖,但都晚柏皇氏千年以上,属柏皇氏后裔,故中华柏氏始祖应是“以木纪德”,以柏木为图腾的柏皇氏。

柏皇氏为伏羲下相,距今已有 9000 多年历史了。由于他聪明睿智,有辅国安邦的才能,所以他的子孙在中华民族文明发展史的舞台上都地位显赫,做出过重要贡献。柏常为黄帝臣,任地官司徒;柏亮父为颛顼师;柏招(昭)为帝喾师;柏成子为尧帝诸侯;柏阳为舜帝臣,舜七友之一;柏翳,舜帝臣,生于公元前约2100年,东夷部落的首领帝颛顼之裔,因帮大禹治水有功被帝舜赐嬴(姓)氏,柏翳后裔有十四支,即徐、郯、莒、钟离、运奄、菟裘、将梁、黄、江、修鱼、白冥、蜚廉、秦、赵等合称十四氏。两周之际东夷集团有江、道、柏、黄等诸嬴姓国结成同盟国成为东夷诸嬴姓诸侯小国,在柏翳后裔十四氏中,徐、钟离、黄、江、秦、赵分别都建立了自姓国家,特别是秦国灭六国建立了中华民族第一个中央集权国家,统一了中国,并将中华民族历史由奴隶社会推进到文明程度更高的封建社会阶段。柏固为夏代贤臣;柏因后羿良臣。公元前1066年建立西周,柏冏为周初太仆正,因辅君治国有功被封国于柏,为"柏子国"开国君。古柏国始建于公元前2148年,大约商末周初,存续1400余年,于公元前648年(周襄王四年)被楚所灭,其后代子孙遂以柏为姓。唐朝柏良器作战勇敢,身先士卒,屡建奇功,被封平原郡王,左领军兼御史大夫,图形凌烟阁。其子柏耆,有纵横学之才,契丹人袭任恒冀深赵节度使王承宗占据常山反叛,耆以左拾遗身份前往说服,使之献地质子,归顺朝廷而声震一时。太和初年兖海节度使李同捷反叛,耆以德州行军计会使率300名骑兵前往剿灭,并押李回朝,后闻王庭凑想劫李领功,耆斩其首以献,皇上赞扬柏耆忠于朝廷诏封他为谏议大夫。明洪武二十年,高邮、宝应湖堤崩,柏从桂领旨率众56000人,期满功成,消除水患,造福于民。乡民齐呼:此湖堤为"柏家堰"也。柏谦,清康熙秀才,雍正进士,翰林院编修,乾隆福建正考官,武英殿经史馆、明史纲目馆纂修,虞山文书院主讲,著诗文集,弟子百余人,名传经史。近代有资产阶级民主革命家柏文蔚,他是孙中山同盟会早期会员、国民党中央执行委员,中国国民党第一次全国代表大会他作军事报告,武昌起义后被推选为北伐联军总司令兼第一军军长,著名的讨袁(袁世凯)四都督之一,安徽都督兼民政长。蒋介石背叛革命后,他通电反蒋,为国家民族呕心沥血,数次请缨率兵抗日屡被拒绝,愤而登报声明辞去国民党中央执行委员、国民政府委员等职务,1947年4月病逝于上海。当代有全国十大杰出青年,江泽民同志三次接见,上天能驾飞机、下海能开军舰的原驱逐舰舰长,中国大连舰艇学院副院长柏耀平将军,山东省委常委、省政法委书记柏继民,江苏省人大常委会副主任柏苏宁,上海静安区金牌调解柏万青等。

二

柏氏家族源自上古时期的名门贵族,秦汉时期柏姓主要生活在河南洛阳、山西夏县、山东济阴、河北临漳等区域。名郡堂号有平原郡、魏郡、济阳郡。平原郡始建于西汉高祖时期的西汉初年(乙未,公元前206年),治所在今山东省平原县西南。辖境相当于今山东省平原、陵县、禹城、齐河、临邑、商河、惠民、阳信等地。东汉以后,或为国,或为郡。北魏时期废黜。隋、唐两朝时期曾以德州为平原郡,治安德,即今山东省陵县。

魏郡:秦汉之际刘邦置郡,治所在邺县(今河北临漳),其时辖地跨今冀、鲁、豫三省之界。五代十六国时辖地在今河南省北部内黄县、浚县,河北省大名县、临漳县、魏县、成安县,山东省冠县之间一带地区。北周末年迁治到安阳。隋朝时期改为相州魏郡。唐朝时期改为相州邺郡(今河南安阳),而魏郡之名则移给魏州。

济阳郡:战国时期为魏国城邑,西汉时期改置为济阳县,治所在今河南省兰考县东北部。济阳县在唐朝初期并入冤句县。晋朝惠帝时将陈留郡的一部分划出来设置济阳郡,治所在济阳,其时辖地在今河南省兰考县、山东省东明县以及定陶县一带地区,距今河南省正阳县不远。东晋后期晋室南渡后,济阳郡被废黜。

两晋南北朝和隋唐时柏氏族民仍以北方中州为主要生活区域,安徽、山东、湖南等省份亦有柏姓散居,由于连年战火,夷族入侵,柏姓繁衍发展受到制约,尤其是魏郡的治所邺县(今河北临漳)地处要冲,乃兵家必争之地,几度焚于战火。经过安史之乱和黄巢起义以及宋元时期金和蒙古军队多年的征战,动乱不止,田园荒芜,饿殍遍野,民不聊生,柏姓南迁已是大势所趋,他们拖儿带女,怀抱祖宗牌位,远走他乡寻求生路,寻找发展,并形成了北方以山东,南方以安徽、湖南等省为繁衍中心的格局。

安徽是柏姓由中州魏郡南迁落户最早的省份之一。安徽贵池县肖坑《柏氏宗谱》中"柏氏历代世系源流图"载:自一世祖颛顼师"招公"至七十九世"瑞公"前后历史跨度长达5000多年,瑞公以后至今又繁衍发展30代,计109人。其中(约前404年,战国时期)"二十六世宣池公迁南陵县居住"。这是有史料记载迁入安徽最早的柏氏支系。"五十世邦谨公仕汉为侍忠历事成襄王,因莽篡逆遂隐居徽州歙县大桥头居住配朱氏。"汉成、哀之际,王莽始起外戚,公元元年任大司马封安汉公,二年封为宰衡弄权朝政,故邦谨公迁徽州歙县大桥头应是公元2年前后。唐开元年间"六十三世端烨公迁庐江县砖桥居住"。宋太祖乾德二年"六十六世圣振公迁舒城县居住"。池州、安庆柏氏始祖七十四世"庆三公"宋末元初躲战火兵扰,由中州魏郡徙迁徽州婺源(柏兼善代从婺源迁高邮定居)。又从徽州婺源迁池州建德(东至县),再迁桐城巢山落户生三子,正一公居巢山李家坦裔孙复初公迁庐江县砖桥;正三公居麻埠河东岸宣家坂,其子允青公迁枞阳县连湖,允常公子复先公迁舒城县,复义公后裔散居和州;正二公子"年公"因仰慕江南景美复迁回建德,成为建德(东至县)始祖。其十五世孙永庆公、永馥公北京繁衍,永吉公支下淮安繁衍,瑞二公迁青阳县,瑞四公在贵池市肖坑繁衍,瑞三公子全三公后裔迁浙江省湖州定居。忠公子本二公承袭父职奉旨征战到辽东,诰封世袭提督,发祥三韩。庆三公子孙艰苦创业,励精图治,族旺丁繁,已发展到27代30000多人。其十七世裔孙经公、纶公、再一公明初徙迁江苏宝应、金湖。其三大支系生聚日众,枝繁叶茂,又发展到高邮市郭集、卸甲、淮安等地,现已繁衍到39代28000多人。

庆三公八世孙成公于明洪武初年迁江苏赣榆县，已发展26代8000多人。湖北大冶柏氏始祖柏景贤南宋淮南西路安庆府人，开禧年间由贡士除授湖北大冶教谕，由安徽安庆迁湖北大冶建柏家嘴村，现已繁衍到陕、豫、皖、苏、川等地传至25代3000多人。河南省商城县上石桥柏氏始祖恒秀公，明朝末年由安徽阜阳地里城逃荒至此落户，数百年来涓流漫引，积侵繁滋，素持淡泊，世谢声华，户闻埙篪，雍睦发家，现已繁衍17代2000多人。

明朝初年为休养生息，发展生产，政府有计划实行大规模移民政策，从山西省洪洞县老槐树下先后组织18批，将十万移民迁往全国各地。安徽省泗县柏氏始祖法宝公，明洪武四年从山西曲沃县第一批移民迁到直隶临濠府（凤阳）虹乡（泗县）沼泽荒湖边落户，经600多年艰苦奋斗，创业兴族，逐步把一个荒湖苇滩建设成为鱼满塘、粮满仓、丁繁财旺荷飘香的虹县八景之一。六世祖柱明公于清顺治辛卯年间中举，任山西省泽州县知县、苛岚州知州等职，其后人在河南省永城市刘厢乡柏家庄定居。现法宝公后裔已分布全国各地传承28代3000多户14000多人。安徽寿县柏氏先祖兄弟二人遇荒年牵一匹白马，从山东老鸹巷逃荒至汹涌澎拜的淮河，挡住去路，后一人骑马一人逮住马尾巴，扬鞭强行渡河，白马冲到河对岸一头栽死了，兄弟二人痛哭一场将白马葬在河边，插一个牌子上面写个“柏”字，后来他们落户安徽省寿县东门外柏台子，为纪念白马一姓变柏、马、王三姓（马、王姓亦属柏氏血统）。这支柏姓现已繁衍到15代30000多人，并出现了近代著名的资产阶级民主革命家柏文蔚，当代全国十大杰出青年柏耀平。其中明嘉靖年间寿州发大水，柏台子庄泡在水中，始祖柏君佐带着妻儿逃荒要饭到定远县仁巷集大安家庄落户，经过数十年艰苦奋斗，搭庵建房，开荒种地，改善营生，自足温饱。后子孙发展到定远县炉桥区柏岗、柏圩两个村，现已繁衍15代3000多人。河北省临西县柏氏就是明洪武初年由山西洪洞老槐树下迁居山东清源县（今山东省临清市）城西柏家庄的，现改划为河北省临西县柏庄村，当时在明朝政府强制下仁、义、礼、智、信并正、大、光、明兄弟九人被分别迁往全国各地。防止一地家族势力过大,扰乱地方治安,其仁公一脉已繁衍22代3000多人。正、大、光、明四兄弟开始由山西洪洞迁河北枣强,明永乐二年又从枣强迁山东济阳柏家庄(光公),伯祖当即回籍以奉宗祀,仲祖、季祖在章丘市立户,现这支柏氏已发展到山东济南、临沂、章丘、泰安、莱芜、菏泽、枣庄、淄博等各地26代6000多户24500多人。

江苏盐城、阜宁柏氏支系,宋末避兵燹由天水魏郡徙迁苏州阊门,明洪武初年又赶迁苏北淮扬地区。常一公迁居盐邑大冈镇,其子贵七公居盐场南地,属东一都氏灶,因姓而著其他,遂名柏家巷。阜宁县始祖蔚起公,明天启元年被赶迁到淮阴东马逻寺地方,插标立业。后于射湖东滨置田十数顷传家。他们都衍生成当地名门望族。现盐城地区柏氏已发展到28代30000多人。南京市江宁区大柏村柏氏,据崇明《柏氏宗谱》记载:先世始居北地中州之陈留郡,宋时始祖柏万春随高宗南渡,居住金陵(江宁府上元县),清初迁大柏村至今。十四世孙柏洪七迁居句容县柏冈,柏洪七(崇明一世)的玄孙柏应科(五世)从江南之句容迁于崇,遂家海乡,为金陵始迁崇明之祖。柏应科玄孙柏谦(九世)为柏氏家族在清康乾时期的著名文人学子、教育家。现江宁柏氏已发展到36代5000多人。江西柏氏始祖颜亨公为官清廉,遭奸忌害,其子由扬州北门避迁江西南山、遂川,发展很好,现传17代600多人。

湖南、四川柏氏始祖衍庆公唐末宋初因战乱始迁江西泰和,后避难来楚,宋开宝五年生楚望公(湖南一世祖),三世祖章公再迁湖南永州府宁远县。元至正四年,十一世祖应奎公(荣福公)迁永州祁阳县。清康熙年间二十世愈标公迁四川达县景市镇柏家坪,应龙公徙迁道州居住。现四川达州市和重庆市梁平县由湖南入川19个支系,总共30000多人。其中达县7支系、开江县5支系、渠县1支系、万源1支系、梁平县5支系。2003年成立修谱委员会,历时三年,2005年完成了四川达州、重庆梁平《柏氏族谱》编修任务。还有四川广元秀一公,明洪武年间由浙江省嘉兴府入川已600多年,正在修谱建祠。遂宁市柏氏远祖柏照公系湖南永州府零陵县六世祖,明中期迁湖北麻城县孝感乡,至十世祖柏承寿、柏正芸叔侄于清康熙年间由湖北麻城县孝感乡迁入四川蓬溪县武丰镇,成为遂宁市柏氏始祖。现他们已完成建祠修谱任务。总之,楚望公裔孙勤劳朴实,兴业发家,现已发展到湖南祁阳、桂阳,广西阳朔,四川广安、岳池、达县、蓬溪,重庆市大足、梁平、铜梁,湖北利川,贵州独山等广大地区约100000人。

陕西省长安灵沼乡冯村柏氏元末躲兵火由河北省(蓟北)恋其美景定居于此,600多年来已繁衍25代1000多户4000多人。在宋元社会动乱中,中原魏郡柏姓也有多支迁往陕、甘、粤、桂、浙、闽以至东北三省。陕西吴起县柏氏是明初从山西大槐树下移民到柏石嘴定居的,当地世代干旱少雨,自然条件十分恶劣,崇祯元年至三年连年大旱,饥民四处逃荒求生,吴起县柏姓120多人外出谋生十年后只回归夫妻二人。清同治元年陕西华县爆发30多万人的回民起义,清军入陕镇压,战火连天,柏姓四散,长达15年战乱结束时,140多人出逃只回来柏万林老太爷一人,可以说天伦沧桑,九死一生,祖德护佑,枯木逢春,现在吴起柏姓又繁衍到31户144人了。甘肃兰州柏姓除大移民迁入外,世居金城的柏姓主要有西固区岸门柏氏和明末清初由兰邑金城关迁徙到皋兰石空寺(今石洞乡)的柏氏两大宗族。据《西固区志》载,岸门村原名柏家暗门,明代以边墙暗门及姓氏得名柏家暗门,民国初因故改为岸门至今。明清两代岸门柏氏族旺丁繁,清同治年间的战乱使岸门柏氏遭到灭门之灾,族众大部被杀,很少存活下来,家道败落。谱碑无存。另一支柏姓系明末清初由金城关移居皋兰石空寺的,从始祖守林公到现在世系尚能详考。数辈先祖为求生存备尝艰辛,向北地镇虏堡(今正路乡)押单承粮,开辟新疆域,克服二阴山区寒冷气候,终使麦秀盈郊,柏门子孙人丁渐盛,家道兴旺。近400年来,子孙现已繁衍200多户,逾千人家族。目前可以说柏氏族民遍布全国各地。

贵州水城县柏氏清乾隆五十三年(1788),文照、文友兄弟二人系“反清复明”丐帮中人,因惹下杀身大祸自湖南祁阳出逃亡命天涯,后至云南流落军中。在一次战争中哥哥文照遇难,弟弟文友孤身带上“出马鞭印”避祸威宁,隐姓埋名,衍子繁孙。第二代配余氏生柏开发兄弟五人。光绪十八年,柏家又闯下大祸,为防被仇家一网打尽,弟兄五人在云南昭通鲁甸分手。长兄柏开发,携家带上供奉的观音菩萨木雕和黄金“出马鞭印”流落于贵州省水城县滥坝区白腻大龙井,后定居于董地公社穆家寨村高山厂;二弟、三弟不知下落;四弟柏开明,居住在昭通;五弟带上家谱去了云南蒙自小朝杳无音信。柏开发配妻魏氏生五子,百年传承,枝叶繁茂,子孙后人150多口在贵州省水城县董地、比德、陡箐、滥坝等乡镇蓬勃发展。广西凤山县、乐业县柏姓由始祖柏尚贤、柏尚超、柏正兴从贵州省都匀市迁来,现已繁衍10代300多人。广西南丹县六寨镇柏氏是明洪武年间从江西流散到广西、贵州一带流民中的“七寅子”。他们因避难而隐姓埋名,四方寻安身之所,老四在马平定居,几代人都改为“贲”姓,至清康熙年间,柏(贲)氏的先祖们开始将新生子孙恢复“柏”姓,至道光年间柏氏子孙柏朝凤考取探花,进京面圣时由朝廷几位大臣做主为恢复柏姓的柏朝凤拟定柏门字辈为:尚仕德光辉,朝廷春锦绣,治国兆宗邦,文天开奉启,永远定安康。可谓皇恩浩荡也。

三

“柏国城遗址”在哪里?柏姓人口为什么较少?据历史典籍载,柏国在蔡州西平县之柏亭。2010年初,河南省西平县委、政府、炎黄文化研究会邀请中华柏氏家族委员会常委柏学海、柏振云、柏令成、柏基稳等前往寻根拜祖,召开了“柏氏后裔寻根座谈会”,参观祭拜了“古柏国城遗址”,现西平县城以“柏”命名的机关、学校、宾馆、道路、商场、商品等比比皆是,如柏城宾馆、柏城大道、柏城中学、柏城商场、柏城剧院等。境内还有始祖山(柏皇山)太乙泉、宝岩寺古塔等,古柏国的遗存气氛非常浓。2011 年,中华柏氏家族委员会又在西平县召开了一届五次会议,西平县委、人大、政协、炎黄文化研究会全力支持、周到服务,使会议取得圆满成功,与会代表深受感动说:“我们终于回到老家了。”西平是黄帝正妃“嫘祖”故里,每年举办嫘祖拜祖大典都邀请中华柏氏家族代表参加庆典活动,西平县境内“古柏国”历史遗存非常丰富……但是 2006 年河南省人民政府却在舞钢市尹集镇谢古洞村挂出了“柏国城遗址”的牌子,对此中华柏氏家族委员会常委学海、振云、令成、虎仁、相臣、朝安、瑞仁等领导前往走访考察,参观了“谢古洞”“柏都社区”,在遗址捡了古砖、瓦片,会见了《柏国山水览胜》一书作者白东亮先生等。舞钢市目前对柏国文化研究气氛不太浓,“柏国城遗址”当年申报资料更未见着。在遗址我们只看到一片农田、房屋,捡了陈砖古瓦,未见保护遗址设施和标识。现在西平县、舞钢市对“柏国城遗址”定位都很期盼,我们本着资源共享的原则认为两者并不矛盾,因为双方都是“故柏国辖区”的一部分,我们更期待两地加大对“柏国文化”的研究探索,早日进行考古发掘、专家论证,以权威公布“柏国城遗址”灵台正位,以圆柏氏家族宗亲世代尊祖敬宗之梦。

至于柏姓人口为什么较少,有关资料表明原因是多方面的。自然灾害、疾病瘟疫、战火匪患、朝代更迭等都是重要原因。“柏子国”当年政治经济环境、水土气候、自然资源、开采冶炼、制作工艺都比较好,是全国冶铁铸剑基地,周围邻国都从柏国进口铸铁打造兵器,国家虽小但很祥和富裕,民风淳朴,业兴人旺。就在楚国进攻柏国前夜还在和柏国讲友情、谈生意,柏国诚信厚道,防御警惕不够,强大楚国为冶铁资源突然大兵压境全面进攻,柏国全民奋起抵抗,血战到底终因寡不敌众,大部战死,少数存活下来的人为躲避追杀就隐姓埋名或远走他乡,柏国子民生存遭到重创。安徽东至县庆三公裔孙很多在清朝为官,被朝廷封为武略将军、大将军、世袭提督等,太平天国洪秀全反清军队到池州东至县时将清朝众多将领家属——柏氏家族七房600多人杀得只有二房37人了。陕西省吴起县柏氏，崇祯元年连年大旱，120多人外逃十年后只回归夫妻二人，清同治元年爆发30多万人的回民起义，清军入陕镇压，柏氏宗亲躲战火又出逃到山西省榆林等地，长达15年战乱结束时，140多人出逃只回来柏万林老太爷一人。甘肃兰州柏姓明清两代岸门柏氏族旺丁繁，清同治年间的战乱，岸门柏氏遭到灭门之灾，族众大部被杀，很少存活下来。中华柏氏最早繁衍中心在北方中州一带，望族魏郡治所临漳、邺县历来是兵家必争之地的古战场，特别在唐、宋连年征战中，饿殍千里，柏姓灾难首当其冲，随流南迁在所难免，苏、皖、湘、赣、川、桂等省迁入柏姓，都是社会动乱中大难不死的少数幸存者，因此柏姓总人口较少的原因也就好理解了。虽然柏姓在华夏发展的历史长河中蒙难较多，但柏氏家族有历代先祖的功德保佑，智慧指引，在繁衍发展过程中以“柏木图腾”不畏困难、勇往直前的精神，战胜一切艰难困苦，顽强落地生根、兴旺发达，创造出了自己生存发展的一片蓝天。

四

中华柏氏家族委员会的成立为全国各地柏氏宗亲在新的历史时期搭建了聚会、交流、发展的平台。为了加强中华柏氏各支脉的联络交流，共同厘清先祖脉络，统修《中华柏氏宗谱》，由江西南矶、湖北黄石柏氏宗亲发起，联络了全国八个省市柏氏宗亲代表于2006年11月云集湖北省黄石市，经过充分协商，在统一始祖、统一名称、统一章程、统一字辈、统一例会、统一修谱“六统一”的基础上，成立了以柏兴尧为主任的“中华柏氏家族委员会”。2007年11月在安徽淮南市召开了“一届二次会议”，补选了柏扶疏、柏振云、柏虎仁、柏长宝、柏石林、柏良立六位“族委会”副主任，充实加强了领导班子，明确了八项工作任务，成立了“统修族谱委员会”，由柏基稳任主编，柏扶疏、柏振云、柏宗室等任副主编,决定统修《中华柏氏宗谱》。2008 年在河南商城县上石桥召开了“一届三次会议”,审议了《中华柏氏宗谱》初稿,由柏振云、柏基稳提议讨论通过成立了中华柏氏家族委员会常委会,由柏兴尧任主任,柏基稳、柏扶疏、柏振云、柏宗室为委员。2009 年在江苏高邮市郭集镇召开了“一届四次会议暨拥书堂第 26 届家谱盛会”,会议审议了《中华柏氏宗谱》第三稿,增补柏学海、柏令成为中华柏氏家族委员会常委,柏振云任中华柏氏家族委员会秘书长(原秘书长柏波辞职)。经大会代表讨论表决一致通过“柏皇芝公像”作为中华柏氏“始祖像”。来自全国的柏姓代表充分体验感受了“拥书堂”祭祖大会盛况,柏学海等宗亲还介绍族民发展生产,带头致富的宝贵经验,大家一致表示开阔了眼界,受到了教育,“拥书堂”不愧是柏氏家族一颗璀璨的明珠。

针对柏氏家族委员会机构庞大、领导职务众多,不易集中,不便指导工作的情况,2010 年 8 月 28 日在四川省达州市召开了中华柏氏家族委员会“一届五次常委会”,对族委会机构、人员设置进行了调整,决定实行委员制,即中华柏氏家族委员会由若干委员组成,从委员中选举 9 至 11 名常委,从常委中选 1 位主任,由主任提议选 1 名秘书长。中华柏氏家族委员会主任柏兴尧因身体健康原因提出辞呈,经常委会研究由柏学海主持家族委员会工作。2011 年 10 月在“古柏子国”故地——河南省西平县召开了“中华柏氏家族委员会一届五次会议”,大会回顾总结了中华柏氏家族第一届委员会五年来的工作,修改了《中华柏氏家族委员会章程》,确认了族委会机构、人员设置的决议,民主选举产生了中华柏氏家族第二届委员会,委员 60 名(略);常委 10 名,即柏学海(江苏)、柏振云(安徽)、柏令成(四川)、柏基稳(安徽)、柏方友(山东)、柏治美(广西)、柏毅(重庆市)、柏虎仁(河南)、柏教明(湖南)、柏腾箭(湖北);主任:柏学海;秘书长:柏振云,副秘书长:柏朝安;中华柏氏家族委员会名誉主任:柏相臣(四川);中华柏氏家族委员会顾问委员会主任:柏兴尧(湖北),副主任:柏扶疏(山西)、柏宗室(江西)。会议得到西平县委、人大、政协全力支持与帮助，中华柏氏家族代表对此表示衷心感谢。

中华柏氏出自天水柏皇，历史非常悠久古老，在九千多年的历史沧桑巨变中，遭遇无数艰难困苦、曲折磨难，然而柏氏先祖以“柏木为图腾”不怕任何艰难险阻、勇往直前的精神，在磨难中立志，在挫折中奋起，在痛苦中前行，把压力当动力，把曲折当机遇，把迁徙当新生，顽强拼搏，创造未来，因而柏氏家族历数千年而不衰，依然兴旺发达，繁荣昌盛，以至于今天以百万之众遍布中华大地。但在以往艰苦岁月里，各支脉相互之间缺少联系交流，族内一切活动都以支脉为单位，修谱建祠，自我管理，对外部柏氏基本不了解，故感到我们柏姓人少，较孤单。现在柏氏家族有识之士联络发动成立了“中华柏氏家族委员会”，经过数年艰苦努力已联系了近二十个省市柏氏宗亲，十多个省市成立了柏氏家族分会，制定了一系列爱国爱家、自我管理的规章制度，2013 年在甘肃天水市召开了中华柏氏家族委员会二届三次常委扩大会议，成立了华夏柏氏文化研究会，柏氏家族发展形势越来越好，族内有重大事务时，宗亲们欢聚一堂，共商发展大计，和谐绘蓝图，携手创未来，我们相信柏氏家族明天一定会更加美好。

（本文作者为中华柏氏家族委员会常委、秘书长）

秦汉时期的柏氏

袁延胜　赵海龙

顾炎武《日知录·氏族》云："姓氏之称，自太史公始混而为一。"[①]姓氏之学在秦汉时期也得到了充分的发展，产生了不少关于姓氏的论著，如史游《急就篇》、王符《潜夫论》、应劭《风俗通义》、班固《白虎通义》等都有关于"姓名""姓氏"的记载。在这些记载中，就有关于柏氏的记述。

史游《急就篇》"姓名"条记载有"柏杜杨"。颜师古对此注曰：

> 古帝有柏皇氏，其后为柏氏焉。一曰晋伯宗、伯州犁之后，古通用字，柏与伯同，故为柏氏。魏有柏直，汉有柏至，杜杨以二木为名也。杜，甘棠也，牡者曰棠无子者也，牝者曰杜有子者也。杨，一名蒲柳，可以为矢。[②]

虽然颜师古认为"（名字）或是旧人已经称用，或是新构义理，然非实相配属，真有其人"，但不得不承认"姓者并是古来所有"。据沈元的研究，"《急就篇》

① 〔清〕顾炎武著，黄汝成集释，栾保群、吕宗力校点：《日知录集释》，上海古籍出版社，2006 年，第 1279 页。

② 〔汉〕史游撰，〔唐〕颜师古注，管振邦译注：《颜注急就篇译释》，南京大学出版社，2009 年。

开首以六章的篇幅(全篇的五分之一)叙姓字……很显然,《急就篇》的'叙姓氏'是有一定的标准的,他在这里所列举的当然是他认为最重要的,因而也是当世最显赫的那些姓氏;换言之,也就是最强大的一批宗族。但还有人认为他漏列了几个同样重要的宗族,因此必须要加以补充,不补充是得不到地主豪强们的批准的。"[①]陈海波也持相同的观点:"其中的姓氏一定是当时常见的大姓,'名'也一定是当时人们取名习用的字。"[②]赵松涛认为《急就篇》的 132 个姓氏至少反映了西汉时期的重要的宗族。[③] 因此,"柏杜杨"一语,一定程度上反映了柏氏是秦汉时期的一个重要姓氏。

除《急就篇》外,应劭《风俗通义·姓氏篇》也有关于柏氏的记载:

> 柏氏,柏皇氏之后,又柏亮父为颛顼师,柏招为帝喾师,柏冏为周太仆。柏国在汝南西平县,为楚所灭,子孙以国为氏。汉有柏始昌、柏英为大鸿胪,秦大将军柏直。[④]

漆子扬认为:"《姓氏篇》是《风俗通》中的一篇,引用前代典籍,记载了东汉以前姓氏望族的来源和本氏的著名人物。"[⑤]

从《急就篇》中的"姓氏篇"和《风俗通义·姓氏篇》记载来看,柏氏是先秦[⑥]及秦汉时期的一个重要姓氏。因为《急就篇》《风俗通义》所述秦汉时期的柏氏人物比较简略,所以为了全面了解柏氏的情况,我们有必要对秦汉时期的柏氏人物做一全面的梳理。

---

① 沈元:《〈急就篇〉研究》,《历史研究》1962 年第 2 期。

② 陈海波:《〈急就篇〉姓名初探》,《华侨大学学报》(哲社版)2000 年第 2 期。

③ 赵松涛:《〈急就篇〉再研究》,陕西师范大学硕士学位论文,2009 年,第 21 页。

④ 〔汉〕应劭撰,王利器校注:《风俗通义校注》,中华书局,1981 年,第 556 页。

⑤ 漆子扬:《应劭〈姓氏篇〉的产生背景及辑本状况》,《丝绸之路》2009 年第 20 期。

⑥ 关于先秦时期的柏氏人物,《汉书·古今人表》中有详细的记载,如柏皇氏、柏夷亮父、柏招、柏奋、柏虎、柏阳、柏誉、柏益、柏因、柏封叔、柏乐等,见班固:《汉书》卷二十《古今人表》,中华书局,1982 年,第 863—951 页。《汉书古今人疏证》对其进行了考释,不再一一繁引,参看王利器、王贞珉著:《汉书古今人表疏证》,齐鲁书社,1988 年。

一、传世文献所见柏氏

1.大将柏直

《汉书·高帝纪》中有关于柏直的记载:

> 秋八月,汉王如荥阳,谓郦食其曰:"缓颊往说魏王豹,能下之,以魏地万户封生。"食其往,豹不听。汉王以韩信为左丞相,与曹参、灌婴俱击魏。食其还,汉王问:"魏大将谁也?"对曰:"柏直。"王曰:"是口尚乳臭,不能当韩信。骑将谁也?"曰:"冯敬。"曰:"是秦将冯无择子也,虽贤,不能当灌婴。步卒将谁也?"曰:"项它。"曰:"是不能当曹参。吾无患矣。"九月,信等虏豹,传诣荥阳。定魏地,置河东、太原、上党郡。信使人请兵三万人,愿以北举燕赵,东击齐,南绝楚粮道。汉王与之。[①]

除《汉书·高帝纪》外,《汉书·韩信传》和《汉纪·高祖皇帝纪》[②]中也有关于柏直的记载,内容大致相同。

从《汉书》记载来看,柏直为秦汉之际魏国的大将[③]。柏直虽败于韩信,但柏直仍是秦汉时期柏氏中的著名人物。柏直当为魏国人。

2.使者柏始昌

《史记·西南夷列传》记载有汉武帝时期使者柏始昌:

> 及元狩元年,博望侯张骞使大夏来,言居大夏时见蜀布、邛竹杖,使问所从来,曰从东南身毒国,可数千里,得蜀贾人市。或闻邛西可二千里有身毒国。骞因盛言大夏在汉西南,慕中国,患匈奴隔其道,诚通蜀,身毒国

① 〔汉〕班固撰,颜师古注:《汉书》卷一《高帝纪》,中华书局,1982年,第38—39页。

② 〔汉〕班固撰,颜师古注:《汉书》卷三十四《韩信传》,中华书局,1982年,第1866页。〔汉〕荀悦著,张烈点校:《汉纪·高祖皇帝纪》,中华书局,2002年,第23页。

③ 《风俗通义·姓氏篇》记载为"秦大将军柏直",可能是指在楚汉之争之前,他曾在秦国做将军。

道便近,有利无害。于是天子乃令王然于、柏始昌、吕越人等,使间出西夷西,指求身毒国。至滇,滇王尝羌乃留,为求道西十余辈。岁余,皆闭昆明,莫能通身毒国。①

《史记·大宛列传》亦载:

是时汉既灭越,而蜀、西南夷皆震,请吏入朝。于是置益州、越嶲、牂牁、沈黎、汶山郡,欲地接以前通大夏。乃遣使柏始昌、吕越人等岁十余辈,出此初郡抵大夏,皆复闭昆明,为所杀,夺币财,终莫能通至大夏焉。于是汉发三辅罪人,因巴蜀士数万人,遣两将军郭昌、卫广等往击昆明之遮汉使者,斩首虏数万人而去。其后遣使,昆明复为寇,竟莫能得通。而北道酒泉抵大夏,使者既多,而外国益厌汉币,不贵其物。②

柏始昌作为汉廷的使者,为通使而身亡殉国,可谓忠烈之士,值得赞扬。

3.礼官大夫柏生

《汉书·儒林传》载:

汉兴,鲁高堂生传《士礼》十七篇,而鲁徐生善为颂。孝文时,徐生以颂为礼官大夫,传子至孙延、襄。襄,其资性善为颂,不能通经;延颇能,未善也。襄亦以颂为大夫,至广陵内史。延及徐氏弟子公户满意、柏生、单次皆为礼官大夫。而瑕丘萧奋以《礼》至淮阳太守。诸言《礼》为颂者由徐氏。③

这里的"柏生",是采用王先谦的《汉书补注》本的记载。殿本、景祐本作"桓生"。王先谦的《汉书补注》引钱大昭曰:"栢当作桓。"沈钦韩曰:"刘歆《移太常博士书》所谓鲁国桓公也。"④是"柏"还是"桓",记此存疑。

---

① 〔汉〕司马迁:《史记》卷一一六《西南夷列传》,中华书局,1982年,第2995—2996页。
② 〔汉〕司马迁:《史记》卷一二三《大宛列传》,中华书局,1982年,第3170—3171页。
③ 〔汉〕班固撰,颜师古注:《汉书》卷八十八《儒林传》,中华书局,1982年,第3614页。
④ 〔清〕王先谦:《汉书补注》,上海古籍出版社,2008年,第1523页。

4.南阳功曹柏孝长

《三国志》卷二十三《魏书·杜袭传》裴松之注引《九州春秋》曰：

> 建安六年，刘表攻西鄂，西鄂长杜子绪帅县男女婴城而守。时南阳功曹柏孝长亦在城中，闻兵攻声，恐惧，入室闭户，牵被覆头。相攻半日，稍敢出面。其明，侧立而听。二日，往出户问消息。至四五日，乃更负楯亲斗，语子绪曰："勇可习也。"[①]

汉代制度，功曹为地方官属吏，一般由当地人担任，因此柏孝长应为南阳郡人。

5.大鸿胪柏英

《风俗通义·姓氏篇》记载有大鸿胪柏英，《汉书·百官公卿表》"大鸿胪"条无柏英，其他史书也没有关于柏英事迹的记载，故暂录于此。

6.魏郡太守柏怀

《元和姓纂》载："柏怀后汉魏郡太守，因居斥邱。"岑仲勉校记引《李文公集》十三："及汉有鸿者，由议郎为魏郡守，子孙家焉，故为魏郡也。"与此"柏怀"异，柏怀或者即柏鸿。柏怀或柏鸿，《后汉书》均无考。[②]

7.柏至侯

颜师古在史游《急就篇》"柏杜杨"一语的注释中提到"汉有柏至"，但史书中没有柏至的记载。细查史书，颜师古所谓的"柏至"，可能是指柏至侯许昌。《史记》卷九十六《张丞相列传》载："及今上时，柏至侯许昌[③]、平棘侯薛泽、武强侯庄青翟、高陵侯赵周等为丞相。"

---

① 〔晋〕陈寿：《三国志·魏书》卷二十三《杜袭传》，中华书局，1982年，第666页。

② 〔唐〕林宝撰，岑仲勉校记：《元和姓纂》（附四校记），中华书局，1994年，第1581页。

③ 《史记集解》徐广曰："高祖功臣许温之孙，谥哀侯。"

二、出土文献所见柏氏

1.掾吏柏桧

《隶释》卷五《溧阳长潘乾校官碑》载灵帝光和四年(181):“时将作吏名:户曹掾杨淮、议曹掾李就、议曹掾柏桧、户曹史贺□,从掾位侯祖、主记史吴超、门下史吴训、门下史吴翔、门下史时球。”[①]笔者认为:“这9名掾吏,虽未言其籍贯,但应是溧阳县人。”[②]

2.孝子柏榆

《武梁祠堂画像题字(三)》第三石第二层第三十六幅记载:“柏榆〔伤〕亲年老,气力稍衰,笞之〔不〕痛,心怀楚悲。榆母。”[③]关于柏榆,刘向《说苑》中有类似的记载:

> 伯俞有过,其母笞之泣,其母曰:“他日笞子未尝见泣,今泣何也?”对曰:“他日俞得罪笞尝痛,今母力不能使痛,是以泣。”故曰父母怒之,不作于意,不见于色,深受其罪,使可哀怜,上也;父母怒之,不作于意,不见其色,其次也;父母怒之,作于意,见于色,下也。[④]

按:《说苑》记载为“伯俞”,由《武梁祠堂画像题字(三)》可知,应以柏榆为确。

3.候长柏诩

居延汉简载:

> 不侵候长柏诩所还重取奉钱千☑　　507·11[⑤]

① 〔宋〕洪适:《隶释　隶续》,中华书局,1986年,第58页。
② 袁延胜:《东汉人口史》,人民出版社,2007年,第319页。
③ 高文:《汉碑集释》,河南大学出版社,1997年,第128页。
④ 刘向著,向宗鲁校证:《说苑校证》,中华书局,1987年,第62页。
⑤ 谢桂华、李均明、朱国炤:《居延汉简释文合校》,文物出版社,1987年,第612页。

陈梦家认为候长秩比二百石[①],应为下级官吏。不侵候部属于居延甲渠候官系统[②],何双全认为汉代西北边郡的基层军官多用边郡人士担当[③]。因此不侵候长柏诩可能为汉代张掖郡人,甚至可能为居延县人。

4.柏贤

肩水金关汉简载:

☑三百　　朱霸百　　柏贤六百　　　　73EJT10:225[④]

此简中的"百""六百"可能是俸钱。从俸钱额度看,柏贤地位似乎不低,应该是一名官吏。

5.柏竟

肩水金关汉简载:

河南郡洛阳吉阳里柏竟年廿三　牛车一□☑　　　　73EJT32:4[⑤]

柏竟为河南郡洛阳人,应为边疆戍卒。

6.侯家丞柏世

尹湾汉简载:

都平侯家丞,山阳郡黄侯国柏?世,故侯仆,以功迁　　　YM6D4 · 2[⑥]

此处柏字,稍有残损,但细审之下,应为"柏"字。尹湾汉简时代为汉成帝元延年间,因此柏世应为汉成帝时人。据尹湾汉简记载,都平侯家丞秩比三百石,为中下级官吏。

---

① 陈梦家:《汉简所见奉例》,《文物》1963 年第 5 期。

② 宋会群、李振宏:《汉代居延甲渠候官部燧考》,《史学月刊》1994 年第 3 期。

③ 何双全:《汉代戍边士兵籍贯考述》,《西北史地》1989 年第 2 期。

④ 甘肃简牍博物馆、甘肃省文物考古研究所、甘肃省博物馆等编:《肩水金关汉简(一)》,中西书局,2011 年,第 144 页。关于此条简文中的"三百",张俊民先生释读为"簿",张俊民:《〈肩水金关汉简(一)〉释文》,武汉大学简帛网,http://www.bsm.org.cn/show_article.php? id=1555,2011 年 9 月 23 日。

⑤ 甘肃简牍博物馆、甘肃省文物考古研究所、甘肃省博物馆等编:《肩水金关汉简(三)》,中西书局,2013 年。

⑥ 张显成、周群丽:《尹湾汉墓简牍校理》,天津古籍出版社,2011 年,第 30 页。

7.卒柏□

居延汉简载：

卒郑数具啬夫同临□

回

卒柏□数具　　　　162·1[1]

此处的柏□，名字湮灭无考，应为边地戍卒。

8.柏里

肩水金关汉简载有柏里：

☐下邑柏里米实☐　　　　73EJT21:424[2]

邢义田先生认为汉代存在聚族里居的现象[3]，何双全先生利用出土的居延汉简和敦煌汉简，对西北戍卒的乡里特征进行了分析："戍卒士兵绝大部分来自乡里农村，有一个村里出一人者，也有出二人以上者，以一里一人为多。凡出者都有爵位，有年龄限制和身高标准。一里同时出二人以上者多为同姓人，可窥其当时乡里居民以姓氏家族为聚居地。"[4]孙兆华认为里名应当为"地缘组织与血缘组织的结合"。[5]

由于汉代的乡里多是聚族而居，因而上述简文中的柏里，有可能居住着以柏氏为主的人群。下邑，《汉书·地理志》属梁国，因而简文中的柏里，应当属于梁国下邑（今安徽省宿州市砀山县）。

① 谢桂华、李均明、朱国炤：《居延汉简释文合校》，文物出版社，1987年，第265页。

② 甘肃简牍博物馆、甘肃省文物考古研究所、甘肃省博物馆等编：《肩水金关汉简（三）》，中西书局，2013年，第41页。

③ 邢义田：《汉代的父老、僤与聚族里居》，《天下一家——皇帝、官僚与社会》，中华书局，2011年，第448—464页。

④ 何双全：《汉代戍边士兵籍贯考述》，《西北史地》1989年第2期。

⑤ 孙兆华：《〈肩水金关汉简（二）〉所见里名及相关问题》，《鲁东大学学报》（哲学社会科学版）2012年第2期。

三、柏氏的分布

以上柏氏人物的地域分布，分别是：柏直，魏国人；柏孝长，南阳郡人；柏怀，魏郡斥邱人；柏桧，丹阳郡溧阳县人；柏诩，张掖郡居延县人；柏竟，河南郡洛阳县人；柏世，山阳郡黄侯国人。

为了便于了解柏氏的分布，首先要了解一下柏氏的起源问题。

柏氏的源出主要有三：1.以木名命姓。相传远古时代有柏皇氏，为东方的首领，名叫芝，因为以柏木为图腾，所以称为柏芝，因勤劳天下有功，被百姓尊为柏皇，子孙以柏为姓。2.以封国命名。周朝封建有柏国，也称柏子国，故址在今河南西平柏亭一带，春秋时为楚国所灭，柏国的后代即以原来的国名柏作为自己的姓氏。3.以人名命氏。始祖为柏翳，起源于尧舜为部族首领之时。[①]

由柏氏的起源可知，柏氏始初多居住于以柏子国为中心的中原地区，秦汉时期柏氏人物分布的河南郡、山阳郡、南阳郡、魏郡等皆距柏子国较近，应当是柏子国灭之后逐渐迁徙所致。

至于张掖郡的不侵候长柏诩，与汉武帝开置河西四郡从中原地区移民有关。葛剑雄认为河西四郡（武威、张掖、酒泉、敦煌）的人口基本都是内地移民迁入的。[②]

秦汉以后，柏氏开始有了自己的郡望。《元和姓纂》载：

> 济阴，王僧孺谱云，萧元益娶济阴柏氏，益兄子泉娶济阴柏齐女。贞元左威卫大将军柏良器，济阴人；生耆，谏议大夫；元封进士，婺州刺史。

① 张连合主编：《柏国姓氏寻根》，中国人民解放军测绘学院印刷，1998 年，第 274 页。亦可参看《侨园》2014 年第 11 期。

② 葛剑雄、曹树基、吴松弟主编，葛剑雄著：《中国移民史》第二卷，《先秦至魏晋南北朝时期》，福建人民出版社，1997 年，第 152 页。

魏郡，柏子之后，柏怀后汉魏郡太守，因居斥邱，十代孙季纂，唐司农卿，汝遂宜虞四州刺史武阳公。

蜀郡，状云柏子之后，大历中同州刺史柏贞节。[①]

关于柏氏的郡望，据《姓氏考略》所载柏氏望出魏郡、济阴郡，《郡望百家姓》认为望出魏郡。[②] 张连合主编的《柏氏姓氏寻根》亦认为柏氏的郡望应在魏郡和济阴郡。[③]

秦汉时期柏氏的郡望发展还处于萌生阶段，只有魏郡地区的柏氏郡望由于柏怀的任官开始显现，至于济阴郡和蜀郡的柏氏郡望，从现今可考的秦汉柏氏人物中，还没有清晰的线索可循。

现今的柏氏人口多居于湖南、山东、安徽等省，三省的柏氏人口约占全国汉族柏氏人口的61%。[④] 由秦汉时期的柏氏人口地理分布可知，柏氏在秦汉时期以居于今河南省较多，今安徽省、山东省虽有分布，但是比较少，今湖南省更是没有柏氏居住的实证，秦汉时期与今天的柏氏人口地理分布差异还是较大的。这可能反映了秦汉以后柏氏的迁徙、分布的变化的情况。因此，认真研究历代的柏氏人物及分布情况，会进一步推进今天柏氏的研究。

（本文作者袁延胜为郑州大学历史学院教授）

① 〔唐〕林宝撰，岑仲勉校记：《元和姓纂》（附四校记），中华书局，1994年，第1580—1582页。
② 陈明远、汪宗虎编著：《中国姓氏辞典》，北京出版社，1994年，第11页。
③ 张连合主编：《柏国姓氏寻根》，第274页。
④ 张连合主编：《柏国姓氏寻根》，第274页。

隋唐时期柏氏人物

张玉霞

“柏”姓历史悠久，为“柏皇氏之后”，又有柏国，“子孙以国为氏”。柏皇氏又作柏黄氏、伯皇氏，是中国古史传说时代氏族部落的首领，活动地域主要在今河南豫中一带，西周时柏皇氏后裔在西平建立柏国，春秋时为楚所灭，西平可谓柏姓故里。柏氏历史上名人辈出，本文对隋唐时期的柏氏人物稍作梳理。

一、柏姓起源

关于柏姓的起源，姓氏文献上记载得很清楚，为“柏皇氏之后”，又说西平有柏国，“子孙以国为氏”。

唐代林宝《元和姓纂》转引《风俗通义》：“柏皇氏之后，又柏亮父为颛顼师，柏招为帝喾师，柏同为周太仆左丞。柏国在汝南西平县，为楚所灭。子孙以国为氏。”[①]

宋代邵思《姓解·木部》:“古帝柏皇氏之后。”[②]

宋代郑樵《通志·以国为氏》也转引《风俗通义》云:“柏皇氏之裔。又柏亮父,颛顼师。柏招,帝喾师。柏景,为周太仆。柏国在今蔡州西平县,为楚所灭。子孙以国为氏。”[③]

宋代王应麟《姓氏急就篇》:“古帝有柏皇氏……又柏国在汝南西平县。后以为氏。”[④]

明代陈士元《姓觿》:“柏,或作栢。《姓考》:古帝柏皇氏之后,黄帝臣柏常,颛顼师柏亮父,帝喾师柏昭,周穆王臣柏夭,或其后也。”[⑤]

二、柏皇氏活动的地域及柏国地望

柏皇氏相传是远古伏羲时代东方部落的首领,早期的重要首领叫柏芝。有关柏皇氏的记载,最早见于《庄子·胠箧篇》:“昔者容成氏、大庭氏、伯皇氏、中央氏、栗陆氏、骊畜氏、轩辕氏、赫胥氏、尊卢氏、祝融氏、伏羲氏、神农氏,当是时也,民结绳而用之。甘其食,美其服,乐其俗,安其居,邻国相望,鸡狗之音相闻,民至老死而不相往来。若此之时,则至治已。”[⑥]大概成书于战国的《六韬》等佚书遗文,也谈到柏皇氏:“昔柏皇氏、栗陆氏、骊连氏、轩辕氏、赫胥氏、尊卢氏、祝融氏,此古王者也。未使民,民化;未赏民,民劝。此皆古之善为者也。至于伏羲氏、神农氏,教化而不诛,黄帝尧舜诛而不怒。”秦汉以后,柏

① 〔唐〕林宝撰,岑仲勉校记:《元和姓纂》(附四校记),中华书局,1994年。
② 〔宋〕邵思纂:《姓解》,转引自巫声惠编著《中华姓氏大典》,河北人民出版社,2000年。
③ 〔宋〕郑樵撰,王树民点校:《通志二十略》,中华书局,1995年。
④ 〔宋〕王应麟:《姓氏急就篇》,文渊阁四库全书本。
⑤ 〔明〕陈士元:《姓觿》,中华书局,1985年。
⑥ 〔清〕王先谦撰:《庄子集解》,中华书局,1987年。

皇氏的说法是比较多见的,比如《汉书》《帝王世纪》《补三皇本纪》等,大都沿袭《庄子》的说法。

据说,柏芝曾经担任伏羲助手,深得百姓拥护,被尊为皇柏。《路史·前纪六》称:“柏皇氏,姓柏,名芝,是为皇柏。出榑日之阳,驾六龙,以木纪德。”《周易·乾》云:“乘六龙以御天。”《楚辞·九叹》谓:“驰六龙于三危兮。”《汉书·礼乐志》云:“(柏皇)独乐六龙。”范仲淹《严先生祠堂记》说:“乘六龙,得圣人之时。”“乘六龙”是圣人才能得到的待遇,可见柏皇氏在部落之间的地位和声望显赫。

柏皇氏所在地域,据《路史·前纪六》记载:“立于正阳之南,是为皇人山。”皇人山又作皇柏山,《舆地广记》载皇柏山在开封陈留县,即今河南省开封市祥符区陈留镇一带。宋王存《元丰九域志》卷首《东京开封府》:“陈留,京东五十二里,四乡北南城西城南城东河口萧馆七镇,有皇柏山、狼丘、汴河、睢沟。”①《金史》卷二十五《地理志》中也记载:“陈留有皇柏山、狼邱、汴河。”②桐柏山因产桐与柏得名,而柏皇氏“出榑日之阳,驾六龙,以木纪德”,其得名大约也与境内盛产柏木有关。因此,我们大概可以推测:柏皇氏的主要活动地域应在包括今西平在内的开封至桐柏一带的豫中地区。

柏国的存在历来无异议。《左传·僖公五年》:“于是江、黄、道、柏方睦于齐。”这是柏国存在的证据。周宣王征服了汉水流域后,在西周王朝与楚之间建立了一道防线,以藩屏周,即所谓“汉阳诸姬”。柏子国当是“汉阳诸姬”中的一个小国,疆域不大,其范围大约包括今西平全境与舞钢部分地区。《左传·僖公五年》杜预注:“柏,国名,汝南西平县有柏亭。”《汉书·地理志》汝南郡西平县,注引应劭曰:“故柏子国也,今柏亭是。”《水经注》云:“又东过西平县北。县,故柏国也……汉曰西平,其西吕墟,即西陵亭也。西陵平夷,故曰西

① 〔宋〕王存撰:《元丰九域志》,中华书局,1984年。
② 〔元〕脱脱等撰:《金史》,中华书局,2000年。

平。"《元和郡县志》云:"西平县,本汉旧县,属汝南郡,后魏置。即春秋时柏国也。"《路史·国名纪六》载:"柏皇后,黄帝臣柏高,春秋之柏子国。楚灭之,今蔡[州]之西平有柏亭。"顾栋高《春秋大事表》谓:"柏国,在西平县,有柏亭。"《大清一统志》云:"柏亭,在西平县西,故柏子国。"西平于西汉时置县,县治在今县西之师灵镇一带。唐开元四年(716),县治始东移至今县城。1990年10月,河南省行政区域变更,设舞钢市,与西平县接壤。考古发现的柏国故城在与西平交界的舞钢市境内,平面略呈长方形,南北长2000米,东西宽1000米,面积约200万平方米。[①]

关于柏国故城的地望还有西平说。文献记载"西平县有柏亭,故柏国也"。近年来的考古发现也使柏亭有迹可循。2002年,西平县酒店乡朱苍庄发现一块汉砖墓志铭,上书"柏乡亭",表明柏亭似应在今西平县境。明代西平知县卫善诱诗云:"父子相传作帝师,柏亭封国此遗迹。"清代西平知县汤显相诗曰:"地称柏国犹存柏,我宰棠溪谁咏棠?"清末民初文人陈庭兰有诗:"故国今何在,登临尚有亭。遗封传柏子,春色霭西陵。"西平也发现有两座古城。出山镇北部与舞钢市交界的八张村西有一座。城址处于洪河与青铜河交汇处的台地之上,三面环水,西、北临洪河,东临青铜河,以自然河流作为城壕,城墙依河堤而筑,南城墙外的城壕为人工开凿,将洪河、青铜河东西连接,城壕宽约15米。城址平面略呈梯形,南窄北宽,面积约3.65万平方米。师灵镇村西还有一古代小城址。有人认为它们或是为楚所灭的柏国故城。[②]

三、隋唐时期的柏姓名人

柏姓历代都有"名人"。从姓氏书、姓氏文化楹联、隋唐时期的正史三个

① 国家文物局主编:《中国文物地图集·河南分册》,中国地图出版社,1991年。
② 谢文华:《柏国故城正本考》,《西平历史文化》2013年12月。

方面大概能看出隋唐时期柏姓名人的基本情况。

1.姓氏书中列出的柏姓名人

姓氏书中列出的柏姓名人,上古时期有柏亮父、柏招、柏常、柏奋、柏虎、柏阳、柏誉、柏因等,周代有柏同、柏景、柏夭、柏常骞等,秦有柏直等,汉代有柏英、柏怀等,魏晋有济阴柏氏柏直等,唐有柏良器柏耆父子、柏贞节等,明代有柏龄、柏英、柏从明等。属于隋唐时期的是柏良器、柏耆父子和柏贞节。

《元和姓纂》载:"《风俗通》柏皇氏之后,又柏亮父为颛顼师,柏招为帝喾师,柏同为周太仆左丞……汉有柏英为大鸿胪,秦大将军柏直,晋武帝柏夫人生赵王伦。济阴,王僧孺谱云,萧元益娶济阴柏氏,益兄子泉娶济阴柏齐女。贞元左威卫大将军柏良器,济阴人;生耆……柏怀后,汉魏郡太守,因居斥丘,十代孙季纂,唐司农卿……蜀郡……大历中同州刺史柏贞节。"

《姓解·木部》:"柏亮为颛顼师,柏招为帝喾师,西晋赵王伦母曰柏夫人,唐有处士相耆。"

《通志·以国为氏》转引《风俗通》云:"又柏亮父,颛顼师。柏招,帝喾师。柏景,为周太仆……汉有柏英为大鸿胪,魏大将军柏直,晋宣帝柏夫人生赵王伦。"

《古今姓氏书辩证》:"开封柏孝隆:驾部员外郎……又,柏元康:监襄邑仓。"

《姓氏急就篇》转引自《国语》:"晋十一族,有柏。"

《氏族大全》:"柏同:帝喾之师。"

《姓觿》:"《姓考》:古帝柏皇氏之后,黄帝臣柏常,颛顼师柏亮父,帝喾师柏昭,周穆王臣柏夭,或其后也。"

《古今图书集成·氏族典》:《汉书·古今人表》:柏夷亮父:颛顼师。柏招:帝喾师。柏奋:尧时人。柏虎:尧时人。柏阳,舜友。柏誉:舜时人。柏因:羿贤臣。柏封叔:夏时人。《晏子春秋》:柏常骞:周史,去周之齐。柏直:见

《汉书·高帝纪》。《唐书·李光弼传》:唐柏良器:左领军卫大将军。《唐书》:柏耆,有纵横学。

《续通志·氏族略八》:“明柏龄:洪武进士;柏英:延安卫指挥。”

2.姓氏文化楹联中的柏姓名人

柏姓的姓氏文化楹联比较著名的有以下几副,涉及的历史名人有柏招、柏良器、柏贞节、柏耆等,属于隋唐时期的是柏良器、柏耆父子和柏贞节。

(1)道重帝师;功平山越

“道重帝师”讲的是柏招,传说中他为古帝高辛氏帝喾之师。《晋书·景帝纪》诏:“颛顼受学于绿图,高辛问道于柏招。”

“功平山越”讲的是柏良器,当时江淮一带的“山越”叛乱,柏良器曾领兵平叛之。

(2)形图烟阁;雾扫夔州

“形图烟阁”讲的也是柏良器。唐德宗时,淮宁节度使李希烈叛乱,良器平乱有功,官至左领军卫大将军,封平原王,入列图绘功臣之所凌烟阁。

“雾扫夔州”讲的是唐朝人柏贞节,曾镇守夔州,为官清廉开明,政绩显著。杜甫有诗曰:“柏公镇夔州,滞雾兹一扫。”

(3)容图麟阁;术擅纵横

“容图麟阁”讲的也是柏良器,麟阁是汉宣帝时所建麒麟阁的简称,与“凌烟阁”一样,也是图绘功臣之所。

“术擅纵横”讲的是柏良器之子柏耆,擅长纵横术。曾游说抗命者王承宗,承宗遣二子为人质,并献二州,声震一时。太和初年(827),说服兖海节度使李同捷归降。

(4)义金使节;道重帝师

“义金使节”讲的是柏耆,曾以使节身份往说反叛者王承宗、李同捷。

“道重帝师”讲的是柏招。

3.隋唐正史中的柏姓名人

查阅《隋书》和两《唐书》,发现,《隋书》中没有柏姓历史人物,两《唐书》中出现有5个柏姓人名,除了上面提到的柏良器、柏耆父子和柏贞节,还有柏茂林、柏常心,而《旧唐书》《资治通鉴》都将“邛州柏茂琳”与“邛州牙将柏贞节”指归为同一个人。两《唐书》有传的仅是柏良器父子,《旧唐书》有柏耆传,《新唐书》李光弼传附有柏良器传。

(1)柏良器

《新唐书》卷一百三十六《李光弼传》附有柏良器传,大致描述了柏良器的生平事迹。

柏良器,字公亮,魏州人。父造,以获嘉令死安禄山难。乃学击剑,欲报贼。父友王奂为光弼从事,见之曰:“尔额文似临淮王,面黑子似颜平原,殆能立功。”乃荐之光弼。授兵平山越,迁左武卫中郎将。以部兵隶浙西,豫平袁晁、方清。其后潘狞虎、胡参分据小伤、蒸里,又击破之。是时年二十四,更战阵六十二。

李希烈围宁陵,遏水灌之,亲令军中明日拔城。良器以救兵至,择弩手善游者,沿汴渠夜入,及旦,伏弩发,贼乘城者皆死。录功封平原郡王,入为左神策军大将军、知军事,图形凌烟阁。募材勇以代士卒市贩者,中尉窦文场恶之,坐友人阑入,换右领军卫。自是军政皆中官专之。终左领军卫大将军,赠陕州大都督。子耆,别传。①

柏良器,唐代大将,李光弼部下。字公亮,魏州(今河北大名)人。其父柏造为安禄山所杀,良器乃学击剑,立志报仇,父亲的朋友王奂觉得他能立功,于是推荐给朔方节度使李光弼。因功迁左武卫中郎将。镇压袁晁、方清起义。又击败淮宁节度使李希烈,封平原王。画像于凌烟阁。官至左领军卫大将军。

① 〔宋〕宋祁等撰:《新唐书》卷一百三十六,文渊阁四库全书本。

有子柏耆。两《唐书》其他章节涉及柏良器的,只有《旧唐书》的《柏耆传》,说柏耆是其子。

(2)柏耆

《旧唐书》卷一百五十四“柏耆传”和《新唐书》卷一百七十五“柏耆传”,大致描述了柏耆的生平事迹。《旧唐书》载:

柏耆者,将军良器之子。素负志略,学纵横家流。会王承宗以常山叛,朝廷厌兵,欲以恩泽抚之。耆于蔡州行营以画干裴度,请以朝旨奉使镇州,乃自处士授左拾遗。既见承宗,以大义陈说。承宗泣下,请质二男,献两郡,由是知名。

元和十年,王承宗归国,移镇滑州,朝廷赐成德军赏钱一百万贯,令谏议大夫郑覃宣慰军人,赏钱未至,浩浩然腾口。穆宗诏耆往谕旨。耆至,令承宗集三军,宣导上旨,众心乃安。转兵部郎中。

太和初,迁谏议大夫。俄而,李同捷叛,两河藩帅加兵沧、德,宿师于野连年。同捷穷蹙求降。耆既宣谕讫,与节度使李祐谋,耆乃帅数百骑入沧州,取同捷赴京,沧、德平。诸将害耆邀功,争上表论列。文宗不获已,贬循州司户,判官沈亚之贬虔州南康尉。内官马国亮又奏耆于同捷处取婢九人,再命长流爱州,寻赐死。

史臣曰:人臣事君,犯颜匡政,不避死亡之诛。议者以为徇名,臣恶其讦也……柏耆恃纵横之算,欲俯拾卿相,忘身蹈利,旋踵而诛,宜哉![①]

《新唐书》记载与此大体相同,都说:柏良器之子柏耆,擅长纵横术。曾游说抗命者王承宗,承宗遣二子为人质,并献二州,声震一时。元和十年的时候,成功安抚了移镇滑州的王承元将士。太和初年,说服兖海节度使李同捷归降。后来被诒陷,先是贬循州司户,命长流爱州,后来被赐死。

① 〔后晋〕刘昫等撰:《旧唐书》卷一百五十四,文渊阁四库全书本。

此外,《旧唐书》穆宗本纪、王武俊传附王承元传、李翱传也有关于柏耆奉旨宣慰王承元的记载,敬宗文宗本纪、李全略传附李同捷传有柏耆说服李同捷的记载。

(3)柏茂林、柏贞节

《新唐书》《旧唐书》中没有柏茂琳的传记,但关于柏茂琳的记载有多处。《旧唐书·代宗本纪》记载有永泰元年"邛州刺史柏茂林充邛南防御使",二年,"邛州刺史柏茂林为邛南节度使",三年"(剑南西川节度使崔)宁为柏茂林、杨子琳所攻"。[①] 关于柏茂林事迹的记载起于郭英乂与崔旰之战。《旧唐书·崔宁传》:

> 永泰元年五月,严武卒……(崔)旰遂出兵拒敌,英乂与之接战,英乂军大败而还,收余兵才千人,归成都,将卒因多逃散……英乂出兵于城西门,令柏茂琳为前军,郭英干为左军,郭嘉琳为后军,与旰战。茂琳等军累败……将统兵与英乂转战,大败之。兵至子城,英乂单骑奔简州,为普州刺史韩澄所杀。时邛、剑所在起兵相攻,剑南大乱。[②]

郭英乂被崔旰杀死后,《旧唐书》杜鸿渐传记载邛州衙将柏贞节等兴兵讨旰。后代宗从杜鸿渐所奏,仍以旰为剑南西川行军司马,柏贞节为邛州刺史、杨子琳为泸州刺史,各罢兵。

让人津津乐道的是,柏茂林与大诗人杜甫做客夔州时的交往。杜甫的诗歌中对柏茂林的称谓只有"柏中丞"三字。"中丞"一词在杜诗中一共出现过15次,7次写给严武,5次写给柏茂林,1次写给李中丞,1次写给郭中丞。杜公作品反映二人交往的有:《览柏中丞兼子侄数人除官制词因述父子兄弟四美载歌丝纶》《览镜呈柏中丞》《陪柏中丞观宴二首》《奉送蜀州柏二别驾将中丞命赴江陵起居卫尚书太夫人因示从弟行军司马位》《为夔府柏都督谢上表》

① 〔后晋〕刘昫等撰:《旧唐书》卷十一,文渊阁四库全书本。
② 〔后晋〕刘昫等撰:《旧唐书》卷一百十七,文渊阁四库全书本。

等,充满着对军事要地夔州之领首柏茂林的谆谆寄托。

(4)柏常心

关于柏常心的记载,《新唐书》《旧唐书》中只有一条,《旧唐书》文宗儿子庄恪太子传载:

> 开成三年,上以皇太子宴游败度,不可教导,将议废黜。特开延英,召宰臣及两省御史台五品已上、南班四品已上官对。宰臣及众官以为储后年小,可俟改过,国本至重,愿宽宥。御史中丞狄兼谟上前雪涕以谏,词理恳切。翌日,翰林学士六人洎神策六军军使十六人又进表陈论,上意稍解。其日一更,太子归少阳院,以中人张克己、柏常心充少阳院使;如京使王少华、判官袁载和及品官、白身、内园小儿、官人等数十人,连坐至死及剥色、流窜。[1]

唐中后期,太子不居住在东宫,而随皇帝居住在大明宫里的少阳院,与翰林院、左右神策军等权力机构相近。关于少阳院使的职位与身份,大致与十六王宅使相同,至于员数,可能如上所载大致二人。《唐文拾遗》卷二十五《大唐故朝议郎行宫闱令充威远军监军上柱国赐紫金鱼袋西门大夫墓志铭》曾云:"顺宗嗣位,爰选耆德,以辅储皇,转为少阳院五品。"可知少阳院使的品阶大致为五品,当属东宫高官。

综上,柏姓为柏皇氏之后,或是柏国子孙以国为氏。柏皇氏活动的地域主要在今包括河南西平在内的豫中一带,西周时柏皇氏后裔在西平建立柏国,春秋时为楚所灭,西平可谓柏姓故里。柏氏历史上名人辈出,隋唐时期的柏氏名人,或为图绘凌烟阁的大将军;或为擅长纵横之术,以一已之力息兵罢战;或为镇守一方,又与诗圣有所交集;或为东宫高官,是柏姓发展历史上不可或缺的一环。

(本文作者为河南省社会科学院历史与考古研究所副研究员)

① 〔后晋〕刘昫等撰:《旧唐书》卷一百七十五,文渊阁四库全书本。

唐代魏郡柏氏家族郡望考

汤慧玲

柏氏,又称柏皇氏,是中国远古时期著名的姓氏之一,与轩辕氏、伏羲氏、神农氏等一样,是我国的远古部族首领之一,为中华文明的形成与发展做出过重要的贡献。如《庄子·胠箧篇》云:“子独不知至德之世乎。昔者容成氏、大庭氏、柏皇氏、中央氏、栗陆氏、骊畜氏、轩辕氏、赫胥氏、尊卢氏、祝融氏、伏羲氏、神农氏,当是时也,民结绳而用之。甘其食,美其服,乐其俗,安其居,邻国相望,鸡狗之音相闻,民至老死而不相往来。”①大约在春秋时期,即公元前642—前626年之际,即鲁僖公十八年至鲁文公元年间,柏与江、黄、道、弦邻近诸小国联姻,又同齐国结盟,以防御楚国的侵略。楚国看到齐国远在山东,鞭长莫及,乘淮汝诸国放松警惕之机,出其不意,各个击破,先后将柏等诸国并入楚之版图。柏国为楚国所灭,柏国子孙就以国为氏了,柏国灭亡之后,柏氏子孙逐渐离开发源地——今河南西平西部柏亭,繁衍到魏郡。柏氏望出魏郡,济

① 〔清〕王先谦撰:《庄子集解》,中华书局,1987年。

阴,《郡望百家姓》载望出魏郡。[①]

一、唐代魏郡柏氏家族

唐代魏郡柏氏源自周朝,先祖为晋国伯宗,亦为汉代柏鸿之后裔。“柏氏系自有周叔虞封晋,其支子有受邑于伯为采地者,因以为姓。后世生宗,宗以直显景公、厉公之时,三郤恶宗,共谮杀之,其客毕阳以其子州黎奔楚,于是改伯为柏。”[②]据《唐故卫尉卿赠左散骑常侍柏公墓志铭》记载,“公讳(柏)元封,字子上,其先晋伯宗之后。始伯宗祖父食采于伯,因伯为氏。及三郤害伯宗,伯宗死,其子周黎窜于楚,易人从木。至裔孙鸿,仕汉为魏郡守,子孙留而不还,遂为魏郡人焉。”从《唐故卫尉卿赠左散骑常侍柏公墓志铭》和《全唐文》的记载来看,伯宗是唐叔虞后裔,姬姓,郤氏旁支,春秋时期的晋国大夫,以伯为封地。伯宗之子改伯为柏,成为柏姓源流之一。

根据《唐故卫尉卿赠左散骑常侍柏公墓志铭》和《全唐文》的记载,可以看出唐代魏郡柏氏世系为:柏季纂—柏敬人—柏骞—柏造—柏良器。柏良器有四子,长子柏元封,二子柏耆,三子柏元凤,四子柏夔。据《唐故卫尉卿赠左散骑常侍柏公墓志铭》记载,柏元封有八子,有名字记载的五人,“长子虔仲,始官天平军节度巡官。均籀、虔季咸学文,应进士举。符通、寿楚皆幼而有立。”

唐朝时期,以柏季纂为代表的柏氏家族,“予家世儒也。昔予大父以射策甲科,授获嘉令。禄山陷东都,围获嘉,持印不去,为贼所害。故吾父痛吾祖之不终,遂学剑从戎,将复仇以快冤叫。”[③]以儒学兴家,文韬武略,才智兼备,忠于君王,表现出杰出的政治和军事才能,魏郡柏氏为唐朝的发展做出了重要贡

① 陈明远、汪宗虎编著:《中国姓氏词典》,北京出版社,1994 年。
② 〔清〕董诰等辑:《全唐文》,中华书局,1983 年。
③ 周绍良、赵超主编:《唐代墓志汇编续集》,上海古籍出版社,2001 年。

献。

柏季纂，魏郡人，隋朝任祁县令，为唐代魏州柏氏家族的兴起奠定了基础。隋朝末年柏季纂跟随李渊军平京师，唐朝初年历任司农卿，汝州、遂州、宜州、虞州等州刺史，官至工部尚书，封武阳公。柏季纂之子柏敬仁，任蕲州长史。其孙柏謇为河南永宁县令，并赠大理寺少卿，其重孙柏造任怀云获嘉县令。

柏良器，“字公亮，魏州人。父造，以获嘉令死安禄山难。乃学击剑，欲报贼。父友王奂为光弼从事，见之曰：‘尔额文似临淮王，面黑子似颜平原，殆能立功。’乃荐之光弼。授兵平山越，迁左武卫中郎将。以部兵隶浙西，豫平袁晁、方清。其后潘狞虎、胡参分据小伤、蒸里，又击破之。是时年二十四，更战陈六十二。”[①]柏良器少年时适逢安禄山叛乱，其父柏造因不愿为叛军所用而被杀，自此以后柏良器立志为父报仇，勤学剑术。青年时期其父柏造的好友王奂将其举荐给太尉李光弼，此后，柏良器作战勇敢，身先士卒，曾平息浙江盗贼，被授左武卫中郎将。764 年，升为左武卫将军，他杀方清在洞中，破张三霸在海上，得皇上赏钱五百万，授左金吾卫将军。大历初年，江东大乱，良器率将卒三千，骑兵五百，经英勇奋战大获全胜，杀敌三千，俘获一千人，皇帝颁发诏书，加检校光禄大夫兼苏州别驾，又加左羽林大将军并任殿中监察御史。这一年，柏良器年仅 24 岁，但参加的战役已有 62 次之多。

建中元年至建中四年（780—783），李希烈反叛攻下汴州，包围宋州宁陵，拥水灌宁陵城南，筑甬道至城北，宁陵军民危在旦夕。《新唐书》曰：良器为“武卫中郎将，以部兵隶浙西……希烈围宁陵，遏水灌之，亲令军中明日拔城。良器以救兵至，择弩手善游者，沿汴渠夜入，及旦，伏弩发，贼乘城者皆死”。太尉命令柏良器率万人前去救援，柏良器挑选善游泳弓弩手，连夜沿汴渠潜水入城，第二天李希烈率兵攻城，柏良器命守城将士万箭齐发，将敌军全部射杀，

① 〔宋〕宋祁等撰：《新唐书》卷一百三十六，文渊阁四库全书本。

宋州宁陵得以保全。城中军民夹道欢迎,哭曰:“若非良器公及时赶到救援,城民已遭屠也。”为此皇帝降诏:封柏良器为平原郡王,食邑三千户,特进兼御史中丞。

贞元五年(789),唐德宗下诏,将柏良器与褚遂良、郭子仪等二十七人画像置于唐朝为表彰功臣而建筑的绘有功臣图像的高阁——凌烟阁,加以表彰。贞元八年(792)升任大将军,九年(793)转任右领军卫大将军,十五年(799)兼英武将军使,十八年(802)升任左领军兼御史大夫,十九年(803)闰十月柏良器因病逝世,享年六十一岁。天子为之废朝,赠陕州大都督,次年葬于万年毕原(西安市),夫人追封为魏国太夫人。《全唐文》卷六百三十八《唐故特进左领军卫上将军兼御史大夫平原郡王赠司空柏公神道碑》载:“公(良器)自少则戮力破贼,及壮解宁陵、猗杖之围,希烈之所以兵不及于宋,而江东以全者,实公之所为也。功最高,位独以不副,克生良子,能大厥家……公生十二,未壮家毁。誓殄父仇,不怯勇死。释官就军,焯有其勋。擒凶盗平,威明显闻。人谁不贵,孰胜其位。由卑至巨,莫匪躬致。宣疏土疆,报未功当。是生后人,绍庆不忘。”

柏元封,良器长子,“生有殊状,幼有老风,天资聪明,性本忠孝。七岁就学,达诗书之义理;十年能赋,得体物之玄微。十五以司空武功授太仆寺丞……今吾父武功立,予不可不守吾世业而苟且与宦达也。遂请授其弟。下帷读书,不窥园林者,星周于天。业成名光,登太常第。”历任陈州、蔡州刺史,拜卫尉卿,赠左散骑常侍,也是唐代书法家,有行书作品传世。

早年时期,柏元封曾为汝州刺史的僚属,被辟为防御使判官,辅理政事,此后为秘书省校书郎。唐宪宗时,柏元封应袁公之请,授左金武卫兵曹参军、充节度推官,迁观察判官。袁公镇守白马时,白马主帅王士贞去世,王承宗盗据其地,宪宗命承璀率师征讨,并诏潞将从史合兵而进。但是从史暗中与王承宗勾结,于是宪宗诛杀从史,承璀擒获承宗,宪宗念承宗祖上军功免其罪。随后魏将田季安与承宗联合起兵，承璀畏惧魏不敢兵出其境，正在宪宗无计可施时，适逢柏元封进京，宪宗召其以问之。元封对曰："非独不可以示天下，且魏军心亦不安，而阴结愈固矣。臣愿假天威，将本使命谕季安，使以壶浆迎师。上喜，即日遣之，驻承璀军以须……季安伏其义，且请公告承璀无疑。师遂南辕。上谓承相曰：承璀不比，出并而还，元封之谋也。用其谋不可不赏其力，宜进秩以劳之。"于是唐宪宗迁柏元封大理评事，摄监察御史。

柏元封摄监察御史期间，"会夏大旱，谷不登，黎人告损。内史崔元略不欲损以希上旨，又将籴以入公。他县无敢逆其意者，惧崔之威也。"而柏元封陈奏百姓之困，"竟罢籴而减其常赋，他县咸赖，民用不饥。"对地方官员的不法行为进行约束。

唐宪宗元和年间，柏元封任濮州刺史时，不法僧道言行乖张，蛊惑人心，"有僧道峦属火于顶，加钳于颈，以苦行惑民，人心大迷信，脱衣辍食，竭户施与，甚为民病"，柏元封鞠验赃秽，杖杀释惑。柏元封公正无私，其威望影响日益增加，不久徵拜陈州刺史。经过柏元封的治理整顿，陈州吏治廉明，众多背井离乡的流民回归陈州。

"政既大行，声驰上国"，柏元封转任蔡州刺史，兼任龙皮监牧使。此时蔡州自吴少诚起，历经其弟吴少阳、吴少阳之子吴元济的治理，"蔡地富而人强，有兵而无节"。吴元济被斩以后，"始裂其地而破其号，故人心犹未知礼。军虽散而多藏刃私家，农虽耕作而少安业于垄亩……公(元封)于是以法临之，以恩养之，明君臣之道以训之，章逆顺之理以教之，不夺其利，不禁其欲。人大和悦，军县咸化。"因政绩显著，唐文宗惜其才，授柏元封兵权，拜太子宾客兼御史大夫。但是将坛未登，柏元封重病，遂拜卫尉卿。之后柏元封病情愈加严重，于太和六年(832)病逝于河南县履信里之寓所，享年六十五岁。"皇上悼惜罢朝，追赠左散骑常侍"。

柏耆，精通纵横学，擅长谋略和谈判。据《新唐书》柏耆传记载："柏耆者，有纵横学。父良器,为时威名将。耆志健而望高,急于立名。是时,王承宗以常山叛,朝廷厌兵,耆杖策诣淮西行营谒裴度,且言愿得天子一节驰入镇,可掉舌下之。度为言,乃以左拾遗往。既至,以大谊动承宗,至泣下。乃请献二州,以二子入质。真擢耆左拾遗,由是声震一时。迁起居舍人。"王承宗叛乱时,柏耆以左拾遗身份,前往说服王承宗并使之归顺朝廷,因此声震一时。"王承元徙义成军,遣谏议大夫郑覃往慰成德军,赉缗钱百万。赉未至,举军哗议,穆宗遣耆谕天子意,众乃信悦",柏耆转任兵部郎中,随后被任命为谏议大夫。"太和初,李同捷反,诏两河诸镇出兵,久无功。乃授耆德州行营诸军计会使,与判官沈亚之谕旨。会横海节度使李祐平德州,同捷穷,请降,祐使大将万洪代守沧州,同捷未出也,耆以三百骑驰入沧,以事诛洪,与同捷朝京师。既行,谍言王廷凑欲以奇兵劫同捷,耆遂斩其首以献。诸将嫉耆功,比奏攒诋,文宗不获已,贬耆循州司户参军、亚之南康尉。宦人马国亮谮耆受同捷先所得王稷女及奴婢珍赀。初,祐闻耆杀洪,大惊,疾遂剧。帝曰:'祐若死,是耆杀之。'至是,积前怒,诏长流爱州,赐死。"后来,柏耆因受谗言贬官,又被赐死。

二、柏氏家族之郡望堂号

自东汉时期以来,各地区逐渐形成众多的郡望。柏氏是华夏古老的一个群族,从相关资料的记载来看,柏氏家族主要有以下郡望堂号。

望出平原郡,堂号平原堂,亦称德州堂。平原郡,始建于西汉高祖时期的西汉初年,治所在今山东省平原县西南。辖境相当于今山东省平原、陵县、禹城、齐河、临邑、商河、惠民、阳信等地。东汉以后,平原或为国,或为郡。北魏时期废黜。隋、唐两朝时期曾以德州为平原郡,治安德,即今山东省陵县。

望出济阴郡。济阴郡,汉朝郡名。景帝中元六年(前144)从梁国分出,始为国,明年为郡,治所在定陶(今山东省菏泽定陶区西北),相当于今山东省菏泽市附近,辖区南至定陶,北至濮城。宣帝甘露二年(前52)更名为定陶,哀帝建平二年(前5)又改为济阴郡,属兖州。唐高祖武德四年(621),更名为曹州。唐玄宗天宝元年(742),改曹州为济阴郡。乾元元年(758),复为曹州。

望出济阳郡,堂号济阳堂。济阳,战国时期为魏国城邑,西汉时期改置为济阳县,治所在今河南省兰考县东北部。济阳县在唐朝初期并入冤句县。晋朝惠帝时将陈留郡的一部分划出来设置济阳郡,治所在济阳,其时辖地在今河南省兰考县、山东省东明县以及定陶县一带地区,距今河南省正阳县不远。东晋后期晋室南渡后,济阳郡被废黜。

望出宿州,堂号碧山堂。晚唐时期,柏贞节爱好文学,在任四川夔州太守(都尉)期间,诗人杜甫流落四川夔州,柏贞节热情款待,二人成为诗友,交往密切。杜甫多次赠诗于柏贞节,如《送柏大世兄》诗:“碧山学士焚银鱼,白马却走身岩居;古人已用三冬足,年少今开万卷余;晴云满户团倾盖,秋水浮阶溜决渠;富贵必从勤苦得,男儿须读五车书。”诗中的“碧山学士”指柏贞节。晚年柏贞节隐居碧山,被人们称为“碧山学士、柏学士太守、碧山柏都尉”等。后人为纪念柏贞节,于是以“碧山堂”为祠堂号,通用为柏家。现在安徽、江苏、四川、河南、山西等柏氏族人用“碧山堂”为堂号,家族或有红白喜事,或有大的活动都会以“碧山堂”标明封帖。

通过对以上资料的梳理可以看出,柏氏家族以望出宿州形成于唐代,源自唐朝柏贞节(或柏茂琳)的典故。济阴、济阳郡望的形成与济水密切相关。济水,古水名,发源于今河南省济源市,流经河南、山东,入渤海。古人谓山南水北为阳,山北水南为阴,济阴为济水之南,济阳为济水之北。自汉代至魏晋南北朝,通过史书关于柏氏家族人物的记载,很难看出这一家族的政治活动和发展轨迹,柏氏望出平原、济阴、济阳的时间,这些郡望堂号的形成,与哪一位柏姓家族人物的典故事迹或趣闻佳话相关联,还有待进一步考证。

三、唐代魏郡柏氏郡望的形成

1.柏氏家族望出魏郡形成于唐代

一般而言,郡望是家族地域观念的表现,即某一家族世代居于某一地域,这一家族在当地具有一定的声望与影响,在形式上以郡名表示,称郡望、地望、郡姓,并且一个家族郡望的形成,以三世居五品以上官职作为判断郡望的基本标准。从史书的记载来看,两汉时期柏氏家族见于史书记载的人物及其事迹较少,目前史料所见约有:柏鸿、柏直和柏始昌。柏鸿,其记载见于《唐故卫尉卿赠左散骑常侍柏公墓志铭》《全唐书》,汉代魏郡郡守。据《汉书》《旧唐书》,柏直是西汉初年魏国大将。汉军兵败彭城时,魏王豹与齐、赵联合反汉,高祖命韩信平叛,魏王命柏直带兵迎敌,结果为韩信打败。[1] 柏始昌在《史记》《汉书》中均有记载。元狩元年(前 122),博望侯张骞出使大夏时,因匈奴阻其道,欲绕道西南,于是汉武帝任柏始昌为使者,与王然于、吕越人出使西南夷。[2] 史书中提到王然于、吕越人为汉武帝建元年间司马相如通西夷时副使,而对于柏始昌除了通西南夷,则没有更多的记载。由此可见,柏氏家族在汉代的声望和影响力相对有限,望出魏郡的可能性较小。

在唐代的柏氏家族中,“曾高祖季纂,在隋为祁令,入唐为工部尚书。高祖敬仁,蕲州长史。王父謇,赠大理少卿。大父造,赠邓州刺史。父良器,平原郡王,赠司空”。柏季纂于唐初历任州刺史、工部尚书等职,唐代刺史的品秩为从正四品下到从五品下,工部尚书为正三品。柏季纂之子柏敬仁,任蕲州长史,唐代蕲州作为当时淮南道的上州,上州长史官制为从五品上。柏季纂之孙柏謇为河南永宁县令,赠大理寺少卿,大理寺少卿为正四品。柏良器曾授左武

① 〔后晋〕刘昫等撰:《旧唐书》卷一百四十二,文渊阁四库全书本。
② 〔汉〕司马迁:《史记》,中华书局,1982 年。

卫中郎将，官至左领军卫大将军，左领军卫大将军为正三品。柏元封任蔡州刺史，蔡州为上州，刺史官制为从五品上。柏耆曾授左拾遗，官至兵部郎中，兵部郎中为从五品上。综观唐代魏郡柏氏家族任职情况，可以看出，唐代魏郡柏氏家族除柏造以外，有五世官居五品以上，史书记载较两汉增多，并且具有一定的影响力，因此，魏郡柏氏郡望应形成于唐朝时期。

2.唐代柏氏家族郡望堂号

堂号通常指姓氏祠堂的名称、称号，它和郡望一样，是家族用以表明一个家族源流世系的标记，也是寻根联谊的又一重要纽带。唐代柏氏是魏郡大姓之一，这一时期柏氏郡望之地为魏郡，堂号忠恕堂。魏郡于西汉高祖十二年（前195）设置，辖十八县。东汉时，辖十五县。两汉时期，魏郡治所在邺县（今河北临漳），其时辖地跨今冀、鲁、豫三省之界。五胡十六国时辖地在今河南省北部内黄县、浚县，河北省大名县、临漳县、魏县、成安县，山东省冠县之间一带地区。北周末年迁治到安阳，属冀州。隋朝时期改为相州魏郡。唐朝初年置魏州（治今河北省邯郸市大名县），天宝年间改称魏郡，以后魏郡、魏州习惯通称。

忠恕堂出自唐代柏耆的传说和典故。柏耆以纵横学之才，说服王承忠、李同捷，柏氏家族为纪念柏耆，遂取堂号为忠恕堂，寓意柏氏忠勇之名节，以祈后世祭奠列祖列宗，不忘先祖忠君爱国的精神。忠恕堂也为柏氏家族的总堂。

魏郡柏氏郡望的形成，源于柏氏家族浓厚的文化积淀。远古时期，柏氏曾出过一些声名显赫的人物，历代以来他们仍然受到柏氏家族的尊敬和纪念。据《中国姓氏寻根》记载：黄帝时有地官（司徒）柏常，帝颛顼有师傅柏亮文，帝喾有师傅柏昭，帝尧时有柏成子。

魏郡柏氏世代学习儒家经典，即家传儒学，具有较高的文化素养，为柏氏望出魏郡奠定基础。因柏造死于“安史之乱”，其子柏良器遂学习剑术，投笔从戎，以军功封平原郡王。柏元封“七岁就学，达诗书之义理，十年能赋，得体物之玄微”，自称：“今吾父武功立，予不可不守吾世业而苟且于宦达也。遂请授其弟。下帷读书，不窥园林者，星周于天。业成名光，登太常第。”

从柏氏宗祠所配楹联来看，表彰唐代柏氏家族人物为多。在柏姓宗祠中可以看到“佚名撰柏姓宗祠通用联”，这些通用联的内容大多为：容图麟阁；术擅纵横。义全使节；道重帝师。常山游说；帝师重道。功平山越；道重帝师。其中除“道重帝师”典指上古柏亮为颛顼师、柏招为帝喾师外，其他人物均为唐代魏郡柏氏。“容图麟阁”典指唐代柏良器，因军功显著而图像凌烟阁，“术擅纵横”典指唐代柏耆有纵横术，善于游说。“义全使节”典指唐代柏耆，曾说服参与谋反的契丹人王承宗、兖海节度使李同捷，使他们臣服朝廷。“功平山越”典指唐代柏良器文授大学士，功封平原王。

（本文作者为黄淮学院天中历史文化研究所讲师）

柏皇、柏国与西平关系研究

柏皇氏故里在河南西平县简论

杨东晨

西平县位于河南省中南部,驻马店市之北。据传西平是黄帝元妃嫘祖的故乡,母曰西陵氏,住在西陵亭。又因西陵地势平坦,故名西平。汉高祖四年(前203),始置西平县,治所在今西平县邑店乡。黄帝是人文初祖,华夏民族的祖先。其妻嫘祖擅长养蚕,以丝造衣,为先民造福,备受人民爱戴,为西平县增添了历史悠久的荣光。近闻西平县又是距今约七千年前古帝柏皇氏的故乡,更令人惊叹!经查有关资料,其说有据,为西平县古史又增添了光彩!

一、文献对柏皇氏的记载

柏皇氏又写作柏黄氏。《庄子》曰中央氏、栗陆氏、骊畜氏、轩辕氏、赫胥氏、尊卢氏、祝融氏、伏戏氏、神农氏。这一族系,显然比较混乱。《遁甲开山图》记载:"女娲氏没,大庭氏王有天下,五气异色。次有柏皇氏、中央氏、栗陆氏、骊连氏、赫胥氏、尊卢氏、祝融氏、混沌氏、昊英氏、有巢氏、葛天氏、阴康氏、朱襄氏、无怀氏,凡十五代,皆庖羲之号。自无怀氏已上,经史不载,莫知都之所在。"《金楼子·兴王篇》载:容成氏、大庭氏、柏皇氏、中央氏、栗陆氏、骊连氏、赫苏氏、宗卢氏、祝和氏……《资治通鉴外纪》载:有巢氏、燧人氏、大庭氏、柏黄氏、混沌氏、昊英氏、朱襄氏、葛天氏、阴康氏、无怀氏。我认为《遁甲开山图》的记载顺序比较符合历史实际。

二、柏皇氏世系的故里在西平县

《汉书·礼乐志》云:"(柏皇)独乐六龙。"《路史·前纪六》曰:"柏皇氏,姓柏,名芝,是为皇柏。出榑日之阳,驾六龙,以木纪德,为而不有,应而不求,立于正阳之南,是为皇人山。"《春秋命历序》亦载:伯皇山榑山之阳,架六龙上下。一说他住在皇伯山(今河南开封陈留镇),故以柏树为姓,又以柏木为图腾,名字则曰柏芝,又称柏皇。柏皇的族系在伏羲女娲时期已有,曾助太昊伏羲氏画八卦。伏羲、女娲相继去世后,在黄河流域形成了奉他们为祖先的氏族或部落。《尚友录》曰:相传上古时代有伯皇氏,是东方部落的首领,名叫芝(世代裔孙袭号),因以柏木为图腾,故又称柏芝。

三、对柏皇四代女首领的看法

网络上有一未署名的材料,称生在柏城(今河南西平县南)、建都于遂城(今遂平县古城)的上古部落长,均为伏羲氏和女娲氏的后裔,且都是女性。

1.伏显

伏显(前7251—前7191),女,姓风,名伏显,号柏皇氏。中国氏族联盟时代伏羲女娲政权的第15任帝,大伏羲氏族柏皇氏执政之首任帝。

伏显于随象二十年(庚午,前7251)出生在柏皇氏的活动中心柏城。随象晚年时,自然灾害频繁,人民生活出现了危机,各部落为求生存,被迫离开定居的住所,向新的地域迁徙,社会动荡,人心恐慌。在这种情况下,帝随象不但不去组织各部落族众去自救,而且我行我素,继续躲在家中吃喝玩乐,全然不顾人民的死活,各部落民众十分愤怒,纷纷要求罢免大庭氏的执政权。

就在这关键时刻,柏皇氏大酋长挺身而出,她不仅积极领导本部落抗灾自救,还无私地帮助其他部落发展生产,重建家园,赢得了大伏羲氏族各部落的好评。于是各部落大酋长代表本部落,向执政的大庭氏提出抗议,要求罢免无所作为的大庭氏的执政权。

公元前 7224 年,大庭氏执政的三任帝随象在一片骂声和诅咒声中去世。各部落一致拥护柏皇氏大酋长伏显即帝位。

伏显即位后,立都于她的故乡柏城以南的遂城,以戊戌年(前 7223)为伏显元年。

当时遂城的东南是一个大湖,周围草木茂盛,环境非常好。伏显就是在这里领导各族人民从事生产和社会活动的。

伏显执政期间,关心民众疾苦,经常深入各部落了解情况,为当地人民的生产和生活出谋献策,得到了各部落的广泛赞扬。

伏显在位执政虚记 34 年(王大有《三皇五帝时代》),卒于伏显三十三年(庚午,前 7191),终年 61 岁。

伏显死后,遗体葬在遂城北(今河南驻马店市遂平县西北),尊号帝伏显。

2.可塑

可塑(前 7229—前 7159),女,姓风,名可塑,号柏皇氏。中国民族联盟时代伏羲女娲政权的 16 任帝。大伏羲氏族柏皇氏的二任帝。

可塑是帝伏显的侄女,于随象四十二年(壬辰,前 7229)出生在柏皇氏的活动中心柏城,因从小富有爱心,热爱公共事业,很被帝伏显看好。在她 20 岁时,便得到了帝伏显的重用,让她进入都城辅佐朝政。

帝伏显晚年时召见大伏羲氏族各部落大酋长，向他们推荐了可塑，宣布确定可塑为帝位继承人。氏族联盟时代早期的帝王只是一个公众选举出来的总首领，其职责就是管理整个氏族联盟，并没有其他的特权。经济上和普通的族人一样，还没有等级差别。帝王与民众同甘共苦，风雨同舟，上下和谐，其乐融融。所以，这一阶段除极个别虚荣心过强者外，很少有人争夺帝位。因此，由谁来出任国君，一般并无多大争议，只要有能力领导整个"国家"就行。于是，可塑便成了公认的帝位继承人。

公元前 7191 年，柏皇氏首任帝伏显去世，可塑正式即帝位。

可塑即位后，仍立都于遂城。以辛未年(前 7190)为可塑元年。

可塑继承了先帝的好传统，执政期间勤勤恳恳，把一生的心血都花费在对国家的治理上，鞠躬尽瘁，死而后已，得到了大伏羲氏族各部落的好评。

可塑在位执政虚记 33 年(王大有《三皇五帝时代》)，卒于可塑三十二年(壬寅，前 7159)，终年 71 岁。遗体葬于遂城城北(今河南驻马店市遂平县西北)，尊号帝可塑。

3.郁荅

郁荅(前 7197—前 7143)，女，姓风，名郁荅，号柏皇氏。中国氏族联盟时代伏羲女娲政权 17 任帝。大伏羲氏族柏皇氏的三任帝。

郁荅生于伏显二十七年(甲子，前 7197)，她的祖辈是柏皇氏首任帝伏显，柏皇氏二任帝可塑是她的姑母。

郁荅也是出生在柏皇氏的发祥地柏城，少年时她便以二任帝可塑为偶像，立志做一个有作为的头领。为了实现自己的远大理想，她刻苦学习各种知识，很快成为族中出类拔萃的人物，由氏族长逐渐升任到部落酋长的要职，成为柏皇氏部落的佼佼者，从而也得到了她的姑母——伏羲女娲政权十六任帝可塑的器重，经常安排她去处理一些重要的工作。帝可塑执政的晚期，也效法先帝，把自己的侄女郁荅确定为帝位继承人。

公元前7159年,伏羲女娲政权的16任帝(柏皇氏二任帝)可塑去世后,郁荅即帝位,仍立都于遂城。以癸卯年(前7158)为郁荅元年。

郁荅执政期间,吃苦耐劳,克勤克俭,处处以自作则,深得大伏羲氏族各部落的尊重和爱戴。但因过度操劳,积劳成疾,晚年时体弱多病,过早地离开了人世。

郁荅在位执政虚记17年(王大有《三皇五帝时代》),卒于郁荅十六年(戊午,前7143),终年55岁。

郁荅死后,遗体葬在遂城北(今河南驻马店市遂平县西北),尊号帝郁荅。

4.佘蓄

佘蓄(前7165—前7085),女,姓风,名佘蓄,号柏皇氏,中国氏族联盟时代伏羲女娲政权的18任帝。大伏羲氏族柏皇氏的最后一帝。

佘蓄于可塑二十六年(丙申,前7165)出生在柏皇氏的发祥地柏城。她的祖母是柏皇氏二任帝可塑,柏皇氏三任帝郁荅是她的姑母。

佘蓄少年时代就是一位身强体壮敢想敢做的女中豪杰,曾多次领导族人垦荒种田,抗洪救灾,颇受族人的赞扬,也得到了伏羲女娲政权17任帝郁荅的重用。后来,帝郁荅体弱多病,便让她代理主持朝政。临终前又立下遗嘱,确定佘蓄为帝位继承人。

公元前7143年,柏皇氏三任帝郁荅病死。佘蓄即位称帝,成为柏皇氏执政的第四任帝。

佘蓄称帝后,仍立都于遂城,以己未年(前7142)为佘蓄元年。

佘蓄执政的早期阶段,效法先王之道,一切按祖宗旧制去做,几十年天下太平,国人安居乐业。但是,在她执政的晚期,由于年老体衰,被迫逃离家园,社会出现了混乱现象。当时的人类都非常迷信,认为柏皇氏一族气数已尽,上天发怒,所以才降下灾难惩罚人类。要拯救人类的苦难,就必须罢免柏皇氏的执政权。于是,大伏羲氏族各部落纷纷要求柏皇氏交出执政权,改选有德政的新人为帝。

与此同时,大伏羲氏族统治区外的少数比较强大的部落,乘伏羲女娲政权衰弱,不断发动攻击和侵扰,他们抢占地盘,掠夺财物,还肆无忌惮地杀人放火。大伏羲氏族边境地区的居民生命和财产受到了重大的损失。求救的信使不断地飞奔到都城。

此时佘蓄已是年过八旬的老人,已经没有力量去征讨外族的进攻,迟迟没有救援的行动。这就更加引起边境部落的不满,要求柏皇氏交权的呼声更加强烈。年老体衰的佘蓄无法接受内外交困这一残酷的现实,一股急火上攻,暴病身亡。柏皇氏执政的第四任帝在族人的谴责声浪中离开了人世。

佘蓄在位执政虚记 59 年,卒于佘蓄五十八年(丙辰,前 7085),终年 81 岁。死后遗体葬在遂城北(今河南驻马店市遂平县北),尊号帝佘蓄。

佘蓄死后,柏皇氏的执政权被罢免。柏皇氏前后共历四任帝,执政 143 年。

我十分感谢无名者提供的这份资料,为柏皇氏故里在今河南西平县提供了可靠根据。每位部落长的生卒年和在位年代,亦可供参考。从目前对三皇五帝的研究看,一般都是部落长为男性;伏羲、女娲相继去世后,文献记载的 15 代也都是男性。因此将此 4 世都判定为女性是不恰当的。

总之,今河南西平县在三皇五帝时期的地位是相当高的,既是风姓伏羲氏后裔柏皇氏世代的故里,又是姬姓黄帝之妻嫘祖的故里。相信古迹、古文化在西平县加快建设小康社会过程中,一定会起到积极的作用。

(本文作者为陕西历史博物馆研究馆员,中华伏羲文化研究会副会长)

西平与柏国、柏姓考

徐日辉

西平历史悠久,文化绵长,进入文明社会以来,西平就与人文始祖黄帝关系密切。《史记·五帝本纪》记载,黄帝曾经娶西平之女为正妃,称之为嫘祖。嫘祖是中华民族伟大的女性,她始教民养蚕、缫丝,织制衣物,改变了长期以来人们"冬日麑裘,夏日葛衣"的传统,因而被"后世祀为先蚕",并且与黄帝一起远游名山大川,最后死于去衡山的途中,成为中国最早的行走神。在嫘祖的影响下,西平还出了一个人物,他就是黄帝的重臣柏高,后世又称柏皇氏。春秋时期在柏皇氏的故地,即今天的西平又建立了柏国,并以柏亭为地名,并由此展开了绵延不断的文化之脉。伴随着时间的推移,很难完整地复原当时的环境和状况,这成为我们今天考察西平与柏国、柏姓之间关系所面临的难点。本文所论,不妥之处敬请方家指正。

一

嫘祖、柏高,一位是黄帝的正妃,一位是黄帝的重臣,他们都出生在河南的西平。还有颛顼的老师柏亮父,帝喾的老师柏招,以及周太仆柏同等。这么多的古代人物,尤其是上古人物都出自西平县,其深厚的文化底蕴与源远流长的历史传承,很值得我们关注。考察西平的历史发展轨迹,最大的亮点正是西平是古柏国、柏亭与柏姓的发源地。其中古柏国的"国",就在今天河南的西平县,记载最早见于《左传·僖公五年》。其文曰:"楚斗谷于菟灭弦,弦子奔黄。于是江、黄、道、柏方睦于齐,皆弦姻也。"说的是公元前655年,楚国的斗谷于菟灭亡了不与其合作的弦国,而国君弦子逃到了黄国。这时的江、黄、道、柏四国正和齐国友好,而且都与弦国有婚姻关系。在四国当中柏国就在今天的西平县。所以杜预注曰:"柏,国名,汝南西平县有柏亭。"

对于柏国具体的地望,在后世的地志中多有考证。如《元和郡县志》曰:"西平县,本汉旧县,属汝南郡,后魏置。即春秋时柏国也,古韩地之分……又有龙泉水,可以淬刀剑。"

《元丰九域志》称西平县有"九头山、邓艾陂"。又《太平寰宇记》载:"西平县……本汉旧县,春秋时古柏子国之地。后汉末废,至后魏复焉。"《读史方舆纪要》考证说:"西平县,古柏国,更始时立李通为西平王。后汉建初中置西平国,寻复故。"

其中《水经注》对于西平柏国、柏亭的记载最为详细,曰:"又东过西平县北。县,故柏国也。《左传》所谓江、黄、道、柏,方睦于齐也。汉曰西平,其西吕墟,即西陵亭也。西陵平夷,故曰西平……王莽更之曰新亭。《晋太康地纪》曰:县有龙泉水,可以砥砺刀剑,特坚利,故有坚白之论也,是以龙泉之剑为楚宝也。"杨守敬疏曰:"在今西平县西四十五里。"西平物华天宝、地灵人杰,其文化传统一脉相承,如《水经注》记载的西平龙泉宝剑,虽然历经千年,至今依然风行国内外,2007 年我在西平参加“河南西平嫘祖文化研讨会”时,曾经得到大会赠送的一柄,至今为朋友们羡慕不已。

由柏国到柏亭,是由于历史的变迁而产生的变化,甚至变化巨大。著名学者何光岳先生认为:“柏国被灭亡后,其遗民被楚国迁于柏子山,在今湖北省麻城县东北 15 公里。柏子山与山下之举水合称柏举。”[①]公元前 506 年吴国联合唐、蔡两国沿水路从北部进军,取得了柏举之战的巨大胜利,成为中国战争史上以少胜多的最经典战例,此战就发生在这一地区。

柏谷是不是西平最早的地名,目前尚不敢下定论。但是,从甲骨文到历史文献记载看,柏谷与西平似乎有着某种联系。根据《甲骨文字典》的记载,在商朝的甲骨文卜辞中就有关于柏的记载,如《佚一九五》有“辛……贞又只在柏谷”,另外在《邺三·四六·一五》卜辞中亦有“于柏”的记载,专家认为是地名[②]。对于柏谷,《汉书·地理志》记载:“西平,有铁官。莽曰新亭。应劭曰:故柏子国也,今柏亭是。”

那么,柏亭与柏谷,它们之间是什么关系?谷,既是地理概念,又是交通通道,如著名的函谷关,即崤函古道,作为东西重要通道早于 7000 年就已经产生[③]。《战国策·秦策一》记载苏秦欲建连横,完成自己的宏伟计划,在与秦惠王讨论天下大势时称:“大王之国,西有巴、蜀、汉中之利,北有胡貉、代马之用,南有巫山、黔中之限,东有肴、函之固。田肥美,民殷富,战车万乘,奋击百万,沃野千里,蓄积饶多,地势形便,此所谓天府,天下之雄国也。以大王之贤,士民之众,车骑之用,兵法之教,可以并诸侯,吞天下,称帝而治。愿大王少留意,臣请奏其效。”

---

① 何光岳:《中原古国源流史》,广西教育出版社,1995 年,第 257 页。
② 徐中舒主编:《甲骨文字典》,四川辞书出版社,1989 年,第 644 页。
③ 徐日辉:《破解秦汉帝国之谜的〈崤函古道研究〉》,《三门峡职业技术学院学报》2011 年第 3 期。

肴,即殽、崤。秦东有崤函之固,是苏秦从地理的角度分析秦国的优势,正是有了崤函重险,才得以确保关中的东部安全。再加上关中地区的富饶,完全有夺取天下的可能。

现在的研究表明崤函古道就是介于长安和洛阳两大古都之间的一条特殊的交通要道,亦为古代陆路丝绸之路的重要交通孔道,全长220公里。

亭与谷相关,在古代往往以谷设亭,起着管理交通的作用。班固在《汉书·地理志》中称:“秦之先曰柏益,出自帝颛顼,尧时助禹治水……后有非子,为周孝王养马汧渭之间。孝王曰:昔伯益知禽兽,子孙不绝。乃封为附庸,邑之于秦,今陇西秦亭秦谷是也。”

其后李吉甫《元和郡县志》云:“秦亭,秦谷是也。”秦为非子的封邑,秦谷因秦而名,秦亭又在秦谷,位于主要的交通线上。还有,《元和姓纂》在讲述秦姓由来时曰:“颛顼,嬴姓,秦后。伯益裔孙非子,周孝王封之秦,陇西秦亭是也。至始皇灭六国,子婴降汉,子孙以国为氏。”

张澍《姓氏寻源》曰:“秦氏《广韵》云:秦本颛顼后,子婴既灭,支庶以秦为氏……非子初封秦谷,陇西有秦亭、秦城、秦谷,是秦以地为代者。”由此可知,柏亭在西平,是柏国之地的代表。具体所在“西平县城西门外0.5公里处,后世玄武庙所在即其旧址”[①],而柏国的范围不仅包括西平,同时包括舞钢市的一部分。

王莽之所以改西平为“新亭”,实际上也不是心血来潮,应该有本所依,因为西平有着古老的“柏亭”,所以好复古的王莽取古之“亭”与新朝之新相组合为“新亭”,亦在情理之中。

① 马世之:《中原古国历史与文化》,大象出版社,1998年,第353—354页。

二

姓氏文化是人类社会发展演进的文化产物，反映着一个国家、一个地区的历史文化和社会文明。作为我们中华民族繁衍生息、文明发达和民族团结、兄弟和睦的文化物证，发源地于西平的柏姓，其文化背景据说与黄帝关系最为密切[①]。《元和姓纂》引《风俗通》曰："柏皇氏之后，又柏亮父为颛顼师，柏招为帝喾师，柏同为周太仆左丞。柏国在汝南西平县，为楚所灭。子孙以国为氏。汉有柏英为大鸿胪。"

柏皇，黄帝的大臣，柏氏的先祖，《路史》引《风俗通》曰"柏皇后，黄帝臣柏高"。又作常伯、柏常，《佩文韵府》引《拾遗记》载："使风后负书，常伯荷剑，旦游洹流，夕归阴浦，行万里而一息。"张澍《姓韵》赞同"《管子》'柏常为黄帝的地官'"的说法，与风后共为黄帝之臣。

黄帝是中华民族的人文始祖，他的主要活动范围正是以中原为轴心向周边扩展的，特别是嵩山文化圈[②]。而黄帝的夫人嫘祖正是西平人，因此，西平的柏姓与黄帝有关不可能是空穴来风。

柏，亦作栢[③]，与柏皇氏有关，马世之先生认为："柏皇氏是华夏民族传统中应该极其古老的氏族部落，这个氏族部落可能是以柏树为图腾的。"[④]柏皇为柏姓之祖，郑樵曾经说："生民之本，在于姓氏。帝王之制，各有区分，男子称氏，所以别贵贱；女子称姓，所以别婚姻，不相紊滥。"

从这个意义上讲，柏姓的由来是有根据的。另外，《路史·前纪六》"柏皇

① 徐日辉：《河南西平为嫘祖故里考》，《嫘祖文化研究》，文物出版社，2007 年 7 月。

② 徐日辉：《钱穆所论黄帝政治中心的考古印证》，《浙江工商大学学报》2008 年第 6 期。

③ 王书岷：《左传考校》，中华书局，2007 年，第 38 页。

④ 马世之：《中原古国历史与文化》，大象出版社，1998 年，第 353 页。

氏,姓柏,名芝,是为皇柏……其后为柏”。其说法是柏姓与伏羲相关。据说三皇之首的伏羲手下有位大臣,名芝,以柏木为图腾,人称柏芝。他协助伏羲治理天下成绩突出,深受伏羲的信任和百姓的热爱,后来做了东方部落的首领,故又称其为柏皇氏。虽然《路史》的记载与其他史书有所不同,但是并不能降低柏皇氏的文化意义,相反,有可能柏皇氏要早于黄帝时期。

姓起源于原始时代氏族、胞族或部落的名称。远古时期每一个氏族都有一个用图腾物作标志的名称。图腾物既是氏族感生神灵,又是族名。由于五德之中伏羲被认为是木德,而木德代表着东方。西平位于东方,柏姓与伏羲相关顺理成章。

事实上,柏姓的来源,有着不同的说法,一种说法,就是以木名命姓。柏为木,柏皇氏,是以柏木为图腾的氏族,人称柏芝,所以才以柏为姓。

另外一种是来自国名,即以封国命姓。如晋重即晋文公重耳的简称;鲁申即鲁僖公申,以国名鲁为氏,申为名。西平为周代的柏子国,自然就以柏为姓。柏国的开国者是黄帝的臣子柏高。春秋时,柏国被楚国所灭,柏国国君的后代就用原来的国名柏作为自己的姓氏。

我的考察表明,柏姓还有一个来源,就是地名,即以地为姓。根据甲骨文的记载,在商朝的甲骨文卜辞中就有柏的记载,作为地名,柏姓来源于地名也无可厚非,因为在姓的产生过程中就有以地名为姓的,而且是中华民族的祖先黄帝和炎帝。《国语·晋语》载:“昔少典取于有蟜氏,生黄帝、炎帝,黄帝以姬水成,炎帝以姜水成,成而异德,故黄帝为姬,炎帝为姜。”

《国语》的记载是说:黄帝最早住在姬水之滨,使以姬为姓;炎帝最早住在姜水之旁,以姜为姓。有意义的是这段话是季子劝说重耳的,季子与重耳都是姬姓,黄帝的后裔,他们对自己的历史应该是清楚的。

柏姓,正属于先秦时期以国为姓的范畴。所以,《通志·氏族略》亦认为:“柏国在今蔡州西平县,为楚所灭。子孙以国为氏。”

文献记载的姓氏要早于实物资料，考古发现最早为商代，在出土的甲骨文中已经得到证实。柏字在甲骨文里是上下结构臬，即白字在上，木字在下。白，有两解：其一，天亮以后太阳射出的光芒，东方的象征。其二，指西方。甲骨文中的“臬”显然指的是东方而不是西方。所以我认为发源于中国东部西平的柏姓，于情于理都讲得通。

丁山先生通过对甲骨文的研究，指出我们今天所讲的“氏族”之“氏”与“示”是同一个字。他认为，严格地说，同一图腾，即同一宗氏，氏族社会的组织，即以图腾祭的神示为中心，所以臼辞所见的T字应读为氏族的氏，不作神示解。[①] 丁先生所言极是，甲骨文所表达的正是上古姓氏制度的遗孑和反映，古老的柏姓蕴含着深厚的历史背景和文化渊源，是西平引以为骄傲和应该保护传承、发扬光大的非物质文化遗产。

（本文作者为浙江工商大学人文学院教授）

① 丁山：《甲骨文所见氏族及其制度》，中华书局，1988年，第3—4页。

从“西陵威夷”看春秋柏国与西陵氏之关系

郭明超

位于中原腹地的西平县，是桑蚕之神、黄帝元妃嫘祖西陵氏的故里，春秋为柏国疆域。西陵氏与柏国先后居此，那么，它们之间有无关联？如有关联又是什么关系？对此，已有学者作了有益的探讨。[①] 现笔者不揣浅陋，拟从古籍记载的“西陵威夷”入手，对相关问题提一些浅见，敬请各位专家批评指正。

一、“西陵威夷”的解读

成书于秦汉之际，有“中国第一部词典”之称的《尔雅》卷六《释地》曰：“东陵阠，南陵息慎，西陵威夷，中陵朱滕，北陵西隃雁门是也。”晋代郭璞注：“即雁门山也。”唐代陆德明音义：“阠，音信。”宋代邢昺疏：“此五方之陵名也，其义及所在未详。云‘雁门是也’者，此指解北陵也，即雁门山是也。”

① 张耀征：《先蚕嫘祖国族源流考》，《嫘祖文化研究》，文物出版社，2007年，第148—159页。

虽然古人认为“其义及所在未详”，但“西陵威夷”并非完全不可解读。

西陵可作地名，也可作族名；关键是“威夷”作何解释。其实《尔雅》卷十一《释兽》就有答案：“威夷，长脊而泥。”郭璞注：“泥，少才力。”邢昺疏：“泥，弱也。威夷之兽，侵脊而劣弱，少才力也。”原来，威夷是一种兽的名字。

“威夷”之兽，仅此一见，内容极简。但在《庄子》和《山海经》中，却有一种读音与其相同或相近、但写法有所不同的“神”“鬼”之物。

《庄子·达生篇》说：“委蛇，其大如毂，其长如辕，紫衣而朱冠。其为物也恶，闻雷车之声，则捧其首而立。见之者殆乎霸。”杨柳桥指出：“委蛇，《东京赋》作蝼蛇。委蛇，当取水势逶迤之意。水势逶迤，故名薮泽之鬼曰委蛇也。”[①]因此，这里“委蛇”读作“逶迤”（例同成语“虚与委蛇”），与“威夷”同音。《山海经·海内经》云：“有神焉，人首蛇身，长如辕，左右有首，衣紫衣，冠旃冠，名曰延维，人主得而飨食之，伯天下。”郭璞注曰：“委蛇。”“齐桓公出田于大泽，见之，遂霸诸侯。”《山海经·大荒南经》又有“委维”，《山海经·海外南经》又有“吁咽”。

以上这些名称，其实均出自“威夷”之音，只不过分别写作“委蛇”“维延”“吁咽”，后又倒读为“延维”，或串写为“委维”而已。这种同音异写现象为古籍常例，如《毛诗·小雅》“周道倭迟”，《韩诗》作“威夷”，其实均通“逶迤”。所以，“威夷”“委蛇”“延维”“委维”“吁咽”均为一物。

由此可见，《尔雅》当中的威夷之兽，就是《庄子》当中的“委蛇”和《山海经》当中的“延维”。值得注意的是，虽然名列兽类，但它并不是自然界中的动物，而是“神”“鬼”之物。从最原始的《山海经》记载看，它原本是一种部族之神。

既然威夷原本是神，而神是人崇拜的对象，那么“西陵”与“威夷”组合在一起，表明的就是这种“人—神”关系。因此，“西陵威夷”的含义就是：西陵氏

① 〔清〕王先谦：《庄子集解》，中华书局，1987年。

的神叫作“委蛇”,或者说,西陵氏是奉委蛇为神的部族。从某种意义上讲,威夷也可以作为西陵氏的代称。

那么“委蛇”到底是什么神灵、什么样子呢?其实就是“伏羲女娲人首蛇身交尾像”中的伏羲女娲。闻一多先生在其著名的《伏羲考》中论定:“就神的形貌说,那人首蛇身,左右有首,和紫衣旃冠,可以说完全与画像(即‘伏羲女娲人首蛇身交尾像’)所表现的相合。”“我们相信延委或委蛇,即伏羲、女娲。”[①]因此“西陵威夷”可以进一步解释为:西陵氏是一个奉伏羲女娲为祖神,并以“伏羲女娲人首蛇身交尾像”为图腾或族徽的部族。

《左传》云:“神不歆非类,民不祀非族。”这里的神,其实就是本族的祖先。西陵氏既然奉伏羲女娲为神,那么无疑就是伏羲女娲的后裔。这与何新先生通过对中国古代神话系统研究所得出的“黄帝妻家西陵氏属于女娲族”[②]的结论是完全吻合的。

不过也应注意到,从《山海经》到《庄子》再到《尔雅》,委蛇虽然在称呼上并无大变,但其形象、神性、际遇却呈现逐渐恶化的走势。试列表如下:

	《山海经》	《庄子》	《尔雅》	演变及趋势
名称	延维、委维、吁咽	委蛇	威夷	一致、抽象化
形象	蛇身	大如毂,其长如辕	长脊而泥	一致、丑化
	人首、左右有首	无	无	简化(丑化)
	紫衣旃冠	紫衣朱冠	无	简化(丑化)
	无	其为物也恶,闻雷车之声,则捧其首而立	无	丑化
际遇	得而飨食之	见之	无	降低、否定
神性	伯天下	殆乎霸	无	降低、否定
神格	神	鬼	兽	贬低、否定

① 闻一多:《闻一多全集》卷3,湖北人民出版社,1993年,第69页。
② 何新:《诸神的起源》,北京理工大学出版社,2007年,第56页。

不难看出,在《尔雅》当中,除了名称读音得到保留,长长的身躯无法省略,委蛇原有的神奇造型、华丽外表、尊崇待遇、令人神往的神性和神格则被一扫而空。如果说神、鬼之别还只是一种感情评价的变化,那么再贬低为兽就是对其宗教文化地位的彻底否定了。由此可见,在远古时代颇为尊崇的委蛇,到了《尔雅》成书的秦汉之际,其宗教文化地位已经急剧衰落了——这也意味着华夏母系先祖嫘祖西陵氏在宗法地位上的衰落。而这种衰落,出现在政权形态、社会文化、宗法制度都急剧变化(即所谓"礼崩乐坏")的春秋战国时代,当然是不可避免的。

尽管如此,《尔雅》毕竟保留了西陵氏与委蛇的关系,弥足珍贵。

二、从《山海经》验证"西陵威夷"之解读

上述解读是否正确?可以从《山海经》中相关记载进行验证。

《山海经·海内经》云:"有嬴民,鸟足。有封豖。有人曰苗民。有神焉……名曰延维。"可见委蛇与嬴民、封豖、苗民也有密切关联。易言之,嬴民、封豖、苗民也是奉委蛇为祖神的部族。那么,这些部族与"西陵威夷"有何关系?

(一)嬴民。"嬴民"即嬴姓之族。根据《史记·秦本纪》记载,嬴姓出自颛顼之孙女修,而颛顼是黄帝、嫘祖之孙(《海内经》则说是曾孙),那么从母系血统上看,嬴民就是西陵氏的直系后裔。因此,嬴民信奉委蛇,应该是继承了西陵氏的传统,可以作为上节解读的佐证。

(二)封豖。封豖意为大猪。猪在远古生殖崇拜中为地母神和母系祖先的象征。[①] 作为部族,实指嫘祖母家西陵氏。《山海经·海内经》云:"流沙之

① 户晓辉:《猪在史前文化中的象征意义》,《中原文物》2003年第1期,第13—17页。

东，黑水之西，有朝云之国、司彘之国。黄帝妻雷祖，生昌意。昌意降处若水，生韩流。韩流擢首、谨耳、人面、豕喙、麟身、渠股、豚止。取淖子曰阿女，生帝颛顼。”经文叙述了黄帝、雷祖婚姻及其昌意——韩流——颛顼一系子孙，但为什么前面要冠以“朝云之国”与“司彘之国”呢？其实这是一种代称，分别对应黄帝之族与嫘祖母家西陵氏。《左传·昭公十七年》云：“昔者黄帝氏以云纪，故为云师而云名。”故“朝云之国”指黄帝之族可无疑义，那么“司彘之国”自然当指嫘祖母家西陵氏族。韩流之所以具有“擢首、谨耳、人面、豕喙、麟身、渠股、豚止”的形象，显然来源于“司彘之国”西陵氏。彘、豕同义，“封豕”就是猪神，亦即“司彘之国”所“司”（祭祀、崇拜）之对象。因此，“封豕”和“司彘之国”均指负责华夏母祖嫘祖祭祀的嫘祖母家西陵氏。封豕之族崇拜委蛇，与“西陵威夷”若合符节。

（三）苗民。《山海经·大荒北经》曰：“颛顼生驩头，驩头生苗民，苗民釐姓。”这里一是说苗民系颛顼后裔，那么自然也是西陵氏后裔。二是说苗民姓釐，而釐、嫘同音（釐读 lei 音，至今保留在粤语等南方方言中）。这与《史记正义》说“西陵，嫘姓国”相吻合。如此一来，苗民母系源自西陵氏，且与西陵氏同姓，自然与西陵氏关系密切，甚或就是同一氏族，那么苗民崇奉委蛇也就不足为奇了。

由此可见，《山海经》所载的信奉“委蛇”的三个部族嬴民、封豕和苗民，在族源上都与西陵氏直接关联。这些自然可以成为本文对于“西陵威夷”解读的绝好旁证。

西陵氏与委蛇的关系既明，那么就可以依据《庄子》所述的“齐桓公见委蛇”的神话，来探寻委蛇的现身之地及西陵氏与柏国的关系了。

三、齐桓公见“委蛇”神话本于召陵之战

《庄子·达生篇》说:“桓公田于泽,管仲御,见鬼焉。公抚管仲之手曰:‘仲父何见?’对曰:‘臣无所见。’公反,诶诒为疾,数日不出。齐士有皇子告敖者曰:‘公则自伤,鬼恶能伤公!夫忿滀之气,散而不反,则为不足;上而不下,则使人善怒;下而不上,则使人善忘;不上不下,中身当心,则为病。’桓公曰:‘然则有鬼乎?’曰:‘有。沈有履,灶有髻。户内之烦壤,雷霆处之;东北方之下者,倍阿鲑蠪跃之;西北方之下者,则泆阳处之。水有罔象,丘有峷,山有夔,野有彷徨,泽有委蛇。’公曰:‘请问委蛇之状何如?’皇子曰:‘委蛇,其大如毂,其长如辕,紫衣而朱冠。其为物也恶,闻雷车之声,则捧其首而立。见之者殆乎霸。’桓公辴然而笑曰:‘此寡人之所见者也。’于是正衣冠与之坐,不终日而不知病之去也。”

对于此事,郭璞在引注《山海经》时概括为:“齐桓公出田于大泽,见之,遂霸诸侯。”似乎齐桓公称霸诸侯,全拜委蛇之所赐。历史果真如此吗?当然不可能。齐桓公之所以能成就霸业,是因为在政治上“尊王攘夷”,军事上“南伐至召陵,望熊山;北伐山戎、离枝、孤竹”,由此才一匡天下,九合诸侯。这才是我们现代人所习称的历史事实。但在古代人的观念里,在所有的重大历史事实背后,总离不开天的意志、神的力量,因此,在他们的记载中,伴随着这种重大历史事件,总会出现一些现代人看来荒诞不经的“神迹”或“神谕”,这在古代的历史叙事中甚至是不可或缺的。

“桓公见委蛇”即属此类,也确实与齐桓公的“武功”有关。具体所指,笔者认为就是著名的“南伐召陵”(或称“召陵之战”“召陵之盟”)。理由有三:

其一,《管子·小问》云:“桓公北伐孤竹,未至卑耳之溪十里……谓左右曰:见是前人乎?左右对曰:不见也。公曰:事其不济乎。寡人大惑。今者寡

人见人,长尺,而人物具焉。冠右祛衣,走马前疾……管仲对曰:臣闻登山之神,有俞儿者,长尺,而人物具焉。霸王之君兴,而登山神见。”齐桓公“北伐孤竹”得见俞儿,那么得见委蛇只能在“南伐召陵”之时了。

其二,“召陵之战”是齐桓公称霸大业最为关键,也最为成功的一役,可谓其霸业成就的标志,与委蛇“见之则霸”的神性符合。依童书业先生之见:“召陵之师已及楚境,楚人为城下之盟,观‘辱收寡君’之语,楚盖已加入齐桓联盟矣。”“盖春秋之世,中原霸主以诸侯伐楚取其成功者惟有此役。”[①]《公羊传》也说:“师在召陵,则曷为再言盟……喜楚服也。”此役虽未发生大规模的战斗,但齐桓公利用中原诸侯八国联军的强大军事压力,迫使楚国缔结城下之盟,确为“不战而屈人之兵”的成功范例。关于这一点,楚人也不讳言。《左传·昭公四年》记楚灵王大臣椒举曰:“夏启有钧台之享,商汤有景亳之命,周武有孟津之誓,成有岐阳之蒐,康有酆宫之朝,穆有涂山之会,齐桓有召陵之师,晋文有践土之盟,君其何用?”楚灵王回答:“吾用齐桓。”此役被列为“六王二公之事”,不但中原诸侯,即使被征伐的楚人也推崇有加,确为齐桓公成就霸业的标志性之役。也只有这样的功业,才能说得上“遂霸诸侯”。对比一下俞儿和委蛇的神性,这一点就更加清楚:俞儿象征“霸王之君兴”,委蛇则象征“伯(霸)天下”,一为初兴,一为既成,既前后呼应,又判然有别,正与齐桓公称霸的历史进程相吻合。

其三,古代常以田猎代指战争,故迟至东汉末年,曹操在赤壁之战前夕致书孙权,还说要与之“会猎于吴”。“桓公田于泽”,说明齐桓公用兵于河湖广布之地。召陵处古颍、汝、溵、澺诸水之间,春秋时期河道纵横、湖沼密布,堪以“泽”称。著于史册的黑闾涧,恰恰处于召陵以南,为齐桓公“侵蔡”(“伐楚”之前奏)所必经。今西平东北部有老王坡(旧称“赧王坡”“周家泊”)蓄洪区,

① 童书业:《春秋左传研究》(校订本),中华书局,2006年,第49页。

上蔡北部有华陂,均在古黑间涧遗迹范围之内。

因此,“桓公田于泽”实为召陵之战的神话叙述;“见委蛇”,就是齐桓公南伐召陵时到达古西陵,并见到奉“委蛇”为祖神的西陵氏族这一史实的隐喻。

四、“委蛇”现身地与古西陵

那么齐桓公见委蛇具体在什么地方?这就要看“召陵之战”中齐桓公兵锋所至之处了。《春秋》:“(鲁僖公)四年春王正月,公会齐侯、宋公、陈侯、卫侯、郑伯,许男、曹伯侵蔡。蔡溃,遂伐楚,次于陉。夏……楚屈完来盟于师,盟于召陵。”《国语·齐语》则说:“(齐桓公)南征伐楚,济汝,逾方城,望汶山,使贡丝于周而反。荆州诸侯莫敢不来服。”《管子·中匡》也称:“征伐楚……逾方地,望汶山。”综上可知,在召陵之战中,齐桓公已经渡过汝水,通过方地(城)向汶山进军。兵锋所指,自然是南阳盆地内的楚地。

先说“济汝”。今河南境内的南、北汝河本为一水。元初至元年间在今漯河市区澧河口被人工截流,上游东归入颍;下游则改以西平、舞钢境内的古潕水为上源,后又改以遂平、泌阳境内的古瀙水为上源。古汝水干流故道从今漯河市区向南(略偏东)流经西平东部,至上蔡西部连通今南、北汝水河道,即古汝水。召陵在今漯河市召陵区,紧邻古汝水故道东岸,齐桓公“济汝”正在附近。

次说“汶山”。汶,古读 mi□æn(高本汉拟音;今港台地区仍读 min)。汶山当即苏秦说韩王之“冥山”。《史记·苏秦列传》:“韩卒之剑戟皆出于冥山。棠谿、墨阳、合赙、邓师、宛冯、龙渊、太阿,皆陆断牛马,水截鹄雁,当敌则斩坚甲铁幕。”《集解》按:“《吴越春秋》曰:楚王令风胡子……吴有干将、越有欧冶……作剑,一曰龙渊,二曰太阿。索隐案《晋太康地理记》曰:汝南西平有龙泉水,可以淬刀剑,特坚利,故有龙泉水之剑,楚之宝剑也。以特坚利,故有坚白之论……故天下之宝剑韩为众,一曰棠谿,二曰墨阳,三曰合膊,四曰邓师,五曰宛冯,六曰龙泉,七曰太阿,八曰莫邪,九曰干将也。然干将、莫邪匠名也。其剑皆出西平县,今有铁官令,别领户,是古铸剑之地。”因此,冥山即今西平、舞钢、遂平、泌阳之间的“伏牛山余脉”。冥、汶同音,汶山即是冥山。这片山地是距离召陵最近的山地,除此之外,方圆百里更无他山。齐桓公“次于陉”“望汶山”“登熊山”,均当此地。

再说“方城”“方地”。先明确一点,《国语》《管子》里的“方城”“方地”明显不是《左传》里楚将屈完声称的“以方城为城,汉水为池”的方城山(在今叶县南部,或称在方城县北部)或今称“楚长城”的楚国“方城”防线。如果是彼“方城”,齐桓公“逾方城”岂不等于说已经跨过了这条楚国重兵把守的边防线?屈完还奢谈什么“以方城为城”?假如方城已破,那就意味着中原诸侯联军必然要在此与楚军进行一场血战,可史籍却无任何这方面的信息。

那么此“方地”“方城”究竟在何处?细究“济汝,逾方地(城),望汶山”之语,其地理位置极明白:此“方地”“方城”就在古汝水至汶山(冥山)之间!而处于古汝水和冥山之间的,就是古柏国——今西平县地!

综上,齐桓公“济汝”在今漯河南部至西平东部一带,所“逾”之“方地”“方城”在今西平西部一带,所“望”的“汶山(熊山)”与所“次”的“陉”俱为今西、舞、遂、泌交界处的伏牛余脉。如此,则齐桓公见委蛇,必在今西平县即古柏国境内!那么与“委蛇(威夷)”密切相关的“西陵”也必为此地无疑。

由此可以证明,在春秋战国之世,当时的柏国仍被认为是西陵故地,这里也正是西陵氏祖神“委蛇”(伏羲女娲)的显隐之地。在古人的观念里,神即祖先,祖先即神。委蛇出现于此,就意味着:当时的柏国即如今的西平,确为西陵氏的祖居地。

此外,古柏国为什么又被称为“方地”?《国语·晋语四》曰:“青阳,方雷氏之甥也。”韦昭注:“方雷,西陵氏之姓。声雷、嫘同也。”那么西陵氏、方雷氏实为同族异称。如此,西陵氏所居之地自可称方地,其城自可称方城。至此,“方地”“威夷”殊途同归,均指向同一目标——西陵氏。综合二者,“西陵威夷”在春秋柏国即今西平之地无疑,齐桓公见委蛇于春秋柏国也可论定。

五、威夷之神与古柏国之关系

既然齐桓公见委蛇于春秋柏国,那么委蛇和春秋柏国又有什么关系?我们先了解一下柏国的来历,再考察一下齐桓公见委蛇的一个细节,即可得到答案。

(一)春秋柏国源自上古帝王柏皇氏

《后汉书·郡国志》:“西平有铁。有柏亭,故柏国。”《元和姓纂》卷十:“柏,《风俗通》柏皇氏之后,又柏亮父为颛顼师,柏招为帝喾师,柏同为周太仆左丞。柏国在汝南西平县,为楚所灭。”

柏皇氏是上古著名帝王之一。《春秋命历序》:“柏皇氏,是为皇伯登,出榑桑日之阳,驾六龙而上下,以木纪德。”《路史·禅通纪》记载:“柏皇氏……是为皇柏。出榑日之阳,驾六龙,以木纪德,为而不有,应而不求,立于正阳之南,是为皇人山。其后为柏,有柏氏。”柏皇氏“出榑桑日之阳”,“当即太阳神”[①];“驾六龙(楷)”为天子仪仗,显赫之极;“以木纪德”则具有太昊、伏羲的神格。《遁甲开山图》云:“女娲氏没,大庭氏王有天下,五气异色。次有柏皇氏、中央氏、栗陆氏、骊连氏、赫胥氏、尊卢氏、祝融氏、混沌氏、昊英氏、有巢氏、葛天氏、阴康氏、朱襄氏、无怀氏,凡十五代,皆袭庖羲之号。”《庄子·胠箧篇》《六韬·大明》《金楼子·兴王篇》《补三皇本纪》《通鉴外纪》等所记名号、次序略有差异,但均有柏皇氏,且次序靠前。

① 杨希枚:《论中国古代太阳崇拜》,唐嘉宏主编《先秦史论集——徐中舒教授九十诞辰纪念论文集》,中州古籍出版社,1989年,第390页。

依此,柏皇氏既可以看作“皆袭包牺之号”的伏羲女娲族团中的一个重要部族,也可以看作较古老的一代包牺氏。古无轻唇音 f 而读如重唇音 b,所以伏羲可以写作“包牺”。东汉应劭《风俗通义》引《礼纬·含文嘉》曰:“伏者,别也,变也。”这是当时通行的“以音训意”解释法,依此可见今音 fu 者,远古读音在“包”“别”“变”之间,实与“柏”读音相同。而在西平,这一古音至今仍然保存着,最显著的例子就是,人生咿呀学语之初就要学会呼“父”为“bai”,与“柏”读音完全相同,其实正是世代传承的“父”之古音。职此之故,“伏”与“柏”在上古同音通假,柏皇其实就是伏皇、伏羲,柏族即伏羲之族。唐代孔颖达疏《周易·系辞下》,于“包牺氏没”下就直接疏作“皇黄”,认为包牺氏就是柏皇氏。因此,春秋柏国实属伏羲遗族,故奉“委蛇”——伏羲女娲为其“神”。

(二)皇子告敖真实身份当为柏国国君

在“齐桓公见委蛇”神话中,有一个神秘人物——皇子告敖。《庄子》称之为“齐士”,实为托词。春秋之世,有“王”有“公”而无“皇”,史籍多见“王子”“王孙”“公子”“公孙”之称,而无称“皇子”者。故这里“皇子”并非“皇帝之子”(那是秦始皇以后的事),而是“柏皇之子”——即世代相承的柏国国君!皇子告敖为齐桓公说“委蛇”,实为柏国国君讲述本国本族为伏羲女娲直系后裔等历史事迹的寓言化转述,其事与《左传·昭公十七年》所记载的郯国国君讲述其祖少昊事迹同出一辙。

(三)柏国国君具有“委蛇”神格

“皇子”二字告诉了我们其柏国国君身份,而“告敖”二字,连读即为“娲”音。郭璞注《山海经》云:“娲,音瓜。”古代娲、呙同字,今呙作姓氏,仍读作 guo;今西平读“瓜”也有两音:gua 或 guo。古人韵缓,此处“告敖”,正是 guo 或 gua 音的缓读。易言之,“皇子告敖”实为“柏皇”“女娲”的隐语!而柏皇、女娲即伏羲、女娲——亦即“委蛇”的本身!

至此我们可以明了:皇子告敖就是柏君,同时也是人格化了的“委蛇”之神！是西陵氏祖神“委蛇”的神格传承者！事实上，这种集人王（或部族首领乃至后世的地方长官）、祭司、神灵于一身现象在远古乃至商周是一种常态，而作为远古帝王柏皇氏后裔的柏国，保留这一传统是再正常不过的事情。比如柏皇氏，既是“袭包牺之号”的人王，又是天上的太阳神；黄帝时代的柏族首领柏高，在《山海经》中被记载为“柏高上下于此，至于天”的通天神人，实则更接近于大祭司、护法神的性质！这种记载看似神话，实则具备高度的历史真实性。受此传统影响，汉代西平县令戴封还因本县大旱而效法商汤，自焚求雨！① 足见该历史传统在西平根深蒂固。汉代尚且如此，春秋柏国更可想而知。

关于这一点，《庄子》本文也有反映——即“见之者殆乎霸”。《山海经》的记述则更具体：“人主得而飨食之，伯天下。”当以后者为古、为胜。所谓“飨食之”，实有后世平定天下后昭告太庙、标榜正统之滥觞的意味。那么这样的“飨食”祭祀大典，当然要由世袭的祭司来祭祀方显正宗。而祭祀祖神伏羲女娲，正是柏国国君世袭罔替的神职。

（四）柏国就是西陵氏

综上所述，春秋柏国信奉威夷之神，柏国国君兼有威夷神格，执掌“威夷”之族的神权和族统，是所有信奉“威夷崇拜”氏族的核心与主体。而《尔雅》却说“西陵威夷”，那么唯一的解释只能是：柏国就是西陵氏。

事实上，柏国与西陵氏的这种同一性关系，从柏国之名本身也可窥知。《康熙字典》引《六书精蕴》曰：“柏，阴木也。木皆属阳，而柏向阴指西，盖木之有贞德者，故字从白。白，西方正色也。”所谓“向阴指西”“西方正色”，柏字含有“西”意甚明；又引《春秋纬》：“诸侯墓树柏。”《汉书·东方朔传》：“柏者，鬼之廷也。”所谓“诸侯墓”“鬼之廷”，不正是“陵”吗？在有较高身份的死者墓

① 〔宋〕乐史撰：《太平寰宇记》，文渊阁四库全书本。

前种植柏树,这种风俗在今天的西平乃至全国各地区仍有遗存。因此,一个“柏”字,完全可以替换“西陵”二字！柏族与西陵氏实为一而二、二而一的关系,可谓一目了然。

此外,《皇图要览》云:“伏羲化蚕,西陵氏始养蚕。”化蚕、养蚕,均为驯化野蚕之意,其实是一回事,这也证明西陵氏与伏羲族为同族。柏族即伏羲族,那么远古时期的西陵氏和柏族(包括后世的柏国),不过是同一氏族的不同称呼而已。

(本文作者为法学学士、高级经济师)

柏姓、柏国、西平之关系

余全有

柏姓在众多姓氏中虽然不算大,但它是一个比较古老的姓氏,而且从远古时期开始,就出现不少重要的人物。《汉语大字典》在对“柏”字进行注释时说:“柏,姓,《广韵·陌韵》:‘柏,姓。’《姓觿·陌韵》:‘柏,或作栢。《姓考》云:古帝柏皇氏之后,黄帝臣柏常,颛顼师,柏亮父。帝喾师柏昭,周穆王臣柏天,或其后也。’”[①]《中国姓氏大全》在对柏姓进行解释时说:“《百家姓》收,分布较广。东周时有史官柏常骞,清代有柏立本。”[②]在许多古代姓氏研究的专门著作中都收录了柏姓,说明它的确是一个比较古老而且显赫的姓氏。

① 汉语大字典编辑委员会编纂:《汉语大字典》,湖北长江出版社集团·崇文书局,四川出版集团·四川辞书出版社,2010年,第1270页。

② 陈明远、汪宗虎:《中国姓氏大全》,北京出版社,1987年,第8页。

一

柏姓来源于一个古老的方国,即柏国,因其在周代时为子爵,所以又称柏子国。在《中原古国历史与文化》中说:“柏皇氏是华夏族传统中一个极其古老的氏族部落。”[①]而周代的柏国又是由一个古老的部落柏皇氏发展而来。《帝王世纪》说:“女娲氏没,次有大庭氏、柏黄氏、中央氏、栗陆氏、骊连氏、赫胥氏、尊卢氏、混沌氏、皞英氏、有巢氏、朱襄氏、葛天氏、阴康氏、无怀氏,凡十五世,皆习包牺氏之号也。”如果据此,则柏皇氏直接继承了女娲氏,是最早的方国之一。《太平御览》卷七十八引《遁甲开山图》说道:“女娲氏没,大庭氏王有天下,五气异色。次有柏皇氏、中央氏、栗陆氏、骊连氏、赫胥氏、尊卢氏、祝融氏、混沌氏、昊英氏、有巢氏、葛天氏、阴康氏、朱襄氏、无怀氏,凡十五代,皆袭庖羲之号。自无怀氏已上,经史不载,莫知都之所在。”《太白阴经》也记载道:“太古之初,有伯王氏,至于容城氏,不令而人自化,不罚而人自齐,不赏而人自劝;不知怒,不知喜,俞然若赤子。庖牺氏、神农氏,教而不诛;轩辕氏、陶唐氏、有虞氏,诛而不怨。盖三皇之政以道,五帝之政以德。夏商汤武王废道德,任智谋。”《太平御览》卷七十六也说道:“昔柏皇氏、栗陆氏、骊连氏、轩辕氏、赫胥氏、尊卢氏、祝融氏,此古之王者也。未使民,民化;未赏民,民劝。此皆古之善为政者也。至于伏羲氏、神农氏,教化而不诛;黄帝、尧、舜,诛而不怒。古之不变者,有苗有之,尧化而取之。尧德衰,舜化而受之;舜德衰,禹化而取之。”柏皇氏成为当时最为重要的方国之一时,人类社会还处于蒙昧状态。“昔容成氏、大庭氏、伯皇氏、中央氏、栗陆氏、骊畜氏、轩辕氏、赫胥氏、尊卢氏、祝融氏、伏戏氏、神农氏,当是时也,民结绳而用之,甘其食,美其服,乐其

---

① 马世之:《中原古国历史与文化》,大象出版社,1998 年,第 353 页。

俗,安其居,邻国相望,鸡狗之音相闻,民至老死而不相往来。”《世本》在记载最古老的帝王时说:“柏皇二十世。”“禅通之余,柏皇,大庭,栗陆,昆连,赫胥,葛天,祝融,昊英,朱襄,阴康,无怀,附因提后,混沌,东户。”“柏氏,柏皇氏之裔。”“柏成,柏成子高,尧时诸侯也。”“柏皇氏之后,又柏亮父为颛顼师,柏招为帝喾师,柏同为周太仆左丞。柏国在汝南西平县,为楚所灭。子孙以国为氏。汉有柏英为大鸿胪,秦大将军柏直。”“柏氏,柏皇氏之裔。”《汉书·古今人表》中载有柏皇氏、柏夷亮父、柏招、柏奋、柏虎、柏誉、柏阳、柏益、柏因、柏封叔、逢公柏陵、陈柏公等与柏姓有关的人物名字,其中柏夷亮父标注为“颛顼师”,柏招标注为“帝喾师”。《晋纪论晋武革命》也有“古之有天下者,柏皇栗陆以前,为而不有,应而不求,执大象也。”《金楼子·兴王篇》载:“粤若稽古天皇氏、地皇氏、人皇氏。分有十纪:一曰九头,二曰五龙,三曰括提,四曰合雒,五曰连通,六曰序命,七曰修飞,八曰因穆,九曰禅通,十曰疏讫。容成氏、大庭氏、柏皇氏、中央氏、栗陆氏、骊连氏、赫苏氏、宗卢氏、祝和氏、浑沌氏、昊英氏、有巢氏、朱襄氏、葛天氏、阴康氏、无怀氏。”《梁书》卷四十中说道:“又七十二君,夷吾所记,此中世数,裁可得二十余主:伏羲、神农、女娲、大庭、柏皇、中央、栗陆、骊连、赫胥、尊卢、混沌、昊英、有巢、朱襄、葛天、阴康、无怀、黄帝、少昊、颛顼、高辛、尧、舜、禹、汤、文、武,中间乃有共工,霸有九州,非帝之数,云何得有七十二君封禅之事。且燧人以前至周之世,未有君臣,人心淳朴,不应金泥玉检,升中刻石。燧人、伏羲、神农三皇结绳而治,书契未作,未应有镌文告成。且无怀氏,伏羲后第十六主,云何得在伏羲前封太山禅云云。”《陈书》卷六载:“柏皇、大庭,鼓淳和于曩日,姬王、嬴后,被浇风于末载。刑书已铸,善化匪融,礼义既乖,奸宄斯作。”这些都说明早在古代,人们就已经知道柏皇氏是一个非常古老的部落或方国。关于“柏皇氏”名称的来历,有专家作如此推测:“这个氏族部落可能是以柏树为图腾的。”[①]著名古史专家何光岳先生也说:“柏树为温带和亚热带树种,广泛分布于南岭以北和阴山、燕山以南地带,是我国固有的树种,所以被称为柏树,即因其材质优良,用途很广,为木中之首。犹人中之伯和部落、诸侯之伯主那样,故称为柏。或因柏皇氏居于巨柏之下,这株巨柏被柏人尊为柏中之皇、神树之祖故而得名。”[②]根据古代氏族或部落名称的来源情况,这种推理可能是最为合理的。

远古时期,柏国是一个非常重要的方国,柏氏人物也参与了各种重要的活动,如前面提到的那些作为早期帝王之师的柏姓人物,关于柏氏重要的人物的记载还有很多,他们在当时都是举足轻重的人物。《吕氏春秋·尊师》载:“神农师悉诸,黄帝师大挠,帝颛顼师伯夷父,帝喾师伯招,帝尧师子州支父,帝舜师许由,禹师大成贽,汤师小臣,文王、武王师吕望、周公旦,齐桓公师管夷吾,晋文公师咎犯、随会,秦穆公师百里奚、公孙枝,楚庄王师孙叔敖、沈尹巫,吴王阖闾师伍子胥、文之仪,越王句践师范蠡、大夫种。此十圣人六贤者,未有不尊师者也。”《新序·杂事第五》载:“神农学悉老,黄帝学大真,颛顼学伯夷父,帝喾学伯招,帝尧学州文父,帝舜学许由,禹学大成执,汤学小臣,文王、武王学太公望周公旦,齐桓公学管夷吾隰朋,晋文公学咎犯、随会,秦穆公学百里奚、公孙支,楚庄王学孙叔敖、沈尹竺,吴王阖闾学伍子胥、文之仪,越王勾践学范蠡、大夫种,此皆圣王之所学也。”《姓氏急就篇》载:“周语,晋十一族有柏。魏有柏直,庄子云,柏矩学于老聃。汉有柏始昌,唐有柏良器、柏耆、柏贞节,茂琳文达。”《元和姓纂》卷十载:“汉有柏英为大鸿胪,秦大将军柏直,晋武帝柏夫人生赵王伦……王僧孺谱云,萧元益娶济阴柏氏,益兄子泉娶济阴柏齐女。贞元左威卫大将军柏良器,济阴人;生耆,谏议大夫……柏子之后,柏怀后汉魏郡太守……柏子之后,大历中同州刺史柏贞节。”《晋书》卷二说:“颛顼受学于绿

① 马世之:《中原古国历史与文化》,大象出版社,1998年,第353页。
② 何光岳:《中原古中源流史》,广西教育出版社,1985年,第250页。

图,高辛问道于柏招。”《册府元龟》卷三十八说:“颛顼师伯夷父一云学乎绿图,帝喾师伯招一云学乎赤松子。”由此可见,柏国作为一个重要的古代方国,并不是从周代才出现的,它应该早已存在,只是在周代得到再次承认而已。《元和姓纂》即指出:“柏成子高,尧时诸侯,因氏焉。汉有尚书柏侯隽,管宁从柏侯子安受春秋。南阳,柏侯子安居南阳。”说明至少早在尧时,柏国就已经存在了。

二

柏姓就是柏皇氏所建方国的后裔。《姓氏寻源》说:柏氏,《风俗通》云:古帝有柏皇氏,其后称柏氏。史炤云:柏皇氏古帝号,后为氏。颛帝师柏亮父,帝喾师柏招之裔。《路史》云:柏皇,姓柏名芝。澍按:芝一作英,一云姓柏名岑,为伏羲下相,以博通万物,曲识人才,居皇人山,其后为柏。又颛项师柏亮父,见《古史考》。《人表》作柏夷亮父。《吕氏春秋》作伯夷父,《山海经》同。而《路史》以柏夷父、柏亮为二人。又帝喾师柏招,见《吕氏春秋》,一作柏昭。黄帝臣柏常负剑,见《拾遗记》。后羿贤臣有柏因,见《左传》。周穆王臣柏夭主车,见《穆天子传》。柏冏为太仆正,见《尚书》。老聃弟子柏矩,见《庄子》。晋十一族有柏氏即柏戏,见《国语》。韦昭注:柏,晋之旧姓。《左传》皆柏氏之所出,或以柏为伯州犁之后,非也。伯虽与柏通,不容州犁独有子孙。又春秋柏国为楚所灭,子孙当有为氏者。柏常氏,《路史》云:柏皇之后有柏常氏,即伯常氏。柏高氏,澍按:柏高氏,唐虞时之姓。柏侯氏,《路史》云:柏皇之后有柏侯氏,声转为白侯、柏侯。又讹为桓侯氏。[①]《姓解》卷二载:柏,古帝柏皇氏之后,有柏亮为颛顼师,柏招为帝喾师,西晋赵王伦母曰柏夫人,唐有处士柏

① 〔清〕张澍编纂:《姓氏寻源》,岳麓书社,1992 年,第 553 页。

者。有关的姓氏学专著认为:柏,《风俗通》:柏皇氏之后,柏亮父为颛帝师,柏招为帝喾师,柏景为周太仆正。汉有柏直、柏始昌。开封柏孝隆,驾部员外郎,生什邡尉初。又柏元康监襄邑仓。柏侯,《元和姓纂》曰:柏成子高,尧时诸侯,因氏焉。管宁从柏侯子安受《春秋》,汉有尚书郎柏侯隽。[1] 陈士元的《万姓总谱》云:柏,《姓考》说:是古帝柏皇氏的后代,黄帝大臣柏常、颛顼师傅柏亮父、帝喾师傅柏昭、周穆王大臣柏天或许是他的后代。《姓考》:《左传》记载中有柏子国,柏子国的后代因以国为姓。《千家姓》说:古代家族在平原郡。《庄子》记述说:柏矩为向老聃求过学。《史记》记述中有柏直,《晋书》记载中有赵王伦的母亲柏氏,《唐书》记载中有学士柏太、平原郡王柏良器,《左拾遗》记载中有柏耆、监军柏文达。还有些专著将柏姓来源分为两个部分:柏,①古帝柏皇氏之后。②古有柏国(今河南西平县),春秋亡于楚,其后以国为氏。柏始昌:汉武帝时人,曾被遣寻求通印度之路。柏正才:(?—1895)清代人,1895年日军侵犯台湾,曾奉刘永福之命守台南,后官至总兵,战斗中阵亡。[2] 这种分法的意图很明显,即认为柏皇氏在立国之前可能有部分后裔已经离开故土,散落各地,他们以自己的部落各称作为姓氏。而后来柏国被灭之后,其国民流落各地,他们以国为姓。尽管看起来是两个来源,实际上部的源头只有一个,那就是柏皇氏及柏国所在地——今河南西平县,因为柏皇氏部落及后来的柏国所在地都在西平县,这个问题后面再做讨论。

关于柏皇氏,还有一个比较具有传奇色彩的传说,在《路史·前纪六》中有这么一段文字:“柏皇氏,姓柏,名芝,上清三天列纪云:上清真人姓柏名芝,乃中皇前人,是知柏乃姓也。庄子六韬人物表亦皆从本传,或作伯字,云借用柏,斯失据矣。是为皇柏,三坟书云:伏羲上相共工,下相皇柏,妄也。其失源于班固,应劭叙于伏羲之后,故尔后世以为袭伏羲之号,或云其佐皆失之,庄周

① 〔宋〕邓名世撰,王力平点校:《古今姓氏书辩证》,江西人民出版社,2006年,第608页。
② 杜建春:《中华万姓溯源》,山东人民出版社,1995年,第71—72页。

所记封禅之帝叙次可以见矣。出榑日之阳,驾六龙,春秋命历叙云:皇柏登出,榑桑日之阳,驾六龙而上下,乃柏皇也。以木纪德,命历叙:为而不有,应而不求,干宝晋武革命论云:柏皇栗陆为而不有,应而不求,执大象也。庄子曰:独不知至德之时乎?柏皇栗陆之时,斯至治矣。立于正阳之南,是为皇人山。方志华夷图谓之伏羲山,舆地广记:皇柏山在开封陈留县。其后为柏,今蔡州西平,古柏国,春秋时柏子之封。有柏氏,风俗通云:柏皇氏后。柏常为皇帝地官,柏亮父为颛顼师,柏昭为帝喾师。尧治天下,有柏成子皋立为诸侯,尧授舜,舜授禹,柏成子皋辞为诸侯而耕。一作子高,通变经老子言,自开辟以来,千二百变,后世得道,柏成子皋是。逮周之世有柏冏为太仆正,又有柏侯氏、柏常氏、白侯氏。姓书又有白侯氏,按汉尚书郎白侯隽,吴张昭师白侯子安云,柏侯之转。”后来这个故事又有所演绎,说道:“相传远古时代有柏皇氏,是东方部落的首领,名叫芝,因为以柏木为图腾,所以称为柏芝。据说他曾担任伏羲的助手,勤劳于天下而不居功,造福于民而无所欲求,所以深得百姓拥护,被尊为柏皇。他住在皇柏山(在河南陈留县)上,他的子孙就是柏氏。传说黄帝时有地官(司徒)柏常,帝颛顼有师傅柏亮父,帝喾有师傅柏昭。帝尧时有柏皋土封在柏(在河南舞阳县东南),号柏成子。西周时,柏国君柏冏曾任周的太仆。唐代有左拾遗柏耆,明代有延安卫指挥使柏英,清代有书法家柏谦。”[①]对这个故事的可靠性我们大可不必在意,但有几点我们必须关注,一是将柏皇氏具体化到一个人,这是不太合乎情理,柏皇氏明显是一个原始部落的名称,而不是某个人的名称。柏姓是由柏皇这个部落名称而来,而不是柏皇部落之名由柏芝的人名而来。二是说柏皇氏已经是伏羲的重臣,并驾六龙,与柏皇氏是继起于女娲氏之后的说明虽然存在明显的出入,但它同样说明柏皇氏与伏羲、女娲氏部落存在紧密的关系。三是从柏皇氏的职业来看,他们作为远古君王

① 胡尧:《中国姓氏寻根》,商务印书馆,1987年,第4页。

的所谓重臣，很有可能是祭司与军师之类的谋臣，这在当时也是最重要的职位。当然，上面两段文字也显然是带有道家的色彩。

由于柏姓名人的后代，有些以其祖先的名字作为姓氏，于是柏姓后来在发展中又衍生出"柏侯""柏常""柏成""柏高"等复姓，《华夏姓氏考》说："柏侯：尧时有个诸侯叫柏成子高，封于柏(今河南西平县)称柏侯。其后代有的就以祖先的爵号为氏，称柏侯氏。柏成：柏成子高的后代，有的以祖先的爵号为氏称柏侯氏，有的以柏成为氏。"[①]"柏：柏氏是以国名为氏的，它的来源可以追溯到三代以前。在周朝的时候就有柏国，也叫柏子国，故址在今河南西平县一带。相传柏国的开国君王是黄帝的臣子柏高。春秋时，柏国被楚国所灭，柏国国君的后代有的就以原来的国名作为自己的姓氏。"[②]如《万姓总谱》说："白侯，《姓谱》说：是伯皇氏的后代。柏常，《姓纂》说：是黄帝的地官柏常的后代。"[③]"传说古帝柏皇氏的后代有柏氏……柏常，历史上的罕见姓。传说古帝柏皇氏的后代有柏常氏，亦称伯常氏……柏高，历史上的罕见姓，又写为伯高。柏侯，历史上的复姓。唐尧时代有诸侯柏成子高，因以柏侯为氏；东汉有柏侯子安。"[④]同时，由于古代文字使用习惯所致，在柏氏的发展过程中，有些变成了"白"，有些变成了"伯"，也有写作"柏"的。如上面的"白侯"一姓，许多姓氏专家就认为它来源于柏皇氏，应该是"柏侯"的另一种书写法。《万姓总谱》还认为："伯成，一作'柏成'。《庄子》记载述中有伯成子高。"[⑤]《姓氏寻源》也说："柏常氏，澍按：齐有伯常氏，伯常骞是也。见《晏子春秋》。一作栢常，字相通。……伯成氏，澍按：伯成子高之后，一作柏成，字通也。"[⑥]《汉语大字典》

① 石玉新等：《华夏姓氏考》，河北科学技术出版社，1997年，第120页。
② 石玉新等：《华夏姓氏考》，河北科学技术出版社，1997年，第131页。
③ 〔明〕陈士元：《万姓总谱》，天津人民出版社，1993年，第329页。
④ 陈明远、汪宗虎：《中国姓氏大全》，北京出版社，1987年，第8页。
⑤ 〔明〕陈士元：《万姓总谱》，天津人民出版社，1993年，第328页。
⑥ 〔清〕张澍编纂：《姓氏寻源》，岳麓书社，1991年，第551—552页。

也说："柏，通'伯'。清段玉裁《说文解字注·木部》：'柏，古多假借为伯仲之伯。'……俞樾平议：'柏，亦官名也……古柏与伯通'。"[①]古人同音互借的例子很多，这种情况很常见。柏姓后裔可能有一部分流落到一些偏远地区，成为今天的少数民族成员。郭璞在给《山海经》所作的注中说："伯夷父颛顼师，今氐羌其苗裔也。"

三

柏国的地域主要在现在的河南省西平县境内，也包括今河南舞钢市的一部分。"柏国的地域，在今西平县与舞钢市一带。"[②]自古以来，西平县就是公认的古柏国所在地。《路史·国名纪六》载："柏皇后，黄帝臣柏高，春秋之柏子国。楚灭之，今蔡之西平有柏亭（寰宇九域云古柏国）。"《水经注》中说：西平县，"古柏国也。《春秋左传》所谓江、黄、道、柏，方睦于齐也。汉曰西平，其西吕墟，即西陵亭也。西陵平夷，故曰西平"。《元和郡县志》卷十载："西平县……即春秋时柏国也。古韩地之分。"《元和姓纂》在解释"柏"姓时说："《风俗通》柏皇氏之后，又柏亮父为颛顼师，柏招为帝喾师，柏同为周太仆左丞。柏国在汝南西平县，为楚所灭。子孙以国为氏。"《姓氏急就篇》也说："柏氏，古帝有柏皇氏，列子穆天子传，柏夭主车，又柏国在汝南西平县，后以为氏。"《舆地广记》卷九载："西平县：故柏子国，汉旧县，属汝南郡。"《春秋释例》载："柏，汝南西平县有栢亭。"《春秋地名考》载："柏……杜注柏国在汝南西平县……应劭曰：有柏亭，故柏国也……柏亭在县西。"《左传》载："柏，柏氏之

① 汉语大字典编辑委员会编纂：《汉语大字典》，湖北长江出版社集团·崇文书局，四川出版集团·四川辞书出版社，2010年，第1270页。

② 马世之：《中原古国历史与文化》，大象出版社，1998年，第354页。

裔,今西平县柏亭是。""各家一致认为柏国在今河南省西平县境,对此史无异辞。"[1]《读史方舆纪要》对"柏"的解释是"今汝宁府西平县即古柏国"。该书对西平县的解释则是"古柏国,汉置西平县"。《明一统志》说:西平县,即"古柏子国,汉置西平县"。《大清一统志》载:西平县,"春秋时柏国,汉置西平县",而柏亭,"在西平县西,故柏子国……《汉书·地理志》西平注,应劭曰,故柏子国也,今柏亭是"。《职方典》中有4处提到与柏国有关的问题,《职方典》第四百六十七卷说:西平县"春秋为柏子国,战国属韩,秦属颍川郡,汉始置西平县"。同卷中还说:柏国"前连吴房,后接定陵,左倚旧蔡,右达不羹",而且西平"八景"之一便是"柏亭春蔼"。并且还记载"柏亭桥,在县西门外,旧为木桥,明万历十一年知县张启改建石桥"。在《职方典》第四百七十卷还说:"柏,子爵,柏皇氏之裔也,亮父为颛帝师,招为帝喾师,景为周太仆,皆柏族也,今汝南府西平县即其地云。"近现代出版的有关地名辞典及其他各种工具书中也都认为古柏国就在西平县,《春秋大事表》说:"柏,今河南汝宁府西平县有柏亭。"[2]《中国古今地名大辞典》说:"柏,周国名。……今河南西平县有柏亭,应劭曰:故柏子国也,今柏亭是。"[3]《中华人民共和国地名词典·河南省》说:西平"春秋柏国地。战国属韩,秦属陈郡,西汉置西平县(治今师灵),属汉南郡"[4]。史为乐主编的《中国历史地名大辞典》说:"柏,西周封国,在今河南西平县西。"[5]魏嵩山主编的《中国历史地名大辞典》说:"柏国,春秋方国之一,在今河南西平县西。"[6]戴均良主编的《中国古今地名大词典》说:"柏,古国名。

① 马世之:《中原古国历史与文化》,大象出版社,1998年,第353页。
② 〔清〕顾栋高撰:《春秋大事表》,文渊阁四库全书本。
③ 谢寿昌、陈镐基等:《中国古今地名大辞典》,商务印书馆,1936年,第628页。
④ 《中华人民共和国地名词典·河南省》,第471页。
⑤ 。史为乐主编:《中国历史地名大辞典》,中国社会科学出版社,2005年,第1830页。
⑥ 魏嵩山主编:《中国历史地名大辞典》,广东教育出版社,1995年,第748页。

西周封国,春秋时为楚所灭。在今河南省西平县西。"[①]《辞源》说:"柏,也作'栢'……古国名。故地在今河南西平县。"[②]《汉语大字典》说:"柏,古国名,故地在今河南省西平县西。"[③]此外,《历代地理沿革表》卷二十二说:"古柏子国,西平县,汉置县,属汝南郡。"潘英主编的《中国上古国名地名辞汇及索引》说:"柏,已姓,灭于楚,地在今河南西平西南。"[④]有专家考证,"柏亭位于西平县城西门外0.5公里处,后世玄武庙所在即其旧址"[⑤]。正如前面提到的,关于柏国的地域在西平这一看法,可以说是众口一词,并无异议。如果与最近的研究发现加以综合考察,则柏国在西平的解释的确最为合理,因为从前面的内容我们可知,柏皇氏乃女娲氏的后代,又是黄帝的重要辅佐者,而就在遂平与西平的交界处,据说是女娲氏的所在地,而西平的西境的董桥,据说是黄帝夫人嫘祖的母家西陵氏所在地。

关于柏国被灭,史料记载柏国被楚所灭,《中国疆域沿革史》也清清楚楚地列出了楚国所灭五十八国,其中有柏国。[⑥] 至于楚灭柏国的时间,有专家认为,"约前633—前626年(楚成王三十九年至四十六年),楚人并吞道、柏、房,楚境伸出方城以东"[⑦]。或认为"约在公元前642—前626年之际,即鲁僖公十八年到鲁文公元年间,被楚成王所灭"[⑧]。尽管在时限上稍有差异,但基本上可以确定在这十多年的时段内,而且灭柏的楚君即是楚成王。而柏国灭亡的原因,主要是楚国在其势力强大之后大肆北扩,而与楚相临的北方小国,自然

① 戴均良主编:《中国古今地名大词典》,上海辞书出版社,2005年,第2031页。
② 《辞源》,商务印书馆,1979年,第1552页。
③ 汉语大字典编辑委员会编纂:《汉语大字典》,湖北长江出版社集团·崇文书局,四川出版集团·四川辞书出版社,2010年,第1270页。
④ 潘英:《中国上古国名地名辞汇及索引》,明文书局,1986年,第34—35页。
⑤ 马世之:《中原古国历史与文化》,大象出版社,1998年,第353—354页。
⑥ 顾颉刚、史念海:《中国疆域沿革史》,商务印书馆,2000年,第44页。
⑦ 何浩:《楚灭国研究》,武汉出版社,1989年,第383页。
⑧ 何光岳:《楚灭国考》,上海人民出版社,1990年,第11页。

成为楚国兼并的首要对象。而直接的原因则是弦对楚国的不恭引起楚国的强烈不满,而弦与江、黄、道、柏又有联姻,楚国自然将这几个国家看作弦的幕后指使或后台,恰在此时,这几个小国的背后靠山齐国因桓公的去世而国力削弱,楚国乘此机会灭掉了这几个国家。《左传·僖公五年》对此有较详尽的说明:"楚斗谷于菟灭弦,弦子奔黄。于是江、黄、道、柏方睦于齐,皆弦姻也。弦子恃之而不事楚,又不设备,故亡。"

综上所述,柏国为柏皇氏所建,柏姓乃柏国后裔,也即柏皇氏后裔,而柏国所在地就在如今的西平县,也就是说,西平县是柏皇氏所在地、古柏国所在,也就是柏姓的发源地。

(本文作者为黄淮学院天中历史文化研究所副教授)

柏国故城正本考

谢文华

柏国,又称柏子国,是我国古代历史上非常古老的一个诸侯小国。先是柏皇氏遗族徙居于现河南西平县,春秋时被封为柏子国,简称柏国。民国23年《西平县志》载:“西平县为柏皇氏遗族徙居地。为豫州大陆之域,春秋时为柏子国。”《左传》:“江、黄、道、柏方睦于齐。”杜预为《左传》作注曰:“柏,国名。汝南西平县有柏亭。”柏国的疆域为西平县全境及现舞钢市一小部分;而柏国故城所在地,虽史书记载较为间接,但稍加推判,大概地点应无异议。然近年来,曾为柏国一小部分的舞钢市发现一古城遗址,便声称其为柏国故城。因与实际情况悖谬且流布甚远,不得不作此文以正之。

一、典籍上的柏国故城在哪里

这个问题回答起来难也不难。难者,由于时代的漫长和久远,历代的典籍上并无柏国故城详细方位的明确记载;不难者,历史典籍上有间接记载柏国故城所在地的文献,稍加推判就不难明了。

寻找柏国故城,先要从西平故城,也就是西平县旧治说起。根据古文献记载,西平县旧治最早不在现在的地方,而是在县偏西部的距现在县城45里的师灵镇。民国23年《西平县志》载:"西平故城在今西平县西。汉置县,属汝南郡……应劭曰'西平,古柏国也'。"《水经注》载"东过西平县北……其西吕墟,即西陵亭也。西陵平夷,故曰西平。"《太平寰宇记》曰:"故城在县七十里。"《汝宁府志》曰:"在县北四十五里师灵镇。"在这段记载之后,当时的县志编纂者陈铭鉴特加按语"师灵镇在县西,府志云在县北者误"以说明。

从以上记载及相关资料可知,西平在设县之前,即为柏国之地。上古时是柏皇氏遗族徙居地,正因为此,其在春秋时被封为柏子国,虽然在战国时先归韩后属楚后又被秦所并,在汉设县之前,习惯上依然被称为柏国或柏子国,到了应劭生活的东汉年代,才相对于新设的西平县称为古柏国。"国者,邦也"(《说文》),国在这里又衍生为国都、国邑,其实就是国城的所在地。所以陈铭鉴引用应劭的"西平,古柏国也"来释西平故城,其实就意在说明西平故城就是柏国故城。柏国故城所在地就是西平故城所在地。按照一般的规律和历史常识,西平在汉设县时,在旧城的基础之上作为西平县的治所即顺理成章,西平故城就是柏国故城也就是理所当然的了。

如果以上分析成立,从上述资料就可以得出以下结论:

1.以西平县城为坐标,柏国故城自宋朝西平县城迁址以后到民国时期,一直在现在县城以西的地方;

2.柏国故城具体的地点就是师灵镇,师灵镇所在地就是柏国故城;

3.柏国故城的地理环境和参照物是潕水自西向东从柏国故城的北边流过,其西边有一个叫作吕墟的地方,吕墟有一个叫西陵亭的建筑物,所以吕墟又叫西陵亭。

二、柏国故城在师灵的遗迹

正如民国23年《西平县志》等文献所载,西平县城西45里师灵镇历史悠久,为伏牛山余脉的丘陵岗地,在地质和历史的变迁中丘陵被夷平,因此“西陵平夷,故曰西平”(《水经注》语),西汉设县时便以西平为县名并以师灵镇为治所,新莽时又易名曰新亭。北齐时因改设文城郡再易名为文城,北魏至唐一直是西平县城治所所在地并同属汝南郡。唐朝中后期吴元济藩镇割据,文城是其据点之一。据《资治通鉴》记载,807年,唐朝大将军李愬奉命征伐蔡州吴元济,途经并收复了文城郡,受兴国寺住持大师点化,雪夜奇袭蔡城,大获全胜,由此易名师灵。师灵历史悠久,自古系中州名镇,人杰地灵。虽然在历代军阀中原逐鹿的征战中,师灵遭到严重破坏,再加上历史变迁文献缺失,世事邈远不可细考,但其繁华从现有文献记载的多处寺庙依然可见一斑。民国23年《西平县志·寺庙》载,旧时的师灵镇西门内有兴国寺,该寺建于唐代,寺内有七级宝塔一座,直至20世纪60年代依然岿然矗立,可惜在“十年动乱”中被拆毁。兴国寺附近还有玉皇庙、关帝庙、广生殿各一座。在十字街南有明万历年间创建的观音堂,东门楼南有文昌阁,北门外有三官庙,东门外有炎帝庙等。“文城夕照”历史上还被列为西平的八景之一写入方志,可以想见古时的师灵在薄暮之时,远处夕阳衔山,彩霞散绮。在暮霭之中,烟柳画桥,风帘翠幕,楼宇参差,宝塔高耸,钟磬悠远,梵音阵阵,是怎样的一种绝妙景色!

从所处自然环境来说,师灵具备了作为柏国故城的地理条件。西平地处中原腹地,西部为伏牛山余脉,东部是广袤的平原,师灵冈就坐落在由西部山区向东部平原过渡的丘陵之上。此冈西北与舞阳的吴城冈隐隐相连;西面是一片沟洼错落的鞍部低地,洪溪河由西北向东南擦角而过;南面是“形若釜底”的杨庄泄洪区,有西草河、小洪河双层环绕;东面、北面渐次平缓降低,不远处分别有关桥河、淤泥河。总面积超过26平方公里,海拔70—90米,相对高差5—20米,冈面平缓,土层深厚。在远古时代自然生活生存条件相对艰难的时期,高冈便于防水,临河便于生活,土厚便于农事耕作,为古代人类生活提供了绝佳的自然生态环境。

近几年的考古研究发现,师灵冈远古人类生活遗址和文物古迹众多。由师灵镇向西不足5公里,就是河南省文物保护单位董桥遗址。这里是以仰韶文化为主,而又有龙山、二里头、东周、汉等多种考古学文化共存的聚落遗存,面积近50万平方米。遗址不仅面积较大,而且延续时间较长,2006年6月被河南省政府公布为第三批省重点文物保护单位。它处于师灵冈的西南沿,是山前冲积扇,邻近大山,可取得平原所缺乏的其他生活资源;面对平原,沃野千里,又有西草河从遗址旁环流,水源充足,比较有利于原始农业的发展与开拓;又是西部山区进入淮北平原及中原来往南方的交通要道,地理位置优越。其新石器时代文化承前启后,源远流长,被认定为古西陵国(吕墟)遗址、黄帝元妃蚕神嫘祖的故里。正好印证《水经注》"其西吕墟,即西陵亭也。西陵平夷,故曰西平"的记载。

师灵古镇西侧有一处方形高地,系原始社会古文化遗址,20世纪80年代初期被一砖厂挖陷。1988年6月,驻马店地委宣传部组织有关专家对该遗址进行地面调查,遗址南北走向,南北长约500米,东西宽约300米,高出地面约7米。在遗址的东北角,有一块近100平方米的较平地面,周围有突出地面的土垄盘绕,可能是一处古建筑。在遗址南端,一所砖瓦厂取土时留下的土柱上,发现了有经夯打的直径约10厘米大的夯窝。南距遗址约半公里有一条小河,当地人称为运粮河。据对该遗址的地面发现的遗迹和所处环境分析,专家初步认定此遗址可能是新石器时代傍河而居的一处聚落遗址。目前该遗址残迹尚存。在其西北数百米,另有一座保存完好的旧城遗址,周围群众相传,直接称之为"古城儿"。由于这个遗址至今未经考古发掘,其具体时段尚难确定，应该属于“古柏国—文城郡城”系列中的一座，而且从其远离后址、孤立野外的外表形势看，应当废弃较早，很可能就是为楚所灭的古柏国都城遗址。在它开阔平坦的东部，也坐落着尚待确定年代的“故城”遗址。特别需要提出的是在师灵镇南的李庄、郑楼一带，20世纪中期还存在着不少的墓冢，在后来的农田建设中被逐渐挖掉，显然是古柏国配套的墓葬区，为柏城故城的存在提供了另一佐证。

以上这些遗址和文化遗存与典籍文献相印证充分说明，师灵就是古柏国所在地。

三、潕水又过西平县北辩证

仅仅有上述文化遗存与典籍文献的相互印证，可能还没法回答《水经注》“东过西平县北”的记述，因为潕水河道的位置是判定西平古治，即柏国故城的重要准绳。潕水者，即流经西平的主要河流“小洪河”的古称，小洪河系洪汝河的上游，源出河南省方城县东伏牛山脉祖师庙南麓，东南流经舞阳、西平、上蔡、平舆，至新蔡县班台与右岸支流汝河相会。现在小洪河流经西平的河段为从上游舞阳城南绵延入境，过吕店乡进入杨庄乡境在合水汇聚了西北境过来的西草河、西南境过来的滚河（青钢河、棠溪河诸水合流而成），在师灵冈南约3公里的杨庄乡流向西平县城方向。这显然与《水经注》“东过西平县北”的描述南辕北辙，怎么解释这一现象呢？西平炎黄研究学者高沛老师在查阅相关文献资料时，在互联网上发现的西平籍人士网名为“85离家”的一篇网文使这一问题迎刃而解。

“85离家”的网文名为《魏晋西平旧治考》，贴在“西平在线”的网络论坛上。作者根据我国著名水利专家、两院院士潘家铮《“75.8”与治淮》及国家水利局官方网页“水系介绍·洪汝河”中相关资料，结合流经西平的河流的现状进行研究后得出结论:历史上古潕水经过了多次改道,现在流经西平的洪河是洪水改道的结果,不是古潕水原来流经的地方。作者认为:古潕水是古汝水的支流,后因古汝水改道而成为南汝上源,再因南汝水改道又成为洪河上源。因此,考察潕水改道的史实须从汝水改道入手。

汝水第一次改道发生于元初至元年间(1264—1294),形成南北分汝。古汝水发源于今豫西伏牛山区嵩县之外方山,流经汝阳、汝州、郏县、襄城、舞阳、郾城、西平、上蔡、汝南、正阳、新蔡,在淮滨入淮河。现北汝河(属沙颍河)即其上源,南汝河(属洪汝河)即其下游。由于汝水泛滥,古汝水在郾城澧水口处被截断,上游称北汝,改入濦(滍、溵)水即今沙河;下游称南汝,改以潕水为源,仍循故道入淮。

汝水第二次改道发生在元代至正年间(1341—1370),实即潕水改道。南汝上源潕水在舞阳东段被淤塞。故下游故道称淤泥河,另有水汇入,今仍存。上游河水大片泛滥,并在舞阳城以东形成多支乱流,最大的有两支:一支向南在洪村铺进入西平县境,今称洪溪河,东南流至合水街汇合滚河(诸石山水),形成今小洪河;一支向北流入澧水支流唐河,亦存。同时为解水患,在上游舞阳、叶县交界处向北开挖水道 12 里,北通澧水,称干江河。但原向东至洪溪河的潕水河道仍存,称三里河。故潕水仍为南汝上源,但改道为流经三里河—洪溪河—小洪河至西平连通南汝。

汝水第三次改道在明嘉靖九年间(1530),形成洪汝分流。南汝水又在西平东南被淤断,潕水(小洪河)东出,入古澺水,成为现在的洪河。泌阳、遂平之原古瀙水(古汝水支流,现称汝河或南汝河)遂为汝水之源,仍循古汝水旧道东南而下,即为现代的汝河。

由于每一次改道后,新的上游河道都被直接冠以“汝水”之名,故“汝水”实指不同的河道,极易混淆。为了厘清这种关系,作者“85 离家”对“汝水”作了如下整理:

在时间维度上：有古汝水、元（至元—至正）汝水（古潕水，今三里河—淤泥河）、明（嘉靖前）汝水（今潕水，即三里河—洪溪河—小洪河）、今汝水（今南汝河，古溵水）。

在空间维度上：郾城境内，有古汝水、今北汝（颍沙河），流向、位置尚为简明。

舞阳境内，北部有古汝，即今北汝水（颍沙河）；南部有南汝水（潕水），其直向东流入西平为元汝水（古潕水，今三里河—淤泥河），其折向南流入西平则为明汝水（今潕水，即三里河—洪溪河—小洪河）；西部另有干江河，贯通南汝（潕水）与北汝支流澧水。

西平境内，汝水又可区分为上下两段：下游为南北流向河段——有古汝水、元汝水、明汝水，三者同流而不同源；上游为东西流向河段——北有元汝水（古潕水，今淤泥河），南有明汝水（今潕水，即洪溪河—小洪河），二者同源而不同流。

史籍对三次改道的记述非常混乱，问题集中在第二次改道多被史籍混同于第一次改道。这在很大程度上是元代以后直接将潕水称作汝水所导致的一种不良后果。另外，第二次改道后新旧五道并存，而古代文献记述习惯于重新道而轻故道、重人工开凿而轻自然漫流，所以淤泥河为潕水故道、洪溪河为潕水新道的事实更加鲜为人知。但时至今日，淤泥河、洪溪河仍然是现实存在的，对照地图，参以古籍，则一为潕水故道，一为潕水新道。但“淤泥河”虽经数百年不断退缩，它的西端源头仍在舞阳境内，距离潕水改道洪溪河的拐点只有几公里，其间废弃河道的遗迹，至今犹可肉眼辨认。

至此，潕水改道及潕水故道的情况水落石出。其改道前的古潕水河道即为“三里河—淤塞段—淤泥河”，这与《水经注》所述的位置、流向完全吻合，也刚好经过今郾城县西南部。至于师灵镇，北距淤泥河约5公里，完全符合《水经注》所描述的西平古治与古潕水的位置关系。

以上考证充分证明:《水经注》所载"东过西平县北"之潕水实指流经师灵冈北部的现淤泥河河道。作者论证条理清晰,引用文献权威,证据充分,具有很强的说服力,该是业内权威专家人士。笔者曾试图利用网络工具与作者取得联系,但因其访问权限的设置终未获成功,殊为憾事。

四、柏国故城舞钢说之谬误

从以上考证可知,无论文献记载、文物遗址遗存和坐标方位及相关参照物,柏国故城即在今西平县师灵冈以师灵镇为中心的一大片区域内,在柏皇氏遗族徙居西平以后长达4000余载的历史变迁中,形成了规模宏大的系列故城遗址群落。虽未经发掘,仅地表文物及遗存就足以证明一切。然而近年来,相邻的舞钢市宣称发现了柏国故城并通过媒体大力炒作,甚至被列入河南省第五批重点文物保护单位名单。经笔者搜集部分媒体资料和归纳,具体情况是:

该遗址位于舞钢市田岗水库东岸尹集镇郭庄村,在这里发现了2000多米长的文物景观带,其认定理由一是这一带历史上属于古柏国。二是遗址地下2米处出土了大量青铜器、玉器、古代陶器、废砖瓦砾等珍贵文物。废砖、瓦砾、陶片花纹非常精细,形状各异,多有几何图形,也有花鸟虫兽,其中还有石器碎片及不少黑、白、黄、青色碗碟碎片,从其精美程度判断,不是老百姓所用之物。废砖瓦砾多系战国及秦汉时期制品。三是在附近的谢古洞村南3.5公里处发现了许沟冶铁遗址,此处残存矿石经化验正是铁山庙型赤铁矿石。在谢古洞村北1公里处,还发现了沟头赵冶铁遗址等。在11公里的半径内发现了尖山采矿遗址、翟庄冶铁遗址等,加上西平县境内的酒店杨庄遗址、赵庄遗址、冶炉遗址等,共有10处冶铁遗址。1989年5月,中国科技史协会金属史专业委员会在舞钢市召开全国第三次金属史学术研讨会,明确指出这些冶铁遗址是全国最早、最先进的冶铁遗址之一,在中国钢铁技术发展史上占有重要地位。四是近年来,该市文物保护部门多次请上级考古专家到谢古洞村一带考察,当地群众多次反映,耕地和挖红薯窖时频繁发现夯窝明显的夯土层。谢古洞村一带中部隐然有高出附近地面的台地,夹杂有石灰层,面积一亩左右,专家推断可能是城中宫殿或官府旧址。

在以上四条理由中,其一,舞钢古时是古柏国的一小部分,当年柏国故城会不会建在这里只能以或然处之,姑且不论。其二,就从发现的青铜器、玉器、古代陶器、废砖瓦砾来看,这些文物是不是有明确的断代?有明确断代是不是就能确定就是当年柏国故城的遗物?有没有确切的文字类器物哪怕是残片可以证明?如果不能的话,是不是意味着即便有和柏国同时代的文物就可以断定它是柏国故城遗址?这样确定是不是有些草率?其三,说那里的冶铁遗址是全国最早、最先进的冶铁遗址之一,这和柏国故城的直接关系和内在联系在哪里?按照有关文献记载,柏皇氏遗族是4000年前徙居于西平一带,即便从春秋被封为柏子国推算,柏皇后裔作为伏羲之一代的名姓望族,在春秋被封国时当是最早封国的一批诸侯国,按春秋立国的公元前771年算起,已近3000年历史,那时的冶铁铸剑也许还没有出现,柏国被封国在先,此遗址怎么就和柏国故城扯得上呢?关于第四条就更有些不相干了,谢古洞一带发现的疑似宫殿和官府遗址就不和尹集镇郭庄村发现的疑似柏国故城遗址在一个范围之内,怎么就和柏国故城扯上了边呢?

从以上分析,且不说舞钢尹集镇郭庄村的柏国故城缺少文物考古中最基本的常识性的历史典籍的记载为文献佐证,没有具体的地理坐标、地理环境和地表物相参照,就仅仅凭出土的些许青铜器、玉器、古代陶器、废砖瓦砾、冶铁遗存和与遗址不相干的疑似宫殿遗址就确定其为柏国故城是丝毫没有说服力的,表现出的是一种不负责任的武断和急功近利。

五、“故城在县七十里”之存疑

行文至此，笔者主张的柏国故城师灵说不证自明，但细心的人还是不难发现，上文引用的《太平寰宇记》“故城在县七十里”记载还没有自圆其说。

其实，除大量文献都主张柏国故城师灵说外，现代文献也有主张在县七十里的说法，著名历史地理学家谭其骧教授主编的《中国历史地图集》就将西汉至西晋的故县治，即柏国故城标定在紧靠县境西界的洪溪河以南一带，与“故城在县七十里”说的距离基本相当，而网文《魏晋西平旧志考》的作者“85离家”则认为，在《图集》编纂年代，故柏国、西陵、吕墟均尚未得到考证确认，是图集编者把“在潕水以南”成为当时唯一的判断依据。把洪溪河—小洪河作为了古代的潕水河道之缘故。

“故城在县七十里”说还可以举出近年新的发现和说法。2000年后，西平县文物普查队对西平县出山镇北部的浅丘陵地带进行文物普查时，在与舞钢区交界的八张村西就曾发现一故城址。故城址处于洪河与青铜河交汇之间，三面环水，西、北邻洪河，东邻青钢河，以自然河流作为护城河，城墙依河堤而筑。南城墙下的护城河为人工开凿，将洪河、青铜河东西连接，护城河宽15米；古城址平面形状为梯形，南窄北宽。南城墙上部不存，只残留高出周围地表1米左右的墙基础，长约70米；但城墙的东南角、东北角及西城墙北半部现今仍高出周围地表3.5米左右。西城墙保存长度为186米，东城墙断续长度为372米，北城墙长度为147米。故城面积约为36510平方米。从城墙断壁看，夯土为黄褐土与灰褐土，夯层清晰，其厚度为16—30厘米，夯窝直径为3—4厘米；在故城址内及城墙的断崖处采集大量陶片，陶色为浅灰陶、灰陶和深灰陶；纹饰以素面为主，少量细绳纹；陶质均为泥质；陶胎较薄。可辨出的器型有罐、壶、盆。另外城址上部散布有大量砖、瓦残块。其城墙依河岸而筑，城址建筑风格既有黄河流域古城特点，又兼有上蔡故城、吴房故城、新蔡故城、江国故城、葛陵故城址的建筑风格，根据其故城特点和发现的文化遗物，有人就认为其疑是柏国故城。

其实在炎黄时代后的方国时代及西周春秋时期，地处中原腹地的伏牛山东麓豫南一带，大小邦国和部族不计其数，在这一范围内出现大大小小的故城毫不奇怪，近年来，在西平及相邻的范围内不断发现的不少新石器以后的故城遗址就是明证。如果不加考据论证都将其认定为柏国故城未免失之草率，甚至是极为不严肃、不科学的，当然这也和现实中急功近利的争夺抢占所谓的文化资源及学术研究中的不正之风相关。其实窃以为，所谓的“故城在县七十里”说完全是在古代交通、信息极不发达的情况下作者对史实的一种误判或误载，就像谭其骧教授在《中国历史地图集》中也会把柏国故城定位于洪溪河南岸，《汝宁府志》把师灵误作“在县北四十五里师灵镇”一样，无论在古代和现代文献中，这样的疏漏和舛误有时是在所难免，不必过于坐实都要说出子丑寅卯来。

（本文作者为西平县炎黄文化研究会常务理事）

柏皇故地在西平

谢改成

柏皇为中华始祖之一。其故地在西平县,有五大证据:

一、柏皇氏及其后代封地在西平。伏羲氏后,柏皇成为东方部落首领。宋朝学者罗泌在《路史·前纪六》中记载柏皇:"立于正阳之南,是为皇人山。"意思是柏皇在正阳的南面封立,住在皇人山。河南博物院研究员张维华认为:"正阳"当为"地中","地中"一般指黄帝定都之地新郑,而西平正是在新郑的南面。故黄帝时期柏氏被封的祖地就是柏皇故地。相传在柏皇的子孙中,黄帝时有地官柏常;帝颛顼时有师傅柏亮父;帝喾时有师傅柏招;帝尧时封柏皋于柏地。到周代时,柏氏后裔中的杰出者柏冏被周穆王封到祖柏地为国君,史称柏国。《通志·氏族略》记载:"柏国在今蔡州西平县,为楚所灭。子孙以国为氏。"

二、"始祖山"和柏皇墓址在西平出山。出山地处豫西伏牛山余脉缓冲地带,西面山清水秀,洪汝河大小支流从西南、西北流经而去,东面是沃野千里的豫东大平原。出山镇往西南有一座凸显的高山,经考证叫"始祖山",也就是

“芝主山”,后来念转叫“蜘蛛山”。南宋学者罗泌在《路史·前纪六》中记载的“皇人山”(即柏皇山)就是出山的“蜘蛛山”。“蜘蛛山”又名“始祖山”,海拔520米。东、西、南三面山势平缓,唯北麓形势险要,奇岩怪石。始祖峰,传说是柏皇始祖的化身,仰卧在蜘蛛山的北峰。2014年5月,河南省社科院历史与考古研究所在西平县出山镇焦芝岗村委三所楼村老龙湾发现柏皇氏墓址,进一步佐证柏皇故地在西平。

三、西平人对柏树情有独钟,和柏皇以柏树为图腾一脉相承。柏树适合在西平生存,无论在山地还是平原都有其身影,有顽强、高大、长寿、芳香的特点。柏皇崇尚柏树,以此为氏族图腾膜拜;柏国后人以柏树为荣,以柏为姓,安邦立国,团结向上,自强不息;西平人对柏树更是情有独钟,认为柏树的神力可达天、地、人三界,在祭祀、婚姻、丧葬等民俗中将其奉为“万本之圣木”。在祈求先祖保佑时,常虔诚地点燃柏枝;在婚庆中,插柏枝,有百(柏)事不碍、百年和好之意。在葬俗中,以柏为棺,显儿女对长辈的大孝;入殓时,儿女燃柏香,驱虫防腐,愿前辈永在;新坟种柏树,寄托晚辈对前人的哀思。故祭祀、婚嫁、丧葬礼仪中形成的柏俗,是西平人对柏崇拜及柏皇文化的积淀和传承。

四、西平人内心深处永远系着“柏国”情结。西平人和柏氏后人一样,为柏国曾有过的辉煌感到自豪。在北魏时期,曾在焦芝岗西北约300米处建庙,祭祀黑龙与柏皇。西平旧有八景,其一为“柏亭春霭”。仅此景,明、清及民国时期就多有文人、官员赋诗赞颂。直到当代,柏国以及带“柏”字的街道名、行政区划名、校名、商号名在西平比比皆是。

五、柏氏后人认同西平是柏皇故地。2010年1月28日,相约到西平寻根问祖的中华柏氏家族委员会负责人柏振云、柏基稳、柏学海、柏令成等人,在故柏国大地上捏土为香,洒泪跪祭先祖柏皇氏。2011年10月26—27日,中华柏氏家族委员会一届五次会议在西平县隆重召开。2015年4月25日,由驻马店尚金房地产营销策划有限公司举办的“柏皇氏墓园修复工程竣工典礼”在出山镇焦芝岗村委老龙湾隆重举行。柏氏族人向柏皇墓敬献花篮,虔诚跪拜。敬祖之情,令人动容。

(本文作者为西平县教体局主任科员、河南作家协会会员)

西平柏文化与开发研究

汉唐西平古治考

——兼论春秋柏国都城定位问题

郭明超

一般认为,西平县是西汉初年设置的。根据地方文献记载,西平县治自汉至唐一直在县中部偏西的师灵镇,宋朝移到今址。《中国历史地图集》(以下简称为《图集》)则将西汉至西晋的故县治标定在紧靠县境西界的洪溪河以南一带,北魏至唐期间仍标注在师灵镇方位。[①] 这样北魏以前的西平故县治就有了新、旧两种说法。由于《图集》的权威地位,新说影响很大,远及学术著作,近及本县修志,纷纷奉之为圭臬。

但是,《图集》主编、著名历史地理学家谭其骧教授在该书"前言"中早已言明:"古代城址有遗址保存到近现代,曾经考古、历史、地理学者调查考察过而写有报告公开发表或见于著作,我们得据以在今地图上正确定位的,只是极少数。极大多数城邑只能根据文献上'在某州县某方向若干里'一类记载定

---

① 谭其骧主编:《中国历史地图集》,中国地图出版社,1996 年。

位，因为既没有现成的调查考察报告，又不可能付出大量时间去做这种工作，因此，图中的点线和历史上的实际位置有误差的，肯定不在少数。特别是古代的水道径流、湖泊形状等，更难做到正确复原。”汉唐西平故治，恰恰存在城址、道里记载歧异的情形，当然应该包括在谭老先生所说的“不在少数”之中。加之其城址又与古河道径流密切关联，这就更需要我们审慎地看待汉唐西平故治的定位问题了。

一、汉唐西平故治文献资料之歧异与《图集》的处理

就笔者有限的所见，关于西平古治的文献古籍还算是比较丰富的。从渊源上看，从较早的《水经注》，到宋代的《太平寰宇记》，再到明清地方志及近世著作，均有关于西平旧治的记述。而从观点来看，这些文献可以归为三类：

第一类是直接支持“师灵说”的文献，主要是地方史志以及有关的地理著作。前者有明嘉靖《河南通志》、清《汝宁府志》、清及民国《西平县志》；后者以杨守敬、熊会贞《水经注疏》为代表，亦当源自地方史志。《水经注疏》曰：“（古治）在今县西四十五里。”依据地方志编纂而成的《河南地名漫录》说：“西平县是在西汉时期设置的，县治原在师灵镇。”[①]所指实为一地。其他或称“西北”，或称“四十里”“五十里”，亦同。全面、准确的表述当为“西四十五里师灵镇”。

第二类是与“师灵说”相冲突的文献，具体为《太平寰宇记》记载：“故西平城，在县西七十里。”这相当于《图集》所标注的西汉至西晋时期西平县治的位置。

第三类是参照性文献，主要是《水经》卷三十一“潕水”篇及北魏郦道元注

① 尚景熙：《河南地名漫录》，中州古籍出版社，1984年。

文关于西平县的记述。经曰:“又东过西平县北。”注曰:“县,故柏国也……汉曰西平,其西吕墟,即西陵亭也。西陵平夷,故曰西平……”在此,出现了关于西平古治的四个参照要素:位置、名称与“西陵”有关;其西有吕墟;曾为柏国故城;在潕水以南。

面对上述文献歧异,如何确定从西汉到唐宋之间西平县治的城址问题?《图集》采取了“兼顾折中、分段使用”的方法,即对于“西七十里”与“西四十五里师灵镇”这两种相互冲突的说法均不否定,而将它们分别适用于西汉至晋朝和北魏至唐朝两个历史时期。

至于如此处理的理由,《图集》限于篇幅和体例没有予以说明。依笔者妄测,《水经注》中关于西平县治的四项参照条件应该起了很大的作用。其中,柏国故城、西陵、吕墟在《图集》编纂年代均没有得到相应的考证确认,使得当时无从利用这三个条件进行判断——很大程度上,它们与其说是条件,还不如说是同步的或下一步的待证事项。因此“在潕水以南”事实上便成为当时唯一的参照依据。由于《图集》认为现洪溪河—小洪河就是古代的潕水河道——其中有多幅地图,如战国、东汉、三国、西晋以及金等时期的潕水都是这样划定(蓝色)的,而师灵镇却在今小洪河以北,加上《太平寰宇记》“故西平城,在县西七十里”的记载,于是《图集》编纂者对“师灵说”产生了怀疑,认为西平故治应当在县西70里、洪溪河南岸。但是,面对本地省州县方志对“师灵说”的一致肯定,以及师灵镇确实存在古城址、唐塔等历史遗存,也难以对“师灵说”做出全面有力的否定。折中平衡之下,只好以《水经注》的记述年限(即北魏之前)为限,将县西70里、洪溪河南岸之处标定为北魏之前(不含北魏)的西平古治,而将“师灵说”继续适用于北魏至唐的西平故治。

如果以上推测属实的话,那么这种处理其实是有问题的。

其一,从西汉到唐,西平县治究竟有几处?

先看《水经注》,其中没有提及西平故城。依成书年代,《水经》经文作于东汉(或云三国),反映的是汉魏时期的情形;而《水经注》著作于北魏。如果其间县治曾经迁移,那么此“县”(县治,与注文“国”对应)已不同于彼“县”,依一般的注释原则,两者之间是应予交代的。而郦注有一贯重视“故城”的常例,如有迁移也不过200来年,当在他所知范围之内。但注文罗列了春秋至西晋之间的西平故事,并没有提及旧治,言外之意,西汉至北魏期间,西平县治没有迁移。

再看《太平寰宇记》,它记载“故西平城,在县西七十里。”这里也只有一座故西平城,而非两座。《图集》却认定有两座西平故城,不知有何依据。

退一步讲,即使有西平县治存在两座故城,那么《太平寰宇记》中“县西七十里”的古城也应该首先配属于百年之前的唐代,而不应该跳过隋唐直接套在千年之前的西汉头上。《太平寰宇记》明确交代西平为“汉旧县”,如果这座“县西七十里”的古城可以确认属于西平汉晋故城,那么北魏至唐的西平故城岂有不知道、不交代之理?可见在北宋初年编纂《太平寰宇记》时,其实还是只有一座西平故城的,而且这座故城应该是贯穿汉唐,从未迁移。

其二,如何处理“四十五里”与“七十里”的歧异?

不论是《太平寰宇记》还是“师灵说”,所称的西平故城、旧治,都是相对于北宋至今的县城而言的,所指对象是一非二。那么关于同一城址的道里方位的记载出现歧异如何处理?最理想的应该是结合其他材料综合判断,取一舍一;不具备取舍条件的话,可以暂时两说并存。但令人不解的是,《图集》却杂糅二说,分段适用,实有节外生枝、削足适履之嫌。

其三,“师灵说”违反“在潕水以南”这一条件吗?

回答是否定的。诚然,假设果如笔者所推测,《图集》不是依据《水经》本身的文字而是依据现今的洪溪河—小洪河河道来认定汉魏时期潕水的位置、流向,那么师灵镇的确是在其北而不在其南。但是,这与《水经》原文、原意不符。《水经》原文是:“又东过西平县北。又东过郾县南。”西平、郾县(今称郾城县)两县自古南北分处,古潕水无疑当在西平县北境、郾县南境之间经过。而且郦氏注曰:“郾县故城去此远矣,不得过。”仅仅是不过故城尚且如此直言,倘若根本不过县境就更可想而知了。因此潕水过郾县南境应当可以确定,甚至将其视为两县的界河也不一定为过,这与现今的“洪溪河—小洪河”远离郾城县境完全不同。明乎此,那么按照《水经》原文所述的潕水河道位置,师灵镇是不可能跑到潕水以北去的。这也正是杨守敬、熊会贞《水经注疏》实际采用“师灵说”,杨守敬《水经注图》(其实是《图集》的最初蓝本)也如此标注的依据所在。

从以上几点来看,《图集》关于汉唐西平古治相关文献资料的处理运用是有疑问的,其所标注的西汉至晋西平县治位置也缺乏充分的依据。

尽管如此,《图集》试图以《水经注》提供的参照系统来解决《太平寰宇记》与“师灵说”关于西平故治道里记载的歧异,其思路、方法无疑是可取的。只不过由于当时诸多条件的局限——比如对潕水改道未能深入考证,古吕墟—西陵亭(董桥遗址)尚未发现等——未能达到正确的彼岸而已。

二、从《水经注》记载的参照系统看“师灵说”

如前所述,《水经注》的价值在于它向我们提供了一套宝贵的西平故治参照系统——古地名、古城遗址、古文化遗址、古河流河道。对照这套参照系统,笔者发现“师灵说”是完全与其吻合的。

(一)古地名考:西平名称由来与故治名称演变

1.西陵——县名由来及含义、方位

《水经注》曰:“西陵平夷,故曰西平。”可见西平之命名与“西陵”密切相关。而 1959—1981 年年间甘肃省武威出土的王杖诏令简中记载有“汝南郡西陵县”，则证明西平县在西汉期间曾经的县名就是“西陵”。[①]

何谓“西陵”？首先它是一个地理概念。《说文》曰：陵者，“大阜也”。《释名·释山》云：“大阜曰陵，像土山高大而上平，可层累而上。”由此可见，古西陵实为一座高大而上平的土冈。而师灵古镇就坐落在这样的一座土冈——师灵冈之上。

前人云：“禹贡州域经纬乎山川，嬴秦郡邑渊源于地理，举其名如见其地，审其义即辨其疆。是故虽经迁变，终古犹资识别。”当初西平（西陵）县之命名，也是如此。

西平地处中原腹地，西部为伏牛山余脉，东部是广袤的平原，从山脉向平原的过渡带为比较平缓的丘陵、冈地。洪溪河—小洪河自西北切入又转东北而去，蜿蜒贯穿于东西扁长的县境内，形如一个巨大、扁平的对号，师灵冈就坐落在这个对号的中心部位。此冈总面积超过 26 平方公里，海拔 70—90 米，相对高差 5—20 米，冈面平缓，土层深厚。这样的地形地貌恰合“陵”之本意和“平夷”之特征，为师灵冈即古西陵提供了最好的注脚。

其次，西陵还是一个文化历史的概念。《史记·五帝本纪》曰：“黄帝居轩辕之丘，而娶于西陵之女，是为嫘祖。嫘祖为黄帝正妃。”淮南王《蚕经》云：“黄帝元妃西陵氏始蚕，盖黄帝制作衣裳，因此始也。”《通鉴外纪》云：“西陵氏之女，嫘祖，为帝元妃，始教民育蚕，治丝茧以供衣服……后世祀为先蚕。”《路史·疏仡纪》云：“（黄帝）命西陵氏劝蚕稼。”《路史·国名纪六》载：“西陵，黄帝元妃，嫘姓国。”张守节《史记正义》载：“西陵，国名。”《大戴礼纪》载：“黄帝居轩辕之丘，娶于西陵氏之子，谓之嫘祖氏。”《水经注》载：“西陵平夷，故曰西平。”自 1982 年高沛先生首倡，后经国内众多权威专家学者深入论证[②]，2006 年西平县被确认为黄帝元妃嫘祖西陵氏故里，可谓不刊之论。西平县以西陵

① 高沛：《嫘祖故里在西平》，高沛主编《嫘祖文化研究》，文物出版社，2007 年。
② 高沛主编：《嫘祖文化研究》，文物出版社，2007 年。

命名,不但如见其地,而且如闻其史,实为古代设县命名的成功范例。

与此相对应的是,师灵冈分布着众多文物古迹。在它的西南部,有河南省重点文物董桥遗址(新石器时代);在它高大突出的南麓边缘,有河南省重点文物小孟庄遗址(商—汉);在它开阔平坦的东部,坐落着师灵古镇,而古镇周边分布着多座古城遗址。因此说师灵冈是古籍所载的"西陵"之地,师灵古镇为古西陵(西平)治所,是符合西平县设立命名之历史渊源的。

2.师灵——"西陵"故治名称演变

如前所述,西平县因"西陵"而命名,甚至在西汉期间一度就叫"西陵县",那么其故治一直保有或继承这个地理范围清晰,历史文化内涵深厚的地名是可能的。而"师灵"这个名称,正是脱胎于"西陵"(谐音)而又反映新的历史事件、赋予历史意义的一次演进。

尚景熙《河南地名漫录》中说:师灵镇……隋朝(笔者注:当为北齐)为文城郡治。唐宪宗元和年间,吴元济割据蔡州(今汝南)。今确山、遂平、西平、郾城一带是唐朝政府军和吴元济军作战的主要战场。元和十二年(817),唐朝大将李愬败吴元济军于嵖岈山,攻取冶炉城。文城故城与冶炉城东西毗连,当时亦为李驻兵据点。传说李在这里每战必胜,因名"师灵"。

本地乡民则有另一版本的传说:元和十二年,李愬征讨割据蔡州的淮西节度使吴元济。但蔡州城守备严密,护城河里还养了成群的鹅鸭,一旦夜里有人偷袭,鹅鸭就会惊觉乱叫。对此李愬大伤脑筋。当时西平县城即西陵古镇有一座兴国寺,里面的住持大师见多识广,智慧过人,就向李愬献了一计:派人潜入蔡州,专门在夜里袭扰鹅鸭,鹅鸭大叫,守敌听到后报警防卫,却不见官兵到来。次数多了,习以为常,鹅鸭叫得再响,守敌也不会理睬了。李愬依计而行,后来雪夜奔袭蔡州城,果然鹅鸭乱叫而守军不理,遂一举破城。李愬赞叹:"大师之计真灵!"西陵由此改为师灵,朝廷为兴国寺重修庙宇,建高塔一座。如今此庙改为学校,即现师灵小学;古塔年久失修,"文革"中被扒掉。

笔者认为此说较为可信,特别是“击扰鹅鸭”情节可与正史印证、比对。《通鉴》云:“李愬谋袭蔡州”,故“每得降卒,必亲引问”。那么向当地智能之士咨事询问自然必不可少。李愬军四月攻占冶炉城和西平(西陵城),十月平蔡,中间有半年时间,而西平是其攻取并占领的唯一的县城(李愬军虽曾攻破吴房县城,但旋即放弃退军),其间或其本人亲巡西陵,或西平人士入营拜见,也属必然。《新唐书》云:蔡州近城皆鹅鹜池也。愬令击之以扰军声。城池鹅鸭本有报警作用,李愬如欲“谋袭”,就必须提前采取措施,使其报警作用作废。如果像正史记载,是临阵击扰,那么纯属掩耳盗铃,玩火自焚,军声未必稍掩,警报已然大作。所以笔者认为,这可能是由于史料细节不清,或是引用转述脱节所造成的误述。根据当地民间传说,击扰鹅鸭不是发生在兵临城下之时,而是作为前期预备行动,早在奔袭之前就已完成了,更加符合常识和军事谋略。

除此以外,西陵改名为师灵的传说还有其他版本,中间细节各有不同,但前因后果均与上述事由完全一致,即西陵古城因介入唐朝平定淮西之战而取其谐音改名为“师灵”。由此可见,师灵古镇和西陵故城一脉相承,贯穿始终,其中的演化过程是有迹可寻、有案可查的。

(二)古城遗址考

师灵古镇西侧有方形高地,为县道“西出公路”东西贯穿,相传是一座古城遗址。直到20世纪80年代初期,其南部还高出周围约2米,今已经被砖厂挖陷;北部高出约1米,尚存。或为某较晚时期的旧城遗址。在其西北数百米,另有一座较小的旧城遗址,周围群众故老相传,直接称之为“古城儿”。由于该遗址未经考古发掘,其具体时段尚难确定,但属于“古柏国—文城郡城”系列当无问题,而且从其远离后址、孤立野外的外表形势看,应当废弃较早,很可能就是为楚所灭的古柏国都城遗址。此外,在师灵镇南与南李庄之间,也有明显的故城遗迹。这些遗址虽然均未进行过专业的调查与挖掘,但规模气象,望之俨然,故老相传为故城旧址。

关于前文提及的唐代古塔,民国《西平县志》记载:“兴国寺,在师灵镇西门内,唐时创建,寺内有七级宝塔一座。”[①]书中诸多寺庙都有具体明确的兴建年代甚至年份,当是直接抄录庙内的碑碣文字,所以此塔确属唐塔当可信据。记载所见,西平县仅有古塔两座,另一座即今县城东关的宝岩寺塔,为宋代所建。考虑到古代西平县的规模和财力,寺院宝刹事实上已成为县城的地标建筑,宋代宝岩寺塔如此,唐代唯一的古塔也应如此。

此外,以师灵镇为起点,还有两条古运河遗迹:一条自镇东北角向北经西干沟沿村沟通淤泥河(古潕水),长约5公里,号曰干沟;另一条自镇东南角向东入官桥河后东北沟通淤泥河,其河道至今仍存。这些也应该是古县治的遗迹。

(三)古文化遗址考

如前所述,师灵镇周边有多处古文化遗址。其中,董桥遗址于2006年8月经历史、考古专家初步考察,被认定为古西陵亭(吕墟)遗址、嫘祖故里。

董桥遗址于1984年发现,位于西平县城西27公里吕店乡董桥村南,东距师灵(西陵)古镇4公里,面积约48万平方米。遗址坐落在冈地缓坡上,高出邻近地面5米多,仅从一条农民挖的300米长的田头沟切面发现有上古灰坑6处,经选择性地对遗址进行钻探,发现文化层约1—3米不等。因遗址未经发掘,对遗址的规模、内涵还缺乏细致的了解,经实地考察,所采集的标本经鉴定为仰韶时期的文化遗存,从年代推断与传说中的黄帝时代相吻合。故成为国内权威专家认定为古西陵氏遗迹、嫘祖故里的重要证据之一。[②]

何谓吕墟?高沛先生解释说:“吕,长也”(《方言》卷六);墟者,“故所居之地”。《尚书》有“舜生姚墟”之说。由此可知,吕墟远在北魏之前,人们已知

① 李毓藻修,陈铭鉴纂:〔民国〕《西平县志》,北平文华斋刻本,1934年。
② 蔡全法:《从西平董桥遗址看西陵氏族之兴起》,高沛主编《嫘祖文化研究》,文物出版社,2007年。

这里是远古人类留下的一处聚落墟址，北魏时属于西陵亭（亭为古代地方治安区划）。

舜本姚姓，故称“姚墟”，而嫘祖所在的西陵氏在姓源上属炎帝世系，炎帝姜姓，远古时期姜姓、吕姓互称，故西陵氏之墟称“吕墟”，完全符合古代以姓（或氏）命名故墟的习惯。

董桥遗址与师灵镇的位置关系，与《水经注》“其西吕墟”也完全吻合。

（四）古潕水河道考

既然古潕水的河道位置、流向是判断西平古治位置的重要依据，那么它在以往2000多年的岁月里是否曾经改道？答案是肯定的。

古潕水是古汝水的支流，后因古汝水改道而成为南汝上源，再因南汝水改道又成为洪河上源。因此考察潕水改道的史实须从汝水改道入手。

汝水第一次改道：形成南北分汝。古汝水发源于今豫西伏牛山区嵩县之外方山，流经汝阳、汝州、郏县、襄城、舞阳、郾城、西平、上蔡、汝南、正阳、新蔡，在淮滨入淮河。现北汝河（属沙颍河）即其上游，南汝河（属洪汝河）即其下游。元初至元年间（1264—1294），由于汝水泛滥，古汝水在郾城澧河口被截断，上游称北汝，改经古濦（㶏、溵）水即今沙河，东流入颍；下游称南汝，改以潕水为源，仍循故道入淮。

汝水第二次改道：实即潕水改道。元代至正年间（1341—1370），南汝上源潕水在舞阳东部被淤塞，河水“上逆舞阳”（《读史方舆纪要》），大片泛滥，并在舞阳东部形成乱流，最终在舞阳—西平县界附近的官杨庄向南流入西平县境，形成洪溪河，东南流至合水街汇合滚河（诸石山水），以下形成今小洪河。后世为解水患，又在上游的舞阳—叶县界上向北开挖水道12里，北通澧水，称干江河，但原向东的潕水河道仍存，称三里河。此次潕水改道后仍为南汝上源，但新道改为三里河—洪溪河—小洪河至西平连通南汝。而西平境内的古潕水下游故道今仍存，但改称淤泥河。

汝水第三次改道:形成洪汝分流。明嘉靖九年(1530),南汝水又在西平东南被淤断,潕水(小洪河)东出,入古澺水,成为现在的洪河。泌阳、遂平之原古溵水(古汝水支流,现称汝河、南汝河或沙河)遂为汝水之源,仍循古汝水旧道东南而下,即为现代的汝河。

以上是根据水利专家潘家铮院士《"75.8"与治淮》及国家水利官方网页"水系介绍·洪汝河"中相关资料整理的,另外根据河流现状增加了第二次改道后淤泥河、洪溪河、三里河等情况。由于历史上汝水每次改道后,新的上游河道都被直接冠以"汝水"之名,造成相关记述混乱不清,极易混淆。其中,把第二次改道被混同于第一次改道的问题最为突出。另外,汝水改道后往往新旧河道并存,而古代文献记述习惯于重新道而轻故道、重人工开凿而轻自然漫流,所以淤泥河为潕水故道、洪溪河为潕水新道的事实鲜为人知。但时至今日,淤泥河、洪溪河仍然确实存在,对照地图,参以古籍,则一为潕水故道,一为潕水新道,实可一目了然。事实上,"淤泥河"虽经数百年不断退缩,但它的西端源头仍在舞阳境内,距离潕水改道洪溪河的拐点只有几公里,其间废弃河道的遗迹,犹可肉眼辨认。

至此,潕水改道及潕水故道的情况应该水落石出。其改道前,舞阳以下的古潕水故道即"三里河—淤塞段—淤泥河",这与《水经注》记载其"过西平北""过郾县南"的流向、位置完全吻合。至于师灵镇,北距淤泥河5公里,完全符合《水经注》所描述的西平古治与古潕水的位置关系。

综上所述,师灵古镇地处古西陵之上,名称脱胎于西陵,近旁有故城遗址,其西有"吕墟"古文化遗址,其北是潕水故道,全面地展示了《水经注》所记载的西平古治地理、历史、文化标志。一一比对之下,"师灵说"与《水经注》的参照系统若合符契。因此,明清地方史志记载其为西汉至唐朝的西平故治是准确可信的。换言之,历史上西平故治只有一个,就是师灵古镇。

三、《太平寰宇记》“县西七十里”说辨析

至此，汉唐西平故治的位置问题应该可以论定，但对于《太平寰宇记》“故西平城，在县七十里”之说，还需进行一些必要的辨析。

从来源上看，作为北宋初年编纂的一部大型舆地著作，《太平寰宇记》无疑有其重要的历史价值，但另一方面，也因其篇幅庞大而存在内容不够精审的问题。就拿其中关于西平县的记载来讲，就有不少值得商榷的内容。比如称“有九顶山、独树山，俱在县南百里”，明显方向有误！西平县境东西狭长、南北扁平，所有山峰均集于县境西南一隅（此处的九顶山当系今舞钢市的九头崖，古属西平），称“西南百里”或“县西百里”均无不可，而独“县南百里”不可，因为“县南百里”不但远出县境，而且要跨越遂平，直达确山县了；再如称西平县“后汉末废，至后魏复置”，而《水经注》《晋书》《隋书》《新唐书》《旧唐书》均记载西平县自西汉至隋大业年间沿袭无替，又有《太康地记》明确说西平“县有龙源水”“县出名金”，《三国志》载“公（曹操）征刘表，军西平”[①]，汉晋时期多位重臣名宦包括汉末太尉李咸、曹魏侍中和洽、西晋中书令和峤、东晋豫章太守梅颐及其弟梅陶均为“汝南西平人”，足以证明后汉末年至北魏之间西平县不仅没有被废，而且史迹斑斑，名标史册。因此，不论其他部分，单就《太平寰宇记》关于西平县的相关记载来看，当中不准确、不精审的问题还是很突出的。至于“县西七十里”，恐怕亦属此类，很可能是当时调查采访时“县西四十里”的误听误记。

从孤证不立规则讲，“县西七十里”系《太平寰宇记》独家之言，除此之外，别无他证，故实难自立。

---

① 《三国志·魏书·武帝纪》。

而对照《水经注》提供的西平故治的参照系统,“县西七十里”处虽然符合“潕水以南”的条件(是必要条件而非充分条件),但并不具备相应的古地名、古城址、古远古文化遗址。而脱离了这些内涵丰富、实实在在的历史文化遗迹的支撑,单纯依靠“县西七十里”之类的抽象数字,是很难真正找到“故西平城”的。

四、余论:关于春秋柏国的都城定位问题

春秋柏国都城是一个和汉唐西平故治密切联系的问题。

《水经注》说:“(西平)县,故柏国也。”古文献中的“县”,一般是指县治,如前文所引“县西七十里”;古文献中的“国”,一般也指都城,是与郊、野并列或相对的概念,如国人、野人等。特别是依据“其西吕墟,即西陵亭也”,更可以确认这一点。因此可以认为,汉唐西平故治就是春秋柏国的都城。

据此,杨守敬《水经注疏》直接在西平故治(即师灵镇位置)旁注明“古柏国”,而《图集》也依据其所认定的汉晋西平故治位置将春秋柏国都城标定在今县城以西约70里、洪溪河以南的位置上。

如前所述,汉唐西平故治在今师灵镇位置,那么显而易见,春秋柏国都城也当在此。因此,《图集》关于柏国都城的定位是错误的。

但这还只是问题的开始——由于《图集》的权威地位,柏国都城的位置问题呈现出“渐西渐远”的态势。事实上,洪溪河为西北—东南流向,而作为历史地图的特点,其一是比例尺一般都很大,其二是大家都知道图中所标属于大致方位,这就在无形之中将柏国都城的位置逐渐推向了洪溪河以西、以南的丘陵山地,越来越超出“县西七十里”的地域,甚至进入舞钢市境内。近年来,今

舞钢市认为该市的谢古洞遗址就是春秋柏国都城[1],很大程度上就是出于《图集》这一影响。而这一观点——或者说是“发现”——反过来又似乎为《图集》提供了考古学上的证据,于是这一观点很快被专家学者所接受[2],进而影响到政府有关部门和社会大众。

其实在笔者看来,谢古洞遗址就是春秋柏国都城之说明显不能成立。

其一,根据相关新闻报道,“据专家考证,这些废砖瓦砾多系战国及秦汉时期制品”。而早在春秋早期柏国即为楚国所灭,因此基本可以断定该遗址与古柏国无关。

其二,根据相关新闻报道,谢古洞遗址发现的仅仅是一道临河的城墙,而非一座完整的城池。按报道说这是都城西门的一面城墙,但问题是,既然临河的西面城墙那么高大、坚实,那么东、南、北三面的城墙既没有被洪水冲毁的可能,也没有人为拆除三面而仅仅保留一面的道理,但为什么没有发现它们?因此,在还没有确认完整(哪怕是基本完整)的城址时,恐怕很难说这道墙属于“城墙”还是一道单面墙体。甚至,这道临河的城墙上是否真的是所谓的“西门”,恐怕也存在疑问。

其三,即使这道墙真的是城墙,那么它也超出了柏国的承建能力。按照报道的说法,仅西面城墙就长达2000米,那整个城会有多大?按正方形算,周长8000米,16里。要知道,直到清朝,西平县才“城周5里”,舞阳县才“城周6里多”[3]!柏国作为一个极不起眼的小国或小部族,建这样的大城是不可能的。

综上,谢古洞遗址很难与春秋柏国故城画等号。它应该是战国时期修筑的临河防御工事,或系韩国为保护棠溪这一冶铁中心而兴建。

---

① 新华网河南频道2006年6月26日电《河南舞钢市发现古柏国文物景观带》。
② 马世之:《中原古国历史与文化》,大象出版社,1998年。
③ 〔清〕顾祖禹撰:《读史方舆纪要》,中华书局,2005年。

以上是考古材料方面的疑问。而在文献方面,除《水经注》明言西平县为“故柏国”外,别无其他材料指明柏国故城的所在。虽然《后汉书》言:“西平有铁,有柏亭,故柏国。”《图集》也在东汉西平县旁,另外标注了“柏亭”,但柏亭究竟在何处?又是一个空悬无依的问题。因此,有关方面就此认定谢古洞遗址所在地就是古代的柏亭,也是没有依据的。就现有的材料及相关研究而言,恐怕只能依据柏国故城来寻找柏亭,而无法依据柏亭来寻找柏国故城。这也正是笔者之所以选择先弄清汉唐西平故治问题,再由此上溯春秋柏国都城这一讨论路径的原因之一。

(本文作者为法学学士、高级经济师)

柏国姓氏解析

徐玉清

西平,春秋时为柏国。西汉初年建县,至今2000多年。西平这片热土诞生了柏姓等姓氏,在历史进程中,它又敞开胸襟,接纳了来自全国各地的姓氏,这些姓氏在此繁衍、发展,又有一些姓氏以西平为聚集地,向全国乃至世界各地扩散,从而丰厚了西平的根亲文化。本文依据《西平县志》[①]《柏国姓氏寻根》[②],对西平县姓氏进行解析,希望对发展西平县根亲文化有帮助。

一、西平县姓氏现状

据《西平县志》记载:境内约有302姓,以笔画为序,排列如下:

丁、卜、厂、门、万、支、五、弓、于、卫、王、牛、方、元、卞、文、车、尤、斗、化、孔、仇、毛、尹、马、邓、及、木、巴、韦、书、仝、甘、代、艾、目、占、兰、旦、云、冉、卢、

① 西平县史志编纂委员会编:《西平县志》,中国财经出版社,1990年。
② 河南省西平县地方史志编纂委员会编:《柏国姓氏寻根》,内部资料,1998年。

叶、石、边、龙、史、皮、包、古、申、白、左、田、宁、冯、司、东、邝、刘、许、吕、孙、弘、向、各、江、关、巩、过、毕、吉、米、纪、任、曲、买、池、齐、伍、师、阮、朱、安、庄、仲、华、权、匡、全、乔、邢、祁、张、李、狄、妥、宋、吴、杜、邵、园、应、汪、肖、辛、冷、花、远、沙、佟、苏、沈、谷、何、时、芮、冻、余、连、邱、汤、武、杨、范、陈、郑、罗、苗、和、庞、陆、尚、孟、周、屈、易、朋、依、金、舍、卓、娄、房、宛、炎、岳、苑、郅、林、单、青、赵、胡、省、贺、段、钞、皇、阁、相、信、洪、祝、荆、侯、侵、郎、爱、施、俞、柳、勇、钟、恒、郝、荣、部、姚、姜、郭、耿、高、都、栗、钦、奚、宫、海、祖、荷、袁、造、凌、席、留、敖、桂、秦、贾、晁、顾、晋、倪、栾、钱、柴、谈、聂、夏、梅、徐、唐、莫、党、晏、姬、殷、阎、常、商、族、龚、菅、教、戚、盖、寇、黄、扈、陶、曹、滑、曾、盛、铜、康、崔、逮、胥、梦、梁、谢、焦、程、超、彭、敬、葛、裕、喻、董、登、游、傅、湾、禄、婚、储、蒋、鲁、温、韩、赖、路、靳、裘、楚、蒲、褚、廉、勤、窦、蒙、解、谭、裴、暴、鲍、蔡、甄、赫、翟、管、缪、潘、黎、樊、冀、薛、衡、臧、蔺、霍、阚、薄、魏、戴、熊、欧阳、皇甫、赫连。

二、稀姓和大姓

据《柏国姓氏寻根》记载，西平县姓氏中，一个人的姓氏：厂、刁、亓、元、不、木、五、公、中、从、帅、占、目、乐、邝、弘、过、回、年、仲、会、寿、芬、杏、严、巫、束、步、园、狄、冻、芳、君、环、青、英、苑、昔、季、依、舍、朋、柏、柳、荆、查、郗、秋、修、侵、郤、恒、阁、冠、勇、骆、涂、桃、荷、顾、造、爱、翁、留、谈、陵、梦、铜、盘、逮、登、超、裕、智、赖、勤、蒲、阚、缪。人口稀少的姓氏有：布（2户，10人）、旺（1户，3人）、胜（1户，5人）、钞和宫（1户，5人）、祖（1户，4人）、郸（2人）、教（1户，3人）、戚（3人）、浦（1户，6人）、越（3人）、覃（1户，9人）、黑（1户，3人）、景（1户，5人）、储（2户，10人）、靖（2人）等。

而于、王、冯、李、陈、杨、张、宋等姓氏，属西平县大姓乃至特大姓。

盆尧乡（今为镇）莲花池村于氏，其祖籍山西洪洞县。明洪武三年（1370）六月，于德瑞由洪洞县迁此。洪武四年春二月，其弟于德智由洪洞来莲花池，因兄弟之情，不忍离去，居莲花池村东里许上坡于村。现两兄弟后裔散居县内88村。

谭店乡老王庄王氏，明洪武年间，始祖王安由河北赵州临城县双井乡迁此。四世王诰官至都察院右都御史、总督漕运兼抚淮南各地。现王安后裔散居本县及遂平、汝南各县十余村。

杨庄乡杨柳堂王氏，祖籍山西。始祖王世英明洪武年间由洪洞县迁居城西北三王村。清顺治年间，有王天祥从三王村迁居杨柳堂村。天祥八世孙王集勋曾任民国时期县志采访员，著有《愚柳村诗集》。

二郎乡冯老庄冯氏，始祖冯诚，原为安徽定远人，随明太祖出镇云南，官至右军左都督。道经西平城南遂隐居于此，即今冯老庄。现冯诚后裔分居于西平、遂平、汝南、上蔡、泌阳各地。

专探乡西宋庄宋氏，明洪武初年，宋自责、宋自勉兄弟由山西省洪洞县迁居西宋庄。今宋自责后裔散居专探乡的东宋庄、西宋庄、谷河、孙庄、宋楼、双河、军王、朱庄、出山及酒店等地，宋自勉后裔散居专探、汪寨、小宋庄、孟湾、汪庄等处，宋氏后裔亦有迁居遂平、息县的。

县城南街金梁桥李氏，始祖李桂，原居江西南昌县紫旗李村，元末迁居县城内金梁桥。今县城内李氏及散居城南关，焦庄乡的金刚、姚庄，重渠乡的仙女铺，盆尧乡的盆尧、李庄、张老庄、邢庄和城郊乡郭店，均为李桂后裔。

权寨乡权寨街陈氏，祖籍山西洪洞县。明洪武中叶，陈桂由洪洞县迁县城东陈坡寨。明嘉靖年间，陈氏六世由陈坡寨迁居城北李庄杜村。清顺治年间，陈氏九世由李庄杜迁居权寨。此后，又分迁师灵、权寨、吕店等乡的10多个村。五沟营乡陈坡寨陈氏，为权寨街陈氏二世祖陈桂后裔。专探乡大庙陈陈氏，祖为陈云，与谭店乡桂河陈氏同源，与陈坡寨、权寨陈氏也系一本。

盆尧乡大杨庄杨氏，宋元年间，杨氏由弘农县（故城在今河南灵宝县南40里）迁居河南息县。明洪武初，杨得林由息县迁西平城东大杨庄。杨氏后裔，除居本县重渠、宋集、权寨等乡10多个村庄外,上蔡、遂平、唐河各县及周口、汉口均有杨得林后裔。

杨店乡合水镇张氏,祖籍山西。明洪武四年(1371)由山西迁河南上蔡县,不久,由上蔡县蔡沟迁居西平县芦庙乡半截楼,后又由半截楼迁往合水镇,始祖张文兴、张文征。文兴、文征后裔,至民国7年(1918)已繁衍至17世。现散居于城郊、芦庙、杨庄、谭店、师灵、酒店等乡的30多个村、镇。

三、姓氏来源

1.土著姓氏人数稀少

柏姓源于西平县古柏国所在地,春秋时期,柏国被楚国灭亡之后,子孙逐渐离开初发源地,在魏郡、济阴繁衍发展,并成为两地望族。而今柏姓尤以湖南、山东、安徽等省为多,3省柏氏约占全国汉族柏氏人口的61%。《柏国姓氏寻根》记载,西平县柏姓仅柏城镇(今柏城街道)有一人。

2.一些姓氏在此定居上千年,成为新的土著

《柏国姓氏寻根》显示:邓、东、安、和、郑、都等姓氏在西平定居已经有上千年的历史,这些姓氏成为新的土著。

西平邓氏源出南阳(新野),新野邓氏一支是东汉太傅、高密侯邓禹的支系。东汉永初元年(107),邓禹后裔邓弘封西平侯。元初二年(115),邓弘之子邓广德为西平侯。同年,邓广德弟邓甫德被封为西平都乡侯。

东氏源于远古,望于平原郡。西平东氏始祖约于平原郡迁今西平县专探乡东宋庄,世居其地,至明代家资巨富。明代谭店老王庄王都堂诰之祖母、曾祖母皆东氏。东氏迁入西平已历千余年。相传,专探东氏有子,赵氏有女,两家交换抱养,东氏之子为赵氏抱养后易名赵东焕。故有“赵姓原为东氏”之说。子孙析居于芦庙乡前韩。

专探乡安桥安氏，始祖安殿鑫，祖籍山西洪洞县，唐兵部左侍郎。"安史之乱"时弃官携眷南迁河南西平县专探乡安桥镇。始祖三子：成章、成勋、成福。其后裔现散居于本乡黄庄、萧庄、衡坡，酒店乡菜坡，遂平县田堂、成楼等地。其字辈是："德宇占仁荣，玉振永长成，逢尊文明恒，道新应绍蜀，清秀何元华。"

专探乡和氏为羲和氏之后，定居西平后世居其地，历经2000多年繁衍发展，今其后裔散居于专探乡宋庄、王庄、冯姜庄，杨庄乡小孙庄及遂平县部分村庄。

专探乡小河村郑氏，据民国31年（1942）小河郑村《重纂郑氏族谱》载：小河郑村郑氏溯自东汉之世，有先祖郑敬，字次都，清贫自甘，不慕荣利，隐居于小河郑村。二世祖郑成，字立政；郑德，字体道。德迁于密，成守故土，族众流布于西平、遂平，绵延达千余年。因世代更替，苗裔播迁四方。自汉至元，昭穆失序。至明初，知小河郑郑氏祖三人，长讳守域，次讳守宅，三讳守宾，为明世序，主持修谱。谱成不久，明末遭兵燹，家族再次失序。清咸丰五年（1855），族长昭南（增生）建祠修谱，至光绪二十六年（1900）谱成，若昭若穆，井然有序。民国31年，族正继瑞等重修家谱。谱定字序为："守世天学宏喜文，源克维广书继伦，道德修明君心泰，勋华树立治化纯。"现小河郑村郑氏散居于专探乡李湾、朱庄、双河、军王、水泉汪、王庄、和庄、汪寨、楼房庄、朱湖、徐集、于庄、谷河、赵丁庄、吴海，芦庙乡韩庄、茨园、丁台、薛庄、果庄、同心寨，谭店乡谭店街、东桂河、桂李、罗庄、徐楼，二郎乡祁庄、小陈庄、小杨庄、南祁庄，师灵镇师灵街、王寨、小关庄、竹园李、西干沟沿、郑楼、郜庄、仁和庄、北李庄、北王、聂河，吕店乡张店、前小庄、董桥，杨庄乡李湾、戚楼、窦庄、小刘庄、仪封、栗园，出山乡文庄、北齐庄、三张、小王庄，权寨镇郑楼，蔡寨乡蔡寨街、崔庄，五沟营镇后郑、袁庄、南街、东街、北街等地。部分徙居遂平县北小郑庄、尚庄、店房、武岗、张庄、魏庄、小王庄、常庄、大辛庄、小郑庄、罗池坑、北徐庄、大郑庄、北祁庄、牛庄、神沟庙、洼王、小赵庄及上蔡县前郑等地。

焦庄乡小都庄都氏，都氏祖（讳失）约于唐代中叶自黎阳（今河南浚县一带)迁出(初迁地不详),后都氏三兄弟于唐咸通八年(867)迁西平。长兄居今重渠乡大都庄,二弟居焦庄乡小都庄,三弟居二郎乡西小都庄(三兄弟卒后均葬于焦庄乡小都庄村南)。现西平都氏已历1200余年,50余代。

3.省内迁徙是西平姓氏重要来源

《柏国姓氏寻根》显示:杨、宋、邵、范、易、周、郑、赵、皇甫、敖、程等姓氏或姓氏的一支,源自省内迁徙。

以杨姓为例,西平15支杨姓中,除五沟营镇东街杨氏源自陕西长安县外,其余全部源自省内各地。其中,盆尧乡大杨庄杨氏,宋元年间自弘农迁息县。明洪武初年,杨得林由息县迁西平城东大杨庄。环城乡李庄杨村杨氏,相传为关西杨震之后,明初由弘农迁李庄杨。师灵镇小刘集杨氏,始祖杨国桢于清乾隆五十四年(1789)自舞阳县乔张乡小杨庄迁入,今已历200多年,8代,12户,85口人。

4.洪洞迁民构成西平姓氏主体

《柏国姓氏寻根》记述:于、万、卫、马、王、车、毛、文、石、叶、卢、田、申、史、白、兰、宁、台、邢、巩、吕、乔、朱、任、刘、齐、关、许、祁、孙、苏、李、萧、时、吴、何、汪、宋、张、陈、武、苗、岳、周、单、屈、孟、胡、郝、荣、赵、南、钦、部、信、侯、洪、胥、姚、秦、桂、耿、袁、晋、栗、贾、夏、柴、展、党、晏、徐、殷、郭、高、栾、陶、姬、梅、管、黄、曹、龚、常、崔、商、康、阎、梁、敬、彭、葛、董、鲁、滑、傅、蒋、韩、路、窦、蒙、解、裴、蔡、翟、管、潘、臧、暴、樊、衡、薛、霍、冀、戴、魏等姓自山西省洪洞县迁来。马、王、任、李、周、黄、张、曹、常、崔、董、翟等有多支自洪洞县迁居西平,其中李姓多达17支、张姓13支、刘姓8支、周姓3支。

5.省外姓氏是西平姓氏重要补充

(1)南迁姓氏

《柏国姓氏寻根》记述:弓、尤、万、韦、方、邢、吉、朱、华、全、齐、李、宋、苗、张、岳、胥、祖、贺、徐、高、敦、章、韩、裘、褚、窦、裴、蔺等姓氏或姓氏中的一支来自北方各省区。这些省区包括:吉林省、山西省、北京市、河北省、天津市等,其中以河北省居多。

(2)北上姓氏

《柏国姓氏寻根》记述:仇、左、匡、吕、米、杜、钟、侯、段、秦、徐、殷、梅、蔡、衡等姓氏或姓氏中的一支源自湖北省、湖南省。

其中,出山镇袁庄仇氏,清康熙年间自湖北历山迁西平;重渠乡左庄左氏,祖居湖北麻城;柏城镇匡氏,祖居湖北随州;酒店乡张南庄吕氏,自湖北襄樊迁入;杨庄乡仪封米氏,自湖北孝感迁入;盆尧乡胡楼杜氏,清同治年间自湖北枣阳县迁入;环城乡大耿庄钟氏,自湖北迁入;五沟营镇东街段氏,自湖北花园迁入;谭店乡秦氏,清道光十三年(1833)自湖北长阳县迁入;谭店乡谭店村徐氏,1909年自湖北孝感迁入;盆尧乡殷氏,明末清初自湖北嘉鱼迁入;二郎乡皮庄梅氏,开基祖因生计于清末自湖北黄陂县梅家湾迁入;柏城镇新洪路蔡氏,1953年自湖北新洲县蔡家大湾迁来;专探乡衡坡东门衡氏,明初自湖广随州(今湖北随州市)迁来;酒店乡龙门沟侯氏,清咸丰年间因生计自湖南湘潭县迁入。

(3)西迁姓氏

《柏国姓氏寻根》记述:毛、孔、尹、田、冉、冯、乔、米、孙、杜、李、辛、宋、罗、金、孟、胡、赵、宫、耿、徐、郭、曹、寇、随、游、温、焦、储、靳、赫、薄等姓氏或姓氏的一支从东部省区迁来。这些省区包括:江西、安徽、山东、江苏等。

自江西迁来的姓氏有:柏城镇毛氏始居江西,清光绪年间居西平;柏城镇金梁桥李氏,祖居江西南昌县紫旗李村,元末迁西平县;酒店乡满族李姓,清康熙自江西兴国迁入;环城乡于楼村刘庄游氏,始祖(讳失)因仕宦于清初自江西槐树县槐树镇徙保定,继迁彰德,再迁汝南,后迁西平,世居刘庄,已历16代,380余年;杨庄乡合水村金氏,祖籍江西,清末来河南经商。

自山东迁来的姓氏有:芦庙乡冯庄孔氏,清乾隆年间自山东曲阜县徙居;王沟营镇南街田氏,1948年自山东嘉祥县马店村迁南街;杨庄乡马楼冉氏,

1942年自山东迁入;盆尧乡盆尧村米氏,1955年自山东聊城张飞庄迁入;寨镇孙庄孙氏,明洪武年间自山东莱州府昌邑县仁固乡迁入;吕店乡杜湾杜氏,元朝由山东兖州泗水县瓦子街迁入;五沟营镇辛庄辛氏,先祖初居安徽砀山,后迁居山东济南西大辛庄,明末迁来;盆尧乡大赵宋氏,自山东曹县迁入;专探乡衡坡孟氏,始祖孟保林于明末崇祯年间自山东邹县迁入,已历300多年;师灵镇大孟庄孟氏,先祖于清顺治元年(1644)自山东曲阜县迁入,已历350余年;谭店乡东吕庄孟氏,始祖孟宪章于抗日战争期间自山东徙居;环城乡耿庄赵氏,祖居山东东平县;宋集乡丁庄耿氏,祖籍山东金山县鸡术镇耿楼村;义岗焦氏,明正统七年(1442)山东历城县(今山东济南市)丰乐集迁西平县义岗麦陇集居之;人口乡圪垱张靳氏,始祖于明永乐十一年(1413)自山东兖州府靳楼徙居;柏城镇车站街赫氏,始祖于民国20年(1931)因生计自山东曹县梁堤头乡迁入;柏城镇西上路东段二巷郭氏,民国26年(1937)避乱自山东汶上县迁入;蔡寨乡寺后郭曹氏,始祖于1956年自山东曹县梁剃头乡北宋庄迁入;五里营镇寇店寇氏,元朝由山东兖州举国泗水县瓦子街迁居;权寨乡老温庄温氏,祖籍山东莱州,明洪武初叶,始祖温希珪由山东莱州昌邑县固乡村迁此,希珪五世至温世威,分居于权寨杨庄、芦庙等乡的10多个村。

自安徽迁来的姓氏有:蔡寨乡冯氏,明初自安徽定远迁入;柏城镇金梁桥乔氏,先祖初自梁郡迁安徽五河县张集乡乔庄,1958年,乔氏后裔乔士元自部队转业定居柏城镇;出山乡孙堂罗氏,始祖罗乾于清康熙年间,自安徽迁入;五沟营镇东街胡氏,始祖胡松龄因水患于清末自安徽寿州(今安徽寿县)迁西平县盆尧乡叶寨,不久,迁五沟营镇南街,后来部分迁上蔡县五里关村、确山县城及江苏、湖北武汉市等地;蔡寨乡张庄随氏,祖居安徽太和县郭庙乡随东村;宋集乡大车刘薄氏,祖居安徽亳州;五沟营镇东街徐氏于民国初年自安徽寿县徐家港迁东街。

自江苏迁来的姓氏有:重渠乡丁寨尹氏,清同治三年(1864)因水患举家自江苏南京西南马常围村迁周家口,后辗转迁丁寨;宫延法祖籍江苏丰县宋楼村宋庄,1996 年因工作和婚姻迁柏城镇;酒店乡朱仓庄储氏(满族),始祖约于民国初年自江苏太湖一带迁来。

(4)东进姓氏

《柏国姓氏寻根》记述:甘、石、冯、伍、杨、苏、汪、胡、段、骆、涂、莫、唐、浦、扈、程、谭、赫、戴等姓氏或姓氏的一支来自西部省区。这些省区包括:四川、陕西、甘肃、贵州等。

自四川迁来的姓氏有:环城乡北郭庄甘氏,祖籍四川南充;宋集乡大马庄浦氏,祖籍四川达县地区渠县城北李家湾;环道乡骆氏,自四川迁入;柏城镇北街戴氏,先祖戴时敏祖籍四川中江县,清道光年间迁入;吕店乡栗楼汪氏,祖籍四川遂宁县,1978 年携眷迁入。

自陕西迁入的姓氏有:杨庄乡仪封石氏,祖籍陕西华阳县,始祖于清末民初迁入;杨庄乡仪封冯氏,先祖冯贤于民国初年自陕西经商来仪封,落籍于此;五沟营镇东街杨氏,始祖于清道光年间自陕西长安县迁入;五沟营镇苏营苏氏,明初自陕西关中迁上蔡县苏口;吕店乡中圈胡氏,始祖自陕西汉中迁入;杨庄乡仪封段氏,始祖于清末自陕西来仪封经商,落籍于此;专探乡专探村唐氏,祖籍陕西镇巴县;杨庄乡石佛堂扈氏,先祖始居陕西户县;老王坡农场顾庙程氏,祖籍陕西临潼县(今西安市临潼区)。

自贵州迁入的姓氏有:盆尧乡西小徐庄涂氏,1987 年因婚姻自贵州遵义县乐李乡小瓦屋村迁入。

自甘肃迁入的姓氏有:柏城镇北街回族伍氏,始祖于民国年间自甘肃平凉徙居河南郾城县。不久,由郾城县迁柏城镇北街,至今已历 4 代。

四、迁入原因

有以下几个原因,促使外地姓氏迁入西平:有组织的大规模移民、仕宦

(工作调动、转业)、经商、生计所迫(婚姻、投亲靠友)、避难(避祸)、特殊原因迁居等。

1.有组织的大规模移民,特指洪洞迁民

这次大规模移民,始于明初,清朝时还在继续。西平县接受了大量洪洞移民,从而改变了当地的姓氏构成。

2.仕宦(工作调动、转业)

柏城镇北街戴氏先祖戴时敏,字逊斋,祖籍四川中江县,清道光十一至十六年(1831—1836)任西平知县,任满后遂居西平县城北街。

柏城镇科技新村弓氏,弓炉秀,祖籍山西左权县下庄乡北交村,自左权随叔父弓治英(1965—1966,任中共西平县委书记)生活。1970 年 3 月自部队转业后定居柏城镇。

清光绪三年(1877),西平县权寨镇苗张庄苗氏一支因生计"闯关东",路经河北昌黎县虹桥乡邢庄居之,历 3 代,至苗公之孙苗贵于 1956 年转业至西平,在县供销社任职。

连辉祖籍新蔡县韩集乡老庄子村,1987 年因工作调动徙居西平县柏城镇。

盆尧乡盆尧村米氏,米金盈祖籍山东聊城张飞庄,1955 年自部队转业,任盆尧乡供销社主任,遂居其地,已历 3 代。

3.经商

专探乡小杨庄胡氏,据胡氏族谱载,始祖胡克贤,字陶庵,祖籍山西蒲州府永济县城北 25 里杨村。克贤早年经商,约于清顺治十四年(1657)迁居西平县城。

杨庄乡合水村金氏,始祖祖籍江西,清末来河南经商,落籍于合水,今历经 5 代。

杨庄乡仪封段氏,始祖于清末自陕西来仪封经商,落籍仪封居之。

杨庄乡仪封黄氏,始祖因经商于清末自遂平县和店落籍于仪封,今已历 7

代,百有余年。

4.生计所迫(婚姻、投亲靠友)

杨庄乡郭庄陈氏,始祖兄弟三人,祖居泌阳县拐河镇,因生计徙居他乡,其一人入籍西平,初居杨庄乡马庄,因修杨庄滞洪区而迁郭庄,今已历7代,部分后裔迁出山镇吴堂、遂平县宋营村。

二郎乡齐庄欧阳氏,欧阳世修于民国31年(1942)因生计自上蔡县城郊乡刘庄迁来。

老王坡农场顾庙郅氏,祖籍商水县八城乡,其后裔郅苟圈因天灾于民国17年(1928)随母徙居顾庙,今已历3代,70余年。

柏城镇梅家胡同蔺氏,先祖蔺学士为蔺相如后裔,世居河北邯郸将村,其后三迁而至磁县贾壁村。1918年蔺氏裔孙祥贵迫于生计,随母徙居西平县盆尧董庄,后迁居柏城镇梅家胡同,今已历3代。

权寨镇温庄楚氏,于1971年自南阳地区来温庄投亲而安居。

宋集乡大马庄浦氏,浦秋华祖籍四川达县地区渠县城北李家湾,1983年因投亲而徙居,今已历2代,20余年。

甘、宫、旺、芳、阮、荆、金、隋、程、郗、涂、翁、褚、樊、穆等姓氏都是由于婚姻而迁入西平。例如,郗桂兰原籍山东单县龙王庙乡柴店村,1951年在商丘县委任职,1959年调入安阳钢铁公司任职,1962年因婚姻徙居柏城镇;芳江,1987年因婚姻自四川徙居环城乡北郭庄;旺静华于1973年因婚姻自郾城县问十镇迁谭店乡小李庄。

5.避难(避祸)

酒店乡张南庄吕氏,始祖原居湖北襄樊,因水灾于清道光年间以40串铜钱买张兰的山坡林地入籍安居。

杨庄乡小庄陈氏,此支祖居扶沟县陈堂村,民国26年(1937)因蒋介石掘花园口,家乡一片汪洋,为避水患,落籍于小庄,今已历4代,60余年。

老王坡农场小张庄花氏，祖籍宁陵县花岗乡，民国 11 年(1922)花万一因天灾迁入小张庄，今已历 4 代，80 余年。

杨庄乡新铺孙氏，始祖孙广真于清中叶因天灾自鄢陵县徙居新铺，其后裔部分析居于吕店乡范堂等地。

酒店乡狄庄陈氏，相传明代时狄氏因故遭灭族之祸，其中一家否认姓狄，称自己姓陈，是狄姓的佃户，始免于难。又传狄氏一幼子逃至邻居陈氏家中，得陈氏庇护，及成家立业，灾难过后，幸免于难之狄氏皆改陈氏。

出山镇朱氏，祖籍北京，清初因饱受歧视而徙居尉氏县，继迁芦庙乡张三岗。后有一支于 1917 年迁出山镇。

6.特殊原因迁居

中华人民共和国成立后，有一些从事航运的船民从固始县迁居西平。

柏城镇北关奚氏，奚少友因从事航运工作，于 1953 年自固始县三河尖镇奚家大园迁居，今已历 3 代，60 余年。

柏城镇北关杨庄甄氏，始祖甄文斌于 1954 年自固始县三河尖镇转航，携甄学富、甄学礼二子迁居，从事航运工作，今已历 4 代。

柏城镇杨庄詹氏，始祖詹干臣于 1954 年因航运工作自固始县三河尖镇迁入，今已定居 60 余年。

五、西平姓氏的特点

1.异姓同宗者众

异姓同宗，是中华姓氏嬗变过程中的特殊现象。明朝以来华北乃至中原异姓同宗现象增多，与洪洞移民有关。黄河以北的内黄县是接纳洪洞移民的县份，以前被认为是移民中异姓同宗最为典型的县份之一，而查阅《柏国姓氏寻根》，西平县异姓同宗比内黄县在数量上更多。综观全书，有韩王、申月、任萧、狄陈、石青、唐赵、寇杜、谷谢同宗。

人和乡高桥王氏，此支王氏本姓韩，后改王氏。先祖卜居固始县，至明宣德元年(1426)，始祖韩君美迁郾城县城北李集乡大王村。继而家门出兵，君美祖只一子，抗命则不可，充兵则无子，故哀痛不已。适有本村王某谓其曰："君不必悲哀，我有三子，使一子充王氏兵，一子充韩氏兵，则君有一子，我有一子，岂不大善。"后王某子代韩氏充兵者在军中毙命，二世祖韩世贤感其厚恩，愧无以报，因改韩氏为王氏。十二世祖密训于清顺治年间迁居人和高桥东后村。今已历15代，300余年。

酒店乡王岗申氏，始祖广才，原籍密县(今河南新密市)，本姓月。相传，月氏兄弟十人，世代为官，因祸被诛灭九族，月氏族人纷纷避难于四方，易姓为申氏。别离之际，将锅砸成十片，各执一片，日后见面，锅片茬口相对，便知是一家人。故王岗申氏俗称"锅片申"。王岗申氏与本乡周庄申氏同宗。

老王坡农场刘店村任姓，本姓萧。明洪武年间移民时，洪洞县有萧氏四兄弟，三门、四门居洪洞，长门迁西平刘店村，二门迁柏城镇西关外。不久，三弟因避祸投奔长兄，居刘店萧家东南隅，易姓任氏。今已历600余年，20多代。

酒店乡狄庄陈氏，相传明代时狄氏因故遭灭族之祸，其中一家否认姓狄，称自己姓陈，是狄姓的佃户，始免于难。又传狄氏一幼子逃至邻居陈氏家中，得陈氏庇护，及成家立业，灾难过后，幸免于难之狄氏皆改陈氏。

柏城镇东后街南段青氏，青氏先祖祖居河北邯郸，原姓石，仕明为官，约于嘉靖年间遭诬陷，府第被剿，族人被害，部分子孙为避仇而四散逃生，并易姓青氏。先后迁河南驻马店市、辽宁等地。今汝南水屯乡大青庄、小青庄即其同宗。东后街青玉峰，1957年因工作辗转转徙至今地，已历3代。

专探乡专探村唐氏，始祖赵永壁，祖籍陕西镇巴县源滩乡龙门寺村，因父母早逝，受姑母抚养长大成人，遂从姑父姓唐。后因从军而改名唐登寿，1948年因工作落籍于专探街。今已历60余年，4代。

五沟营镇寇店寇氏，始祖杜思明，仕宋任指挥之职。元朝入主中原，思明遁归故里，不久由山东兖州泗水县瓦子街迁居五沟营寇店村，为避祸计，易姓寇氏。思明二子：寇大、寇二。寇大生二子：长曰美，次曰蔼；寇二生一子曰让。美居寇店，蔼迁环城乡李庄杜村，让迁豫南桐柏之侧。明嘉靖四十三年(1564)，西平知县命寇氏复姓杜，而居五沟营寇店及盆尧乡寇庄寇氏未恢复祖姓。故西平有"寇杜不分家"之说。现其后裔散居于盆尧乡陈庄、旦庄、米汤扬、寇庄、于营，五沟营镇袁庄、留册桥、陈坡寨、王阁、南街、北街、东街，老王坡农场顾庙，环城乡李庄杜、道庄等地。

专探乡谢庄谢氏，本姓谷，始祖谷龙、谷虎、谷彪兄弟三人，由信阳徙至西平。谷氏三兄弟初带兵于谢(信阳古称谢邑)，故以邑名"谢"为氏。谢庄谢氏为谷彪之后。其谱牒载有"明代中叶，正德年间，行戍西边，殃于王亭"。后裔谢光辉于清初迁出山乡，子孙散居于出山乡韩堂、柿李、薛庄、出山街、姚岗、八张，谭店乡谢庄、和张、桂河，专探乡谢湾、安桥、军王、毛陈、肖庄、大杨庄、双庙王、陈茨园、小于庄、老官陈、小杨庄、王庄、专探街、吴海、崔阁、衡坡、张庄等地。其字序为："三国守尊政，道德学敏成。"

2.有多支少数民族中的姓氏

西平县有多支少数民族在此安居乐业，从一个侧面反映此地包容性强，民族团结工作搞得好。

焦庄乡毛寨回族王氏，据毛寨回族王氏教主王书堂回忆：毛寨回族血缘始祖于唐贞观年间自阿拉伯国家进入中国。元末，因干戈扰攘，其族人辗转迁至西华县逍遥镇。清顺治年间，逍遥镇回族王氏一支为避兵燹入籍安居，如今已历 14 代，300 余年。

五沟营镇北街回族方氏，方大姓，于 1953 年因婚姻自西华县西夏乡方庄迁入，其后又有方银玲因婚姻迁北街。

五沟营镇北街回族艾姓，始祖艾忠于明末清初自郾城县归村乡后油李村迁入,已历15代。

蔡寨乡肖洼白氏,世奉回教,本属同宗,共分两支。其一,先祖兄弟二人,约于明弘治年间自孟县(今河南孟州市)桑坡迁入西平。兄居二郎乡小谢庄,弟居蔡寨乡肖洼。兄之后裔约于明正德年间自小谢庄析居肖洼及遂平县白石店、泌阳县沙河店、驻马店市等地,至今已历18代,将近300人。其二,始祖白岁祥约于清光绪年间自孟县桑坡草门楼迁肖洼,至今已历130多年,6代。

环城乡花马刘村吕氏,世奉回教,祖讳长山,约于1916年自遂平县和兴乡小赵庄迁入。

芦庙乡小吕庄吕氏(回族),明洪武年间,吕氏先祖兄弟三人自山西洪洞县迁西平,临别之际,恐昭穆失序,将家之破锅打作三片,各执一片,一居柏城镇北关,一居酒店乡韩庄,一居芦庙乡小吕庄,今已历620多年,24代。其辈序为:"天尊振丙荣,纪泰世恒昌。"其后裔现散居于焦庄乡毛寨,环城乡花马刘、王店,柏城镇北关,人和乡菅庄、高桥,五沟营镇吕庄,酒店乡韩庄、狄庄,吕店乡吴庄,谭店乡东吕庄、邢店,师灵镇大孟庄,蔡寨乡徐庄、刘庄、阎庄、桂庄、肖洼、蔡寨街。

柏城镇北街回族伍氏,始祖于民国年间自甘肃平凉徙居郾城县,不久,由郾城县迁柏城镇北街,至今已历4代。

环城乡花马刘回族刘氏,祖讳树德,1906年自周家口(今河南周口市)西寨迁入。

蔡寨乡肖洼回族杨氏,先祖杨贺于清同治年间自泌阳县百秩店迁肖洼,今已历7代;酒店乡韩庄回族杨氏,杨氏祖杨以振于民国初年自叶县冷岗迁入。

酒店乡连庄满族李氏,先祖于清康熙四十二年(1703),自江西兴国州大余县迁连庄。今已历300余年,13代,59户,159口人,其字派为:"国茂世建禄,瑞中恒自兴。"环城乡花马刘村回族李氏,始祖李坦,于清乾隆年间自河北迁花马刘。今已历200余年,十几代。

吕店乡吴庄回族佟氏,先祖于明代自舞阳县北舞渡迁入,其后裔现散居于吴店乡吴庄、王庄，蔡寨乡蔡寨街、徐庄、阎庄、肖洼、杜庄等地，全县佟氏共 90 户，419 人。

出山镇赵庄回族妥氏，祖居舞钢市小妥庄，其后裔于民国初年迁赵庄，今已逾百年，11 户。

环城乡花马刘村回族张氏，世奉回教。始祖初于元末由孟县迁西平县环城乡冯桥，后迁戴庄，再迁花马刘村。

蔡寨乡蔡寨街氏回族郑氏，有两支：一支来自焦庄乡管庄，一支来自师灵镇郑楼。其中一支兄弟三人，于清乾隆年间因天灾和生计自师灵镇郑楼迁蔡寨。老二觉得蔡寨街回族对人忠诚和气，且善于交际和经商，遂入清真寺进行沐浴进教，成为回民。因此，蔡寨郑氏皆系回族，且与汉族郑氏同宗。

蔡寨乡蔡寨街回族海氏，祖居南阳黄石北，始祖兄弟四人，约于明末清初，一支迁汝南县东南海楼（后析为前海楼、后海楼），一支迁濮阳，一支迁开封，一支迁蔡寨。今已历 12 代，300 余年，其后裔散居于蔡寨乡武庄、刘庄以及驻马店市、遂平县和店等地。芦庙乡小吕庄回族海氏，始祖海遂生于清道光年间随母自平顶山杨庄迁小吕庄，今已历百余年。其辈序为“本国金凤祥，土地十万方，河里传敬保”。

酒店乡狄庄回族傅氏，傅振刚于清末自泌阳县象河镇迁入。

谭店乡东吕庄回族韩氏，韩道英受东吕庄聘请任阿訇之职，自太康县迁入。

2007 年 1 月 19 日，在香港会展中心召开了“中原文化与中原崛起恳谈会”，省委书记、省人大常委会主任徐光春发表《中原文化与中原崛起》纵论博大精深的中原文化，其中谈道：“姓氏文化是河南独有的文化现象”，“河南是中华姓氏的摇篮，中华姓氏无论肇始与大量衍生都与中原关系密切”。西平县姓氏资源丰富，应当珍惜，并加以有效利用。

（本文作者为河南省史志办副处长）

柏崇拜与柏习俗

高　蔚

人类是在大自然的怀抱中繁衍生息和发展壮大的,处于蒙昧状态的原始初民们,在与大自然相互依存的发展过程中认识了无数动植物,由于各种条件的限制,他们认为那些具有特殊属性的动植物是天生神物,具有超自然的力量,因此对它们顶礼膜拜,有的动植物甚至被视为部落图腾,作为部落始祖和保护神来加以崇拜和敬仰。柏树以其高大命长,不惧风霜雨雪,食之养身,用之护体,观之悦目被先民所崇拜,这种崇拜又被代代先辈注入到社会生活的各个方面,许多观念和价值取向以习俗为载体穿越悠悠岁月流传下来。

一

柏皇氏是上古伏羲时代的一个族团名称,或者说是一个古帝王称号,这个族团崇尚柏树,并视柏树为图腾,将其作为族团的徽号,其子孙以柏为姓,以柏命国,史称柏国或柏子国。

《太平御览》卷七十八引《遁甲开山图》曰:“女娲氏没,大庭氏王有天下,五气异色。次有柏皇氏、中央氏、栗陆氏、骊连氏、赫胥氏、尊卢氏、祝融氏、混沌氏、昊英氏、有巢氏、葛天氏、阴康氏、朱襄氏、无怀氏,凡十五代,皆袭庖羲之号。”宋罗泌《路史·前纪六》云:“柏皇氏,姓柏,名芝,是为皇柏……以木纪德,为而不有,应而不求,立于正阳之南,是为皇人山。其后为柏,有柏氏。”柏皇氏是一个善观察、勤思考,有思想、有智慧的族团,他们生活的时代状况应如《周易·系辞下》所记载的一样,“古者包牺氏王天下也,仰则观象于天,俯则观法于地,观鸟兽之文,与天地之宜。近取诸身,远取诸物,于是始作八卦,以通神明之德,以类万物之情。作结绳而为罔罟,以佃以渔,盖取诸离”。柏皇氏崇尚柏树,以木纪德,以柏为图腾似乎有两个基本原因:其一是延长寿命,其二是祈求神灵保护和帮助。远古时代自然条件恶劣,人类抗拒自然灾害的能力很差,寿命一般不长,自然产生延长寿命、生存是福的观念。另一方面,人类面对无法抗拒的自然灾害和虎豹狼虫的威胁时,自然希望有超自然的神灵来帮助他们渡过难关。柏树高大长寿,在树木中是罕见的,台湾阿里山有棵红桧柏高达60米,陕西黄陵有棵古柏树龄至少达4000岁以上。柏树的生命力极强,无论处在什么样的环境中,只要没有人为的损害,它便可历千年而不败,饱览人间冷暖和世事沧桑。远古时代的柏皇氏相信高大长寿的柏树一定有特异神力,他们可以托柏之庇护,与柏齐寿,同时也希望自己的部落、子孙后代像柏树一样坚韧顽强地生存下去,这样看来柏树被柏皇氏当作图腾供奉也是情理之中的事情了。

柏皇氏后裔不忘先祖崇柏传统,更崇尚先祖不屈、顽强、团结的精神,子孙以柏为姓,建国后以柏命名,史称柏子国或柏国。《急就篇》曰:“古帝有柏皇氏,其后为柏氏。”汉应劭《风俗通义》云:“柏氏,柏皇氏之后,又柏亮父为颛顼师,柏昭为帝喾师,柏冏为周太仆。柏国在汝南西平县,为楚所灭,子孙以国为氏。”《春秋大事表》《后汉书》《元和郡县制》《春秋左传注疏》《汝宁府志》等众多史料记载西平为古柏国所在地。郦道元的水经注疏对柏国的位置描述更为翔实。《水经注》载:“又东过西平县北。”郦道元注:“县,故柏国也,《春秋左传》所谓江、黄、道、柏方睦于齐也。汉曰西平,其西吕墟,即西陵亭也。西陵平夷,故曰西平。”2002年,西平县文物管理所在西平酒店乡朱苍庄发现一块汉砖墓志铭,上刻有“柏亭乡”三字。直到今日,柏国及带柏字的名称在西平县仍随处可见,如:柏国书店、柏树王村、柏亭镇、柏城大道、柏城中学、柏城剧院等。许是上述诸多原因,西平县境内仍保留有大量崇“柏”习俗。

二

柏树被原始先民所崇拜,是认为柏树的神力可达天、地、人三界,这在一些祭祀、婚姻、丧葬等民俗现象中有很多表现。祭祀在人类童年时代已产生,它是人们请求神灵帮助自己达成靠人力难以实现的愿望,最初的祭品多是与图腾有关的东西。高大的柏树具有独特的香味,原始先民认为柏香能开天门地户,通灵达圣,驱猛兽,免瘟疫,旱可以降雨,涝可以免灾,因此在乞求神灵、祖先保佑时,常虔诚地点燃柏枝。直到清代壮族古老的宗教仪式中有二月祭太阳神的活动,其祭祀前仍要燃烧柏叶,使其发出一股浓郁的清香,然后进行祭拜仪式。新疆阿尔泰乌梁海人祭敖包仪式中主持人要首先点燃敖包上的大柏叶香,并祈祷祝福。羌族举行祭山大典,祭祀谷神时都要点燃柏枝,祭祀水神要带一束扁柏枝。在《中国民间文学集成·西平县卷·民间歌谣卷》亦载:“柏树王,万丈高,结的柏子闹吵吵。柏子落在黄土地,拾着柏子当香烧,人有好心天知道。”这首流传至今的民间歌谣,让人们既能看到民俗千古流传的强大生命力,又能使人们领略柏人崇柏、以柏香敬天的真情。柏树被视为“万本之圣木”,先民祭祀祖神时曾用柏木雕刻为木偶像,作为祖神的形象来祭祀。周代祭社神,其社内栽种的五种社树之一就是柏树,在这方面柏树以其他树木少有的稳定、昌盛的情感而表现出社稷长久、国事繁荣的政治色彩。

婚姻、丧葬是人生的大事。西平古为柏国，境内婚丧礼仪与柏的关系极为密切，柏至今仍被看成是带来幸福生活的圣物而备受爱护崇拜。人们普遍认为，柏枝在婚礼中有辟邪和祝福的双重含义，即百(柏)事不碍、百(柏)年好合之意。旧式婚礼之日，娶亲者家中大门和堂屋门要插柏枝，院子东侧的天地桌上插柏枝，新婚夫妇在桌前拜天地。新媳妇头戴柏枝，所乘轿口插柏枝，送亲娶亲的亲朋好友胸前要系红布和戴柏枝，堂屋神龛和祖匣前点燃柏香……配以大红对联、红搭头(红盖头)、红烛、红帐幔……显得欢乐喜庆而又庄重。

葬俗充满着人类对生与死的思考和幻想，饱含着人类对自身终极归属的关怀，它对于维护民族文化传统的神圣性和延续性具有不可替代的作用。木制葬具一直是我国正统的葬具，先秦时代就已经出现。周时，天子、诸侯皆用松，大夫用柏，庶人用杂木作棺木的习俗已经礼制化。在新坟上栽种柏树，更是古今流行的丧礼。《广群芳谱》称柏为“阴木也。木皆属阳，而柏向阴指西，盖木之有贞德者，故字从白，西方正色也”。古今陵墓多植柏树护阴，这也道出了一种人伦之义。《淮南子·齐俗训》曰：“周人葬树柏。”东汉班固《白虎通义·崩薨》云：“天子坟高三仞，树以松；诸侯半之，树以柏；大夫八尺，树以栾；士四尺，树以槐；庶人无坟，树以杨柳。”在当时，坟墓上植树之事是作为墓的标识物。到汉代，由于植物崇拜的结果，人们把四季常青的松柏视为可辟邪之物。东汉应劭《风俗通义》云“墓上树柏，路头不虎”，以墓前立虎、植柏来避魍魉。

在古柏国所在地西平，旧时丧葬都以木棺土葬，尤以柏木棺为上品，死后能享用“柏木棺材石榴木椁”入土为安的，一般不会是寻常人家。丧葬礼仪中，放置在祭品桌上的供灵鸡(凤灵鸡)要插柏枝，最为独特的是“七枝柏”习俗。死者入殓时，棺木底层要用“七枝柏”铺垫，摆放为七枝柏枝首尾相接的折线形。有的更复杂：棺木底层首先撒层灰，上铺七张长方形烧纸，烧纸角对角相连接,纸上压七枚铜钱,两张烧纸相接处,放七枝鲜柏枝。笔者询问了许多见证人,因习俗年代久远,无人能真正完全说出其蕴含之意。“七枝柏”可能是对死者进入另一世界做出的安排和祝福,也可能蕴含着人们在迷雾中的徘徊和探索。在新坟上栽柏树也是西平流传久远的习俗,其栽种方法大体为三种:每座墓有四角四棵的,有左右两棵的,也有栽一棵的。新中国成立初期,在西平民间坟茔地里,柏树合抱成片,几乎村村皆然。寺、庙更是古柏森森。总之,祭祀、婚姻、丧葬礼仪中形成的柏习俗,应当是柏崇拜和祖先崇拜文化积淀的结果。

三

中国的寺庙观庵和祠堂,供奉着各类神仙和先祖牌位,因此带有宗教色彩的柏树被普遍种植在寺庙、祠堂中,有祠庙必有古柏树,这已成为中国人文环境中一道独特的景观。陕西黄帝陵的柏树达八万多株,是我国现存最大的古柏群。杜甫描写孔明庙前的古柏“霜皮溜雨四十围,黛色参天二千尺”。欧阳修赞晋祠古柏“地灵草木得余润,郁郁古柏含苍烟”。

西平县民间在祠庙植柏千古流传。清代西平知县汤显相在诗中写道“地称柏国犹存柏”,把古柏国历史和风情民俗巧妙融合在了一起。陈铭鉴主编的民国《西平县志》称:西平古称柏子国,邑城隍庙有大古柏数株。民国《西平县志》中陈载熙的《重修疙塔庙碑记》载:“而是庙也,北带金水,南映遥山,翠柏丛集,冈陵回环。遥望之,绿云弥漫中,殿宇巍峨,有亭翼然,有阁耸然,郁郁然、葱葱然,恍如飘渺之悬空,蜃气之成市。近临之,野花灿而禽鸟飞,牧笛往而渔歌回。”西平民间还流传着诸如《柏树王》《二柏一所庙》等趣味横生的民间故事。

西平仪封有座见圣祠,是为纪念仪封人请见孔子而建。据当地老人赵从端回忆:祠庙大殿前曾有四棵千年古柏,其中一棵曾被雷击,柏树枯而不朽,形成上枯下青的奇妙景观,上部分枯枝像龙角、龙爪,下部分枝叶青翠繁茂碧绿,形成一个圆扁坛子一样的形状,奇绝苍健,别有风味。大殿后有片占地约十亩之大的柏树林,曾几何时,300多棵古柏远望苍翠葱郁,入目怡怀,风来涛声如涌,盈耳惊心,冬夏百鸟齐聚,无风也浩然警人,实乃世外幽静之地。仪封人见圣祠被万泉河所环绕,其岸古柏葱郁,杨柳翠绿……后经多次人为毁坏,日渐减少。直到1972年见圣祠被扒,并变卖祠内林木,在旧址上兴建仪封中学。旧址现存的三株柏树因当时太小而幸免,今日依然屹立在那里闲看人间沧桑巨变。

宝岩寺塔是柏国故土上的标志性建筑,其西约100米处,便是郅君祠,"郅冢烟树"曾是旧时西平八景之一,起因就是因为它是一座古柏参天的陵园。明代西平知县卫善诱在《郅冢烟树》诗中写道:"衷心自许弋阳久,抗疏直言汉阙多。故国东门孤冢在,森森古柏带烟萝。"不知几时,祠庙柏树不见踪影,幸存一座古塔和一通"汉名臣郅恽字君章之墓"残碑。

四

柏树苍劲常青的姿态不仅为大自然增添了光彩,而且在中华传统文化中扮演着重要的角色。柏是吉祥、长寿的象征,又是刚正高洁、疾恶从善、坚韧顽强、高风亮节等民族心理荣耀的象征,以柏祝寿、以柏赋诗、以柏作画、以柏摄影……由柏崇拜产生的文化现象源远流长,耐人寻味。

在中国寿文化领域,柏树和松、椿、萱、梅、竹及动物龟、鹤、鹿、猫、蝶等是象征福、禄、寿、祥的吉祥物。柏在祝寿的诗、词、文、联中广泛应用,出现了诸如松龄柏寿、松柏延年、松柏长寿、松柏同寿、寿同松柏、如柏如松等词语。与柏相关的寿联更是多得不计其数,如:"百花齐献南山寿,万木同绿松柏青"

“柏翠松苍盛歌五福，椿荣萱茂同祝百龄”“行可楷模人赞德，老如松柏岁长春”“松柏不残四季翠，山树难老百岁人”。“寿酒”在中国传统寿宴上是必不可少的，其种类很多，以柏叶酒为贵，曰柏酒。因此《汉宫仪》有“正旦饮柏叶酒，上寿”之说。古人还认为，饮用柏叶汤、柏叶露可延年益寿。宋吴仁杰《离骚草木疏》载：“道家灵作柏叶汤，古柏叶尤奇。”《三辅黄图》卷三亦载：“华山记，弘农邓绍八月晓入华山，见童子执五彩囊盛柏叶露食之。武帝即其地造宫殿，岁时祈祷焉。”《太平御览》引《汉武内传》说：“松柏之膏服之可以延年。”

在文学领域，从古至今对柏的赞誉一如它的千古常青。《诗经》有：“如松柏之茂，无不尔或承。”其意为：犹如松柏叶常青，代代继承永不衰。《论语》有：“岁寒，然后知松柏之后凋也。”汉刘祯有：“岂不罹凝寒，松柏有本性。”唐李白诗有：“松柏本孤直，难为桃李颜。”“松柏虽寒苦，羞逐桃李春。”宋苏轼诗有：“不以时迁者，松柏也。”毛泽东作：“奇儿女，如松柏，上参天，傲霜雪。”

在艺术领域，柏树入诗入画被用来表达人们心中美好的企盼。如俞致贞的《百寿图》（故宫藏画）就是以“柏”谐“百”，一株枝叶苍翠似华盖的古柏下立寿石、绶带鸟等寓寿，牡丹、锦鸡等示意春色吉祥。根雕艺术中，艺术家据自然柏树根的形态就势塑造出人物、鸟、兽等千姿百态的艺术形象，如睿智的老人、呈祥的龙凤、吉祥的三羊等形象，这些浑然天成的艺术品给人以根基深厚、岁月悠悠的历史沧桑感。

在汉语词汇中与柏有关的词多到不可胜数。如：松柏之茂、松柏寒盟、松柏之志、岁寒松柏、柏操、劲柏、刚柏、贞柏、香柏、茂柏、巨柏、崖柏、贞心柏、凌霜柏、千龄柏、千枝柏等。

作为长寿的吉祥物，作为高洁不屈的精神象征，柏树还被人们赋予许多有情有义的能辨善恶的美名，如北京故宫御花园的连理柏，北京孔庙的锄奸柏，四川剑阁县的张飞柏，其他还有黄帝手植柏、九龙柏、人字柏等。柏在中国文化积淀中逐步被神化、仙化，并被赋予民族文化的韵味，其在人们心目中的位置更加显赫,被誉为万本之圣木。

五

柏树因纹理致密,木质坚硬、耐腐、清香、可入药等特点,被广泛应用到交通、建筑、医药、制器械用具等生产生活领域,形成许多相关的生产生活习俗。《诗经·邶风》载:"汎彼柏舟,亦汎其流。"《诗经·鄘风》:"汎彼柏舟,在彼中河。"其大意是:划着小小柏木舟,飘来荡去到中流。《三辅黄图》记载:"柏梁台,武帝元鼎二年春起,此台在长安城中北阙内。三辅旧事云:以香柏为梁也。"《史记·孝武本纪》亦载:"其后则又作柏梁、铜柱、承露仙人掌之属矣。"司马贞索隐注:"服虔云:用梁百头。按:今字皆作柏。三辅故事云台高二十丈,用香柏为殿梁,香闻十里。"柏木质地坚硬,耐腐蚀,因此西平民间有"桑木扁担柏木桶"的俗语。

在古柏国,柏树曾经被广泛种植。1990 年编修的《西平县林业志》记载:在西平县境,"柏树为全县用材林主要树种之一,有侧柏、扁柏、桧柏、翠柏等种类。侧柏:俗称柏树,古老的乡土树种,山区平原均有栽植,分布于坟茔祠刹庙宇中。木材纹理坚硬,有香味,不翘不裂,耐腐朽,保存期长,可供建筑、家具、雕刻等用材。树干通直,树势优美,树叶常青,并可作绿化树,但因生长期缓慢,成材期长,近年多不栽植。桧柏俗称刺柏,古老乡土树种,是柏树的变种,树冠成圆柱形,是优良的观赏树,木材有香味,耐久用,可为建筑、家具、文具、图板等用材。翠柏俗称翠兰柏,针叶树种,多作盆栽观赏"。县域植树谚语中有"高山松柏河岸柳""高山松柏核桃沟,河滩渠岸栽杨柳"等内容。

《离骚草木疏》载:"松柏皆有脂润,又凌冬不凋,理为佳物。"柏树浑身是宝,其枝叶、根皮、果实皆可入药。《河南省西平县农业野生资源名录》(1994)记载:侧柏和扁柏的枝叶(柏枝节)、种仁(柏子仁)、树脂汁(柏脂)去掉木桂的根皮皆可入药。柏枝节主治风痹。柏子仁养心安神、润肠通便,主治惊悸、失眠、遗精、盗汗、便秘。柏脂主治疥癣、癞疮、丹毒。柏根治烫伤。康熙九年(1670)《西平县志》记载本地所产中药材有47种,其中之一为柏子仁。1984年《西平县医药志》载:“柏子仁,土名柏麦,柏苓子,采摘时间为秋冬间。”

从原始的柏崇拜到柏习俗的形成过程是中华民族几千年来柏文化的积淀,其根在中华民族的自然崇拜中,柏文化已成为中国传统文化的一个组成部分。

(本文作者为西平县图书馆馆员)

西平县“柏文化”资源开发问题研究

郭　超

“柏文化”是今河南省西平县十分重要的历史文化资源，是中原文化的重要组成部分，目前基本上还没有得到开发。本文在对“柏文化”资源分析的基础上，结合西平县实际，提出切实可行的资源开发建议和发展战略，以期为“柏文化”的开发与发展提供借鉴，更好地保护和利用好这一弥足珍贵的文化资源。

一、关于“柏”文化品牌的讨论

文化品牌的确定，对于文化资源的开发利用，是十分重要的环节，也是品牌文化建设的基础。关于“柏”的文化品牌，即取一个什么名称可以涵盖柏姓、柏皇、柏高、柏国等所有内涵，目前学术界尚无统一定论。由于“柏文化”内容十分丰富，有“柏皇氏”“柏国”“柏子国”“柏城”“柏姓”等，所以，其称谓上的多样性也就在所难免。不过，现在我们要研究并开发这一文化资源，就必须对其文化品牌进行界定,这对于文化开发至关重要。因为明确文化品牌,有利于突出主题、勾勒特色,将文化资源转化为生动的文化产品,构筑能反映主题形象和文化内涵的有形载体,展现文化立体形象。通过对西平县现有"柏皇氏""柏国""柏子国""柏城""柏姓"等文化资源的深层分析,发现古代遗址、姓氏源流、宗族播迁、民俗风情等不同文化资源,都与西平县特殊的地域紧密相连。各种文化元素彼此之间并不是孤立的,都有其内在的必然联系,它们共同形成一个特有的文化集合体,那就是"柏文化"。

"柏文化"是由"柏皇氏""柏国""柏子国""柏城""柏姓"等文化资源共同形成的一个新的文化概念,"柏文化"就是它们的文化品牌。有了这个品牌,"柏皇氏""柏国""柏子国""柏城""柏姓"等文化资源就不再是一个个孤立的个体,也不是上述文化资源的简单相加,而是由上述文化资源作为最基本的文化元素,通过其内在的逻辑关系联系在一起而形成的新的文化集合体。

根据上述分析,我们可以尝试着给"柏文化"下一个具体的定义:所谓"柏文化",就是以柏国所属地域为范围,以柏皇、柏城、柏国等史迹为内容,以柏姓源流播迁为主流,各相关文化资源共同形成的区域文化。"柏文化"是中原文化的重要组成部分,也是中华民族传统文化的重要内容之一。

"柏文化"有以下几个方面的特征:一是独特性。"柏文化"从其内涵来说,是独一无二的,是其他任何文化品牌都无法取代的。无论是在中华大地,还是放眼世界,再也找不到第二个"柏文化"可与之并肩。独特性是任何文化品牌最基本的属性。二是地域性。从本质上来说,"柏文化"是一种地域文化,是与特定的地域——古柏国所属地分不开的,是与今天的西平县西部的地域分不开的。所以,地域性也是"柏文化"的基本属性。三是丰富性。如前所述,"柏文化"是由"柏皇氏""柏国""柏子国""柏城""柏姓"等文化元素共同组成的,包括了文化源头、文化属地、姓氏源流、宗族播迁、民俗风情等,其内涵是十分丰富的。四是时代性。"柏文化"是与特定的历史时代相联系的,从始祖柏皇氏到柏国建立,从柏姓起源到宗族播迁,都是发生在中华文明的起源时期,发生在远古特定的历史时代。脱离了那个特定的历史时代,“柏文化”就会成为“无源之水”或“无本之木”。时代性也是“柏文化”的基本属性。

开发西平县“柏文化”资源,就是要实施品牌战略。当前,我们要结合西平县本地文化特点,深度发掘、提炼最具代表性的特色文化资源,着力于追求文化上的高品位、深层次,塑造以“柏文化”为核心的文化品牌。在此基础上,把西平县的古国文化、历史文化、姓氏文化、民俗文化和音乐艺术、舞蹈艺术、绘画艺术等有机结合起来,开发各类文化产品,如文化观光类、节庆文化类、姓氏宗亲类、遗产文化类,为人们提供丰盛的文化大餐,为西平县以及中原地区经济的发展、文化的振兴提供重要的精神支撑。

二、西平县“柏文化”开发的现状及总体思路

应该说,西平县“柏文化”资源是十分丰富的,既有柏姓始祖柏皇氏,也有柏姓宗亲一致认同的柏姓起源地,既有出土的青铜器、玉器、陶器等珍贵文物,也有大量文献记载的柏国故城。但总的来说,这些文化资源基本处于未开发利用状态。尽管西平县有“柏城镇”“柏城大道”“柏城中学”,说明在西平县,无论是官方还是民间,对柏国都有着一定的了解,但始终缺乏官方对于“柏城故里”的公开认同,目前连一个哪怕是省市级的“非物质文化遗产”或“文物保护单位”都没有。尽管柏氏后裔寻根问祖的愿望十分迫切,他们于 2006 年在湖北黄石市成立了中华柏氏家族委员会,2011 年 10 月 26—27 日,柏氏宗亲来到西平县召开中华柏氏家族委员会一届五次会议,2015 年 4 月 25 日,又在西平县出山镇修复了柏皇墓,但西平县截至目前没有成立任何有关柏姓的民间组织或学术团体。目前,西平县还没有制定出有关“柏文化”开发的规划或方案,没有对“柏文化”进行一些必要的研究和挖掘。可见,我们对“柏文化”

的研究和开发是多么的滞后！而在与西平县相邻的舞钢市,早已开始了对“柏文化”的研究和开发。该市尹集镇谢古洞村的“柏国城遗址”,于2008年6月已被河南省人民政府批准为省第五批重点文物保护单位。以至于有人善意地提醒西平县,要“认真对待,抓紧行动”,不然,“此战一旦失败,柏城大道、柏亭街道……统统改名还是小事,恐怕嫘祖故里也将跑到舞钢中西部,因为吕墟在‘其西’啊”。这种担忧绝非是杞人忧天!

因此,加强对“柏文化”的研究、保护和开发,已是当务之急。值得欣喜的是,西平县已经认识到这一问题,正在着手开始这方面的工作。开发“柏文化”,功在当代,利在千秋。为了保证开发工作科学、规范、有序地进行,笔者认为,必须做好以下几个方面的工作:

一是以“柏文化”为抓手,将文化资源与自然风光有机结合起来。除“柏文化”之外,西平县还有“嫘祖文化”“冶铁文化”,它们共同组成了西平县三大文化品牌。这三大文化品牌有许多共同点,从时代上看,它们大都属于远古时期。与当代距离最近的“冶铁文化”也处于春秋至战国时期,距当今达两三千年之久。从遗迹上看,这三大文化品牌都在西平县的西部,彼此相距不远。另外,它们还与当地自然风光棠溪源、蜘蛛山相邻,而棠溪源又与“冶铁文化”相关,蜘蛛山与“嫘祖文化”相关。据《后汉书》记载:“西平有铁。有柏亭,故柏国。”《晋书》记载:“西平,故柏国。有龙泉,水可用淬刀剑。”这都是国家“正史”所记载的内容,言辞确凿,不容篡改!这非常有利于西平县三大文化品牌与棠溪源、蜘蛛山自然景观的整合与开发。文化资源与自然风光有机结合,使它们相互促进、相得益彰,从而形成西平县文化资源开发的整体效应和规模效应,提升西平县文化品牌的综合实力。

二是科学规划,搞好“柏文化”相关遗址的发掘、认定、保护和开发利用工作。建议西平县人民政府结合当前的“十三五”发展规划开展工作,把“柏文化建设工程”列入县“十三五”发展规划。积极协调制定“柏文化”相关遗址的保护与开发规划,编制保护工程环境整治详细规划。规划方案要具有科学性、综合性、前瞻性,保护区与展示利用区要严格区分开,最大限度地融进世界文化遗产规划保护的理念。“柏文化”遗址的保护开发,要与周边的文化遗址联系起来,特别是舞钢市的“柏国城遗址”和蜘蛛山,都应该看作是“柏文化”的重要组成部分。要加强与舞钢市的沟通协调,统筹规划,整体开发。同时还要积极与国家、省文物主管部门联系,邀请专家学者进行研究和论证,对“柏文化”相关遗址进行发掘和认定。近年来,柏氏宗亲通过研究,确定柏皇墓在西平县出山镇,并于 2015 年 4 月进行了修复。这项工作还要继续进行,特别是西平县境内的柏国故城遗址,要尽快组织考古专家进行进一步的发掘研究。

三是加大投入,探索多元化融资新路子。开发文化资源,没有钱是办不成事的。我们要坚持“保护开发并重、政府投入和社会融资并举”的原则,一方面积极争取政府的财政投入,把“柏文化”的保护和开发经费纳入市、县财政年度预算,并随着财政收入的增长而逐渐增加;同时,创新机制,鼓励民间资本投资文化产业,积极吸引外地客商尤其是柏姓企业家来西平投资,探索多元化融资新路子。在此过程中,要注重开发文化旅游产品,培育文化产业。不仅将“柏文化”打造成为弘扬中华传统文化、增强民族自豪感和凝聚力的爱国主义教育基地,还要把“柏文化”发展为文化旅游产业基地,发展为西平县新的经济增长点。

三、目前西平县开发“柏文化”要做的“八个一工程”

开发“柏文化”,是一项长期的事业。既要有长期规划,又要脚踏实地。中华柏氏家族委员会成立以来,团结国内柏氏宗亲,做了大量工作。他们多次召开研讨会,设立了中华柏氏家族基金会,启动编修《中华柏氏家谱》,建立了“天下柏姓”网,出版了《柏姓通讯》,等等。所有这些,对于开发“柏文化”,都

具有非常重要的意义。就目前来说,西平县较为迫切的是要在以前取得成就的基础上,做好以下八个方面,即“八个一工程”:

1.建一个祠堂

柏氏后裔寻根祭祖,必须有一个固定的场所,那就是祠堂。西平县应尽快选好地址,建好祠堂。在建造祠堂时,应注入西平当地传统文化的丰富内涵和精华,与古塔、古桥、古庙宇相映,成为地方上的一大独特的人文景观。建成后的祠堂,不仅可以用来祭祖,当地村民和城市居民还可以用来开会、看戏、放电影、办文化活动中心,赋予祠堂新的文化内涵。

祠堂建成后,可以命名为“柏氏宗祠”,也可以称“忠恕堂”,具体名称由西平县人民政府与柏氏宗亲大会协商定夺。“忠恕堂”出自唐代柏耆的传说和典故。柏耆通五经学术,善用兵法克敌,忠于朝廷,立有大功。柏氏家人为纪念先人,遂取堂号为“忠恕堂”,也为柏氏家族的总堂。此外,柏氏宗祠内,必须移植古柏树。

2.竖一尊塑像

为了方便柏氏后裔寻根祭祖,在祠堂中,可竖一尊柏姓祖先柏皇氏的塑像。中国历史文献,从公府官书到私家杂乘,大都把“柏皇氏”视为柏姓始祖,《周易》记载:“女娲氏没,次有大庭氏、柏皇氏、中央氏、栗陆氏……”《世本》记载:“包牺一世、女娲、神农八世,禅通之余,柏皇、大庭、栗陆、昆连、赫胥、葛天、祝融、昊英、朱襄、阴康、无怀……”柏皇氏为伏羲氏族之一支,属炎帝后裔。在结绳记事年代,柏皇氏因“神性柏树”而成为一个显赫的氏族部落,则是基本可以肯定的。因此,把柏姓的祖先确定为柏皇氏,是十分恰当的。竖立祖先塑像,是一个宗族精神文明与物质文明最直观、最集中的表现。柏皇氏塑像不仅是用来供柏氏后裔瞻仰和缅怀的,它还是一个宗族文化的标志和象征,是该宗族文化积累的产物。作为一种独特的艺术形式,柏皇氏塑像在述说着柏氏宗族发展的历史,凝聚着柏氏宗族的精神和传统,反映着自古以来柏氏宗族的价值观念及信仰追求。同时,塑像还具有很强的装饰性和艺术性,具有和绘画一样的美感和欣赏价值,对提升城市的知名度和文化品位具有重要意义。

3.出一本专著

开发“柏文化”,学术研究是前提。要组织专家学者,加强对“柏文化”的研究,特别是对“柏文化”的源流、演变、特点、过程及历史规律进行研究,对柏皇氏及历史贡献,对柏姓的渊源、播迁,对柏氏名人,对柏国历史、柏国故城等进行研究,然后形成专著,扩大“柏文化”的宣传力度。

4.申请文物保护单位

文物保护单位是对确定纳入保护对象的不可移动文物的统称,并对文物保护单位本体及周围一定范围实施重点保护的区域。“柏文化”遗址及文物是中国传统文化遗产的重要组成部分,是祖先留给我们的无价之宝,是金钱买不到的。经过几千年的风雨和战乱,留传至今的文物相对来说已经不多了。而且随着时间的推移,能够留传于世的文物会越来越少,所以文物十分珍贵。文物还具有不能再生产的特点,文物一旦被损坏,就永远不能复原。目前,在西平县吕店乡董桥村发现的“董桥遗址”,经专家研究,该遗址涵盖仰韶文化、龙山文化、二里头文化、东周文化、汉文化,所发现的文化层正好涵盖从柏皇氏到柏子国长达数千年的时间段,这是古柏国在河南西平的铁证之一。其考古发掘结论则明确该地为柏国故地,并被河南省政府公布为第三批省重点文物保护单位。但目前在西平县“柏文化”中纳入省重点文物保护单位的仅此一项,而且“董桥遗址”当初还是作为嫘祖故里来申请的,这对有着丰富文化内涵的“柏文化”来说,是远远不够的。没有众多的文物史迹作支撑,“柏国”作为文明古国也就失去其应有的风采和内涵。因此,我们一定要尽快组织人力,加紧文物收集和资料整理,逐步申报市级、省级乃至国家级文物保护单位,让“柏文化”遗址及文物得到更好的保护。

5.申请非物质文化遗产

非物质文化遗产是指各种以非物质形态存在的与群众生活密切相关、世代相承的传统文化表现形式,其最大的特点是不脱离民族特殊的生活生产方式,是民族个性、民族审美习惯的"活"的显现。柏国地处中原,从远古起就成为多元文化形成和融合的地域,因而有大量北方移民迁移至该地。随着历史的发展,许多柏国后裔又远走他乡,这种民族融合和文化交流,使得柏国无论从文化风俗还是建筑风貌等方面,都具有南北文化交合的风土习俗。这些都是非物质文化遗产的重要体现。我们要加快对"柏文化"中非物质文化遗产的发掘和整理,积极申报省级、国家级非物质文化遗产。

6.申请一个"民间文化之乡"

"柏文化"地域文化底蕴厚重,文化传统历史久远;柏国故事文献记载翔实,柏姓文化与中国姓氏文化一脉相承,民间信仰传统与价值取向脉络清晰;柏国故城全景演绎"柏文化"的文化空间。可以说,西平县的"柏文化",根植于民间,在中原文化中占有重要的地位,具备申请"中国柏文化之乡"的基础。我们要加大工作力度,积极创造条件,争取中国民间文艺家协会早日把西平命名为"中国柏文化之乡"。

7.建一个网站

互联网作为唯一一种全天候24小时不间断的媒体平台,是当今不可或缺的沟通方式,是传统媒体可望而不可即的,越来越多的人通过网络搜寻所需的信息。所以开发"柏文化",加强对"柏文化"的宣传,建设网站成为一个重要的途径。除此之外,利用互联网技术,还可以整合文化资源,加强柏氏宗亲的交流与合作,加强学术间的交流。目前,中华柏氏家族委员会已经建成了自己的网站"天下柏姓",效果很好。西平县作为柏国故里、柏姓起源地,更应该建设好自己的网站。

8.拍摄一部电视专题片

为了扩大宣传,可以计划拍一部以“柏文化”为主题的电视专题片,对“柏文化”进行集中的、深入的报道,既有一定的理论深度,具有历史的、文化的和社会的价值,同时又具有可观赏性,有着强大的艺术生命力。电视专题片对宣传“柏文化”所起到的效果,是其他各种宣传媒体所无法取代的。

综上所述,“柏文化”资源的保护与开发是一项系统的复杂工程,需要西平县各有关部门和柏氏宗亲的通力合作,统筹兼顾。既要有紧迫感,有“只争朝夕”的精神,加快开发的步伐,又要脚踏实地,稳步推进;既要搞好开发,更要做好保护;既要注重经济效益,更要注重社会效应。如果我们能在工作中做到这些,“柏文化”开发一定是大有可为,古老而丰富的“柏文化”,一定会在西平焕发出新的强大生命力。

(本文作者为黄淮学院天中历史文化研究所副教授)

柏亭怀古

谢文华

公元2012年初冬的一个傍晚，日暮黄昏，西风残照，暮霭沉沉，我徘徊在古老的洪河岸边。我在寻找一个往日的胜迹，一个被遗忘的梦境，一段曾经的金戈铁马、悲壮豪情和历史沧桑。

这是一条曾经被叫作潕水，现在名叫洪河的河流。河水从遥远的西天边际蜿蜒而来，在这里折一个九十度的弯，向北流过一里多路，又打个漫弯流向遥远的东方。河道像一个女人美丽的臂膀，一把把一个小城紧紧揽在怀里。因古时候这小城坐北朝南，北宽南窄，中间腰际处又向内猛地束收，颇有点像古人头上戴的帽子——幞头，于是这一段河道便有了一个古朴的名字——幞头湾。在它的脚下，是一块叫作古柏国的土地。

大概在4000多年前的一天，我们古老民族的一个部落在历尽艰辛迁徙之后，流落到这伏牛山下的中原腹地，并在这里定居下来，成为这块土地上最古老的居民之一，这个部族有一个共同的祖先——柏皇氏。相传柏皇氏是东方部族的首领，名叫芝，因为以柏木为图腾，所以称为柏芝。据说，柏芝曾担任伏羲氏的助手,勤劳于天下而不居功,造福于民众而无所求,所以深得百姓们的拥戴,后成为伏羲一代的开明帝君之一,被尊为皇柏,称柏皇氏。柏皇氏是华夏最古老的一个群族,是伏羲一代帝君中最有代表性的民族部落,这在很多典籍中都有记载。史籍《庄子·胠箧篇》中记载上古伏羲一代帝君顺序为:容成氏、大庭氏、柏皇氏、中央氏、栗陆氏、骊畜氏、轩辕氏、赫胥氏、尊卢氏、祝融氏、伏羲氏、神农氏,柏皇氏排序第三,足见其历史的久远和地位的重要。由于柏皇氏聪明睿智,柏姓是古姓中的贵族,一直到周朝,其后代多为上古帝王的老师。据记载,柏皇氏后裔柏高是黄帝的重要臣子;古舜帝时候的贤人柏翳(伯益)曾帮助舜帝驯养鸟兽,还帮助大禹治水;柏夷亮父曾为颛顼帝的老师,柏昭为帝喾的老师;等等。于是承其历代祖宗的恩荣,大概在春秋前后,这里被周王室封为柏子国。又相传,是黄帝的臣子柏高最早建立了柏国并成为第一代开国君王。柏国又称柏子国,域括现在以西平师灵镇为中心,包括西平县全境及西至舞阳、舞钢的一部分地区。在黄帝后长达2000多年的岁月中,柏氏之孙在这块土地上生存繁衍,到2500多年前的战国时期,这个弱小的柏国在诸侯的春秋无义战的吞并攻伐中最终被楚国灭掉了。

在古老的幞头湾,我要寻找的是一处叫作柏亭的遗迹。这柏亭当然与柏国息息相关。

说到亭,它的历史十分久远,据说在周代的时候便产生了,那时主要是设在边防要塞的小堡垒,是一种防御工事,设有亭史。到了秦汉,又扩大到全国各地,成为地方维护治安的基层组织,《后汉书》记载:“亭有两卒,其一为亭父,掌开闭扫除,其一为求盗,掌逐捕盗贼。”魏晋南北朝时,代替亭制而起的是驿。之后,亭和驿逐渐废弃。但民间却有在交通要道筑亭为旅途歇息之用的习俗,因而《释名·释宫室》曰:“亭,停也,亦人所停集也。”由此沿用下来,亭也有的作为迎宾送客的礼仪场所,所谓十里一长亭,五里一短亭,历史典故中的长亭相送便缘于此。同时,亭还作为景点建筑,在古代园林和现代园林中大量出现。

柏亭是什么时候建造的已不可考。现在可查到的关于它的最早的文字是那个东汉时期的汝南学者应劭在他所作《风俗通义》中的记载:“西平县有柏亭,故柏国也。”从时间上推断,柏亭起码在汉之前就出现了。但我却宁愿相信,柏亭应该和柏国一样古老,它是和柏国同时存在的。可以想象,既然亭最早的功能是用于军事上的防御功能,在那个五霸七雄逐鹿中原的春秋战国时代,身处中原腹地和交通要冲的柏国肯定是诸侯争夺蚕食的俎上之脔,作为一个智慧而又有着优秀传统的伟大族群,为了在众敌压境虎视眈眈中自保,无论其在军事上或是在外交上,难免会与诸侯发生惊心动魄的生死较量,不然这小小的柏国为何会在几百年的春秋无义战中存活下来,甚至直到战国才被楚国所灭,这里边有多少不畏强暴的抗争,又该有多少英勇悲壮的故事?因此,这小小柏亭就应该是那场遍地狼烟的争战最好的历史见证,是柏氏家族不畏强暴与强敌浴血奋战的血的丰碑!在古老的幞头湾伫立,我仿佛听到万籁俱寂的冷月星空中传来的一阵阵击柝之声,看到亭角上那挂着的一轮血红的残阳和残阳中两军对垒,战车辘辘、战鼓频催、画角齐鸣的悲壮战争场景。

然而,时过境迁,这古老柏亭的确切地址到底在哪里呢?我曾从古代典籍的纸堆里寻找答案,在民国 23 年《西平县志》里,翻到过这样的记载:柏亭在县西南,今西门外里许,玄武庙即其故址。在该志寺庙篇里,又找到了“玄武庙在县城西一里洪河东岸”等记载。突然想起,既然亭在古时不但作为防御工事和一级基层行政区划单位,还是建在路旁供行人歇息小憩的地方,旧时城西洪河不是有一座桥吗?听老人讲过,这桥又叫柏子桥或柏亭南桥,就与北边不过二里路洪河漫弯处的柏亭北桥相对应;记得小时候跟着村里的大人们进城,两座桥都是游玩过的。柏亭南桥是一座用大石磙作桥墩、石板作桥面搭建起来的漫水石桥,平时河水在桥下流,汛期洪水漫过桥面。这样看来,柏亭当然就建在柏亭南桥头洪河东岸一侧,即现在的柏城大道往西延伸至洪河堤一带的大致范围了吧。可惜,由于世事的变迁和前几年的洪河人工取直改道,不但旧的柏亭桥早已没了踪影,这里的一切也都面目全非了,就在它北边的不远处,取而代之的是一座现代的钢筋混凝土大桥横跨洪河两岸!

徘徊复徘徊,寻觅复寻觅,我在古老的柏亭遗址久久地盘桓,怀古之情和兴亡之感在心底油然涌起。遥想当年,有过多少柏氏子孙及其后来的柏国遗民,在古柏森森的苍茫暮色之中伫立在柏国古亭,听噪鸦阵阵,看倦鸟归林,凝漁水潺潺,叹故国山河依旧,世事已物是人非,定然故国之思心底涌起而感慨万千。突然又想起这些年来,又有多少远离故土的柏氏后世子孙从江淮大地、从天府之国,从遥远的白山黑水、内蒙古高原回故地寻根问祖。也许他们自己也说不清是柏氏的第几代子孙了,但他们没有忘记自己的血液里流淌的是这古老洪河的水,他们的骨肉是这一方黄土凝聚的魂。他们燃起一挂鞭炮,来告慰埋葬着先祖的这块土地,他们在这里满含热泪匍匐在地顶礼膜拜,他们捧起一抔黄土紧紧地揣进怀里带在身上。此情此景,中华民族特有的那种胡马恋北风、越鸟巢南枝的根的意识,那种念念不忘的故土情结,那种巨大的向心力、凝聚力让人动容,让人刻骨铭心!

啊,经过历代千百年的流连忘返和时间沉淀,这块已不见柏亭踪影的土地啊,早已成了人们寄托情怀幽思的所在,成为寄托民族情感、民族精神的圣地。

(本文作者为西平县炎黄文化研究会常务理事)

关于老龙湾柏皇氏遗存研究挖掘的历程

张宗杰

谈到“老龙湾”这个地方，当地人耳熟能详。但为什么叫“老龙湾”，何时开始，很少有人讲出缘由。这些疑虑一直困扰着人们，总认为非常神秘，也激发了人们探究的意愿。

老龙湾位于西平县城45公里处的出山镇焦芝岗村委、三所楼、王三孝庄之间的一个大河谷，西边紧邻舞钢市，南部为伏牛山系，西部和南部成扇形面，环山怀抱，自然形态非常优美，沟壑纵横。位于岔河与主河道交汇处有一个深水潭，名曰“黑龙潭”，岔河东岸由30余亩地的盆地，盆地中央有一座古墓，高约4.95米，长30余米，宽20余米，由黄土和硬石构成，当地百姓称该墓为“老龙头”，据说这就是柏皇氏（传为上古帝名，亦作伯皇、柏皇、柏篁、黄柏等。依据典籍记载，柏皇氏为古帝之一，上可追溯到三皇五帝时代，后世绵延不衰，精英辈出，如柏益、柏皋）——柏皇之陵。自东向盆地中央“老龙头”走去，东、西、南、北边有沟壑坡地环抱，正对面是聚集河流青龙河，也是洪河的发源地之一；自西南方经过河床弯道，河水缓缓经过“老龙头”向东流去。

老龙湾、老龙头,清清河水绕过流。记得在50多年前,老龙湾是人们戏水的好去处,每到夏季,人们在河里捉鱼、游泳。河岸两边,有成片的柏树林,郁郁葱葱长势茂盛,有些粗壮高大的柏树,三人牵手合力才能围住。这与柏皇氏以柏树为图腾遥相呼应。茂密的柏树叶显得威风壮观,那里生长着许多野生动植物,动物如獾、豺狼、野猪、雉鸡、老鹰、兔子、蛇,常出没此处,有些地方人们不敢涉足。关于"老龙头""黑龙潭""黑龙庙"传闻颇多,但每到干旱季节到这三处焚香求雨,却年久成俗。

自幼生活在这里的我,一直对这个地方怀有深厚的感情,对研究挖掘老龙湾、老龙头这个地方有着浓厚的兴趣,更有一种不可推卸的责任。沟壑黄土转苍茫,回望千年这地方,柏皇葬此无人问,龙湾一片水汪汪,老龙湾前思往事,万壑有声伴天籁,数峰无语立斜阳,风光旖旎展新姿。儿时的记忆和柏皇的传说再次进入我的视野,2013年5月,在县炎黄文化研究会及有关专家、学者研究的基础上,我萌生了对柏皇氏故里及柏皇墓开发保护的念头,同时,提出了开发一湾一河两岸的设想,把老龙湾建设成与之相邻的二郎山、九头崖、九女山、棠溪源、始祖山(芝主山)、蚁山等景点连成一路并与之齐名的重点旅游风景线。

万事开头难,人们的闲言碎语、朋友的冷嘲热讽、亲兄弟的阻拦与否定,尤其很多人持有怀疑态度、抱着看笑话的动机,为探究老龙湾的神秘,我始终坚信,唯其艰难,才更显勇毅;唯其笃行,才弥足珍贵。千难万难,攻坚克难就不难。秉持着对柏皇氏深厚历史底蕴的自信与底气,我把所有的压力转化成动力,把专注力全部集中起来,走好每一步。

我不顾年近七旬,自掏腰包,往返于郑州、西平、驻马店等地,走访搜集史据。驻马店市委统战部退休干部张国勋和驻马店市棉纺厂原书记姬从周对我提供老龙湾传说的资料,得此资料,我如获珍宝。该资料如神话般讲述了"老龙湾""老龙头""黑龙潭""黑龙庙"的故事和来历(可见《黄河文化》2015年2

月第10—11页),与儿时长辈们告诫不能随便登上"老龙头"的劝告互相呼应。这犹如黑暗中的灯塔一般的指引,增强了我研究挖掘老龙湾的信心,坚定了我要搞清楚上述传说的来龙去脉的决心,更加提升了我对此处历史的浓厚兴趣。

为此于2013年9月,我联系到省社科院首席研究员、历史与考古研究所所长张新斌,谈了自己的想法,得到了张新斌所长的大力支持,但因种种原因,考察未能开展,甚是遗憾。自此,我带着问题看文献、探史迹,收获更大、认识更深。尤其是驻马店市东方鹏程房地产有限公司和尚金房地产营销策划有限公司董事长张二军先生及总经理袁贺明及谢改成、胡秀云等人士,以传承和弘扬中华优秀传统文化为己任,在繁忙的企业事务之余,对研究给予大力关注和支持。

2014年5月,协同河南省社科院首席研究员、历史与考古研究所所长张新斌,副研究员张佐良博士、杨世利博士一行,在西平县政协、县文广新局文管所、县史志办、西平县炎黄文化研究会及驻马店市东方鹏程房地产开发有限公司和尚金房地产营销策划有限公司等有关部门陪同下冒雨对"老龙湾""老龙头"等处进行实地考察,获取了不少秦砖汉瓦及有关文物,并在西平召开了柏国(春秋战国时期,为楚国所灭)文化座谈会,初步达成五点共识(可见2014年5月16日西平柏皇氏遗存考察座谈会纪要),为下一步考察研究指明了方向。

为更好地缅怀先古、传承历史、梓荫后代、促进发展,我与西平县炎黄文化研究会、驻马店市东方鹏程房地产开发有限公司和尚金房地产营销策划有限公司董事长张二军及总经理袁贺明和焦芝岗村委闫万宝书记、出山镇政府领导及老领导张国毛先生等多次协商——如何修复过去一度遭到损坏的柏皇墓,经过积极筹划,研讨工作方案,选定了2015年3月7日对柏皇墓园进行修复工程启动仪式。仪式上,县炎黄文化研究会会长、原县政协副主席吴双全到会致辞,讲述了柏国文化历史,柏氏后人对先人的崇敬,并将此作为西平历史文化的新起点。当地群众在现场也进行了祭拜活动。这期间,为把老龙头恢复到原来状态,我多次通过电话进行指导施工,又三次从郑州到西平出山老龙湾现场指导。经过一个月的施工,柏皇墓又恢复了往日的形态和尊严。

为促成高端研讨会召开,在河南炎黄文化研究会会长、原河南省省委宣传部常务副部长常有功先生和省广电厅副厅长翟宗州先生等有关部门和领导的帮助下,与县级老领导胡全德、冯守民、焦群中、张培乾、吴双全,原县炎黄文化研究会会长高沛等协调沟通,于6月2日以该项目工作组名义写信呈送县委聂书记、县政府申保卫县长,请他们知情并支持,此举得到了县委、县政府的高度重视和大力支持。出山镇党委、政府也积极提供支持帮助。

会议之前,来自全国各地的专家乘车专门深入老龙湾进行考察,一致认为此地非常独特、具有极大的历史意义和研究价值。2015年7月2—3日,由中华炎黄文化研究会、河南省炎黄文化研究会、西平县炎黄文化研究会联合主办,河南省社会科学院历史与考古研究所、驻马店市东方鹏程房地产开发有限公司和尚金房地产营销策划有限公司承办的“柏皇氏与中华柏姓文化研讨会”在西平隆重召开。来自中国科学院、中国社会科学院、北京师范大学、陕西历史博物馆、浙江工商大学、苏州大学、河南省社会科学院、郑州大学、河南大学、河南省地方史志办公室、郑州师范学院、黄淮学院等单位的专家学者,以及河南省社会科学院原院长张锐、正院级领导赵保佑、驻马店市人大副主任张德轩、驻马店市炎黄文化研究会会长陈文云、柏姓后裔、当地学者等百余人参加会议。

研讨会上,达成了柏皇氏故地在今驻马店西平一带、柏皇氏后裔建立的古柏国位于今驻马店西平附近、柏皇氏是柏姓最早的来源三点共识。与会专家一致认定,对柏皇氏文化的研究,解决了当地人们的困惑,确立了应有的历史地位,为柏氏后人找到了寻根谒祖圣地,丰富了中华优秀传统文化的内涵,更彰显了柏氏厚重的历史文化；同时，深入研究柏皇氏、柏国及柏姓，对研究中国上古文明、柏姓文化、西平的历史文化，对传承和弘扬中华优秀传统文化，都有着非常重要的意义。中国炎黄文化研究会副会长、中国社科院学部委员、历史研究所副所长王震中表示，此次研讨会是国内学术界围绕柏皇氏研究而举办的首次高端研讨活动，必将对拓展中华姓氏文化活动起到重要作用。

与会柏氏后裔代表，通过参加"柏皇氏与中华柏姓文化研讨会"，了解到柏皇氏文化的悠久历史和柏氏先祖们的千秋功德，作为柏氏后裔而倍感光荣和自豪。并表示，在这日新月异的新时代，广大柏氏宗亲要大力弘扬柏氏先祖们的美德，勇于创新、爱国爱家、尊祖敬宗、和亲睦族，为推动祖根地西平建设富裕文明平安美丽城市尽一份力。

通过考察研讨，唤醒了沉睡千年的故地老龙湾，当地百姓对此无比振奋，并在柏皇氏墓前举行了由500多人参加的隆重祭拜活动，发起人由衷感到欣慰，以中华柏氏家族委员会会长柏学海、副会长柏令成、秘书长柏振云等宗亲为代表的柏氏后裔找到了祖根地，并向长期以来保护、维护、修复柏皇墓的所有人员表示衷心的感谢，表示将积极配合有关方面修复、建设好寻根之地老龙湾。此举也让我充分认识到西平出山镇历史文化的厚重，秉承着开发好、保护好、规划好、建设好的原则，给予弘扬与传承，打好古柏国这一历史文化品牌，尽快成立"中华柏姓文化研究会"，使其壮大发展，不断推动西平经济发展和社会进步，这是当地人们和柏氏族人共同的心愿。

沉睡龙湾已醒来，柏枝翘首在等待，洪河之水东流去，期盼孝贤早归来。

以上研究挖掘研讨，有力地证明了老龙湾是古柏国柏皇氏故地。

（本文作者为河南国资委原处长）

会议资料与文件汇编

在“柏皇氏与中华柏姓文化研讨会”上的主旨发言

吴双全

各位领导、各位专家学者、女士们、先生们：

在这个热烈火红的季节，我们相聚在洪河岸边，隆重举行柏皇氏与中华柏姓文化研讨会。受西平县炎黄文化研究会的委托，我首先就西平及西平历史文化和柏皇氏、柏国文化的情况给大家做个介绍。这抛砖引玉之发言，以便就教于各位方家。

西平地处河南省中南部，伏牛山脉自西南绵延入境。东部是广袤的平原，山脉向平原的过渡带为丘陵缓冈。属大陆性季风型气候区，四季分明，雨量充足。京广铁路、石武高速客运专线、京港澳高速公路、107 国道纵贯南北，省道高兰公路横穿东西，交通便利。全县辖 17 个乡镇、2 个街道办事处、1 个产业集聚区和 1 个国营农场，总面积 1089.77 平方公里，总耕地面积 118 万亩，人口 86 万。县城建成区面积 29.1 平方公里，常住人口 27 万。独特的地理环境和自然条件造就了这里丰富的人文自然景观和农副产品资源。

远古时代,我们的祖先就在西平这块土地上创造了光辉灿烂的物质文明和精神文明,留下了董桥、小潘庄、耿庄等十余处裴李岗文化、仰韶文化、龙山文化遗址。西平古称西陵,是炎黄时代的柏子(诸侯)国,是中华之母嫘祖的诞生地、始蚕地。2007年7月被中国民协命名为“中国嫘祖文化之乡”,并同意建立“中国嫘祖文化研究中心”。2012年12月,第三届中国节庆创新论坛上,“西平县嫘祖故里拜祖大典(中华母亲节)”荣获“2012节庆中国榜——最具品牌影响力人物类节庆”,并荣膺“中国2012节庆中国榜——最具投资发展潜力文化旅游县”之美誉。西平棠溪冶炉城作为我国古代最著名的冶铁铸剑基地,是人类祖先早期发现铁、使用铁生产农具和兵器的地方,铸造出棠溪、龙泉、干将、莫邪等举世闻名的天下九大名剑,留下了中国古代最早最大的兵工厂——棠溪冶铁铸剑遗址。2007年7月,西平被中国民协命名为“中国冶铁铸剑文化之乡”,并同意建立“中国冶铁铸剑文化研究基地”。西平于公元前203年置县,历经两汉、三国、魏、晋、南北朝、隋、唐、宋、元、明、清;产生了东汉名臣郅恽、李咸,魏贤臣和洽,明都察院右都御史王诰等名垂青史的人物。这些都成为西平5000年文明史和千年古县的历史见证,是我们优秀的文化资源。

改革开放以来,西平县委、县政府坚持以经济建设为中心,全面推进改革开放和现代化建设事业,经济建设取得了突飞猛进的发展。特别是进入21世纪以来,县委、县政府全面贯彻落实科学发展观,把发展作为执政兴县、执政为民的第一要务,大力实施科教兴县、人才强县和可持续发展战略,强力推进工业化、城镇化、农业产业化和商品物流现代化进程,保持了经济建设持续健康协调发展的良好势头。近年来,西平工业经济快速崛起,形成了农副产品精深加工、服装纺织、机械制造、化工建材、塑料塑胶等优势产业。农村经济稳步发展,建成优质小麦、绿色生猪、“953”巨型长毛兔、无公害蔬菜、食用菌、花木林果六大农产品生产基地,是豫南重要的商品流通和集散中心。先后被定为全国优质小麦生产出口基地县、全国粮食生产 50 强县、全国“953”巨型长毛兔生产基地县、全省畜牧强县、全省对外开放重点县、全省推进城镇化进程重点县、全省发展县域经济扩权县、全省新农村建设试点县、全省绿化模范县、河南省“十大食用菌生产基地”、全省城市精细化管理首批试点县、全省双拥模范县、全省“中原平安杯先进县”、全省信访工作先进县、全省农村基层组织建设先进县,被评为省级园林城市、卫生城市、文明城市,被中央综治委命名为全国社会治安综合治理先进县。2012 年再次被评为全国粮食生产先进县,连续六年被评为全国生猪生产调出大县,并荣获了一大批国家、省、市级荣誉。在全面建设西平小康社会的征程中。一个更加富裕、更加和谐、更加平安、更加文明的新西平正在豫南大地崛起。

各位领导、专家学者,在当前以习近平同志为核心的党中央大力倡导打造文化软实力的形势下,我们在西平召开这次研讨会意义深远。作为中华柏国文化的发源地和中华柏姓的祖根地,西平拥有丰富的柏皇氏和柏国柏姓文化资源,从古至今,柏国文化在这块土地上源远流长。《水经注》等众多历史典籍在论及西平县名的由来时均说:“县,故柏国也,其西吕墟,即西陵亭,西陵平夷,故曰西平。”在西平出山镇,有具有柏皇氏标识的始祖山、太乙泉;西平的师灵镇,是柏国故城遗址的所在地;在西平县城所在的柏城镇,古柏亭的遗址犹存。特别是在出山镇的焦子岗,这里有柏姓始祖柏皇氏的墓冢,有一大批老龙头、老龙湾等与之相关的地名掌故与民间传说。在西平的街头村落,举头就可看到以柏城、柏国等柏字命名的地名、店名,这些丰富的历史文化遗产,值得我们去深入的研究和发掘。

西平对柏国文化的研究工作起始较早。20 世纪 80 年代,就开展了对冶铁铸剑文化、法家文化、嫘祖文化及柏皇文化等的研究,在第一届天中文化研讨会上宣读了有关柏皇文化的论文并被收入《厚重天中》一书。2006 年 1 月西平县炎黄文化研究会成立后,更是把以柏皇氏为代表的三皇时期文化的研究与开发作为重中之重，首先启动，先后有多篇学术论文在全国刊物上发表。2011年10月25—28日，中华柏氏家族委员会在西平县召开了一届五次会议，西平县委、县人大、县政府、县政协、炎黄文化研究会大力支持、全程服务，使会议取得圆满成功，与会代表“追寻祖地柏城，走上柏城大道，入住柏城宾馆，吃在柏城饭店”，深受感动地说：“我们终于回到老家了。”特别是2014年5月10—11日，省社会科学院历史与考古研究所张新斌所长，副研究员张佐良、杨世利，以及省国资委原处长张宗杰等一行四人来西平对传说中的柏皇氏遗存进行考察，并召开柏国文化座谈会，更是把柏皇文化的研究推上了一个新的高度。座谈会在对柏国的历史文化传承、柏姓的源流、柏国的疆域面积、古柏国城的地理位置、新发现的民间传说中的老龙湾、老龙头、老龙庙和柏皇墓等历史文化掌故对柏国文化研究的意义以及柏国文化的开发进行了探讨后，初步达成了五点共识：

1.柏皇氏是远古伏羲文化的重要组成部分，对柏皇氏及其柏国文化进行研究是一个大的历史范畴和学术命题。对柏国文化的研究不要囿限于柏国的范畴之内。柏国文化研究要扩大范围，特别是要展开对柏皇氏及其姓氏源流的研究工作，拓宽研究领域和空间，使柏国文化的研究高屋建瓴，有更宽的广度和更远的深度。

2.柏姓在中国远古是一个历史悠久的大姓，从柏皇氏开始，到三皇五帝，柏姓代有名人，是中国历史上第一个线索脉络发展未中断的姓氏，在柏国文化研究中有着重要的地位。特别是柏皇氏的“皇”字，是在中国的历史人名中首次出现，承载着丰富的历史信息和文化内涵。柏国文化的“柏姓”研究是一个重大课题，要在“柏姓”的发展历史研究上下功夫、出成果。

3.新发现的民间传说中的老龙湾、老龙头、老龙庙和柏皇墓等历史遗迹和文化掌故对柏皇、柏国、柏姓研究有着重大意义。柏皇、柏姓作为一个产生于远古的族群，对其研究不但要重视历史文献和获得考古学的支持，也要重视口碑历史的发掘,从大量的风物传说、村名地名、人文掌故中挖掘柏国文化的内容,使柏国文化研究获得民间文化和民俗学的支持。

4.要以省社会科学院历史与考古研究所为主体,把柏皇、柏国文化研究作为重大课题进行立项和规划部署,通过西平县炎黄文化研究会等单位的大力协助,聘请省内外知名专家学者展开对柏皇、柏国文化的研究论证工作,并在合适的时候召开柏国文化研讨会,使柏皇、柏国文化的研究早出成果。

5.在重视柏国文化研究的同时,要加强对柏国文化的开发和保护工作。要对新发现的老龙湾、老龙头、老龙庙和柏皇墓等历史掌故中的文化遗存进行保护,同时要做出具体规划,把柏皇文化的历史资源优势转化为发展优势和经济优势,为现实的经济建设和社会事业发展服务。

正是以上次柏国文化座谈会为契机,和在上述五点共识的基础上,经过省炎黄文化研究会常有功会长、省社会科学院历史与考古研究所张新斌所长以及省国资委原处长张宗杰等领导的不懈努力,并在西平尚金房地产营销策划有限公司的大力支持下,我们才有了这次研讨会的召开。在此,我代表西平县炎黄文化研究会向为这次会议的召开付出辛勤汗水的领导和同志表示热忱的感谢;同时,我也殷切恳请参加这次研讨会的各位专家学者围绕柏皇氏、柏国文化和柏姓源流这一主题发表自己的真知灼见,并为利用和发掘柏国文化这一资源优势发展西平经济建言献策,共同为建设和谐美好的新柏国做出自己的努力。谢谢大家!

(讲话者为西平县炎黄文化研究会会长)

在“柏皇氏与中华柏姓文化研讨会”上的发言稿

柏传祥

尊敬的各位领导、各位宗亲：

大家好！

我是来自甘肃天水的柏传祥，现任中华柏氏家族委员会常委兼甘肃分会会长、天水华夏柏氏文化研究会会长。

有着“羲皇故里”美誉的天水市作为国家级历史文化名城，是镶嵌在中华大地西部的一颗璀璨明珠。天水物华天宝，人杰地灵，早在7000多年前的上古时代，就诞生了中华民族的人文始祖伏羲氏。柏姓曾是华夏民族在远古时期的贵族姓氏，因为柏姓人天资聪颖，所以曾有多人当过上古皇帝的老师。这些上古先哲的后代曾在河南西平县西部建立过一个柏国，在2500多年前的春秋战国时期，这个弱小的柏国被楚国灭掉了。如今，在柏国故地，仍矗立着一座建于北宋时期的宝岩寺塔，这座保存完好的千年古塔与塔下民间盛传的柏皇氏的传说相映成趣。相传上古时期东方部族的一个首领叫作柏皇氏,因为他们以柏树作为图腾,所以又称柏皇氏为柏芝。柏芝曾担任过伏羲的助手。传说,闻名中外的中华太极八卦图,便是远古时期三皇之首的伏羲发明的。当时有一只龙首蛇身的怪物,见到伏羲后便精神抖擞,背上龙麟闪闪发光,构成一组图案,伏羲见状只顾顶礼膜拜,而柏皇氏却用烧过的木炭将图案画在大石上,献给了伏羲,借此发明了太极八卦图。显然,这其中凝聚了柏姓人的聪颖与智慧。柏皇氏勤劳于天下而不居功,造福于百姓而无所欲求,所以深得百姓的拥护,并被尊为柏皇。他居住在柏皇山,其后人便以"柏"作为自己的姓氏。

柏姓的另一支起源形成于春秋时期,当时的柏国百姓以国名"柏"作为自己的姓氏。柏姓祖宗在河南开封,后大部分南迁,现主要分布在安徽、湖南、陕西、江苏等地。甘肃也有柏姓,人口不多,但居住比较集中。柏姓本是小姓,据《中国姓氏寻根》记载:"黄帝时有地官(司徒)柏常,帝颛顼有师傅柏亮文,帝喾有师傅柏昭,帝尧时有柏成子。西周时,柏国君柏曾任周的太仆,唐代有左拾遗柏耆,明代有延安指挥史柏英,清代有书法家柏谦",民国时期有北伐名将柏文蔚。据说,北京、安徽、江苏、台湾有的柏姓人都喜欢"寻根问祖",这其实也是一种文化,引导得法,勉励自己及家人不愧对祖宗,做有出息的人,于国于民都是有益的事情。

柏氏家族历史源远流长,柏氏各宗亲支脉分布全国各地,但相互之间缺少联系交流,互不了解,疏于往来,各支脉字辈也各不相同,更没有统一修谱。为了尊祖敬宗,理清根脉,加强联系,团结一心,振兴柏姓,2006 年 11 月,八省一市柏氏宗亲代表齐集湖北省黄石市,成立了"中华柏氏家族委员会"。这些年来家族委员会把全国柏姓联络到一起,共同为做好家族工作做出了贡献。现在柏氏家族工作形势很好,特别是 2011 年在河南西平县召开的一届五次会议选举产生了中华柏氏家族第二届委员会以后形势更好,除了有一批热爱柏氏家族事业的老同志,又涌现出一大批热爱柏氏家族事业的中青年企业家和各行各业热心人士。

柏氏家族是中华名姓望族，人丁昌盛，人才辈出，在中华5000年文明史上，记载着柏氏家族对社会、对人类做出过的重大贡献。作为柏氏的族民，我们感到无比骄傲和自豪。而天水作为人文始祖伏羲的诞辰地和柏氏始祖柏皇氏的出生地，2013年11月4日，中华柏氏家族委员会二届四次常委会在天水召开；11月5日，华夏柏氏文化研究会在羲皇故里扎下了根，并开通了“柏氏文化研究会网”，唱响了新创作的歌曲《话柏皇》。

华夏柏氏文化研究会自成立以来，先后做了大量工作。被天水市民政局评为4A级社会组织。我们通过走访、调研、考证，初步掌握了甘肃柏姓分布与基本情况。甘肃柏姓人口比较少，目前兰州市，天水市秦州区、武山县、清水县有柏姓。但秦州区的柏姓较为集中。其中，秦州区汪川镇共有28个行政村，除万家庄外其中有4个行政村整村姓柏。柏家沟村（246户）、柏阳村（160户）、石沟村（180户）、柏家磨村（120户）。据柏家沟村一位长者说：很久以前有兄弟三人流落到汪川，定居在柏家沟。有考证的是，明朝时期，万家庄人口最多不过40户，相传万家庄柏姓始祖领地从现天水镇所辖梨树坪山根，顺西汉水而下至礼县盐关镇所辖坡儿村（故始昌峡）上山，顺白官堡西山东南行南至马家门下山，再上南脉山沿焦家湾沟下山进孙家沟上大塄坎梁，过柏家门上虎家梁，再顺山而下至梨树坪，这一圈地方均为柏姓祖先所占领地。后来战争平息了，社会安定时期逐渐搬来的一些人都散居于这一地域，形成了现咀头村、坡儿村、白官堡村、万家庄村。而之前先后历经665年的基层机构万家庄也就基本上在柏姓祖先所占之地范围。柏姓祖先在万家庄也就是最早的一个族群。万家庄所辖之民都承祖辈传说，公认柏姓人为最先之民。所置土地都由柏姓始祖卖于他们。由于战争、自然灾害等诸多因素，柏姓人口一直不多，又有传说，万姓人一万，柏姓人一百，万姓人压住柏姓人不能发展。再说万家庄又是一个归来划去的地方，有时隶成州，有时隶秦州，有时成州不管、秦州不问，人口流动比较大，历来有鸡叫一声听五县传言。过去混乱时代方圆各县所辖之民为躲避刑事犯罪、兵患匪祸都投奔此处，一村有十多姓杂居此地。

柏姓祖先从清道光二十四年(1844)前有多少代无从计算，从有文字记载的清道光二十四年算起，居万家庄距今有169年历史，约10代人。明朝里甲整编时，按先来后到，最早居的柏姓人与早到的万姓编为正三甲，后有副三甲、新三甲、又三甲、又又三甲、九甲、新九甲等。正三甲中柏姓人占5户，万姓人5户，这万姓人5户中现存4家28户，柏姓人现存3家15户。民国26年(1937)随着抗日战争的爆发，民国政府又实行保甲制。万家庄也正式称名。

前面我提到了"始昌峡"，大家都知道，汉朝有位大将名叫柏始昌。公元前122年，汉武帝令柏始昌等十余人为使，经西南夷前往探求通印度的道路。柏始昌等使者来到滇国打听道路，滇王便问汉使："汉与滇国哪一个大?"柏始昌等后来途经夜郎国，打听道路时，夜郎侯也提出了同样的问题。当时他们自为一地之王，不知汉朝领土有多么广大。夜郎国其实土地狭小，却很是自大，所以柏始昌称其为"夜郎自大"，后来成为一句成语，比喻妄自尊大。至于"始昌峡"与柏始昌是否有渊源，我们正在进行着考证和研究。

众所周知，文化是一个民族的灵魂，是展示一个地方文化的形象和窗口。天水是中华文明发祥地之一，历史文化底蕴深厚。姓氏文化是其中一个重要组成部分。而中华柏氏是中华民族最悠久古老的姓氏之一，柏氏文化在华夏姓氏文化中亦具有代表性和典型性，人文内涵极为丰富，在姓氏文化研究中具有独特的意义和非凡的学术地位。

我们相信，通过大力宣传柏氏文化的研究成果，发扬祖先优良传统，崇尚"柏木图腾"，像先祖一样不怕任何艰难险阻、勇往直前，在磨难中立志，顽强拼搏，振兴家业，共图繁荣，必将打造柏氏文化品牌。同时，也为打造天水历史文化名城,提升天水文化品位,丰富天水历史文化内涵,促进天水文化、旅游、经济大发展而努力!

我的发言完了,谢谢大家!

(讲话者为中华柏氏家族委员会甘肃分会会长、天水华夏柏氏文化研究会会长)

“柏皇氏与中华柏姓文化研讨会”主题发言

袁贺明

尊敬的各位领导、专家,各位嘉宾、新闻界朋友及中华柏氏家族宗亲:

大家下午好!

下面我代表驻马店尚金房地产营销策划有限公司(以下称“尚金地产公司”)做“传承弘扬柏皇文化创新,发展特色经济”主题发言。

一、拓宽资金渠道　建设新型城镇

驻马店尚金地产公司是房地产全案营销策划的专业机构,专注于最具投资价值商业地产服务,专业从事地产招商、楼盘销售、项目推广、文化策划等。公司秉承“尚善若水,金石为开”的经营理念,积极推进新型城镇化进程,以实体项目为依托,拓宽资金渠道,实现经济效益与社会效益的完美结合。同时,尚金地产公司还以弘扬中华优秀传统文化为己任,示范带动繁荣西平文化,2014年被西平县文联授予“繁荣文化先进单位”。

近年来，尚金地产公司在党中央、国务院《国家新型城镇化规划(2014—2020年)》指引下，按照河南省人民政府《河南省新型城镇化规划(2014—2020年)》政策要求，积极投身于新型城镇化建设。在西平县“三线三区”建设中，携手驻马店市东方鹏程房地产开发有限公司精心打造洪河新城及配套柏国公园项目，现已完工3万多平方米。该项目是县委、县政府城乡一体化示范区(城西新区)的重点建设项目，是一座环境优美、配套完善、依水而居、公园休闲的高端城市综合体。

洪河新城及柏国公园项目规划用地各100余亩，该项目位于西平县新、旧城区黄金交汇处，东依洪河，西临新农贸市场、第五中学、新中医院，南近汤买赵小学，北至未来大道。“洪河新城”涵盖星级酒店、大型商场、精品商业街、社区会所、双语幼儿园、高层公寓等建筑形态，不出百米，可享都市繁华。洪河新城在建筑设计上精心打造“赏水、临水、亲水、戏水”，以中央水系广场为轴线，采用宫廷式对称景观设计，以庄重的雕塑、四射的喷泉作衬托，既显贵族之华贵，又有江南园林之风雅。入住洪河新城，承洪河之灵气，顶蓝天之恢宏，享受“朝起听莺鸣，晚归踏歌声，把卷观四时，入梦闻墨香”的舒适温馨的浪漫生活。

洪河新城配套项目柏国公园，紧依洪河，规划设计以柏皇、柏国文化为主题。未来的柏国公园，将是西平县青少年传承中华优秀传统文化的活动基地、书法绘画摄影展出基地、农耕文明展示和体验基地、柏国姓氏寻根拜祖基地，人们在游园、休闲、娱乐之时还能尽享中华传统文化的无尽魅力。洪河新城和柏国公园如双星互耀，在洪河沿岸景观带上熠熠生辉！

二、传承弘扬优秀文化　增强尚金发展动力

尚金地产公司不仅担起推进新型城镇化的重任，为西平经济持续发展做

出贡献，还以践行社会主义核心价值观，弘扬中华优秀传统文化为己任，不断探索创新发展机制，挖掘研究柏皇文化，增强尚金发展动力，丰富企业文化内涵，彰显尚金地产特色。

一是示范带动弘扬中华优秀传统文化。(1)2014年马年春节，尚金地产公司和西平电视台、西平县诗词协会联合举办以弘扬柏国文化为主题的“洪河新城杯”马年春联大赛，印刷获奖作品对联5万副免费赠送全县群众，丰富春节文化生活，并隆重举行了大赛颁奖仪式暨文艺会演。春节期间，西平电视台连续播放颁奖暨文艺会演盛况。大赛从启动到结束，历时一个多月。由于宣传到位，组织得力，参赛的作者涵盖了各行各业。这期间从征稿的发送、西平电视台的持续追踪报道、组织评选以及颁奖仪式和文艺会演的筹划，尚金地产公司投入了大量的人力，并拿出数万元组织活动，奖励获奖人员，一系列活动在全县引起持续轰动效应。(2)协办《胡杨林》诗刊，从资金、人才、办公诸方面予以全方位支持。《胡杨林》枝繁叶茂，已成为老年群体的活动亮点。(3)主导编辑《胡杨林》“母亲文化”特刊。特刊推出我县政协主席王梅军及姐姐王雪军女士用剪纸形式创作的“嫘祖的故事”“二十四孝”“母爱”“母教”“孝亲”等作品，内容与形式有机统一，艺术地诠释和践行了社会主义核心价值观，为弘扬中华优秀母亲文化，教育人们爱母孝亲树立了典范！县委宣传部长管保臣特为此撰写“弘扬嫘祖精神　传承母亲文化”导言。(4)支持西平县文联设立“尚金地产文学奖”，支持鼓励为繁荣西平文化事业做出贡献的文学才俊。

二是典型引路研究挖掘传承柏皇文化。(1)主导编辑《胡杨林》“柏国文化”专刊，把我县文化名人高沛、谢文华等人研究柏国文化的成果刊登其上，县委副书记孙清华亲自撰写“传承优秀文化　构建和谐西平”导言，为传播柏国文化助阵添彩。(2)携手驻马店市东方鹏程房地产开发有限公司把洪河新城项目配套公园打造成柏国公园。使“情系柏国”有缅怀载体，让“传承中华优秀传统文化”有典范。(3)协同河南省社科院历史与考古研究所所长、首席研究员张新斌,副研究员张佐良博士、杨世利博士,河南省国资委原处长张宗杰等一行,于2014年5月10—11日,对出山镇焦芝岗村委三所楼村老龙湾柏皇氏墓等文化遗存进行实地考察,又在西平迎宾馆隆重举行了“柏皇氏遗存及柏国文化座谈会”。(4)启动柏皇氏墓园修复工程。2015年3月7日,尚金地产公司筹办的柏皇氏墓园修复工程启动仪式在出山镇焦芝岗村委三所楼村老龙湾举行。出山镇党委政府及焦芝岗村委领导、省国资委原处长张宗杰、县炎黄文化研究会、西平电视台、驻马店市东方鹏程房地产开发有限公司、尚金地产公司和当地群众100多人出席参加了启动仪式。(5)隆重举行柏皇氏墓园修复工程竣工典礼暨祭拜先祖活动。2015年4月25日(农历三月初七),尚金地产公司策划筹办的“柏皇氏墓园修复工程竣工典礼暨祭拜先祖”活动在出山镇焦芝岗村委三所楼村老龙湾隆重举行。省委宣传部原常务副部长、省炎黄文化研究会会长常有功,省社科院历史与考古研究所所长、首席研究员、省炎黄文化研究会常务副会长张新斌,以及中华柏氏家族委员会会长柏学海、秘书长柏振云、常委柏方友、柏虎仁等来自省内外300多名各界人士出席参加了竣工典礼暨祭拜先祖活动。(6)和省社科院历史与考古研究所共同承办“柏皇氏与中华柏姓文化研讨会”。

三、传承弘扬柏皇文化的目的和意义

尚金地产公司为什么要从事以上这一系列活动呢?我们认为:

第一,这是践行社会主义核心价值观,传承弘扬中华优秀传统文化的政治需要。5000年来,中华民族创造了丰富灿烂的历史文化,为世界历史文明发展和人类社会进步做出了卓越贡献。中华民族的复兴,不仅体现为高度的物质文明、政治文明,而且还体现为中国人民的精神文化引领世界人民的精神风貌。培育和践行社会主义核心价值观,其目的是塑造国人的高尚品质,提升中华民族的素质。社会主义核心价值观的根本是中华优秀传统文化。所以,践行社会主义核心价值观,必须根植于中华优秀传统文化的土壤中。当前,世界呈多极化、文化多元化趋势,在中国综合国力增强时,有人却抛弃传统,丢掉根本。习近平总书记指出,丢掉根本,就等于割断了自己的精神命脉。博大精深的中华优秀传统文化是我们在世界文化激荡中站稳的根基。中华文化源远流长,积淀着中华民族最深层的精神追求,代表着中华民族独特的精神标识,为中华民族生生不息、发展壮大提供了丰厚滋养;在实现中华民族伟大复兴梦的当代,仍是伟大的动力源泉。传承中华优秀传统文化,是尚金地产公司不可推卸的历史责任和政治责任。

第二,这是凝聚发展合力,促进西平社会和谐发展的需要。柏皇氏历史悠久,是史料记载最早的华夏始祖。柏皇氏及其后裔坚韧不拔、百折不挠、团结奋斗、开拓进取的拼搏精神代代相传,为推动社会历史发展做出了突出贡献,在几千年华夏文明历史发展中创造了灿烂的一页,留下了丰富的历史文化和宝贵的精神财富。柏皇文化是中华优秀传统文化的组成部分,悠久的柏皇历史及灿烂的柏国文化丰富了中华优秀传统历史文化内涵。西平是柏国故地,在漫长的历史长河中,柏皇氏后裔虽迁徙各地,但柏氏坚韧不拔、百折不挠、团结奋斗、开拓进取的拼搏精神代代相传,历久弥坚。先祖的大爱和智慧,其后裔的生生不息和顽强拼搏精神为我们留下了宝贵的精神财富,这是西平人民凝聚力量、励志创业、克难攻坚、奋发进取的精神支撑和动力源泉。西平人内心深处永远盛着“柏国”情结,也为柏国、柏氏曾有过的辉煌而自豪。西平旧有八景,第一景即为“柏亭春霭”。直到明清时,儒官、文人墨客,常临柏亭,触景生情,吟诗怀古,直到当代,柏国以及带“柏”字的街道名、行政区划名、校名、商号名在西平比比皆是。可是令人遗憾的是,西平是柏国故地,却不知柏国故城在哪里,柏皇故地在西平,却不知柏皇墓址在何处,柏皇后裔来西平寻根祭祖,只能面对洪河而泣,抓把黄土而走。尚金人看在眼里,痛在心里。探索柏皇文化,传承柏国历史,是西平人的精神追求,更是中华柏氏家族宗亲的热切期盼。尚金地产公司自觉担起这一社会责任,根植于“柏皇、柏国、柏姓、柏人”优秀传统文化的沃土之中,缅怀先祖,虔诚而为,为构建西平和谐社会做出贡献。

第三,这是丰富企业文化内涵,彰显尚金特色的需要。优秀的企业文化是企业的灵魂和魅力所在。企业文化是企业生存、发展、壮大、强盛的核心支柱,是企业最大、最丰富的无形资产,它直接影响企业的形象和发展方向。企业文化决定了人的认识能力、思维能力、决策能力,进而决定企业的经营理念、价值取向、奋斗目标、战略思想、行动水准……企业文化形成的基础来源于企业的经营理念。尚金地产公司的经营理念是:创新企业发展机制,积极推进西平新型城镇化,站在国家政策法规和经济改革的前沿,秉承“尚善若水,金石为开”的文化价值观念,示范带动商业与文化的有机结合,使中华优秀传统文化覆盖并渗透于招商引资、洪河新城项目开发、楼盘销售等主营业务中,促进西平房地产业健康持续发展。以至诚至爱的服务,惠及全县父老乡亲的物质和精神需求,为构建和谐西平做出贡献。

总之,尚金地产公司挖掘研究柏皇文化,进一步丰富了中华优秀传统文化的内涵,忠实地践行了社会主义核心价值观,为传承和弘扬中华优秀传统文化提供了活动载体和精神动力支持。尚金地产公司挖掘研究柏皇文化,也是西平人缅怀先古、梓荫后代的善举,既给柏皇氏后裔情系柏国、心系西平提供了扎根、发展的平台,又为凝聚共识,打造西平文化强县,带动旅游富县,推动西平社会经济发展树立了典范。传承柏皇文化,也是尚金地产公司创新发展机制,丰富企业文化内涵,夯实企业根基,打造企业品牌的需要。尚金地产公司挖掘研究柏皇文化,贵在传承和弘扬柏皇文化,鲜明地凝聚着柏皇的智慧和大爱,体现着柏皇氏勤劳勇敢、百折不挠、团结奋斗、开拓进取的伟大拼搏精神,做实做强企业品牌,赢得社会赞誉。

四、创新发展机制　发展特色经济

尚金地产公司传承和弘扬柏皇文化,不仅要做好柏皇文化的挖掘整理,更重要的是创新发展机制,做繁荣文化、发展特色经济的先行者,使柏皇文化成为正能量,激励西平人民干事创业,推动社会经济的和谐发展。同时也感召中华柏氏族人回归故地,扎根故土,与尚金地产公司合作共赢,共谋发展大业。在每年清明节前后,发起承办柏皇庙会,使之成为精彩纷呈的拜祖会、文化艺术会、客商云集的贸易会、外商投资的洽谈会、柏皇文化的研讨和表彰会,让其变为文化产业,带动西平文化大繁荣、商贸大流通、旅游大兴旺、经济大发展。届时将开展一系列的活动,一是举办"柏皇祭祖大典"。以西平县新城区文化广场为中心,未来大道为活动轴心,把祭祖大典办成有社会名人贤达、柏氏精英以及台湾和海外侨胞光临的轰轰烈烈的盛会,为进一步打造西平柏皇文化品牌,凝聚社会共识,促进社会经济和谐发展添光增彩。二是以"柏皇庙会"为载体,成立柏皇文化研究学会,设立柏皇文化研究基金。每年举办一次柏皇文化研讨会和表彰会。让积极组织参与柏皇文化研究的有功人员享受名誉,得到实惠。形成文企联合、上下联动、全民参与柏皇文化建设的声势。三是贯彻习总书记在文艺工作座谈会上的讲话精神,办好《发现》内部期刊。使文化与商业有机结合,唱响主旋律,释放正能量,打造尚金企业品牌,促进社会经济和谐发展。发行立足西平,辐射全省;体裁不限,综艺杂谈,不拘一格;内容百科,发现世界经济、科技、军事尖端,摘取先进文化瑰宝;编者、作者、读者和社会各界携手共建洪河新城及柏国公园。四是加大投入,整合西平文化资源,打造经贸旅游网络。由驻马店市东方鹏程房地产开发有限公司、尚金地产公司牵头,充分发挥西平柏皇故地的文化品牌,加大招商引资力度,加快出山镇焦芝岗柏皇墓遗址和洪河新城的柏国公园的建设,使之成为西平文化旅游的亮点，与中华嫘祖文化苑、两河景观带、吕店董桥吕墟遗址、师灵古镇遗址、棠溪冶铁铸剑遗址连在一起，构建西平旅游胜地；对接西平棠溪峡风景区、舞钢风景区、嵖岈山风景区，形成一个文化先行、旅游带动、经贸繁荣的经济网络。

践行社会主义核心价值观，弘扬柏皇氏勤劳勇敢、百折不挠、团结奋斗、开拓进取的伟大精神，创新发展机制，保持战略定力，主动引领经济新常态，铸造西平辉煌，这是尚金人的追求和梦想。

（讲话者为驻马店尚金房地产营销策划有限公司总经理）

在“柏皇氏与中华柏姓文化研讨会”开幕式上的致辞

李 彬

尊敬的各位领导、各位专家学者、各位嘉宾朋友：

今天，由中华炎黄文化研究会、河南省炎黄文化研究会、西平县炎黄文化研究会主办，河南省社科院历史与考古研究所、驻马店尚金房地产营销策划有限公司承办的“柏皇氏与中华柏姓文化研讨会”在西平隆重开幕了，这不仅是一次群贤毕至、精英荟萃的高层次的学术研讨会，也是一次聚智破题、开创未来、助推西平发展的文化盛会，可称为西平政治、文化史上的一件盛事、喜事。在此，我代表西平县委、县政府和87万热情好客的西平人民，向莅临研讨会的各位领导、专家、学者和来自全国各地的柏氏宗亲代表，以及各新闻媒体记者朋友表示热烈的欢迎！向柏皇氏与中华柏姓文化研讨会的隆重召开表示热烈的祝贺！向长期以来关心支持西平发展的社会各界人士表示衷心的感谢，并致以崇高的敬意！

西平位居河南省中南部，隶属河南省驻马店市，全县总人口87万，总面积

1089平方公里,总耕地面积118万亩,共辖21个乡镇(街道),284个行政村(居),是一个历史悠久,曾创造过古代辉煌文明的千年古县。早在上古时期,一支中华民族的最早原始部落伏羲氏在西平建立了西陵国。西汉王朝在公元前203年设置了西平县,沿袭至今,已有2200多年的建县史。西平是华夏文明的起源地之一,是中原文化、中华民族文明史的见证和缩影。被授予“中国嫘祖文化之乡”“中国冶铁铸剑文化之乡”“大铜器文化之乡”和“书法文化之乡”。

西平在春秋时期曾是古柏国故地,悠久的柏皇文化及柏国文化更加丰富了西平历史内涵。柏皇作为华夏始祖之一,柏皇氏协助伏羲治理天下,勤劳于天下而不居功自傲,造福于民而无所欲求,深得伏羲的信任和爱戴。柏皇氏后裔虽迁徙各地,但柏氏坚韧不拔、百折不挠、团结奋斗、自强不息的拼搏精神,代代相传,历久弥坚,为我们留下了宝贵的精神财富。可以说,柏皇氏与中华柏姓文化是中华民族精神的象征,是中华传统文化的名片,是中华同胞共同的文化遗产。西平县委、县政府高度重视和支持炎黄文化、柏皇氏与中华柏姓文化研究,成立了有关领导小组和研究会,在人、财、物等方面给予大力支持。

今天,各位领导、专家、学者在这里共同研讨柏皇氏与中华柏姓文化,可以增进中华同胞的历史文化认同,激发共同守护这份文化遗产、共同弘扬柏皇氏与中华柏姓文化的信念。在这里,我借用唐代诗人王之涣《登鹳雀楼》的诗意,祝愿柏皇氏与中华柏姓文化交流“更上一层楼”。我们希望通过这一文化研讨会的形式,进一步弘扬中华柏姓文化和中华文明,进一步凝聚民众人心,构建社会主义核心价值体系,为开创经济社会发展的新局面,促进民族团结、祖国和平和中华民族伟大复兴而共同努力。同时,我们热切期望各位来宾、各位朋友,对我县文化产业的发展提出意见和建议,并倾心为我们牵线搭桥,引进项目和资金,促使柏皇氏与中华柏姓文化产业不断做大、做强、做优。也请各位来宾今后多来西平走走看看,为西平的经济社会发展多提宝贵意见。

由于西平条件有限,我们的接待和服务工作难免有不妥、不到之处,敬请各位嘉宾和朋友谅解,并提出改进意见。

最后,预祝柏皇氏与中华柏姓文化研讨会取得圆满成功！祝各位嘉宾和朋友身体健康、生活幸福、工作顺利、万事如意!

谢谢大家!

(讲话者为西平县委常委、县委统战部部长)

在“柏皇氏与中华柏姓文化研讨会”开幕式上的致辞

袁贺明

尊敬的各位领导、专家,各位嘉宾、新闻界朋友及中华柏氏家族宗亲:

大家上午好!

经过精心的筹备和策划,我们共同迎来了一场文化盛宴——“柏皇氏与中华柏姓文化研讨会”。作为大会承办方,我代表驻马店尚金地产公司全体员工向各位专家、导师、中华柏氏家族宗亲表示热烈的欢迎!向一直关心支持公司发展的各级领导表示衷心的感谢!

近年来,驻马店尚金地产公司不仅担起推进新型城镇化的重任,为西平经济持续发展做出贡献,还不断探索挖掘研究柏皇文化,开辟企业发展与弘扬中华优秀传统文化相结合的新途径。对出山镇焦芝岗村委三所楼村老龙湾、老龙头、老龙庙、柏皇氏墓等文化遗存多次考察,启动柏皇氏墓园修复工程,筹办“柏皇氏墓园修复工程竣工典礼”,编辑柏国文化专刊、柏皇文化专刊等,尤其是承办这次高规格、高层次的研讨会。这一系列创新举措,是驻马店尚金地产公司践行社会主义核心价值观,传承弘扬中华优秀传统文化的政治担当。博大精深的中华优秀传统文化是我们在世界文化激荡中站稳的根基,是实现中华民族伟大复兴的坚强动力。柏皇是华夏始祖之一,柏皇文化是中华优秀传统文化的重要组成部分,挖掘和保护柏皇历史文化遗产,是传承弘扬中华优秀传统文化的重要路径和方向。西平是柏皇故地,也是其后裔分封之地,是古柏国。柏皇氏及其后裔坚韧不拔、百折不挠、团结奋斗、开拓进取的拼搏精神代代相传,为推动社会历史发展做出了突出贡献。先祖柏皇的大爱和智慧,柏皇及其后裔的拼搏精神为我们留下了宝贵精神财富,这是西平人民克难攻坚、奋发进取的动力源泉。

探索柏皇文化,传承柏国历史,是西平人民的精神追求,也是中华柏氏家族宗亲的热切期盼。尚金地产公司自觉担起这一社会责任,根植于“柏皇、柏国、柏姓、柏人”优秀传统文化的沃土之中,缅怀先祖,虔诚而为。挖掘传承柏皇文化,也是尚金地产公司丰富企业文化、汇聚发展动能、增强发展动力、创新发展机制、彰显尚金特色的需要。优秀的企业文化是企业的灵魂和魅力所在,企业文化建设是企业生存、发展、壮大、强盛的核心支柱,是企业最大、最丰富的无形资产,它直接决定着企业的形象和发展方向。

尊敬的各位领导、专家,各位嘉宾及中华柏氏家族宗亲,悠久的柏皇历史文化,给西平留下了宝贵的精神财富,千年古县的历史变迁为我们描绘了古朴和现代相结合的完美画卷。在这七月流火,催生五谷丰登的季节,四海贤达会聚西平,举证析理捧出西平的历史文明。这进一步丰富了中华优秀传统文化的内涵,更彰显了西平历史文化的厚重。我们相信这次研讨会一定能为西平申报柏皇文化之乡、打造西平文化品牌、引领西平优秀传统文化、探索西平经济发展新途径奠定坚实的理论基础。“柏皇氏与中华柏姓文化研讨会”是西平的盛事,也是尚金地产公司的喜事。在这短暂的两天里,公司倾力为与会人员提供优质的服务和良好的环境,请各位领导、专家,各位嘉宾及中华柏氏家族宗亲工作好,生活好,休息好,心情舒畅。在会上,畅谈上古古帝柏皇氏的智慧与伟业,研究分析柏皇氏与柏子国、柏姓的关系以及西平与柏皇氏、柏子国、柏姓的关系,确定柏皇氏文化的历史地位、价值和现实意义。传真经,献智慧,给西平和尚金地产公司建言献策,指路点招,共商发展大业,推动西平文化大繁荣、商贸大流通、旅游大兴旺、经济大发展。

最后预祝"柏皇氏与中华柏姓文化研讨会"圆满成功!

谢谢大家!

(讲话者为驻马店尚金房地产营销策划有限公司总经理)

在“柏皇氏与中华柏姓文化研讨会”开幕式上的致辞

赵保佑

尊敬的各位领导、各位专家,同志们,朋友们:

大家上午好!

今天在中华母亲嫘祖故里西平,举行“柏皇氏与中华柏姓文化研讨会”,大家不畏酷暑,拔冗参会,我谨代表河南省社会科学院,对这次会议的召开表示热烈祝贺!对与会的各位专家学者表示热诚的欢迎和衷心的感谢!

柏皇氏是文献中所记载的三皇五帝时期一个著名的“古帝”,是“袭伏羲之号”的著名氏族和领袖,被《汉书》尊为“上中贤人”,是中华柏姓的得姓始祖。其后裔建立了柏国,以西平为根基,发展壮大至全球。深入研究柏皇氏、柏国及柏姓,对研究中国上古文明、柏姓文化、西平的历史文化,对传承和弘扬中华优秀传统文化,都有着非常重要的意义。

文化是一个地区核心竞争力的重要内容,当今社会,文化经济化、经济文化化、经济文化一体化的发展趋势越来越强烈。西平历史文化丰厚,不仅有自古至今名动天下的棠溪宝剑,更有为早期人类社会做出过重大贡献的人文始祖柏皇氏和嫘祖。近些年来,西平县委、县政府在大力推动经济建设快速发展的同时,也高度重视文化建设,尤其是依托嫘祖故里文化品牌,于每年农历三月初六在西平举行嫘祖故里拜祖大典和中华母亲节,吸引全国各地的华夏儿女前往拜祭。柏皇氏文化,因材料少,时间久远,也于近两年提上研究日程。今天,我们在这里举行"柏皇氏与中华柏姓文化研讨会",深入研讨柏皇氏、柏国、柏姓与西平的关系,必将为西平历史文化的研究增添新的着力点,为西平历史文化的发展产生新的推动力。

河南省社会科学院是省委、省政府的思想库和智囊团,建设新型智库是我们的目标。我院有专业研究人员 200 多人,十几个研究所,涵盖文化、政治、经济、社会、法律等多个方面。中原历史文化源远流长、群星灿烂,加强中原历史文化的研究,是省社科院义不容辞的责任。长期以来,我院一直注重与各地市加强联系合作,为当地的研究需求服务,共同推进当地乃至全省的文化传承和文化建设,并与多个县市建立了长效联系机制。我院在中原历史文化研究上,不仅有标志性成果,也有一支实力较强的专业研究队伍,并与学术界专家有长期的联系,在为地方服务上有着丰富的经验。尤其是长期以来,为省委、省政府的决策提供咨询,参与实践。我们会全力以赴,以弘扬中华优秀传统文化、深入进行学术研究为己任,实现文化研究与地方发展的双向互动,为实现中华民族伟大复兴的中国梦贡献智慧和力量。

最后,祝愿这次座谈会取得圆满成功!祝愿西平经济、社会的发展不断迈上新台阶,取得新突破!祝愿各位专家、各位来宾身体健康,万事如意!

谢谢大家!

(讲话者为河南省社会科学院正院级干部、首席研究员)

在"柏皇氏与中华柏姓文化研讨会"开幕式上的致辞

常有功

尊敬的各位领导,各位专家,各位柏姓宗亲,各位新闻界的朋友们:

值此万物勃兴的盛夏时节,"柏皇氏与中华柏姓文化研讨会"在西平隆重开幕了。我谨代表河南省炎黄文化研究会,向各位领导、各位女士、各位先生,向在酷暑之中莅临西平的省内外专家学者,表示热烈的欢迎!

西平历史文化资源十分丰富。我会与西平合作几次,召开了嫘祖与柏皇氏的研讨会,反映了我会与西平十分密切的文化联系。

西平是黄帝元妃嫘祖的故乡。据《史记·五帝本纪》《通鉴外纪》等古籍记载,中华人文始祖黄帝的正妻嫘祖为西陵氏之女,她教民养蚕,以蚕丝制作衣服,被誉为蚕神。而远古时期的西陵氏,就生活在河南西平这块土地上。西平原有西陵亭,即西陵氏所居。《水经注》载:"西陵平夷,故曰西平。"这也是西平得名的由来。2006 年,由河南省炎黄文化研究会等单位主办,省内外专家学者 50 余人齐聚西平,就西陵氏、西平与嫘祖的关系展开了研讨,西平县为黄帝元妃嫘祖西陵氏故里的观点,在学界得到了公认。这也是当代西平文化史上的一件大事。

今天,我们大家济济一堂,一起研讨上古帝王之一柏皇氏。柏皇氏是伏羲时代十多位帝王之一,与共工氏、朱襄氏、葛天氏、尊卢氏等齐名。据历史资料来看,七八千年前的柏皇氏一族,其活动地域似与西平有比较紧密的联系。我相信,通过大家的研讨,廓清柏皇氏与西平的关系,或将揭开西平上古史研究的又一层神秘的面纱,这也会是当代西平文化史上的又一件大事。

在中国进入文明的前夜,西平的历史是辉煌而耀眼的。跨入文明门槛后,西平的表现也是十分抢眼的。西平县发现的董桥遗址,涵盖仰韶文化、龙山文化、二里头文化、东周文化、汉文化等,所发现的文化层包括长达数千年的时间段,说明了西平历史上延续不断的文化信息留存。韩非孤愤台、刘秀饮马井、东周灰坑遗址、宋代宝严寺塔、狄青练兵场等古迹是西平历史文化信息的鲜明体现。特别是春秋战国时期著名的棠溪宝剑就产于西平,《史记》记载当时九大名剑,而棠溪居首。20 世纪 80 年代,西平研制出了久已失传的名剑铸造工艺,中国著名的文化遗产得到了传承,这也是西平文化史上的骄傲。

河南省炎黄文化研究会自 1991 年成立以来,积极组织开展炎黄文化研究和各项文化活动,在挖掘、整理、弘扬炎黄文化,促进中原崛起上做出了大量卓有成效的工作。炎黄二帝是中华民族的人文始祖,嫘祖和柏皇氏也是中华民族的创始人。慎终追远是中华民族的优良传统。河南省炎黄文化研究会在西平召开“柏皇氏与中华柏姓文化研讨会”,就是为了推动民族文化的发展,推动海内外炎黄子孙的团结和凝聚,同时也为西平乃至河南经济社会发展献计出力。

最后预祝“柏皇氏与中华柏姓文化研讨会”取得圆满成功。

谢谢大家!

(讲话者为河南省炎黄文化研究会会长)

在"柏皇氏与中华柏姓文化研讨会"欢迎晚宴上的致辞

聂晓光

各位来宾、各位朋友:

大家晚上好!

中国有句古话:有朋自远方来,不亦乐乎?在"柏皇氏与中华柏姓文化研讨会"即将在西平开幕之际,我们荣幸地迎来了莅临研讨会的各位领导、专家、学者和来自全国各地的柏氏宗亲代表,以及各位新闻媒体记者朋友。在此,我代表西平县委、县人大、县政府、县政协四大班子,以及87万父老乡亲们,对大家表示热烈的欢迎和真挚的问候!向长期以来关心支持西平发展的各界朋友表示衷心的感谢!

西平历史悠久、文化厚重,上古时期为柏皇氏、西陵氏居住地,周为柏国,春秋归楚,战国属韩,秦为颍川郡,汉高祖四年(前203)置县,沿袭至今已2200多年。是华夏文明的起源地之一,是中原文化、中华民族文明史的见证和缩影。被授予"中国嫘祖文化之乡""中国冶铁铸剑文化之乡""大铜器文化之乡”和“书法文化之乡”。

近年来，县委、县政府不断加大对文化建设的投入，大力支持县炎黄文化研究会等各类团体组织对柏皇氏与中华柏姓文化的研究与开发，将传承中华优秀传统文化与构建社会主义核心价值体系有机结合，开展了形式多样、内容丰富的文化宣传活动，弘扬和传承我们中华民族优秀传统文化，产生了深远的社会影响和良好的社会效果。我们希望通过这次研讨会，进一步弘扬中华柏姓文化和中华文明，进一步凝聚民众人心，构建社会主义核心价值体系，为开创经济社会发展的新局面，促进民族团结、祖国和平和中华民族伟大复兴而共同努力。同时，我们热切期望各位来宾、各位朋友，倾心为我们牵线搭桥，引进项目和资金，促使文化产业不断做大、做强、做优。也请各位来宾今后多来西平走走看看，为西平的经济社会发展多提宝贵意见。

由于西平条件有限，我们的接待和服务工作难免有不妥、不到之处，敬请各位嘉宾和朋友谅解，并提出改进意见。

最后，预祝“柏皇氏与中华柏姓文化研讨会”取得圆满成功！祝各位嘉宾和朋友身体健康、生活幸福、工作顺利、万事如意！

让我们共同举杯、共话友情，干杯！

（讲话者为西平县委书记）

在“柏皇氏与中华柏姓文化研讨会”闭幕式上的致词

王梅军

各位领导、各位专家、各位来宾、同志们、朋友们：

“柏皇氏与中华柏姓文化研讨会”在大家的共同努力下，圆满完成了各项预定议程，即将胜利闭幕。会议期间，各位专家、各位嘉宾对老龙湾柏皇氏墓园遗址进行了现场考察，开展了热烈的学术探讨，从不同方面和角度论证了柏皇氏故地在西平，柏皇氏文化源远流长，柏皇文化是中华优秀文化的重要组成部分。通过这次研讨，进一步彰显了西平历史文化的厚重，丰富了中华历史文化的内涵，为我们打造西平文化品牌、建设文化强县提供了参考依据。在此，我受西平县委书记委托，代表县委、县人大、县政府、县政协，向为这次研讨会付出辛勤劳动的领导、专家和嘉宾表示衷心的感谢！向研讨会的胜利召开表示热烈祝贺！

柏皇文化源远流长。挖掘弘扬柏皇文化，传承柏皇优秀传统，发展柏皇文化产业，建设柏皇文化之乡，是西平文化建设的又一特色品牌，也是一项长期的任务。因此,我们要推进本次研讨会成果的转化,把挖掘传承柏皇文化作为西平文化产业发展的一件大事,进一步搞好规划,制定具体措施,加快开发建设。县新闻宣传和文化部门、县炎黄文化研究会要加大对柏皇文化的挖掘和宣传力度,采取不同的形式大力进行宣传。尚金地产公司为研讨会的召开做了大量工作,给予了大力支持,勇于担当社会责任的精神为全县所有企业树立了典范和榜样。希望我县其他企业向他们学习,积极主动担当社会责任,并将企业发展与弘扬历史文化结合起来,让文化建设助力企业发展,让经济发展浸润文化内涵,为西平文化兴县战略做出积极贡献。

本次研讨会,也得到了省内外新闻单位的大力支持,新闻单位的朋友们为会议的宣传报道做了大量工作,会务筹备人员也为会议的胜利召开付诸了辛勤劳动,豪顿大酒店为我们顺利召开研讨会提供了热情周到的服务,在此,我再次向你们表示衷心感谢!

同志们、朋友们,会议的结束是友谊的开始,敬请各位领导、专家常来西平指导工作,共谋西平发展大计。柏姓家族的兄弟姐妹们,希望你们常回家看看。参加这次会议的都是柏氏家族各行各业的优秀代表,还有一部分企业家。欢迎你们回家乡发展,家乡人民会为你们提供优质的服务,希望用你们的聪明才智在家乡大展宏图,为建设我们共同美好的家园做出新的贡献。

最后,祝各位领导专家、各位嘉宾、同志们、朋友们身体健康、家庭幸福、工作顺利!

谢谢!

(讲话者为西平县政协主席)

“柏皇氏与中华柏姓文化研讨会”会议纪要

(2015 年 7 月 3 日)

2015 年 7 月 2—3 日,由中华炎黄文化研究会、河南省炎黄文化研究会、西平县炎黄文化研究会联合主办,河南省社会科学院历史与考古研究所、驻马店尚金房地产营销策划有限公司承办的“柏皇氏与中华柏姓文化研讨会”,在河南省西平县隆重召开,来自中国社会科学院、中国科学院、陕西历史博物馆、浙江工商大学、苏州大学、河南省社会科学院、郑州大学、河南大学、河南省地方史志办公室、郑州师范学院、黄淮学院等单位的专家学者和炎黄文化研究者,西平县委、县政府、县政协及相关单位的负责人,中华柏氏家族委员会的代表,相关媒体记者,共计 90 余人出席了会议。与会专家学者考察了传说中西平县与柏皇氏有关的老龙头等地的文化遗迹与文物遗存,围绕柏皇氏、柏国和柏姓的关系这一主题,对柏皇氏的身份、地位、所处时代与活动地域,三皇五帝时期的柏姓先祖,历史上柏姓的各个源头,柏国的存亡时间、活动地域及其与西平的关系,柏姓历史名人,柏皇氏文化的历史地位与现实意义等相关议题进行了广泛深入的研讨,并达成以下共识:

一、据《庄子》《汉书》,以及晋皇甫谧《帝王世纪》、唐司马贞《史记索隐》、徐坚《初学记》等文献记载,柏皇氏是上古时期“袭伏羲之号”的十多位“古帝”之一,是伏羲族系的重要氏族和氏族首领,其存续时间较长,地位极其尊崇。柏皇氏以柏树作为氏族的图腾,处于游牧社会和定居农业早期阶段,其“驾六龙而上下”,以“为而不有,应而不求”而名于后世,活动的中心地域在今河南西平为中心的豫中一带。

二、中华柏姓是柏皇氏之后。《风俗通义 · 姓氏篇》《元和姓纂》《姓解》《通志 · 氏族略》《路史》《古今姓氏书辩证》《姓觿》《尚友录》等姓氏古籍记载,柏姓有多个来源,但柏姓为柏皇氏之后,是最主要的源头。五帝时期见诸史料的有黄帝时地官柏常、颛顼师柏亮父、帝喾师柏招、尧舜时诸侯柏成子等柏姓名人,这在其他姓氏中极为少见。柏姓也是为汉史游《急就篇》中所列当时 132 个姓氏之一,在居延汉简、肩水金关汉简等汉代竹简里面也发现一些柏姓人的名字,说明在先秦秦汉时期,柏姓的地位十分显赫。

三、柏国是见于《春秋》《左传》的春秋时方国。《汉书 · 地理志》《后汉书 · 郡国志》《水经注》《元和郡县志》《文献通考》《太平寰宇记》《舆地广记》《明一统志》《读史方舆纪要》《古今图书集成》《春秋地名考略》《春秋大事表》等历史地理名著,都认为柏国的地望在蔡州或汝南之西平县,即今河南省西平县;柏国为柏皇氏后裔所封,春秋时为楚所灭,柏姓族群进一步扩大。《辞源》《汉语大字典》等著名辞书均标注柏国故地在今河南省西平县。

四、无论是柏皇氏的主要活动地域,亦或是柏国的主要范围,其地望均在今河南省西平县一带,因此,西平是中华柏姓的寻根谒祖圣地。建议中华柏氏家族委员会和西平县政府等相关单位和科研机构加强合作,继续推进柏皇氏、柏国与柏姓研究,同时搞好中华柏姓的宗亲联谊工作,联络全球柏氏族人到西平寻根谒祖、投资兴业。建议在适当时机恢复柏亭,并择取合适地点开建柏姓文化园、柏姓宗祠、柏皇氏陵园等文化设施,为构建华夏历史文明传承创新区,从一个侧面促进中华文明探源工程前行，增强中华民族凝聚力，实现中华民族伟大复兴做出积极的贡献。值得注意的是，西平县出山镇的老龙湾保留有相关的柏姓传说与文物遗存，为探寻柏皇氏遗迹，提供了重要线索，建议首先在老龙湾筹建柏皇氏陵园。

五、本次会议的圆满举行，得到了西平县领导的高度重视，与西平县各方的努力密不可分，尤其是河南省国资委退休干部张宗杰先生，多次往返于郑州和西平，推进各方开展柏皇氏与柏姓文化研究。驻马店尚金房地产策划营销有限公司具有超前的战略眼光和自觉的文化担当，深度介入柏皇氏文化的研究与开发，为本次会议的成功召开，提供了坚实的人力和资金支持以及热情周到的服务，对他们的不懈努力和无私奉献表示诚挚的感谢。

“柏皇氏与中华柏姓文化研讨会”会议综述

李玲玲

2015年7月2—3日,由中华炎黄文化研究会、河南省炎黄文化研究会、西平县炎黄文化研究会联合主办,河南省社会科学院历史与考古研究所、驻马店尚金房地产营销策划有限公司具体承办的“柏皇氏与中华柏姓文化研讨会”在河南省驻马店西平县豪顿大酒店隆重召开。中华炎黄文化研究会副会长、中国社会科学院学部委员王震中研究员,河南省炎黄文化研究会会长常有功,河南省炎黄文化研究会常务副会长张锐研究员,河南省社会科学院正院级干部赵保佑研究员等领导出席会议并致辞。来自中国社会科学院、中国科学院、陕西历史博物馆、苏州大学、浙江工商大学、河南大学、郑州大学、郑州师范学院、河南省地方史志办公室、河南省社会科学院等多家高校和科研机构的专家学者及柏姓后裔、当地学者、新闻媒体记者等近百人参加了此次研讨会。

会议于7月2日上午8点20分在豪顿大酒店多功能厅隆重开幕,西平县炎黄文化研究会吴双全会长主持开幕式。中共西平县县委常委、统战部部长李彬首先致欢迎辞。驻马店尚金房地产营销策划有限公司总经理袁贺明,驻马店市炎黄文化研究会名誉会长、驻马店市人大副主任张德轩随后致辞,向与会嘉宾表示欢迎。河南省社科院正院级干部赵保佑研究员,河南省炎黄文化研究会会长、河南省省委宣传部原常务副部长常有功先生,中华炎黄文化研究会副会长、中国社会科学院历史研究所副所长王震中研究员分别代表主办单位发表了重要讲话。

赵院长在讲话中首先肯定了柏皇氏研究的重要性,认为深入研究柏皇氏、柏国及柏姓,对研究中国上古文明、柏姓文化、西平的历史文化,对传承和弘扬中华优秀传统文化,都有着非常重要的意义。充分肯定了西平积极发展文化事业所取得的显著成效。并表示河南省社会科学院将会全力以赴,以弘扬中华优秀传统文化,深入进行学术研究为己任,实现文化研究与地方发展的双向互动。

开幕式结束后,与会代表共同合影,并分别乘车前往柏皇氏墓园所在地出山镇进行考察。

2015 年 7 月 2 日下午和 3 日上午为大会的研讨阶段,在实地参观的基础上,与会专家结合自己对柏皇氏、柏姓的了解,围绕柏皇氏与柏国和柏姓的关系这一主题,对柏皇氏的身份、地位、所处时代与活动地域,三皇五帝时期的柏姓先祖,历史上柏姓的各个源头,柏国的存亡时间、活动地域及其与西平的关系,柏姓历史名人,柏皇氏文化的历史地位与现实意义等相关议题进行了广泛深入的研讨。并达成以下共识:一、柏皇氏是伏羲族系的重要氏族和氏族首领,其存续时间较长,地位极其尊崇。柏皇氏以柏树作为氏族的图腾,处于游牧社会和定居农业早期阶段,活动的中心地域在今河南省西平县为中心的豫中一带。二、中华柏姓是柏皇氏之后。三、柏国是见于《春秋》《左传》的春秋时方国。柏国故地在今河南省西平县。四、无论是柏皇氏的主要活动地域,亦或是柏国的主要范围,其地望均在今河南省西平县一带,因此,西平是中华柏姓的寻根谒祖圣地。五、本次会议的圆满举行,得到了西平县领导的高度重视,与西平县各方的努力密不可分。省国资委老同志张宗杰为研究柏皇氏而上下奔走,积极推动。驻马店尚金房地产策划营销有限公司,具有超前的战略眼光和自觉的文化担当,深度介入柏皇氏文化的研究与开发,为本次会议的成功召开,提供了坚实的人力和资金支持以及热情周到的服务。

2015年7月3日上午11点,大会举行闭幕式。首先由河南省社会科学院历史与考古研究所张新斌研究员做会议学术总结,对此次研讨会进行了高度精练的概括,即三个标志、四个特色、四个基础。三个标志即:是国内学术界第一次以柏为内容的高端研究;是国内学术界围绕柏皇氏、柏国、柏姓研究形成的高端研究成果,具有权威性;是国内学术界在西平举办的以柏文化为代表的文化大餐。四个特色即:主题鲜明、内涵深刻、科学认真、新见迭出。四个基础为:专业研究和民间研究结合,研讨充分和认知统一,民间推动与企业参与,党政支持与社团主持。

河南省河洛文化研究中心副主任陈建魁副研究员随后宣读会议纪要,并得到了与会专家学者及柏氏宗亲的一致通过。

第三项议程是为向柏皇氏文化开发做出贡献的单位和个人颁奖。河南省炎黄文化研究会常务副会长张锐研究员、河南省社会科学院历史与考古研究所张新斌研究员分别代表主办单位为向柏皇氏文化开发做出重大贡献的驻马店尚金房地产营销策划有限公司和张二军、张宗杰,颁发奖牌和荣誉证书,对他们所付出的辛苦努力给予了高度的肯定和褒奖。

颁奖仪式结束后,中华柏氏家族委员会秘书长柏振云先生代表柏氏家族发言,对专家的支持表示感谢,并表达了柏姓族人找到祖根地的万分激动之情。最后西平县政协主席王梅军女士致闭幕词,此次研讨会圆满结束。

(本文作者为河南省社会科学院历史与考古研究所助理研究员)

后 记

我与西平结缘,有十多年的时间。

2006 年夏,时任西平县炎黄文化研究会会长高沛先生,到郑州请许顺湛、马世之、张维华、蔡全法等先生讨论西平为嫘祖故里事宜。随后,蔡全法先生专程去西平做考古调查,并撰写了相关报告。我与几位先生一块儿向省里建议要重视西平县的嫘祖文化。其后,中华炎黄文化研究会、河南省炎黄文化研究会在西平召开了嫘祖文化研讨会。西平作为嫘祖故里,得到权威认可。为纪念嫘祖,西平县每年都有祭拜大典,并倡导设立中华母亲节。

2014 年 5 月,应曾在省国资委工作现已退休的西平籍人士张宗杰先生多次盛邀,我与本所张佐良、杨世利两位博士,专程到西平考察柏皇氏文化,并与西平县炎黄文化研究会吴双全会长,共同主持柏国文化座谈会。与会的西平各方面人士,提供了很多线索,大家认为召开柏皇氏研究的权威学术研讨会,势在必行。

2015 年 7 月,“柏皇氏与中华柏姓文化研讨会”如期举行。此次会议我们采取了与企业合作的模式,与热爱地方文化的驻马店市东方鹏程房地产开发有限公司董事长张二军先生合作,共同推动柏皇氏文化的研究与开发。在他们的努力下,2015 年 4 月对柏皇陵园进行了整修,其旗下尚金房地产营销策划有限公司的袁贺明、谢改成、胡秀云等参与了相关的工作,并在张二军先生的带领下,为柏皇氏文化的弘扬到处奔波。

研讨会得到河南省炎黄文化研究会常有功、张锐二位领导的高度重视,他们与时任河南省社科院正院级干部赵保佑研究员莅临会议。著名专家王震中、袁义达、曹定云、杨东晨、马世之、李玉洁、任崇岳等,均为大会提供了专门的学术成果,保证了会议的学术质量。大会确定了西平为柏皇氏故里,也是中华柏姓祖根地的结论。

本次研讨会,还得到了驻马店市张德轩、陈文云等领导的支持,西平县领导聂晓光、申保卫、王梅军、李彬等均给予了支持。出山镇党委书记杨华平以及村领导都十分支持柏皇氏文化的开发。西平县炎黄文化研究会老会长高沛、现任会长吴双全等,对会议给以大量支持,尤其是吴会长上下协调,为会议的成功举行奉献了力量。

河南省社科院历史与考古研究所作为会议承办单位,张玉霞和李玲玲两位女将承担了大量的会务工作,尤其是张玉霞在会前的学术组织、会议的文稿安排、会后的文集编写等方面,均付出了较多的劳动。

柏学海、柏振云等柏氏宗亲,专门参加了研讨会。此前,他们多次到西平寻根,同时也为柏姓祖根地的权威认定而感到欣慰。

谨以此文字,记录柏皇氏文化研究开发的那些事。

本集为“河南省历史与考古研究”丛书(第二辑)的第三本。

张新斌

2017 年 4 月